肌肉训练完全图解
终极健身百科全书

Anatomy of Exercise Encyclopedia

Hollis Lance Liebman

【美】霍利斯·兰斯·利伯曼 著　徐晴颐 译　张可盈 审校

人民邮电出版社
北 京

图书在版编目（ＣＩＰ）数据

肌肉训练完全图解：终极健身百科全书／（美）利伯曼（Liebman,H.L.）著；徐晴颐 译. -- 北京：人民邮电出版社，2015.1
（肌肉训练完全图解）
ISBN 978-7-115-37543-8

Ⅰ．①肌… Ⅱ．①利… ②徐… Ⅲ．①肌肉－力量训练－图解 Ⅳ．①G808.14-64

中国版本图书馆CIP数据核字（2014）第265765号

版权声明

免责声明

本书内容旨在为大众提供有用的信息。所有材料（包括文本、图形和图像）仅供参考，不能用于对特定疾病或症状的医疗诊断、建议或治疗。所有读者在针对任何一般性或特定的健康问题开始某项锻炼之前，均应向专业的医疗保健机构或医生进行咨询。作者和出版商都已尽可能确保本书技术上的准确性以及合理性，且并不特别推崇任何治疗方法、方案、建议或本书中的其他信息，并特别声明，不会承担由于使用本出版物中的材料而遭受的任何损伤所直接或间接产生的与个人或团体相关的一切责任、损失或风险。

内 容 提 要

《肌肉训练完全图解：终极健身百科全书》是一本独一无二的运动健身综合指南，全书共为100余种个人单项练习提供了准确、详尽的步骤指导，并针对49种运动制订了日常训练计划。每一项训练动作都通过大量的四色真人照片、肌肉解剖图、3D图解以及全面的专家提示指示出该动作的步骤、目标锻炼肌肉、最佳锻炼部位等，以便帮助使用者保持完美的形体，并从健身中获得最大的益处。每一个训练动作对哪一项运动最有益处，都用运动图标一一标示。而针对49种不同运动项目，本书还特别设计了不同难度的训练套餐，以便使用者无论在进行哪项运动，或者锻炼水平如何，都能发挥出自己的全部潜力。这本综合指南也涵盖了真实环境中的日常锻炼，从孕产期运动到办公室伸展，以及其他针对特定身体部位和问题的锻炼计划，帮助读者解决背部、膝盖等问题，或锻炼强壮有力的双臂、瘦腰腿、塑造漂亮的腹肌。

本书适合所有想要提高身体灵活性、增强力量、塑造健康体形和体态的健身爱好者，以及专业或业余从事体育锻炼的人士、体育院校师生、教练员和运动员等。

◆ 著　　　　［美］霍利斯·兰斯·利伯曼（Hollis Lance Liebman）
　　译　　　　徐晴颐
　　责任编辑　李 璇
　　责任印制　周昇亮
◆ 人民邮电出版社出版发行　　北京市丰台区成寿寺路 11 号
　　邮编　100164　　电子邮件　315@ptpress.com.cn
　　网址　http://www.ptpress.com.cn
　　天津市豪迈印务有限公司印刷
◆ 开本：700×1000　1/16
　　印张：24.75　　　　　　　　　2015 年 1 月第 1 版
　　字数：571 千字　　　　　　　2024 年 12 月天津第 33 次印刷
　　　　　　著作权合同登记号　图字：01-2014-4361 号

定价：88.00 元

读者服务热线：（010）81055296　印装质量热线：（010）81055316
反盗版热线：（010）81055315
广告经营许可证：京东市监广登字 20170147 号

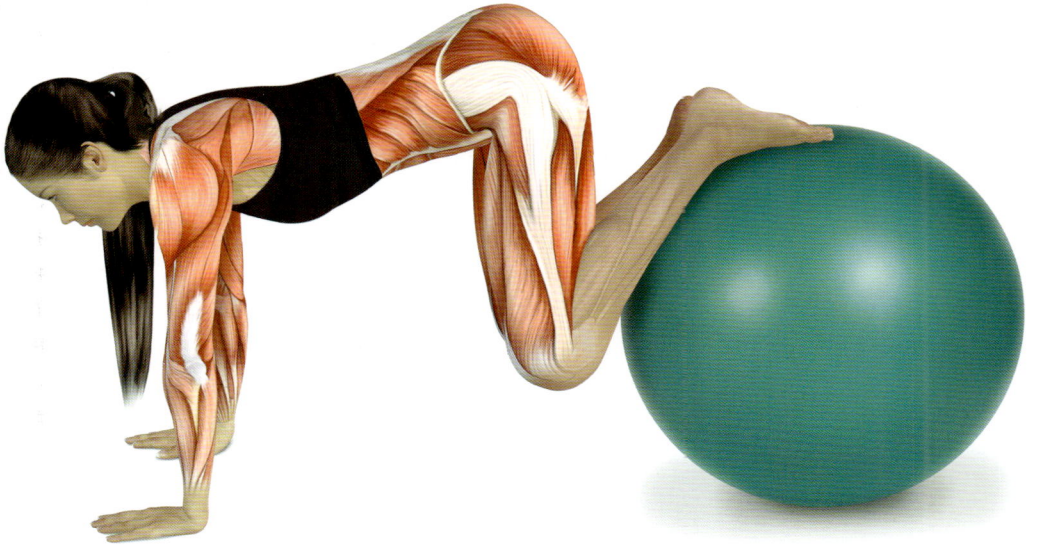

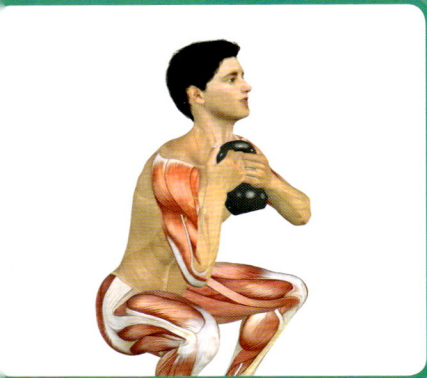

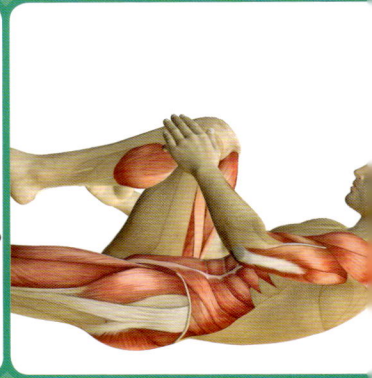

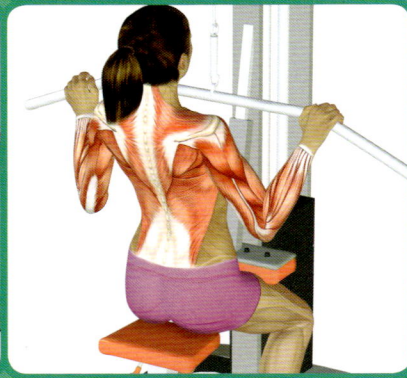

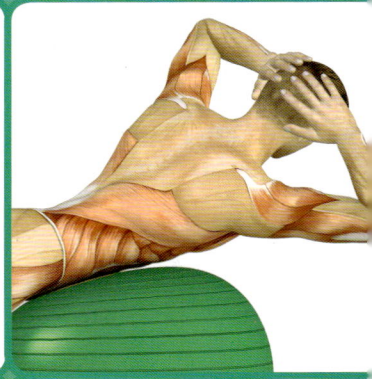

运动图标

射箭

澳式足球

羽毛球

棒球

篮球

拳击

划独木舟

攀爬

板球

越野滑雪

骑自行车

跳水

马术

击剑

曲棍球

花式溜冰

飞蝇钓

美式足球

爱尔兰式足球

高尔夫

体操

手球

爱尔兰式曲棍球

冰上曲棍球

柔道

空手道

皮划艇

长曲棍球

山地自行车

桨板冲浪

短柄墙球

赛艇运动

美式橄榄球

跑步

帆船

射击

滑板运动

滑雪

滑板滑雪

英式足球

壁球

冲浪

游泳

乒乓球

网球

排球

水球

划水

摔跤

所有运动

目录

PART 1 引言 ………………………… 11

上肢解剖图 ………………………… 26

下肢解剖图 ………………………… 28

PART 2 练习&伸展运动 ………… 31

上肢练习 ………………………… 33

杠铃硬拉 ………………………… 34

杠铃划船 ………………………… 36

哑铃划船 ………………………… 38

仰卧哑铃上拉 ……………………… 40

高滑轮下拉 ………………………… 42

肩胛骨活动度 ……………………… 44

壶铃交替上提 ……………………… 46

双臂交替锻炼 ……………………… 48

斜板划船 ………………………… 50

绳索下拉 ………………………… 52

反握胸前引体 ……………………… 54

平凳腹背练习 ……………………… 56

背部旋转伸展 ……………………… 58

杠铃仰卧平板推举 ………………… 60

泡沫轴俯卧撑 ……………………… 62

哑铃仰卧飞鸟 ……………………… 64

拉力器夹胸 ………………………… 66

曲臂伸 …………………………… 68

俯卧撑 …………………………… 70

换手俯卧撑 ………………………… 72

坐姿哑铃推举 ……………………… 74

肩部推举 ………………………… 76

旋转练习 ………………………… 78

弹力带外旋 ………………………… 80

侧平举 …………………………… 82

肩部抬升和拉伸 …………………… 84

杠铃上提 ………………………… 86

俯卧反飞鸟 ………………………… 88

瑞士球反飞鸟 ……………………… 90

金属盘前平举 ……………………… 92

杠铃耸肩 ………………………… 94

弹力绳臂弯举 ……………………… 96

交替锤式弯举 ……………………… 98

杠铃弯举 ………………………… 100

单臂哑铃弯举 ……………………… 102

绳索锤式弯举 ……………………… 104

绳索曲臂下压 ……………………… 106

仰卧哑铃屈臂伸 …………………… 108

三头肌外滚 ………………………… 110

凳上双臂屈伸 ……………………… 112

绳索过顶伸展·····················114
手腕屈曲·····················116
手腕伸张·····················117
卷腹·····················118
平板支撑·····················120
侧板式·····················122
T形稳定练习·····················124
瑞士球绕行·····················126
瑞士球屈腿·····················128
健身实心球伐木·····················130

下肢练习·····················133

瑞士球直角坐墙·····················134
杠铃深蹲·····················136
哑铃弓步下蹲·····················138
反弓步·····················140
侧弓步·····················142
哑铃弓箭步下蹲·····················144
高位起跑式·····················146
交叉步·····················148
壶铃深蹲·····················150
单腿下踏板·····················152
膝盖旋转伸直·····················154
星式跳跃·····················156
登山家·····················158
俯卧撑上纵跳·····················160
内收肌伸展·····················162
腘绳肌外展·····················163

瑞士球腘绳肌弯曲·····················164
反向腘绳肌拉伸·····················166
杠铃硬拉俯身起·····················168
腘绳肌内缩·····················170
相扑式深蹲·····················172
屈腿硬拉·····················174
单脚压小腿·····················176
哑铃负重举踵·····················178
哑铃胫骨上抬·····················180

核心肌群练习·····················183

腹式踢腿·····················184
腹部提臀·····················186
土耳其起立·····················188
空中单车·····················190
反向卷腹·····················192
眼镜蛇背拉·····················194
瑞士球骨盆倾斜·····················196
平板俯卧撑·····················198
坐式俄罗斯旋转·····················200
弹力带伐木术·····················202
髋关节内收和外展·····················204
瑞士球推滚·····················206
大腿前后摆动·····················208
瑞士球臀部交叉·····················210
两头起·····················212
健身球猛击·····················214
风车式·····················216

伸展训练 ···················· 219

展胸 ···························· 220
肩部伸展 ························ 220
三头肌伸展 ······················ 221
立式二头肌伸展 ·················· 221
背阔肌伸展 ······················ 222
脊椎伸展 ························ 223
仰卧下背伸展 ···················· 224
跪式瑞士球阔背肌伸展 ··········· 225
交叉伸展练习 ···················· 226
臀腿伸展 ························ 227
立式腘绳肌伸展 ·················· 228
卧姿腘绳肌伸展 ·················· 229
梨状肌伸展 ······················ 230
小腿伸展 ························ 232
胫骨放松 ························ 233
立式股四头肌伸展 ················ 234
蝴蝶式 ·························· 235
脚尖触碰 ························ 236
小孩伸展姿势 ···················· 237
单侧坐式向前弯曲 ················ 238
双侧坐式向前弯曲 ················ 239
坐式髋骨和脊柱伸展 ············· 240
肘腿伸展（脊柱旋转） ··········· 242
膝靠胸屈曲 ······················ 244
站姿金字塔 ······················ 245

孕期伸展练习 ···················· 246
躯干转动 ························ 248
手放膝盖伸展 ···················· 249
坐式骨盆倾斜 ···················· 250
单侧早安伸展 ···················· 251
猫式伸展 ························ 252
下犬式 ·························· 253

PART 3 计划&锻炼 ·············· 255

专业体育锻炼 ··················· 257

美式橄榄球运动 ·················· 258
射箭运动 ························ 260
澳式足球 ························ 262
羽毛球运动 ······················ 264
棒球运动 ························ 266
篮球运动 ························ 268
拳击运动 ························ 270
独木舟运动 ······················ 272
攀岩运动 ························ 274
板球运动 ························ 276
越野滑雪 ························ 278
自行车运动 ······················ 280
跳水运动 ························ 282
马术 ···························· 284
击剑 ···························· 286
曲棍球 ·························· 288

花样溜冰·····································290

飞蝇钓·······································292

盖尔式足球·································294

高尔夫球····································296

体操···298

手球···300

板棍球······································302

冰球···304

柔道···306

空手道······································308

皮划艇······································310

长曲棍球····································312

山地自行车运动···························314

桨板冲浪····································316

短柄墙球····································318

赛艇运动····································320

英式橄榄球·································322

跑步运动····································324

帆船运动····································326

射击运动····································328

滑板运动····································330

滑雪运动····································332

单板滑雪····································334

足球···336

壁球···338

冲浪运动····································340

游泳···342

乒乓球······································344

网球···346

排球···348

水球···350

滑水运动····································352

摔跤···354

功能性锻炼·····························357

健康的背部·································358

膝盖问题····································360

办公室健身·································362

消除小腹····································364

有氧运动····································366

强健的双腿·································368

核心稳固····································370

全身力量运动·····························372

60+··374

不负重运动·································376

全身阻力练习·····························378

更大的手臂·································380

更健壮的胸部·····························382

强健的臀肌·································384

PART 4 附录·····························387

术语表·································388

工作人员及致谢·······················392

引言

引言

《终极健身百科全书》一书重点介绍了针对全身的一系列运动，并附带有详尽的解剖插图，精确地展示了在每一项运动中都有哪些肌肉参与其中。不论你是对提升运动成绩感兴趣还是想增强某个身体部位的功能，这本书都能为你的常规运动制定指标，以达到预期结果。为了帮助你制定全面的计划，本书也专门论述了一些能够提升大众体育水平，以及帮助身体应对特定压力或增强力气的常规锻炼。

在有需要的部位加强体能锻炼

如今，全球几乎每一项运动都使用对抗训练的方法来提高身体运动功能——负重训练只适用于那些想要增大肌肉体积的人的想法早已一去不复返了。任何一家健身房，一眼望去都是塞得满满当当的通用健身器材，这就证明了在任何一项健身计划中，力量和耐力的重要性。跟生活中的许多事情一样，通过不断地重复和练习，运动性能会得到提升。但是人类的肌肉组织异常复杂，因此面临的问题是：你应该进行哪项运动以及某项运动的最佳做法是什么？本书就是来专门回答这些问题的。不管你是第一次拿起球拍的网球新手，还是一位期望重新强化特定的肌肉，为你在并列争球时提供所需力量的橄榄球老手，这本书都是你的不二之选。

本书的第一部分包括了详尽的解剖插图，着重介绍了上肢（见26-27页）以及下肢（见28-29页）的主要肌肉。不要担心，你并不需要学习所有的解剖术语，它们只是为了方便你以后随时查看。你做的锻炼越多，对身体各部分的工作原理了解得就越清楚——如果你的愿望就是达到巅峰的运动状态，这绝对有益无害。

第二部分介绍了超过100种的运动，它们分为四类：上肢运动、下肢运动、核心运动以及伸展运动。每一项运动都有深入的指导，包括运动过程中用到的肌肉群、分步说明以及相关的运动技巧。同样的，解剖插图着重强调了运动中用到的关键肌肉群，并标注出了参与运动的每一块肌肉。

确保你选择的健身房装备有大量的自由重量器材和器械。四周的镜子不是为了方便你随时欣赏自己日益有型的身材（嗯，至少不全是！）它们是为了让你在进行每一项运动时都能够密切关注自己的姿态。

本书的第三部分将个人练习与富有成效的健身计划相结合。这一部分又分为了两个子章节，第一节介绍了五十种大众运动，第二节则主要涉及特定的非体育活动的功能锻炼。

接下来就是对每项运动以及在其中发挥作用的肌肉组织的简单回顾，这些体育运动按照强度分为了三个不同的层次，以满足每一位运动员的需求（不论你是初学者还是精英），并提供健身锻炼的重要目标——不管你的健身水平如何。另外，一组可替代的健身方案可以增加你运动的趣味性和多样性。

本书的其余部分则关注真实的运动场景，例如有助于解决背部或膝盖问题的锻炼。对于那些你单纯地出于审美原因想要增强的特定的身体部位，最后的锻炼章节也会帮助你设定目标。不管你是想要锻炼更大、更强健的双臂还是塑造挺翘的臀部都可以做到。至于专门针对运动的章节，每一章都会有一个引言段，简单地概述一下运动中用到的肌肉。这些运动项目本身就分为三个不同强度的运动等级——多数情况下，替代方案的目的是为了提供多样性。

说说姿势

为了能够最大限度地利用本书，请务必考虑一下以下几点提示。记住正确的姿势是最重要的。除非某项运动特别要求，否则我们应该尽量避免（如果你曾经这么做过的话）凭借一股冲力完成一组特定的动作。为了使锻炼的好处能够最大化，我们会专门针对一组特定的肌肉进行锻炼，以增强表现力，正因为如此，恰当幅度的运动以及正确地执行理应是我们一直追求的目标。

在进行一组运动强度比较大的动作时，我们的身体会产生一种"灼烧"（乳酸）感，它会使我们产生缩减一系列动作的倾向。如果情况果真如此，你只需要简单地休息几秒钟，消除暂时的疲劳，而不是随意地将这组动作糊弄过去。例如，在进行杠铃弯举时，不要忍不住大幅度摇摆身体，过度借助下背部力量完成重复动作——到了第二天，你的双臂感受到的不是进行了很好锻炼的轻微痛感，很可能是在紧张的下背部进行冰敷，一个星期都去不了健身房。

时间是另一个重要因素。只有当身体得到适当的休息时，你才能开始一组新的动作。动作不要太猛，因为这无法帮助你获得最大的好处；以稳定的速度进行动作，才能确保增加肌力，避免受伤。与同伴一起锻炼则大有裨益——当你休息时，你的同伴在一旁做他或她的一组动作，这样就能激励你完成动作，并且你的同伴还能时刻关注你的姿势。

衡量进步

在运动和练习中，进步可以体现在很多方面：比之前最短的完成时间又少了几秒钟；在相同的负重下，又多做了一两次动作；增加负重；跑步或扔球的距离增大。你正在训练的运动或活动定义了要设定的目标。进步可以简单地通过每一次训练时，你能够多少次达到目标来衡量。或者，如果你的目标是锻炼出一幅更加强健的体魄，那么你可以通过在镜子中观察自己或者穿上以前扣不上扣子的衣服所产生的自我良好感觉来衡量。

不论你的目标如何，要耐心地继续下去，不要因为其他人做的有多好或者看起来有多棒而分心或灰心丧气——衡量你进步与否的唯一方法就是拿自己与自己比较。设定目标要实事求是；一小步一小步地逐渐实现目标，你也能够走得一样远。在本书中找到适合你自己的锻炼规划。按照自己的速度逐步实现。如果你能够坚持下去，定期锻炼的话，假以时日，你就会发现自己也成了别人羡慕和模仿的一员了。

在运动中，减少体脂肪并增加肌肉组织对你的运动表现有直

在健身房里，新手们通常会被推荐使用抗阻力健身器。它们刚性的设计能够帮助你自始至终都保持良好的姿势。即使如此，还是最好请一位专家向你介绍每一种器材——演示它如何工作，推荐最适合的重量，并将座位调节到最适宜的高度。

接影响。从精瘦的长途自行车手到肌肉发达的橄榄球运动员，身体的组成成分起着至关重要的作用。力量通常与大块肌肉有关，速度直接受结实的肌肉影响，而运动表现则由力量、速度、熟练程度以及对这些肌肉的控制力共同决定。事实是，不论我们进行什么运动——从生活中获得最大的好处并远离伤病的困扰，我们的身体不仅要强壮结实，还需要有良好的柔韧性。热身和伸展运动是我们健身规划中的重要环节，这里关于后者的论述更多。让我们先来谈谈你需要为身体做哪些准备工作。

加燃料活动

输出和输入之间有明确的相关性。这就像是一台高性能赛车，如果没有优质燃料，它很难取得成功。人体也一样，如果想要在运动中有良好的表现，就一定要有充足的燃料。食用那些基本上未经加工，并与自然状态最贴近的高品质食物，它们被消化吸收后对人体有好处。

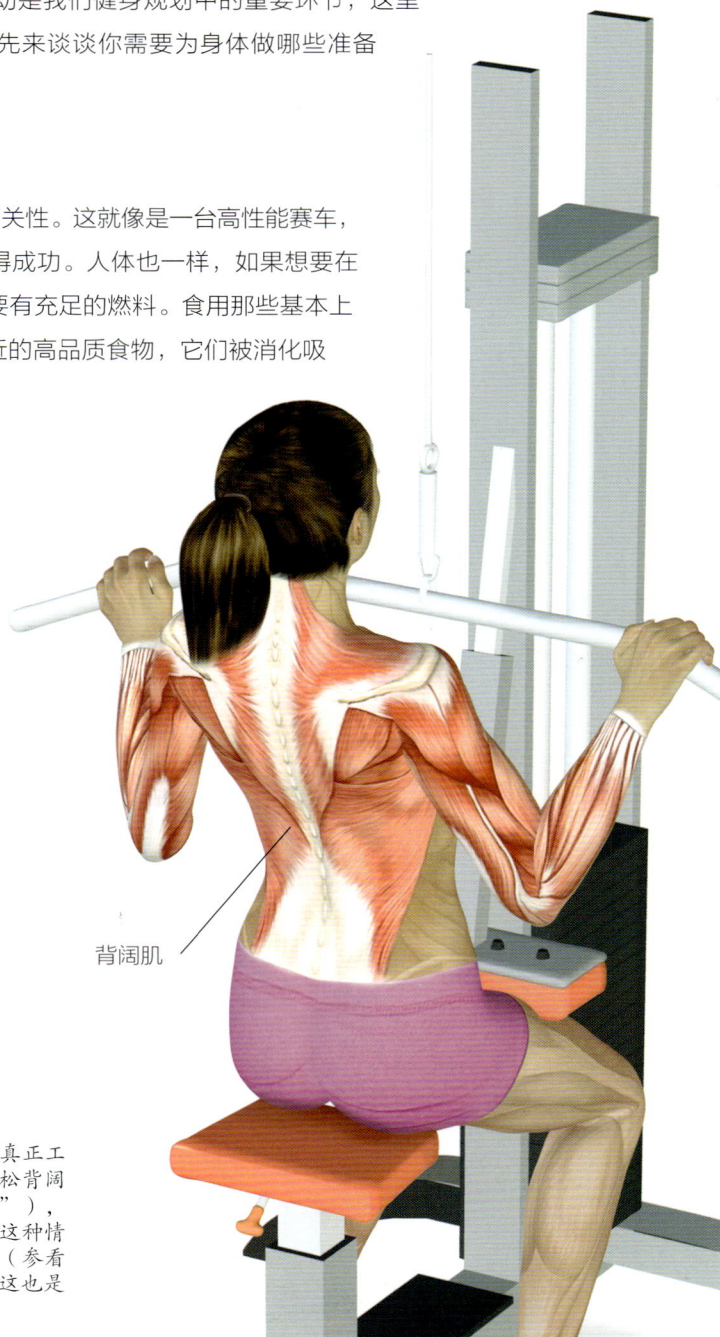

背阔肌

进步也可以通过增大对运动过程中真正工作的肌肉的控制力获得。例如，放松背阔肌（也就是我们通常所说的"背肌"），同时肱二头肌和前臂保持紧张，在这种情况下能够进行高滑轮下拉运动的话（参看42页）就说明你的姿势正确，并且这也是取得巨大进步的可靠标志。

碳水化合物

碳水化合物能够维持肌肉运作，可以分为三种子类别：简单碳水化合物、复杂碳水化合物和纤维碳水化合物。简单碳水化合物，如水果和糖，能够迅速被身体分解，并提供短暂的爆发力。复杂化合物分解的时间更长，因此它们可以长时间地提供持久的能量。燕麦、藜麦、豆类和糙米都是提供"纯粹的"（未加工的）复杂化合物的极好范例。纤维碳水化合物，例如花椰菜和芦笋，有助于消化。面包、意大利面、谷物和面粉等都是经过加工的碳水化合物，能够迅速转化为体内糖分。它们可以在极短时间内有效地恢复能量，但是紧接着就会导致血糖水平急剧下降。

如果你非常重视自己的身体性能，那么你每天一大早就需要摄入碳水化合物。没有了碳水化合物来开始一天的生活，就会立即限制你那一天剩余时间所能消耗的能量。靠着中午吃点沙拉补充碳水化合物无法帮助你支持整个下午，因为它虽然富含纤维碳水化合物，但是却缺少复杂化合物。晚上饥肠辘辘地回到家，你可能会忍不住狼吞虎咽地吃下太多复杂或简单的碳水化合物，而它们则可能被转化为储藏在体内的脂肪。为了避免陷入这个恶性循环，要确保你的早餐中要有土司或不加糖的麦片以及水果。如果你不愿意一大早吃这些东西的话，那就带个三明治上班，等到肚子一饿就马上吃掉。午餐中要有水果和（或者）蔬菜，以及诸如面食或土豆等碳水化合物。晚餐要均衡，要有瘦肉或油性鱼类等蛋白质以及蔬菜；晚上不要补充太多土豆和面食等碳水化合物。万一你晚上打算吃高脂肪或高糖食物的话，那就在开饭前喝杯水或果汁，降低自己的食欲。

脂肪

忘记那个所有脂肪都百害无利的过时看法吧，因为其中一些脂肪对我们健康的身体机能和管理至关重要。例如在鱼身上发现的欧米茄脂肪酸对你的身体就特别好。只有在高脂肪肉类中发现的堵塞动脉的饱和脂肪才基本上不能被列入健康饮食。优质的脂肪对你的头发、皮肤和指甲都有好处。它们连同坚果和橄榄油中的脂肪一起，都能使人们产生一种饱腹感，并可以润滑关节，保护心肺。

蛋白质

蛋白质能够使肌肉变得更大、更壮，再加上适当的训练刺激，可以使运动员在赛场上或训练中充分利用他或她的身体。完整的蛋白质来源——即包含所有氨基酸的来源——有蛋类、家禽肉、牛肉、鱼以及蛋白质补充剂。
我们最好摄取脂肪含量较低的蛋白质（如蛋清、鸡肉、火鸡胸肉和鱼），因为它们被公认为有助于保持瘦肌体积。

适度和平衡

任何一位有抱负的运动员最常犯的一个错误就是过度训练——一直练到身体筋疲力尽才罢休——然后又不能为身体补充足够多的能量。正如之前我们探讨过的那样，不吃早餐或者最多依靠紧要关头的刺激物或者糖分（咖啡和水果）就像是坐在没有油的车上前行，身体连日常任务都完成不了，更别提为健身和运动做训练了。请注意，人体摄入糖之类的简单碳水化合物的唯一最佳时间就是在运动过后，这时糖原（存储的碳水化合物）需要得到快速的补充。运动或活动过后（与那些能够迅速转化为糖的果汁和水果相比），复杂的碳水化合物（如豆类等）需要更多的时间才能补充身体所损耗的能量。为了达到最佳效果，在这一天其余的时间里你最好都能够少食多餐，吃一些健康的食物。这有助于你保持身体精力充沛，并有效地消耗存储的人体脂肪（肥肉），作为补充身体的燃料。

一般而言，40%的蛋白质、40%的碳水化合物以及20%的脂肪应该是你营养摄入的基础。此外，逐步减少碳水化合物的摄取，早上摄取的量应该占最大份额，然后随着时间的推移，转变为高纤维或低热量类型，这样有助于脂肪燃烧。例如，早餐吃燕麦、稀饭或土司，午餐吃三明治或意式沙拉，晚餐则吃鸡肉沙拉或鱼肉和蔬菜。

如果你锻炼是为了减肥，一定要注意不要大幅度地削减饮食。减脂塑身（如果这是你的目的的话）的健康目标是每周减轻0.5千克到1千克，并且最好能够在良好的营养（为身体提供能量）、恰当的重量训练（锻炼身体）以及充足的心血管活动（燃烧存储的脂肪）长期地相互配合下进行。

血糖指数规则

血糖指数（英文缩写GI）测量了碳水化合物对血糖水平的影响速度，从营养角度看，它是达到长期减脂塑身的关键。较低的血糖指数表明消化速度较慢以及身体对胰岛素的需求较低，最终存储的脂肪也就更少。

按照血糖指数也可以对食物进行划分，最高可以达到70甚至更高。这其中包括白面包、精白米、早餐谷物和葡萄糖。在56到69之间的中等血糖水平的食物有全麦产品、土豆和蔗糖。血糖指数为55，甚至更低的食物大多是蔬菜，包括豆科植物、全谷物、坚果和果糖。为了拥有偏瘦的体格以及平衡的血糖水平，含血糖指数较低的食物应该充当你所消耗的碳水化合物的主力军。

用健康、均衡的饮食，比如新鲜的鱼类和蔬菜、坚果和豆类为身体锻炼计划补充能量。

液体摄入

　　最后但绝非不重要的一点是，你应当保持体内的水分。在运动前、运动中和运动后都要喝水。水是身体主要的化学成分，占到了你体重的60%。身体的每个系统都离不开它。缺水会导致脱水，这就意味着你体内的水不足以支持身体发挥正常的功能。即使是轻度脱水也会消耗你的体能，让你感觉疲劳，昏昏欲睡。

　　每天，你都会通过呼吸、流汗、排尿和排便活动消耗水分。为了使你的肢体正常运转，你必须要补充这一部分损耗的水分。你每天需要两到三升的水——其中大部分都是通过正常的饮食获得的——这一数字会根据天气以及运动量的大小等不稳定的因素升高或降低。

不论你进行什么运动，饮用水对于保持身体健康，精力充沛都至关重要。要养成每天喝几杯水的习惯。

伸展全身

　　《终极健身百科全书》是本着为读者着想和帮助读者取得进步的目的编纂的。利用它可以帮助你释放出身体无限的潜力，并恢复身体本身的平衡、功能性和力气。以一项特定的运动或功能性锻炼作为开始，在整个健身方案中按照你自己的速率不断前进。

　　请务必要花点时间好好看一下本书关于伸展运动的章节。伸展运动对于运动中和运动后适当拉长肌肉组织以及释放乳酸——肌肉努力工作的副产品——至关重要。此外，肌肉组织的弹性和柔韧性越好，关节活动的幅度就越大，附加的瘦肌肉组织得到的锻炼程度就越高，这对于体育活动有直接的帮助。

　　还有一个学术流派宣称，在进行锻炼之前，我们一定要进行伸展运动。实际上，在进行伸展运动之前最好先热身。运动中和运动后都是伸展肌肉的最佳时机，因为这时的肌肉既温暖又柔韧。

目标设定

　　有趣的是本书的运动章节主要针对运动表现，而功能性锻炼章节既面向人体的日常功能，在恰当的时候还能提升身体的张力。所有的健身追求都是从目标的规划开始，并指明这条路最终会将你带向何方。装备着精神上的"什么？"，这本书会告诉你该怎么做。两者相结合，你就可以取得非凡的成就。注意安全并过得开心。

你可以不借助道具进行伸展，但是一条绳索、一根带子和一个瑞士球能够帮助你在进行每一次伸展运动时，身体的动作幅度都能够再大一点。

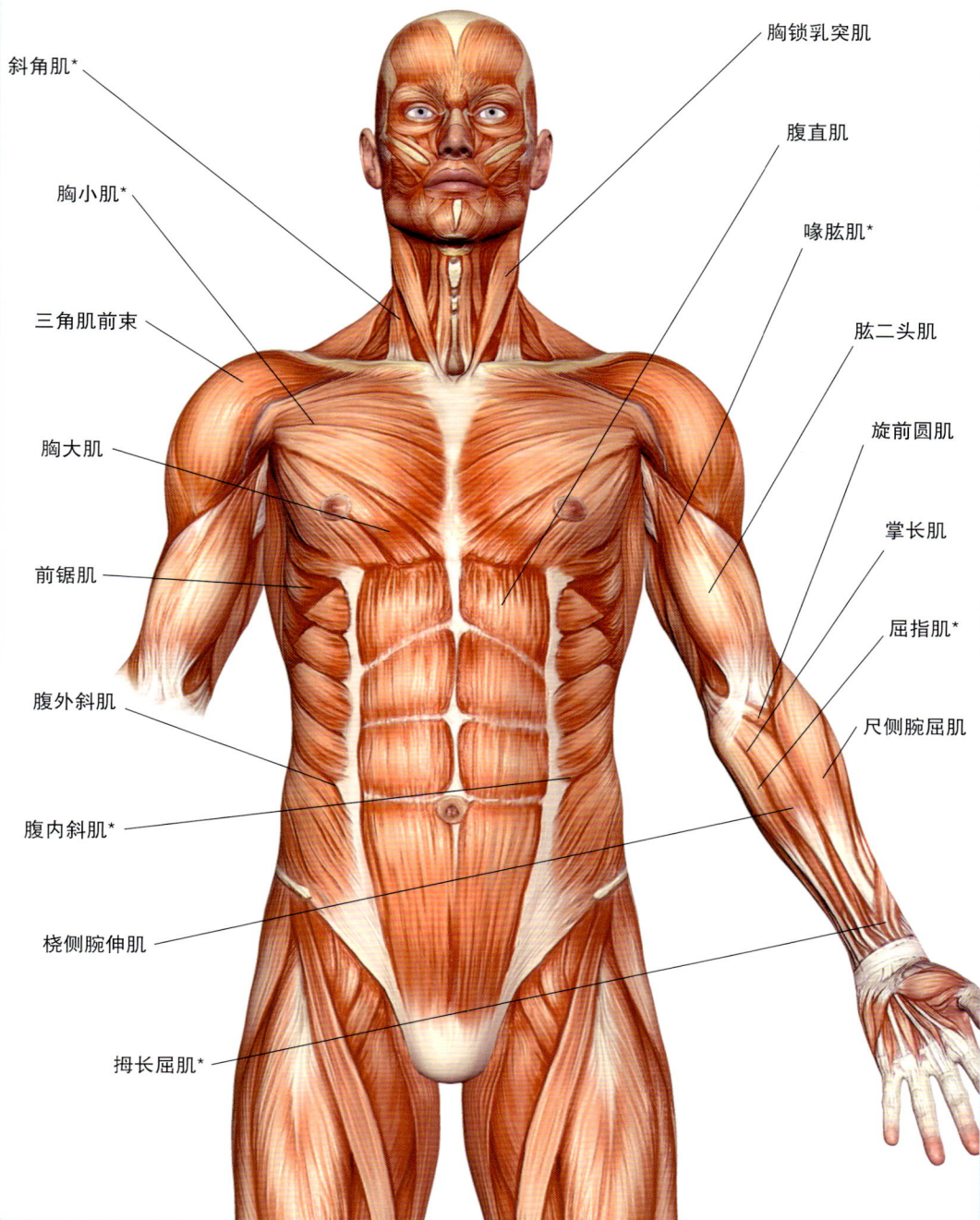

上肢解剖图

斜角肌*

胸小肌*

三角肌前束

胸大肌

前锯肌

腹外斜肌

腹内斜肌*

桡侧腕伸肌

拇长屈肌*

胸锁乳突肌

腹直肌

喙肱肌*

肱二头肌

旋前圆肌

掌长肌

屈指肌*

尺侧腕屈肌

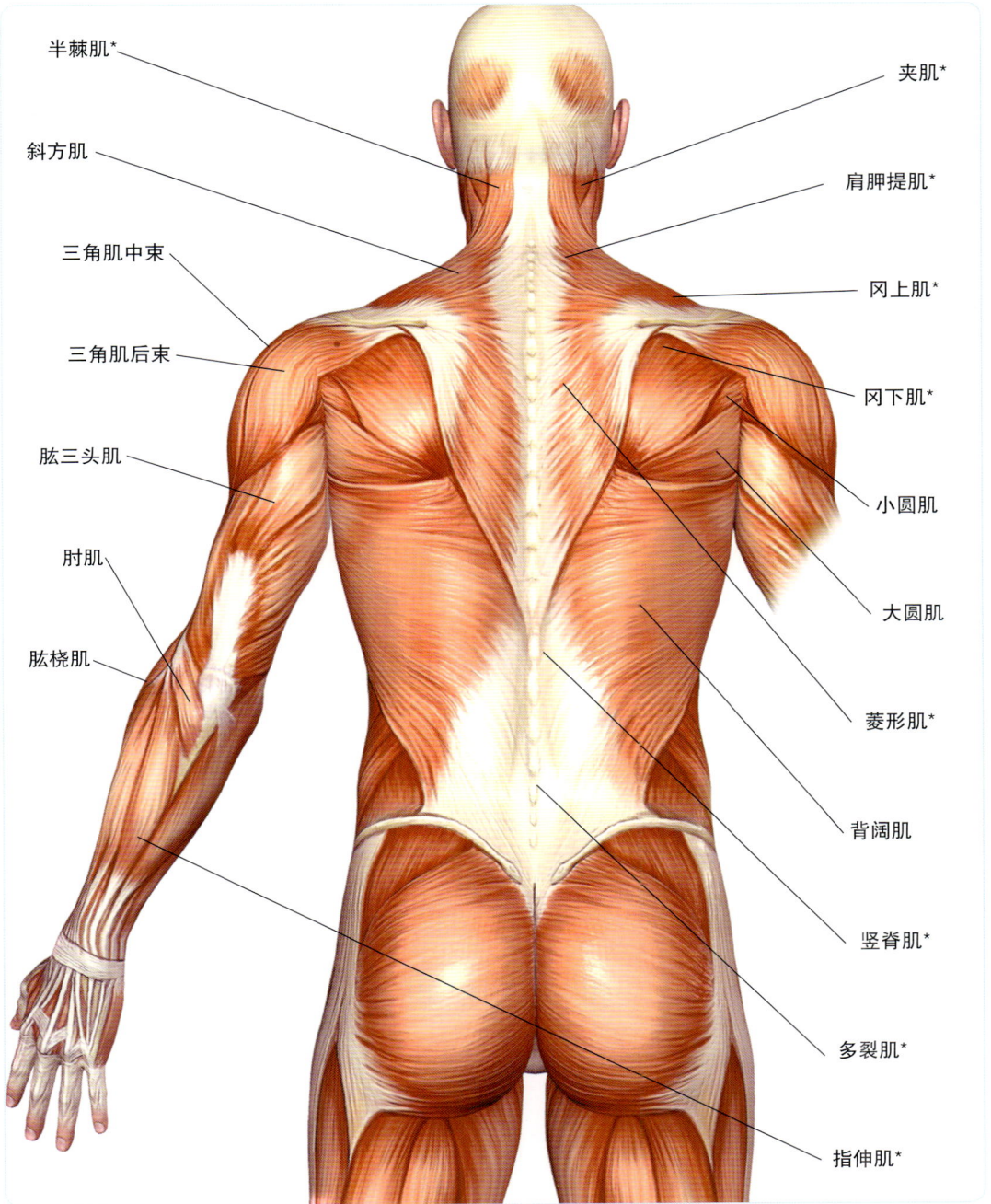

半棘肌*

斜方肌

三角肌中束

三角肌后束

肱三头肌

肘肌

肱桡肌

夹肌*

肩胛提肌*

冈上肌*

冈下肌*

小圆肌

大圆肌

菱形肌*

背阔肌

竖脊肌*

多裂肌*

指伸肌*

下肢解剖图

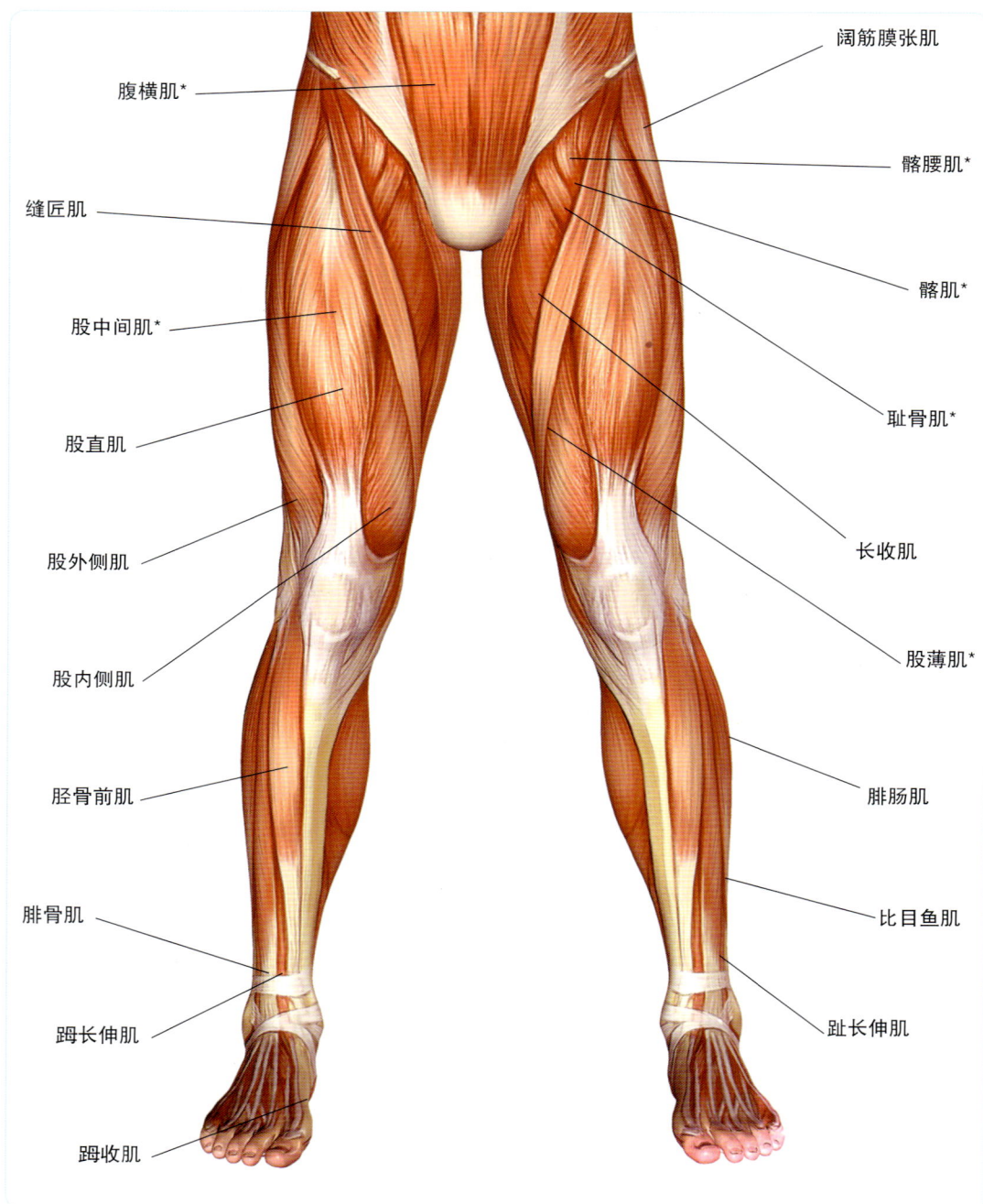

腹横肌*

阔筋膜张肌

缝匠肌

髂腰肌*

股中间肌*

髂肌*

股直肌

耻骨肌*

股外侧肌

长收肌

股内侧肌

股薄肌*

胫骨前肌

腓肠肌

腓骨肌

比目鱼肌

蹬长伸肌

趾长伸肌

蹬收肌

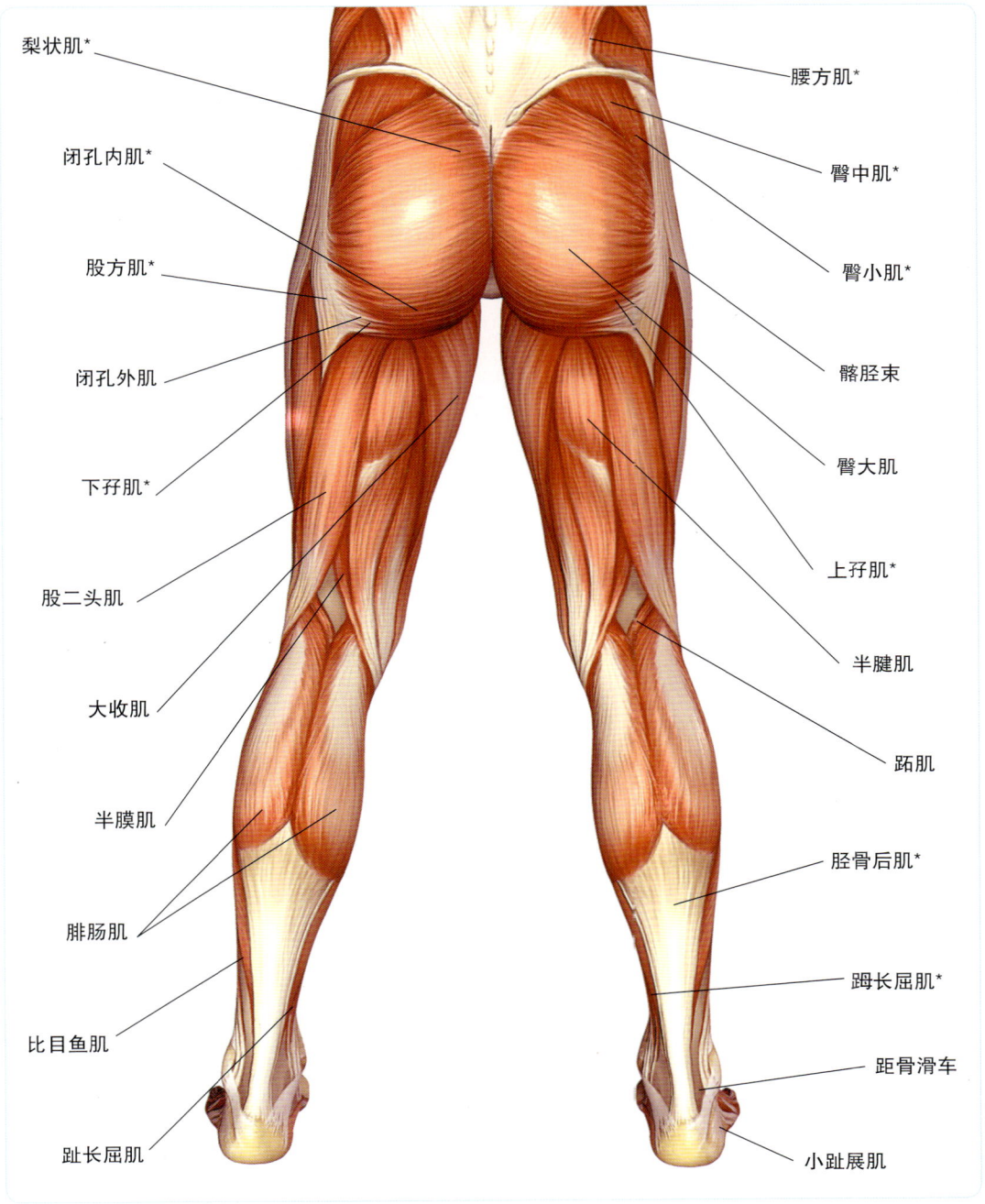

梨状肌*

闭孔内肌*

股方肌*

闭孔外肌

下孖肌*

股二头肌

大收肌

半膜肌

腓肠肌

比目鱼肌

趾长屈肌

腰方肌*

臀中肌*

臀小肌*

髂胫束

臀大肌

上孖肌*

半腱肌

跖肌

胫骨后肌*

踇长屈肌*

距骨滑车

小趾展肌

练习&伸展运动

上肢练习

这里提供的上肢练习代表了一些最有效的运动，它们已经被证明在特定的运动或活动中可以提高你的运动水平。所有的练习都有了明确的定义，同时还附带有完整的分步骤说明。这一章节包括了所有旨在加强和强化胸部、背部、肩部和双臂的所有肌肉——不管是从美学还是运动水平的角度看，它们都增强了这些重要的肌肉组织。本书后半部分提到的常规则利用这些练习，有效地组合成特定的运动或活动。然而，你可以随意翻阅一下这几页的内容，并随时进行个人练习，为你的锻炼增加多样性。与之前一样，密切关注自己的动作，确保目标肌肉产生灼烧感至关重要，不要过于依赖辅助器械的帮助。所有的体验层次都有多种运动可供选择。祝您练习愉快！

杠铃硬拉

① 双腿分开站立在杠铃前方，与肩同宽。双目直视前方，身体下蹲，正手握住杠铃并将其举起；确保杠铃杆尽量靠近双膝。

正确做法
- 利用臀大肌帮助完成动作

避免
- 背部弯曲过度

锻炼目标
- 背部
- 股四头肌
- 臀部
- 腘绳肌
- 核心肌群
- 前臂
- 肱二头肌

级别
- 中级

益处
- 增大躯干的力量和体积

如果你有下列问题，不建议做此项练习
- 膝盖疼痛

变化练习
- **难度降低：** 使用质量非常轻的铃杆或仅凭自身的身体重量进行锻炼
- **难度增大：** 双脚之间的距离缩减，以增大必需的动作幅度

② 当身体站直，双臂自然垂落时，紧握杠铃，此时应该通过脚踝将身体向上推。确保在运动过程中背部保持挺直。

③ 身体完全直立的同时保持着结束动作，然后将这个过程颠倒过来，小心地将杠铃放回到地面上。重复做6到8次。

竖脊肌*
背阔肌
多裂肌*

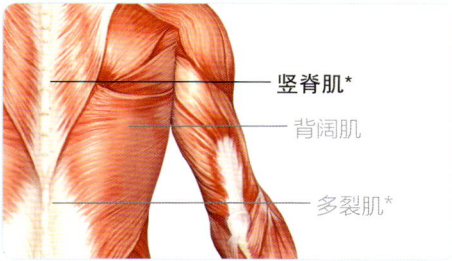

最佳锻炼部位
- 竖脊肌

关键注释
黑色字体代表目标肌肉
灰色字体代表其他的工作肌肉
*代表深层肌肉

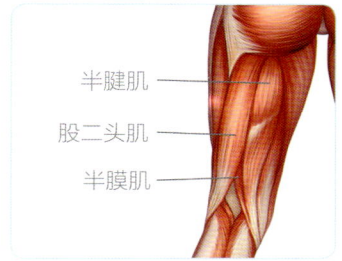

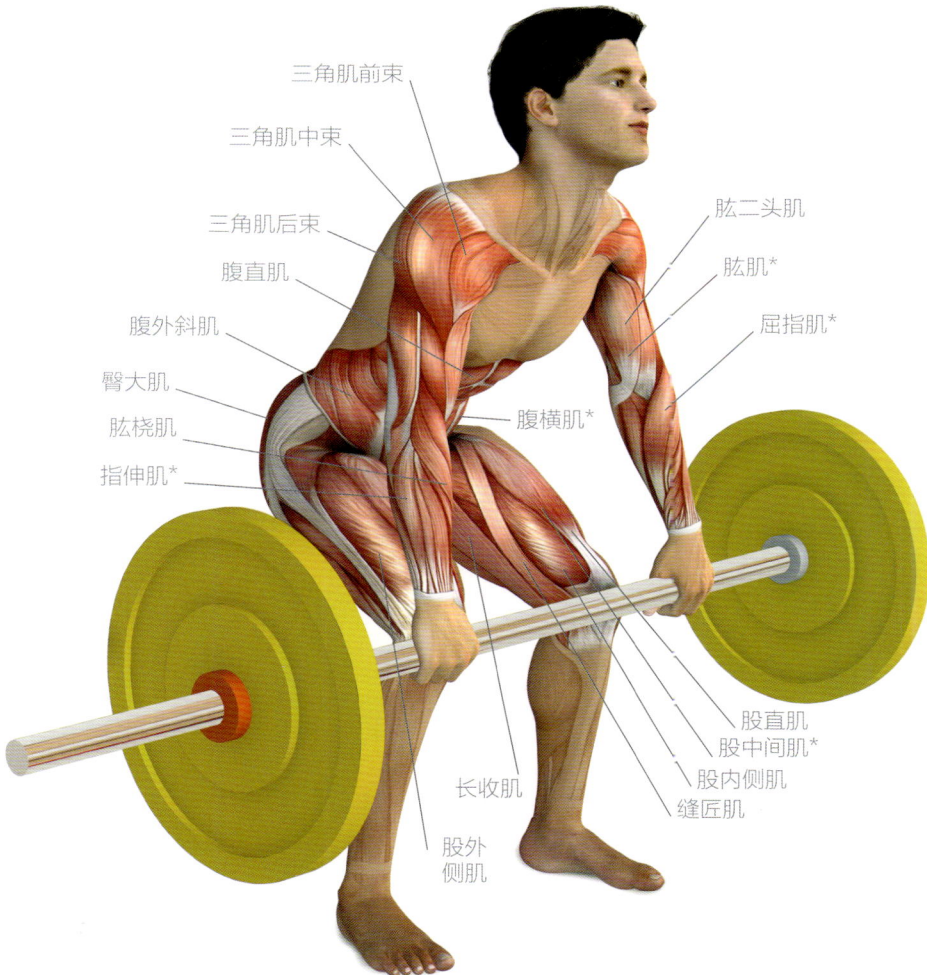

半腱肌
股二头肌
半膜肌

三角肌前束
三角肌中束
三角肌后束
腹直肌
腹外斜肌
臀大肌
肱桡肌
指伸肌*

肱二头肌
肱肌*
屈指肌*
腹横肌*

股直肌
股中间肌*
股内侧肌
缝匠肌

长收肌
股外侧肌

杠铃划船

① 双脚平行站立，与肩同宽，双膝略微弯曲。

② 双手手心朝上将杠铃举起，双手距离与肩同宽。

③ 腰部弯曲，带动身体前倾，保持背部挺直，直至与地面近乎平行为止。杠铃应位于身体正前方，双臂与地面和躯干保持垂直。这时开始动作。

④ 将杠铃朝躯干方向举起，肘部内收，紧贴住身体两侧。

⑤ 缓慢地将手中的杠铃放回到开始位置。重复以上动作。

锻炼目标
- 三角肌
- 背部

级别
- 中级

益处
- 增强肩部、背部和双臂力量

如果你有下列问题，不建议做此项练习
- 背部问题

教练建议
- 举杠铃时呼气，放下杠铃时吸气
- 双膝保持微微弯曲，利用臀大肌和腘绳肌完成动作
- 进行这项练习时，杠铃的重量要合适——质量过重可能会导致动作不标准，并且有可能造成背部疼痛

正确做法
- 运动过程中躯干始终保持水平

避免
- 运动过程中低头

冈下肌*

斜方肌

菱形肌*

背阔肌

大圆肌

竖脊肌*

三角肌后束

胸大肌

肱二头肌

肱三头肌

臀大肌

腹直肌

腹内斜肌*

肱桡肌

腹外斜肌

半腱肌

大收肌

半膜肌

股二头肌

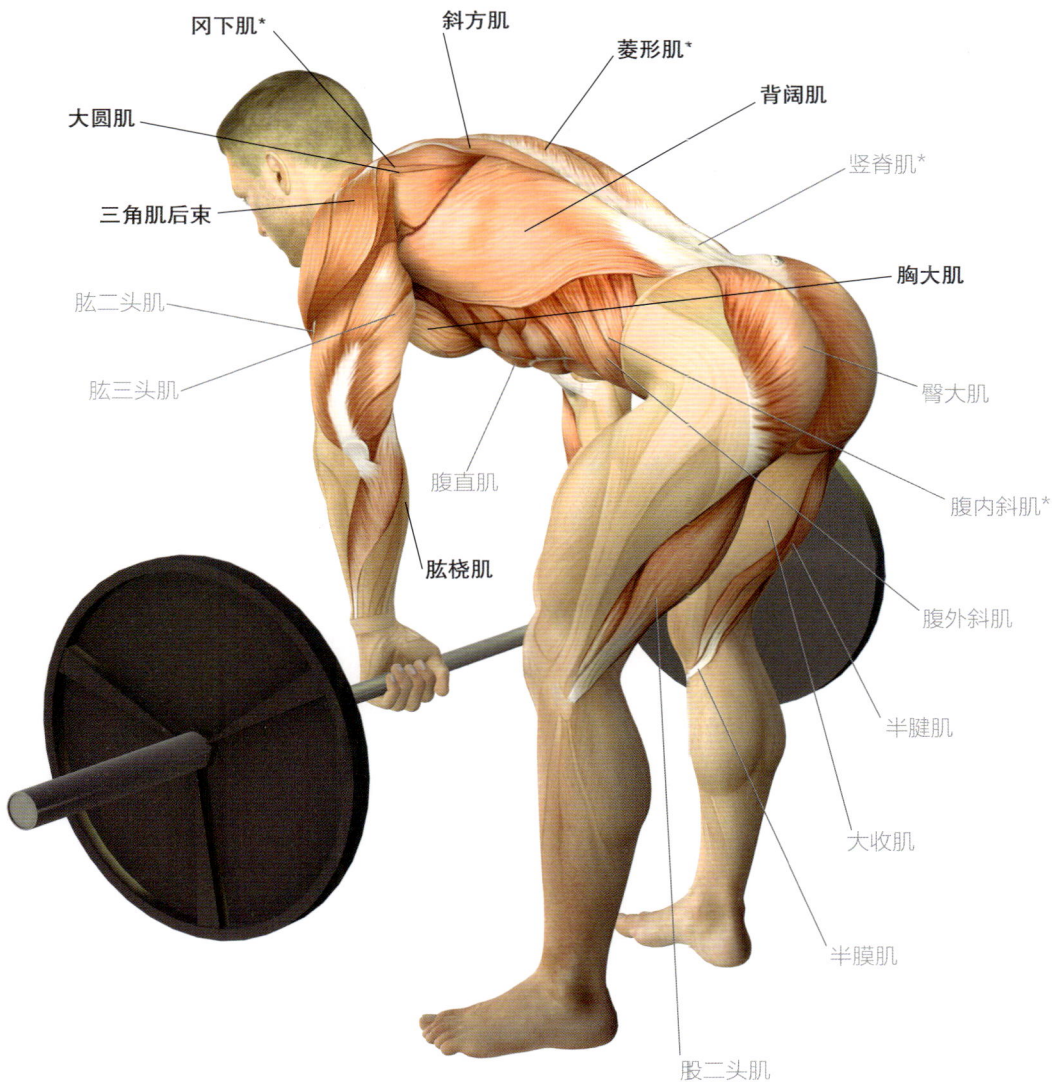

最佳锻炼部位

- 三角肌后束
- 斜方肌
- 菱形肌
- 背阔肌
- 大圆肌
- 冈下肌
- 肱肌
- 肱桡肌
- 胸大肌

关键注释

黑色字体代表目标肌肉

灰色字体代表其他的工作肌肉

*代表深层肌肉

哑铃划船

① 左手握一个哑铃，站在一块斜板旁边，双脚分开站立，与肩同宽。

② 身体前倾，右手放在斜板上方，背部保持正直，双膝微微弯曲。左手以抓链球的姿势抓住哑铃，肘部紧贴肋骨处。

正确做法
- 胸部不要下沉
- 骨盆始终处于略微收缩的状态，背部保持平直

避免
- 肘部与胸腔距离太远
- 凭着一股冲力将哑铃举起

③ 肘部朝天花板方向拉伸。

④ 将哑铃放回到初始位置，并重复动作。换身体另一侧，用右手握住哑铃，重复以上所有步骤。

锻炼目标
- 中背部

级别
- 中级

益处
- 增强肩部和背部的力量

如果你有下列问题，不建议做此项练习
- 背部问题

教练建议
- 佩戴腕带以增强稳定性
- 用来支撑身体的胳膊微微弯曲
- 下巴放松

斜方肌

菱形肌*

冈下肌*

小圆肌

大圆肌

背阔肌

竖脊肌*

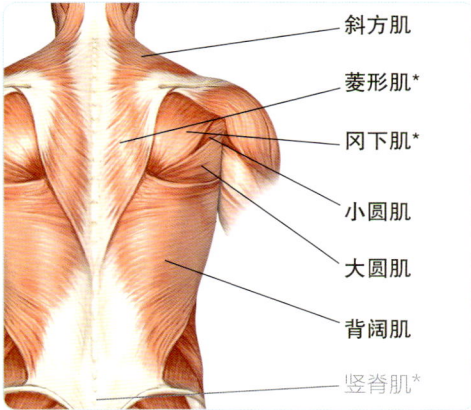

最佳锻炼部位

- 斜方肌
- 菱形肌
- 背阔肌
- 大圆肌
- 三角肌后束

- 冈下肌
- 小圆肌
- 肱肌
- 肱桡肌

关键注释

黑色字体代表目标肌肉

灰色字体代表其他的工作肌肉

*代表深层肌肉

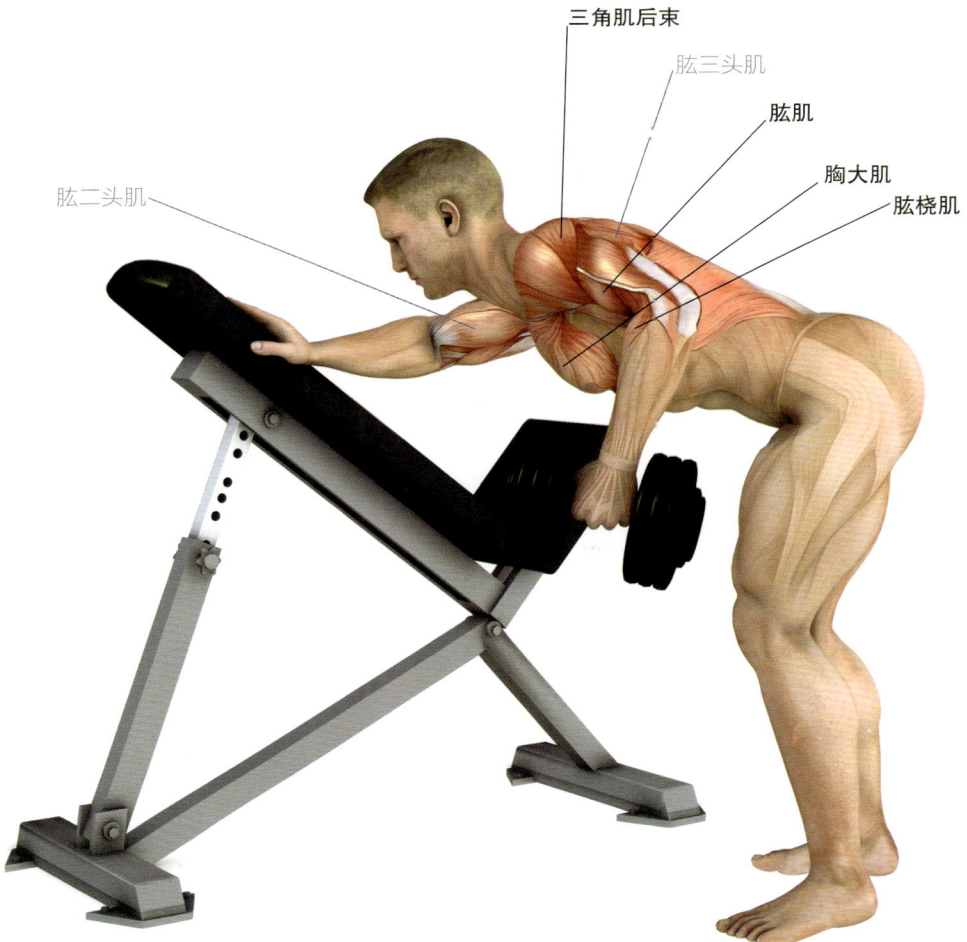

三角肌后束

肱三头肌

肱肌

胸大肌

肱桡肌

肱二头肌

仰卧哑铃上拉

① 身体仰躺在哑铃练习平凳上，头部紧贴平凳。双腿弯曲，双脚分开，与肩同宽，平放在凳子上，以获取更多的下背部力量支撑。

② 双臂伸直，双手握住一个质量较轻的哑铃，位于胸部正上方。

正确做法
- 进行这项练习时，双臂始终保持弯曲

避免
- 头部被哑铃击中

锻炼目标
- 背部
- 股四头肌
- 臀部
- 腘绳肌
- 核心肌群
- 前臂
- 肱二头肌

级别
- 初级

益处
- 增强肩部、胸部和手臂力量

如果你有下列问题，不建议做此项练习
- 背部问题
- 肩部问题

教练建议
- 避免哑铃与身体间的距离太远。开始姿势正好位于胸部的正上方，哑铃的运动范围不应该超过这一界限

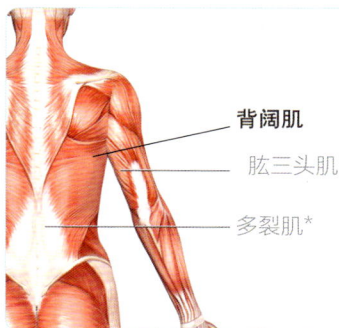

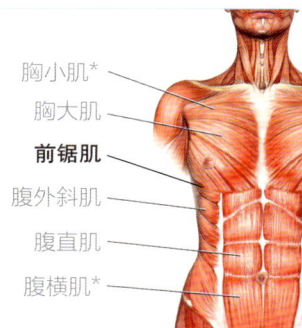

背阔肌
肱三头肌
多裂肌*

胸小肌*
胸大肌
前锯肌
腹外斜肌
腹直肌
腹横肌*

变化练习

难度降低： 使用质量非常轻的哑铃。

难度增大： 身体与练习平凳成90度直角，仅凭着头部和肩部的力量支撑整个身体。

最佳锻炼部位
- 背阔肌
- 前锯肌

关键注释
黑色字体代表目标肌肉
灰色字体代表其他的工作肌肉
*代表深层肌肉

❸ 只移动肩部，双臂略微弯曲，慢慢地将哑铃下移到头部后方。然后将哑铃移回到初始位置，并重复做6到8次。

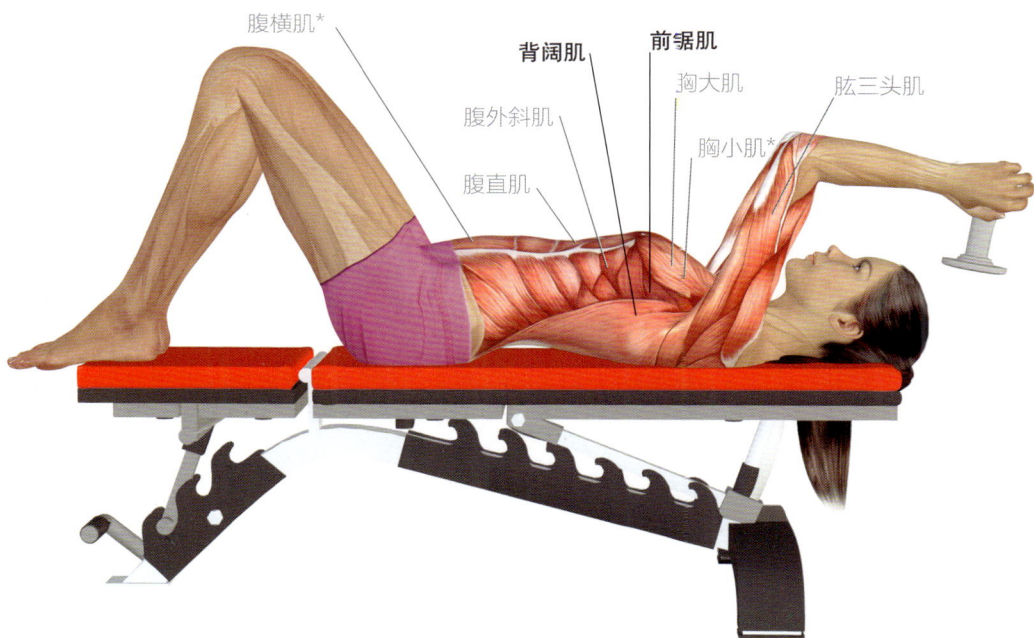

腹横肌*

背阔肌　前锯肌

腹外斜肌　　胸大肌　　肱三头肌

腹直肌　　　胸小肌*

高滑轮下拉

① 身体坐在高
拉训练器开
始练习。上
手握住金属
柄，双手所
抓位置比肩
稍宽。

② 将金属柄下
拉至胸部最
上方。

锻炼目标
- 背部
- 前臂
- 肱二头肌

级别
- 初级

益处
- 增强背部肌肉的力
量和宽度

**如果你有下列问题，
不建议做此项练习**
- 背部问题

变化练习
- 难度降低：尝试增
大双手间的距离，
减少关节活动范围
- 难度增大：双手抓
握的距离越短，关
节活动范围就越大

③ 双臂伸
直，并克
制地举过
头顶。重
复做8到
10次。

正确做法
- 身体坐直，背部始
终保持平直

避免
- 将金属柄下拉到脖
子后方

三角肌后束

背阔肌

肱桡肌

伸指肌*

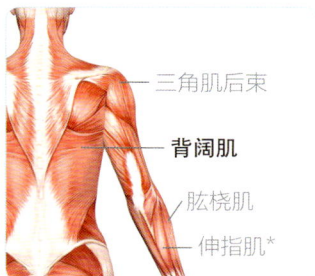

最佳锻炼部位

• 背阔肌

关键注释
黑色字体代表目标肌肉
灰色字体代表其他的工作肌肉
*代表深层肌肉

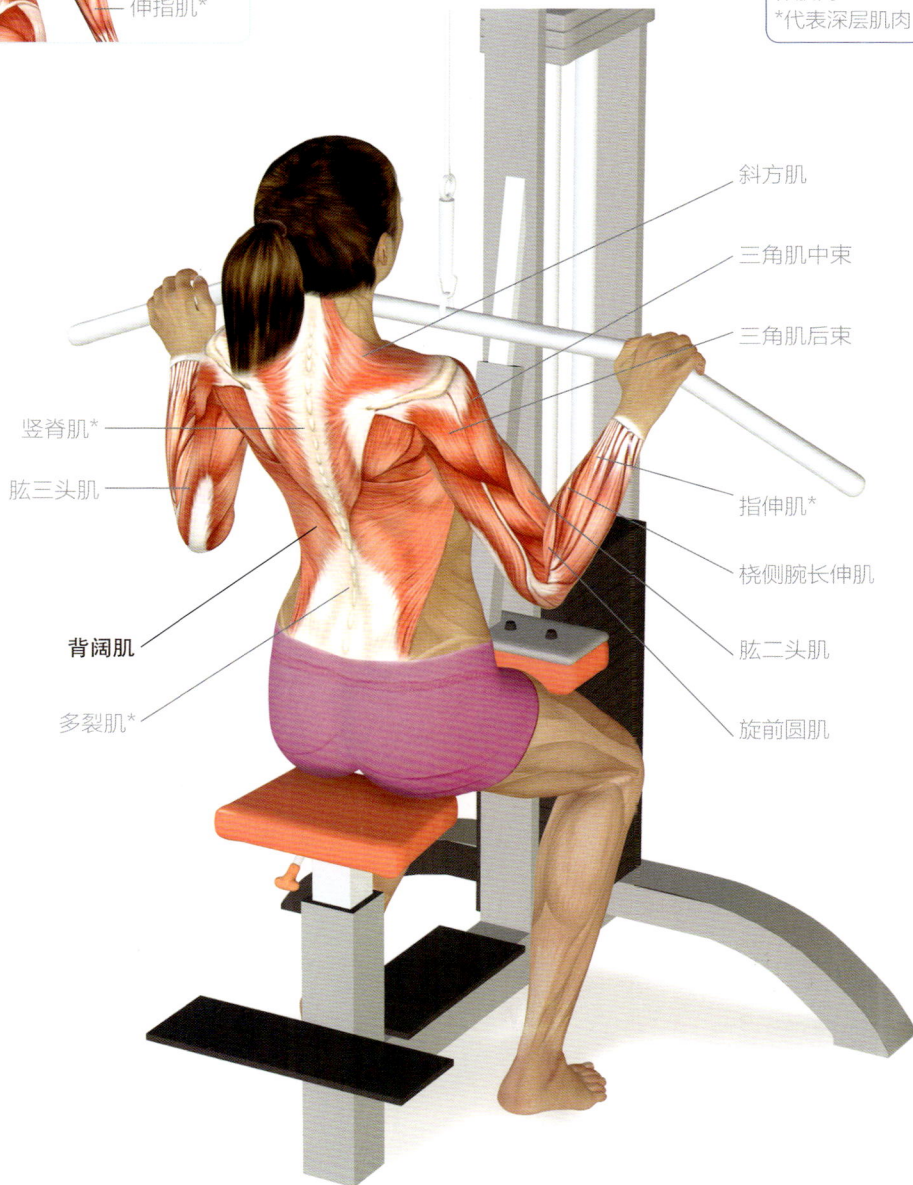

斜方肌

三角肌中束

三角肌后束

竖脊肌*

肱三头肌

背阔肌

多裂肌*

指伸肌*

桡侧腕长伸肌

肱二头肌

旋前圆肌

肩胛骨活动度

① 坐着或是站立，保持颈部、肩部以及躯干都处于放松和中正的位置。下巴保持水平，双眼目视前方。

正确做法
- 以顺畅、克制的方式移动肩部

避免
- 躯干的位置移动

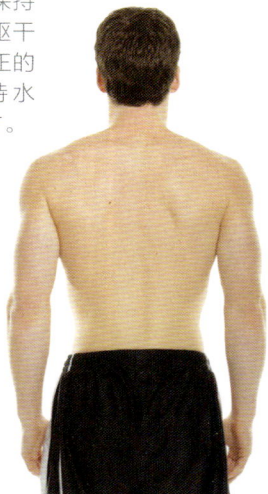

② 双臂位于身体两侧，肘部微微弯曲。双手手心朝向身体内侧。

③ 肩部向前伸展，着重将肩胛骨与脊椎分开。

锻炼目标
- 肩部
- 肩胛骨
- 脖子

级别
- 初级

益处
- 增大关节活动范围
- 放松缓解紧张的颈部、肩部、胸部以及上背部肌肉
- 稳定肩胛骨

如果你有下列问题，不建议做此项练习
- 肩部问题

⑥ 继续挤压肩胛骨的同时，肩部下压。

⑦ 肩部下压，恢复至中正的开始姿势。

⑧ 全套动作重复做3次。

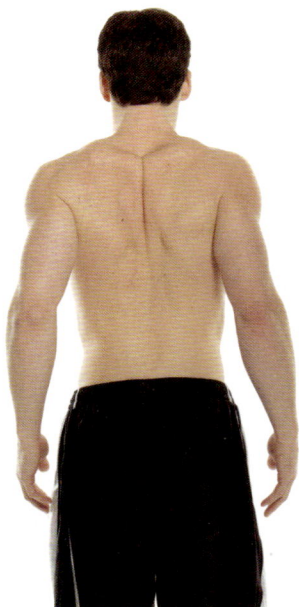

④ 肩部后伸并微微
耸起，使两侧肩
胛骨向内挤压。

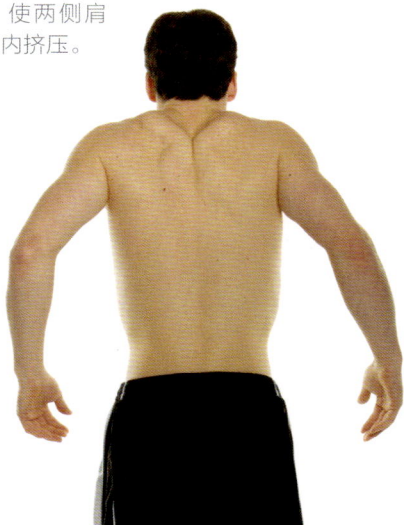

⑤ 肩部朝后下
方下压。

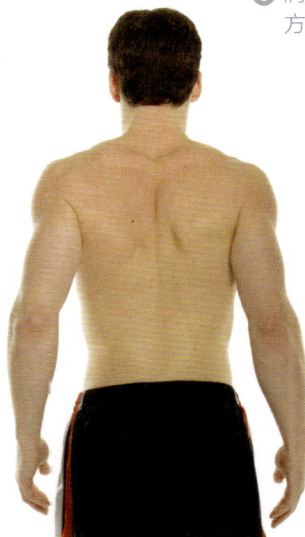

最佳锻炼部位

• 斜方肌

关键注释

黑色字体代表目标肌肉

灰色字体代表其他的工
作肌肉

*代表深层肌肉

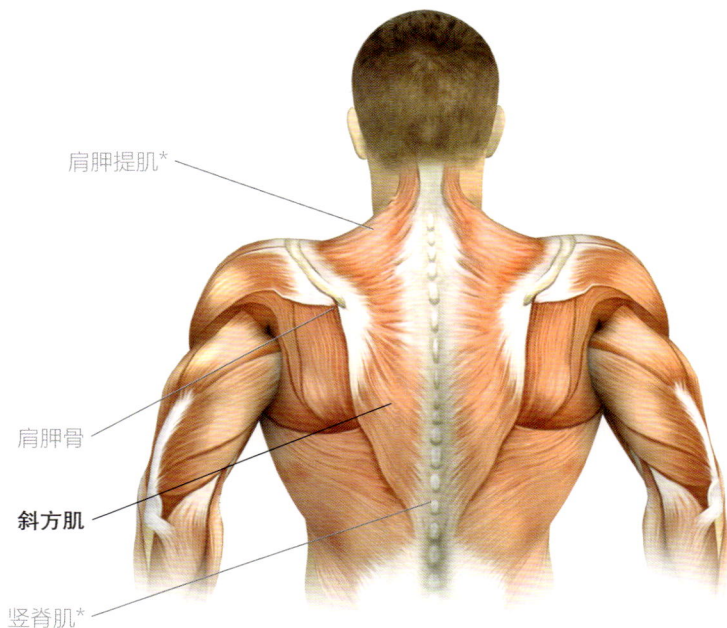

肩胛提肌*

肩胛骨

斜方肌

竖脊肌*

壶铃交替上提

① 身体站直，双脚分开，与肩同宽。上手握住一对壶铃并置于身体前方。腰部以上部位微微前倾，保持背部平直。

② 肘部弯曲，左手朝躯干方向抬升，然后再放下。

正确做法
- 运动过程中保持背部平直

避免
- 核心肌群转动

锻炼目标
- 中背部
- 肱二头肌

级别
- 初级

益处
- 增强中背部力量

如果你有下列问题，不建议做此项练习
- 背部疼痛

变化练习

难度降低： 双臂同时抬高（放下）。

难度增大： 一条腿从地面抬起，使练习更具挑战性。

③ 接下来，右手向上拉，然后放下。每只手重复做8到10次。

最佳锻炼部位

- 斜方肌
- 菱形肌
- 背阔肌
- 竖脊肌
- 多裂肌

关键注释

黑色字体代表目标肌肉

灰色字体代表其他的工作肌肉

*代表深层肌肉

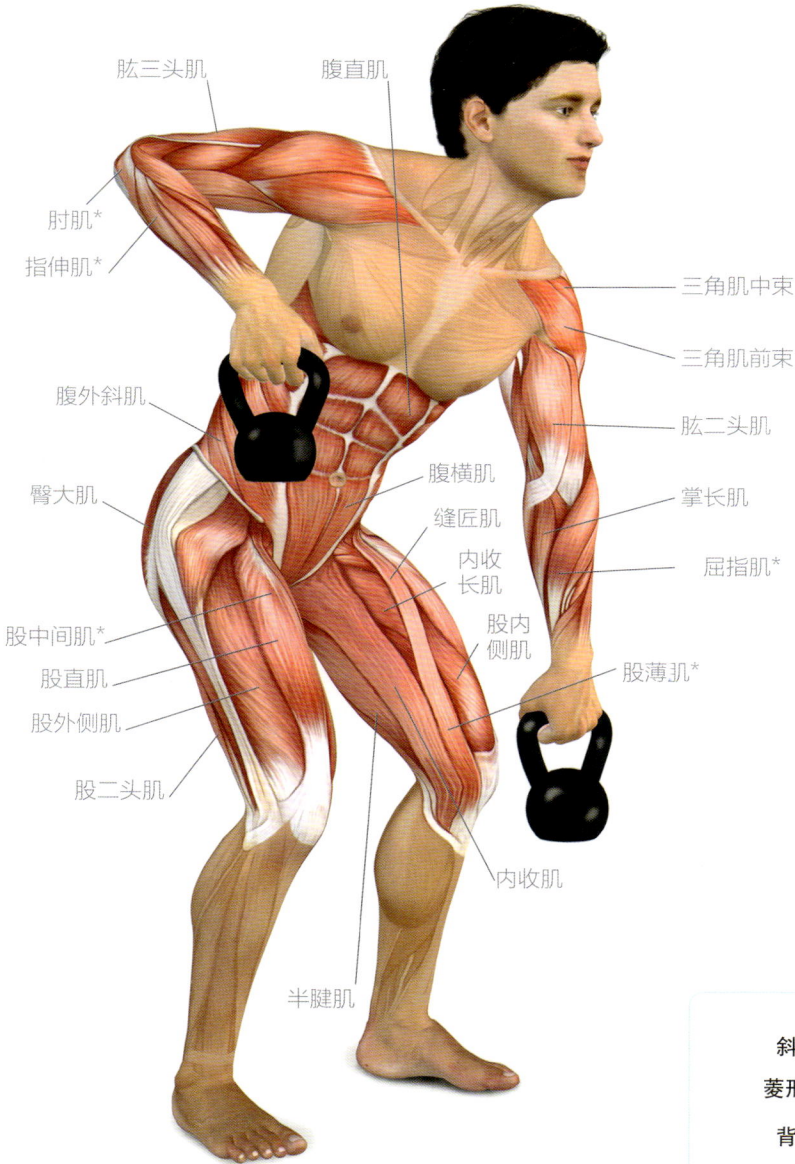

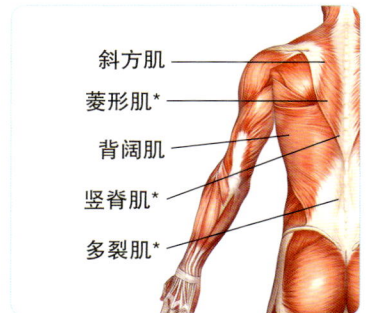

肱三头肌

腹直肌

肘肌*

指伸肌*

三角肌中束

三角肌前束

腹外斜肌

肱二头肌

掌长肌

臀大肌

腹横肌

缝匠肌

内收长肌

屈指肌*

股中间肌*

股直肌

股外侧肌

股二头肌

股内侧肌

股薄肌*

内收肌

半腱肌

斜方肌

菱形肌*

背阔肌

竖脊肌*

多裂肌*

双臂交替锻炼

① 两只手各握住一个壶铃，趴在地上呈俯卧撑姿势。

锻炼目标
- 中背部
- 腹肌
- 二头肌
- 胸部
- 三头肌

级别
- 高级

益处
- 增强中背部力量

如果你有下列问题，不建议做此项练习
- 背部或肩部问题

教练建议
- 将一只壶铃下压时一定要用力，就好像要把它按进地面一样。另一只手将壶铃抬高至肋骨处时，尽量减少身体的转动

正确做法
- 保持核心肌群稳定、笔直

避免
- 壶铃掉落或摔在地板上

② 双脚脚趾触地的同时，保持核心肌群稳定、笔直，右手的壶铃朝胸部上举，同时左臂伸直，将壶铃往下按压。

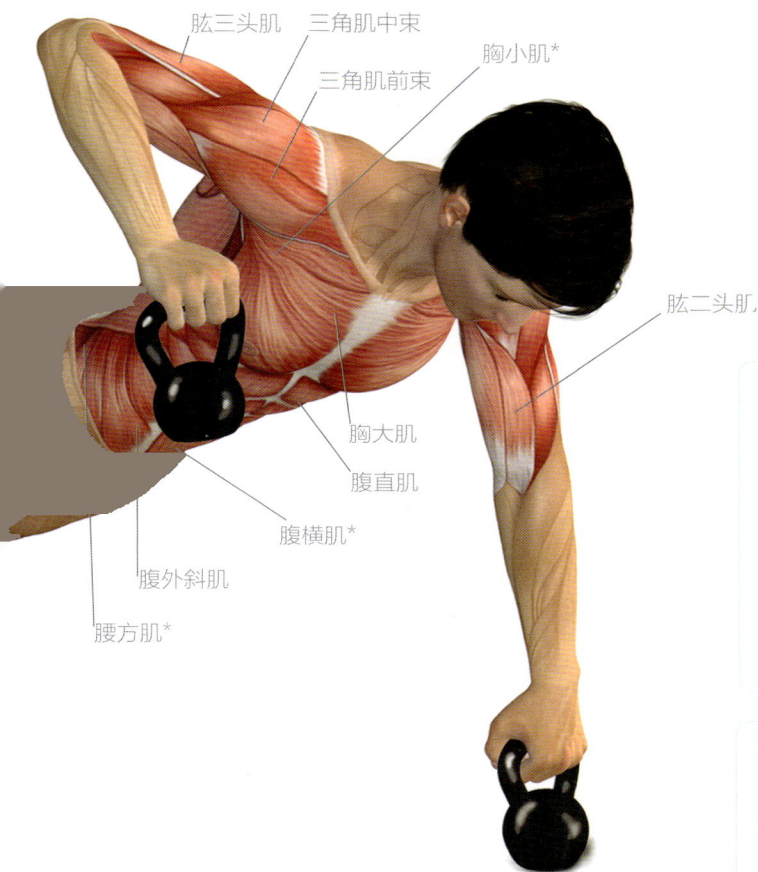

肱三头肌　三角肌中束

三角肌前束　胸小肌*

胸大肌

腹直肌

腹横肌*

腹外斜肌

腰方肌*

肱二头肌,

关键注释

黑色字体代表目标肌肉

灰色字体代表其他的工作肌肉

*代表深层肌肉

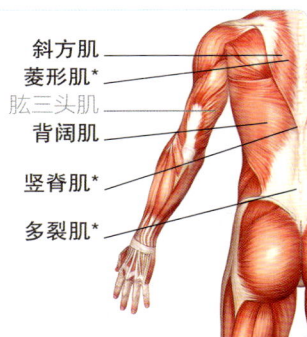

斜方肌
菱形肌*
肱三头肌
背阔肌
竖脊肌*
多裂肌*

变化练习

难度降低： 仅将一只壶铃上提，另一只手徒手平放在地板上。两只手交替，重复做10次。

难度增大： 一只腿从地面抬起（放下），使练习更具挑战性。

③ 将右臂放下，然后用左臂重复同样的动作。两只胳膊各重复做8到10次。

斜板划船

① 双手各握住一个哑铃，背朝后跨坐在斜板上。

② 身体前倾，小心地将哑铃放在斜板上。

③ 双手掌心相对，以抓链球的姿势抓住哑铃，将哑铃从斜板上滚落下来，同时身体小心下压，直至胸部再次贴住斜板为止。

④ 肘部紧贴身体两侧，将哑铃朝天花板方向上举。

锻炼目标
- 背部
- 肩部

级别
- 高级

益处
- 增大躯干的力量和体积

如果你有下列问题，不建议做此项练习
- 肩部问题

教练建议
- 当恢复开始姿势时，先将骨盆贴在斜板上，接着是你的肚子，最后将胸部贴住哑铃上
- 为了保护背部和肩部，练习结束后要小心地将哑铃放下

⑤ 将哑铃放下，并重复这一动作。

正确做法
- 练习过程中胸部始终抬高
- 双脚牢牢地固定在地面上

避免
- 练习的动作过于匆忙
- 靠着一股冲力将哑铃举起
- 颈部和下巴保持紧张
- 练习过程中从斜板上滑落下来

最佳锻炼部位

- 斜方肌
- 菱形肌
- 背阔肌
- 大圆肌
- 三角肌后束
- 冈下肌
- 小圆肌
- 肱肌
- 肱桡肌
- 胸大肌

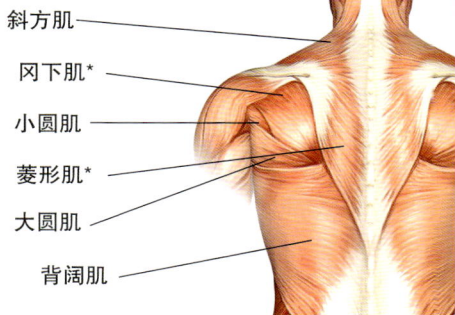

斜方肌
冈下肌*
小圆肌
菱形肌*
大圆肌
背阔肌

变化练习

难度不变： 练习步骤与斜板划船练习相同，反手握住哑铃动作除外。

三角肌后束
胸大肌
肱三头肌
肱二头肌
肱肌*
肱桡肌

关键注释

黑色字体代表目标肌肉
灰色字体代表其他的工作肌肉
*代表深层肌肉

绳索下拉

① 双膝跪在拉力器前方。

② 双手抓住缆绳。

③ 腰部以上部位向前倾，将缆绳往下拉，双手手腕抵住头部。

④ 臀部弯曲，这样绳轮上的阻力可以促使你的躯干向上抬，并使得你的脊柱发生超伸。

锻炼目标
- 上腹部
- 腹斜肌

级别
- 中级

益处
- 增加背部的力量和灵活性

如果你有下列问题，不建议做此项练习
- 背部疼痛

教练建议
- 不要屏住呼吸，让空气从你肺部流出，必要的话可以急促地呼吸几次
- 不要利用手臂的力量完成动作

正确做法
- 尽量使用腹肌

避免
- 动作一开始就移动臀部

⑤ 臀部保持静止不动，腰部弯曲，双手肘部朝大腿中间移动。身体恢复开始姿势，并重复以上动作。

变化练习

难度不变： 按照步骤1至步骤4完成动作，然后当你腰部以上部位前倾时，身体向一侧扭动，肘部朝不同侧大腿的中间部位移动。

难度增大： 按照以上步骤进行，但是增大弯曲幅度，肘部朝不同侧膝盖部位移动。

最佳锻炼部位

- 腹直肌
- 腹内斜肌
- 腹外斜肌

关键注释

黑色字体代表目标肌肉

灰色字体代表其他的工作肌肉

*代表深层肌肉

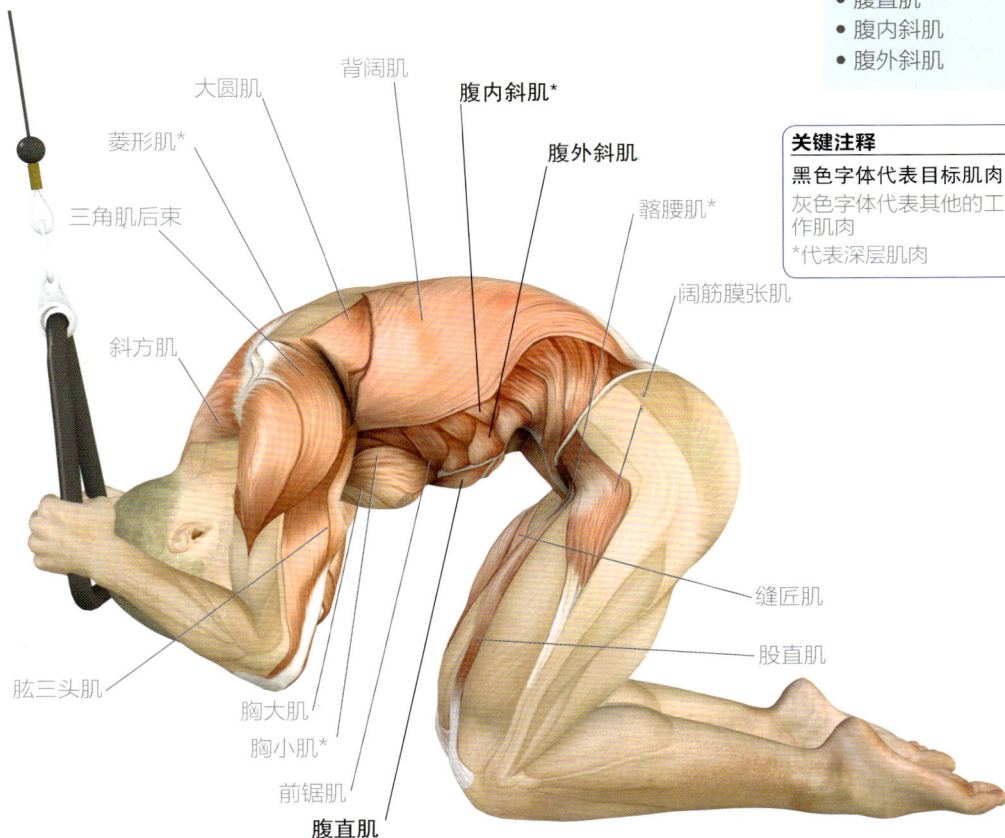

大圆肌

背阔肌

腹内斜肌*

腹外斜肌

菱形肌*

三角肌后束

髂腰肌*

阔筋膜张肌

斜方肌

缝匠肌

股直肌

肱三头肌

胸大肌

胸小肌*

前锯肌

腹直肌

53

反握胸前引体

锻炼目标
- 下背部
- 前臂
- 二头肌

级别
- 中级

益处
- 增加背部肌肉的力量和宽度

变化练习
- **难度降低：** 请另外一名同伴帮助你支撑双腿的重量
- **难度增大：** 将一个哑铃放在两只小腿中间，以增大身体的阻力

❶ 站在单杠前，双手向上伸或站在凳子上抓住单杠。反手紧紧握住单杠，双臂伸直，悬挂在下面。

❷ 两只脚的脚踝交叉，将身体向上拉。

❸ 当下巴与单杠距离最近时，身体徐徐下降，恢复完全下垂姿势。重复做8到10次。

最佳锻炼部位

- 背阔肌
- 肱二头肌

关键注释

黑色字体代表目标肌肉
灰色字体代表其他的工作肌肉
*代表深层肌肉

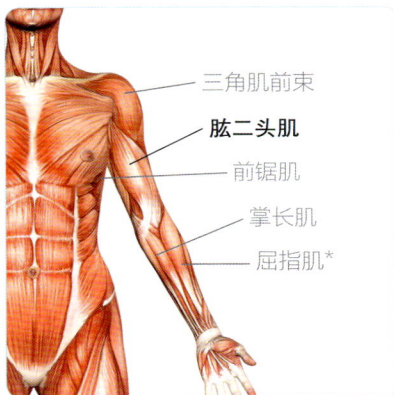

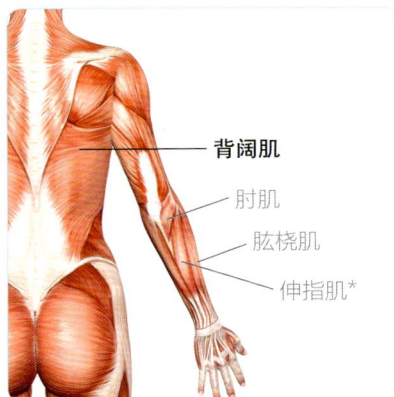

尺侧腕屈肌

旋前圆肌

三角肌前束

伸指肌*

肘肌

肱桡肌

肱肌*

肱二头肌

肱三头肌

三角肌后束

三角肌前束

肱二头肌

前锯肌

掌长肌

屈指肌*

背阔肌

肘肌

肱桡肌

伸指肌*

平凳腹背练习

① 仰卧在平凳上，胸骨与凳子的上边缘接触。上胸部和头部应该从平凳的最上端耷拉下来。

② 双脚挂在凳子下方，确保自己在摆出开始姿势时身体十分稳固。

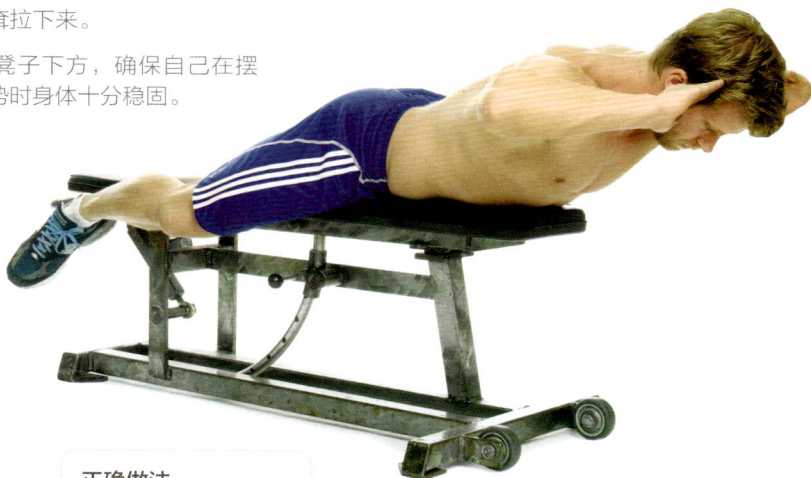

正确做法
- 进行练习时，臀部和大腿都参与到运动中
- 运动过程中下肢始终保持紧张状态
- 头部保持在中正位置

避免
- 耸肩
- 髋骨抬离平凳

锻炼目标
- 下背部

级别
- 中级

益处
- 增加核心力量和灵活性

如果你有下列问题，不建议做此项练习
- 背部疼痛

教练建议
- 选择能够提供强大抓力的鞋子，能够牢牢地固定在平凳的下侧

③ 双手放在头部两侧，指尖与耳朵接触。

④ 双臂弯曲，肘部外翻，上肢从凳子上抬离8到12英寸。

⑤ 小心且缓慢地使身体恢复开始姿势，重复做8到10次。

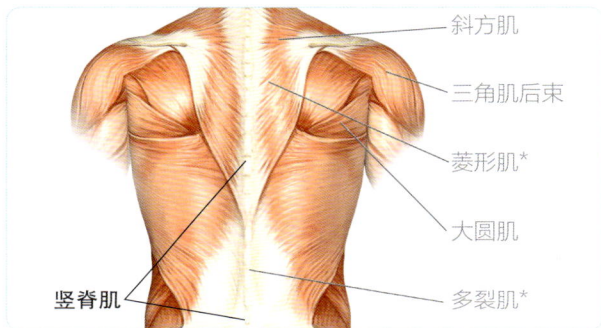

斜方肌
三角肌后束
菱形肌*
大圆肌
竖脊肌
多裂肌*

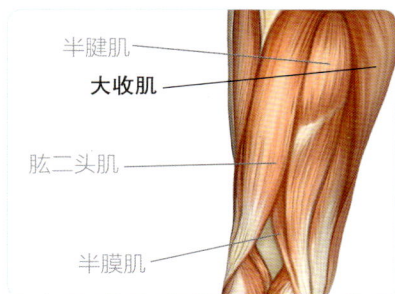

半腱肌
大收肌
肱二头肌
半膜肌

最佳锻炼部位
- 竖脊肌
- 臀大肌
- 大收肌

关键注释

黑色字体代表目标肌肉
灰色字体代表其他的工作肌肉
*代表深层肌肉

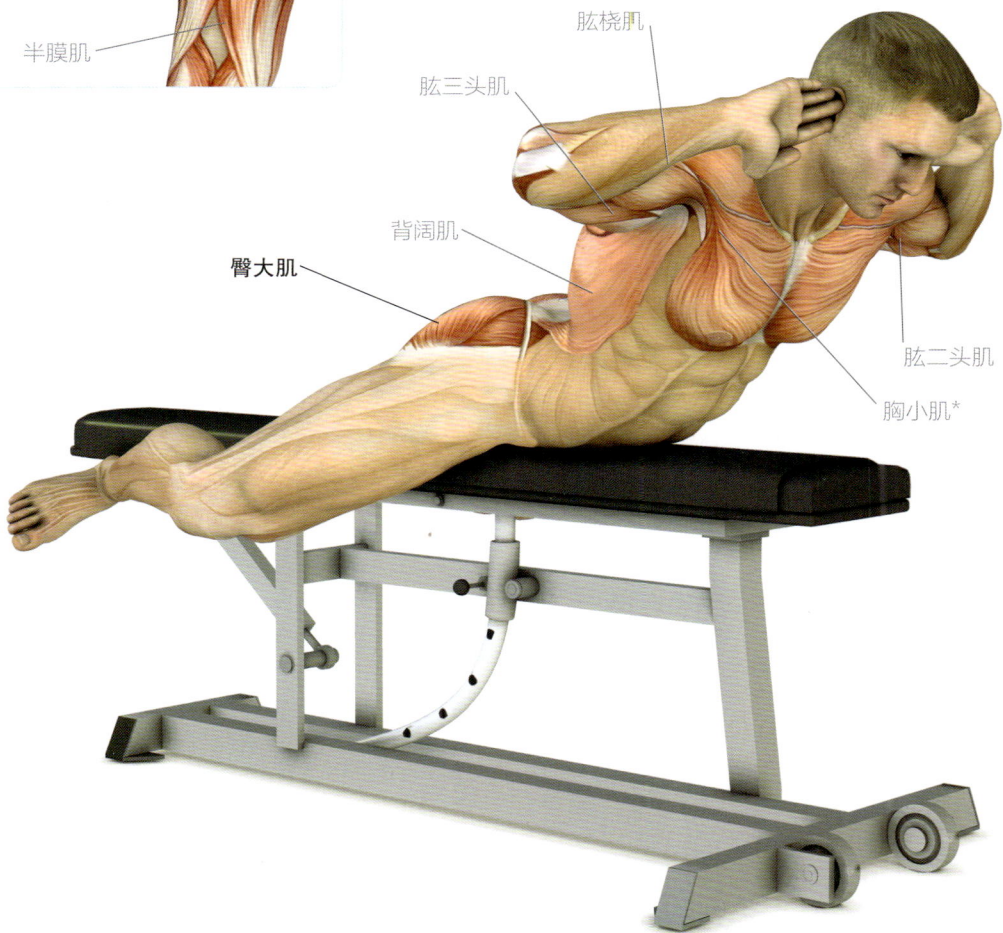

肱桡肌
肱三头肌
背阔肌
臀大肌
肱二头肌
胸小肌*

背部旋转伸展

① 身体俯卧在瑞士球上，肚脐恰好位于球的中间。双腿后伸，脚趾触地。

② 双手放在头的后部，肘部外伸。

正确做法
- 脚趾牢牢地固定在地面上
- 肘部弯曲，双臂外伸，与身体呈90度角
- 双脚间的距离放宽，增强身体的稳定性

避免
- 身体旋转时臀部也跟着移动——整个运动过程中，它们与球始终成直角

③ 拉伸背部，胸部从球上抬起，躯干朝右侧旋转。

④ 坚持5秒，然后将胸部和肩部放下，恢复开始姿势。

锻炼目标
- 腹斜肌
- 背部

级别
- 高级

益处
- 增强背部肌肉力量
- 强化腹斜肌

如果你有下列问题，不建议做此项练习
- 颈部问题
- 下背部疼痛

⑤ 重复以上动作，拉伸背部并将身体朝左侧旋转。身体向左右两侧将整套动作重复做3次。

胸大肌
三角肌前束
腹外斜肌
腹直肌
腹横肌*
前锯肌
髂肌*
腹内斜肌*
缝匠肌
髂腰肌*

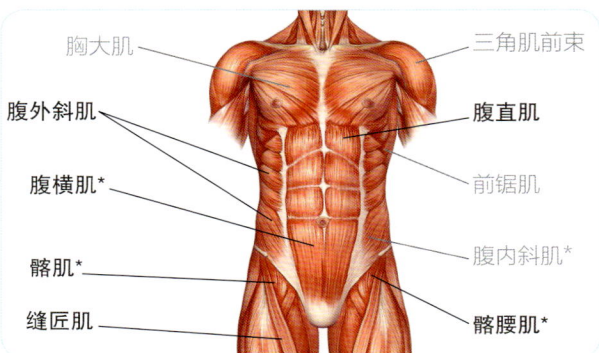

最佳锻炼部位

- 竖脊肌
- 腹外斜肌
- 腹横肌
- 髂肌
- 缝匠肌
- 腹直肌
- 髂腰肌
- 阔筋膜张肌
- 股直肌
- 胫骨前肌

关键注释

黑色字体代表目标肌肉
灰色字体代表其他的工作肌肉
*代表深层肌肉

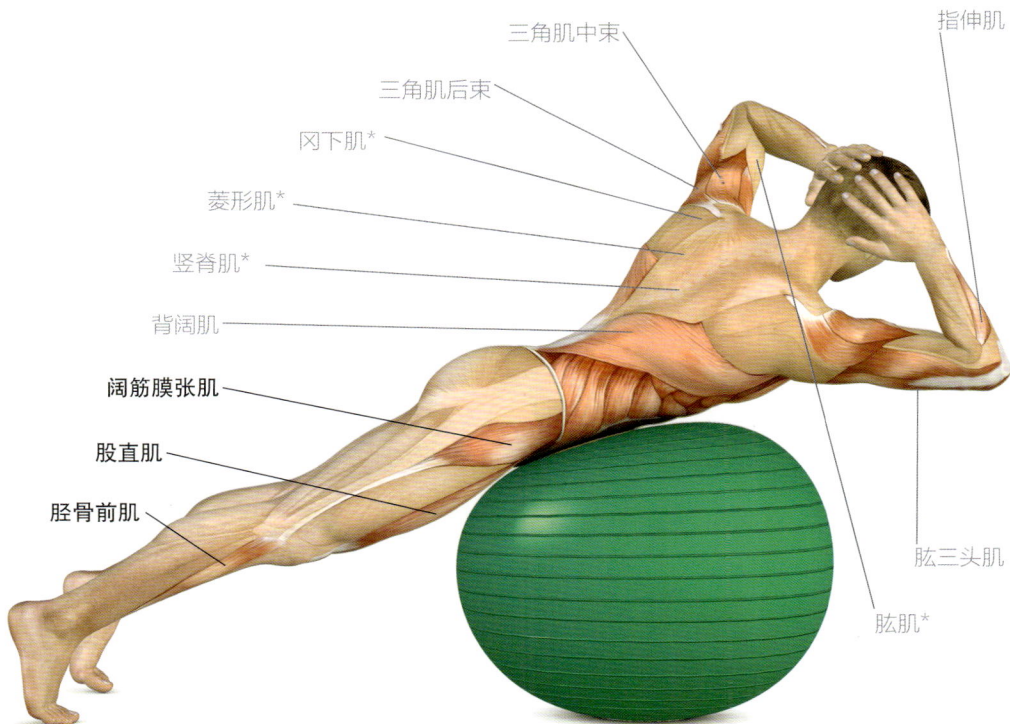

三角肌中束
指伸肌
三角肌后束
冈下肌*
菱形肌*
竖脊肌*
背阔肌
阔筋膜张肌
股直肌
胫骨前肌
肱三头肌
肱肌*

杠铃仰卧平板推举

① 仰躺在平板上，反握杠铃，双手所抓位置比肩稍宽，并将杠铃下移。

② 通过缓慢、有控制性的动作将杠铃杆下移至乳头线上，同时吸气。

级别
- 中级

益处
- 增加胸部肌肉的力量和体积

如果你有下列问题，不建议做此项练习
- 腕部疼痛
- 肩部疼痛
- 下背部疼痛

教练建议
- 向上推举杠铃时，小心不要过度伸展双臂——这样做会使收缩的肌肉失去力量

正确做法
- 务必使胸部外推，完成动作

避免
- 杠铃的重量反弹回胸部

③ 将杠铃杆往上推举，双臂完全伸直时，呼气。然后将杠铃杆下移，重新回到胸部位置。重复做6到8次。

斜方肌
冈上肌*
小圆肌
冈下肌
大圆肌
肱三头肌
背阔肌

三角肌前束
胸大肌
胸小肌*
腹外斜肌
腹直肌
腹内斜肌*
腹横肌*

变化练习

难度降低： 使用质量很轻的杠铃或者仅凭自身的重量。

难度增大： 改变双手所抓的位置。双手间的距离越近（如下图），练习的难度就越大，需要付出的努力也就更多。

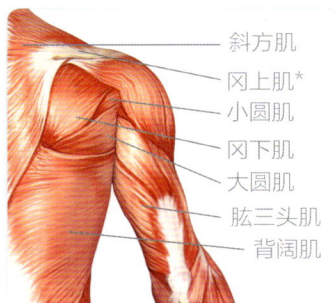

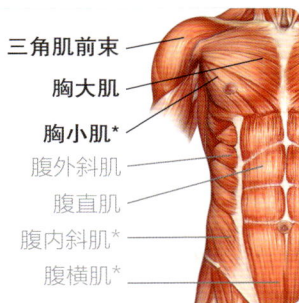

最佳锻炼部位

- 胸大肌
- 胸小肌
- 三角肌前束

关键注释

黑色字体代表目标肌肉
灰色字体代表其他的工作肌肉
*代表深层肌肉

胸小肌*
三角肌前束
胸大肌
肱二头肌
腹横肌*
腹直肌
肱三头肌

泡沫轴俯卧撑

① 双膝跪在地板上,将泡沫轴横放在面前。双手放在泡沫轴上,手指前伸。身体下压,成平板姿势;双膝抬高,双腿伸直。

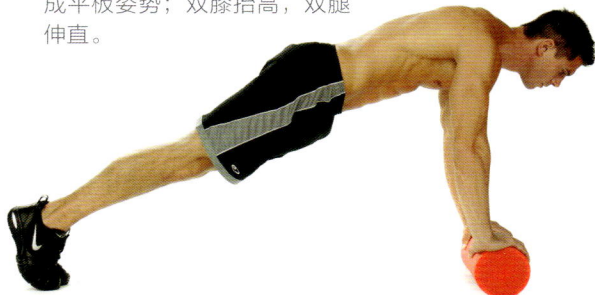

正确做法
- 所有的动作都在一个平面内完成,身体从肩部到脚踝成一条直线
- 运动过程中保持颈部和肩部放松

② 臀部和肩部保持在一条水平线上,同时避免肩部下垂。肘部弯曲,胸部朝泡沫轴方向压低。运动过程中避免泡沫轴发生移动。

锻炼目标
- 三头肌
- 肩部稳定器
- 腹肌

级别
- 高级

益处
- 强化核心肌群、骨盆以及肩部稳定器

如果你有下列问题,不建议做此项练习
- 腕部疼痛
- 肩部疼痛
- 下背部疼痛

避免
- 耸肩
- 膝盖弯曲
- 身体某些部位整体抬高或降低

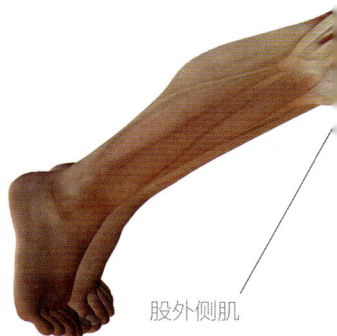

股二头肌

股外侧肌

③ 将身体向上撑起，恢复开始姿势，肘部伸直，脊柱保持笔直。重复做两组，每组15次。

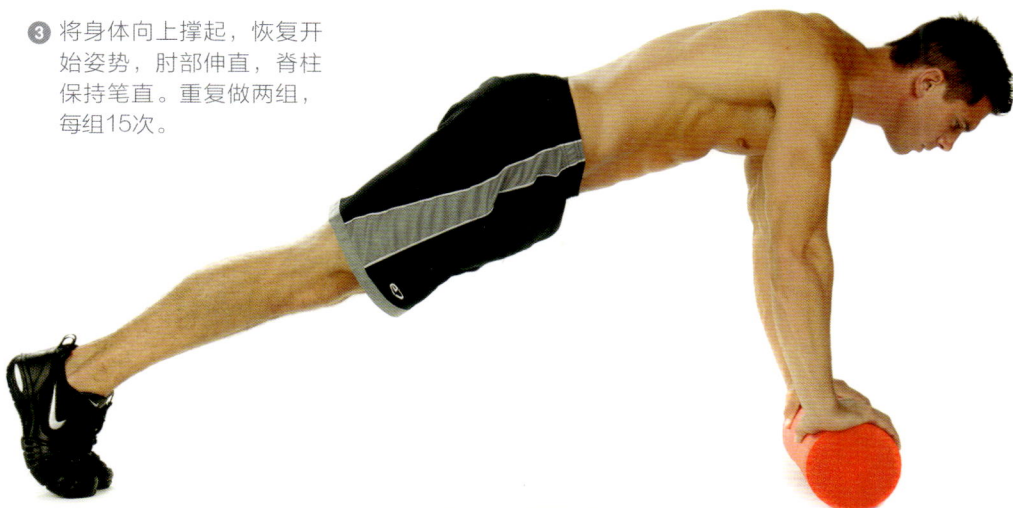

最佳锻炼部位

- 腹直肌
- 肱三头肌
- 三角肌
- 胸大肌
- 胸小肌
- 肱二头肌
- 小圆肌
- 大圆肌
- 前锯肌

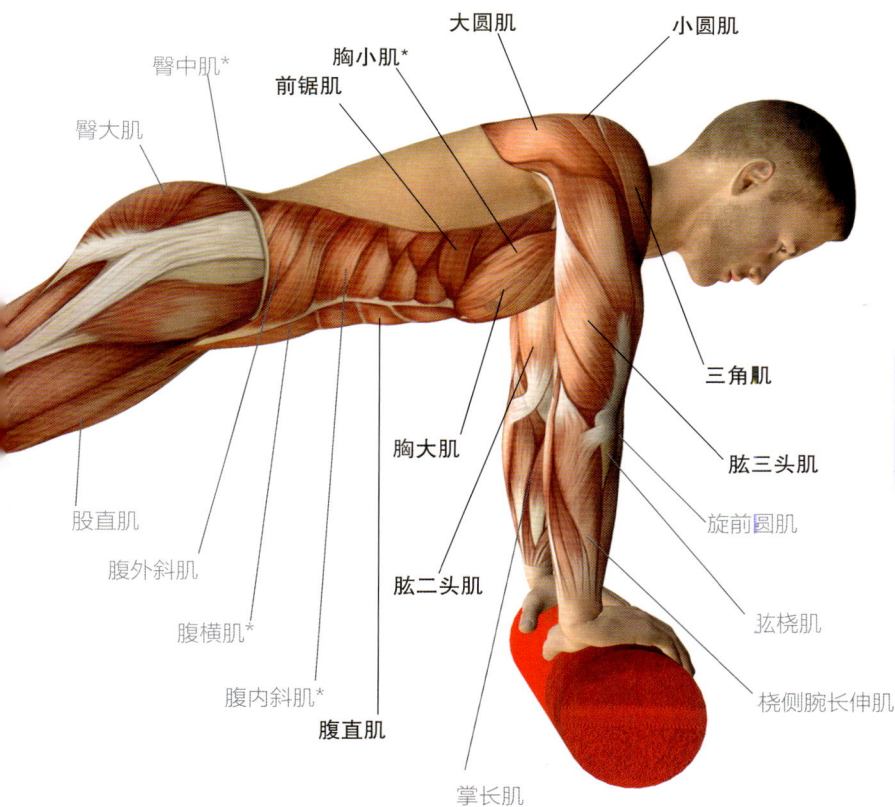

关键注释

黑色字体代表目标肌肉

灰色字体代表其他的工作肌肉

*代表深层肌肉

臀中肌*

臀大肌

大圆肌

胸小肌*

前锯肌

小圆肌

三角肌

股直肌

腹外斜肌

腹横肌*

腹内斜肌*

胸大肌

肱二头肌

腹直肌

掌长肌

肱三头肌

旋前圆肌

肱桡肌

桡侧腕长伸肌

哑铃仰卧飞鸟

① 坐在斜板上，双手各握住一个哑铃，肩部和臀部成一条直线。将哑铃放在两条大腿上。

② 身体向后仰躺在斜板上，凭借肘部将哑铃抬起，与肩同高。

③ 双手掌心相对，以握铁锤的姿势握住哑铃，将其抬升至胸部上方。

④ 脊椎保持正直，双脚平放在地面上。将哑铃抬升至胸部正上方，直至肘部仅略微弯曲为止。

锻炼目标
- 中胸部

级别
- 中级

益处
- 增加躯干的力量和体积

如果你有下列问题，不建议做此项练习
- 肩部问题

教练建议
- 迅速恢复开始姿势
- 双手的握力强劲，并且保持上臂、二头肌和三头肌成收缩状态

正确做法
- 当哑铃位置下移时，确保胸部和胸腔向上抬升
- 当恢复至开始姿势时，保持脊柱和肩部位置不变
- 当双臂肘部处于最低点时，保持其在同一个水平面上，甚至与斜板也保持平行

避免
- 头部或下巴前伸，离开斜板
- 肩部抬高
- 当哑铃位置下移时，肘部过度弯曲，或者抬升时，肘部伸直

三角肌后束

⑤ 双臂打开，直至双手恰好位于胸部下方。当哑铃位置下移时，按照原路返回，并恢复开始姿势。

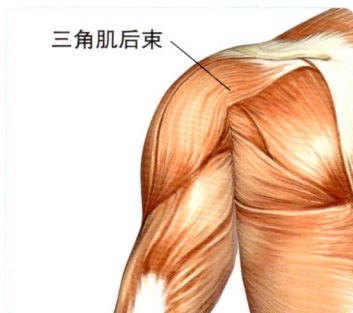

关键注释

黑色字体代表目标肌肉
灰色字体代表其他的工作肌肉
*代表深层肌肉

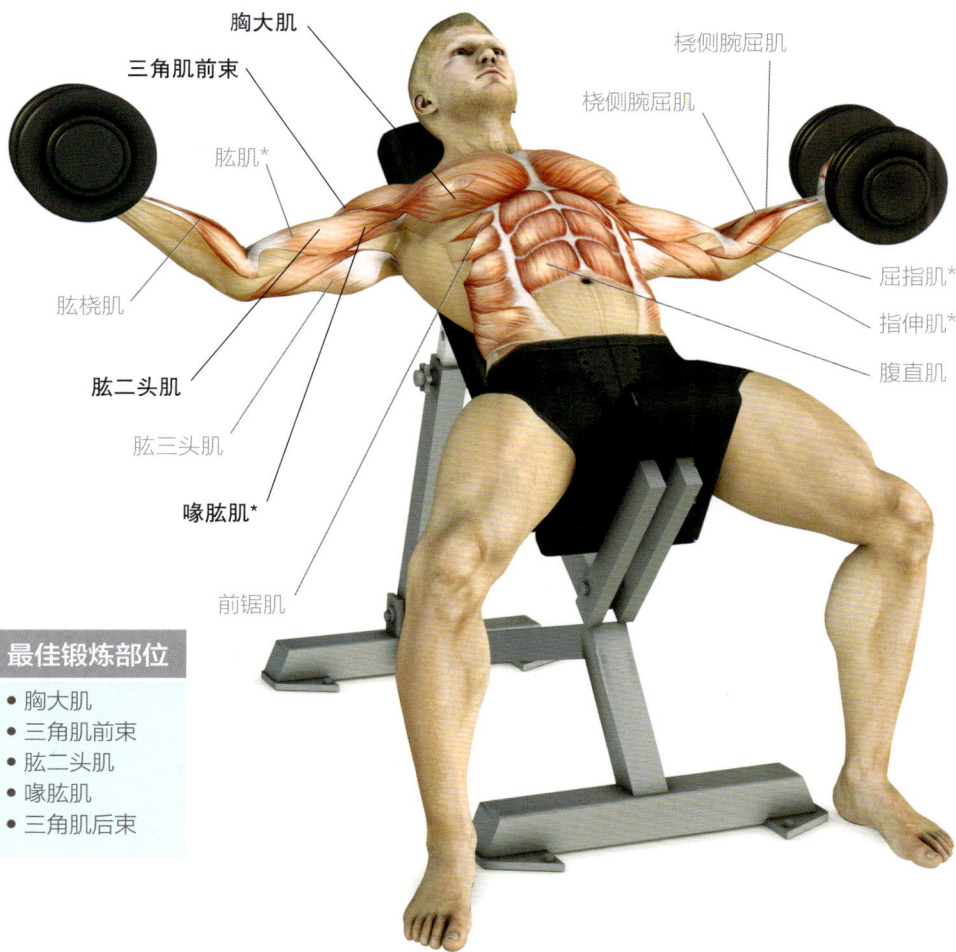

胸大肌

三角肌前束

桡侧腕屈肌

桡侧腕屈肌

肱肌*

肱桡肌

屈指肌*

指伸肌*

肱二头肌

腹直肌

肱三头肌

喙肱肌*

前锯肌

最佳锻炼部位

- 胸大肌
- 三角肌前束
- 肱二头肌
- 喙肱肌
- 三角肌后束

拉力器夹胸

① 站在两台高耸的拉力器之间，两只手各握住一个高悬在头顶上的手柄，每次一个。

正确做法

- 双手握拳时，依然保持掌心相对。
- 运动过程中，双臂完全伸展。

② 身体笔直地站立在拉力器正中间。

③ 向后跨一大步，双手朝大腿方向拉。

锻炼目标

- 上胸部
- 三角肌

级别

- 中级

益处

- 增大肩部和胸部的力量

如果你有下列问题，不建议做此项练习

- 肩部问题

教练建议

- 在刚开始进行这项锻炼时，选择轻量级的拉力器，一直到你熟练掌握动作为止。并且要相信自己有足够大的力量完成练习
- 运动过程中，肘部始终保持弯曲。这会减轻肩关节的压力

④ 双手掌心相对并恰好位于胸部下方时，向前迈一步，开始运动。一条腿在前，另一条腿在后，并微微前弓，同时将身体重心转移至前脚掌。

避免

- 双臂后伸的幅度过大——这会使你的技巧大打折扣，并会导致肩袖损伤

⑤ 双臂后移并向两侧伸展，直至胸部有轻微的拉伸感。

最佳锻炼部位

- 胸大肌
- 胸小肌
- 菱形肌
- 肩胛提肌
- 三角肌前束
- 背阔肌

关键注释

黑色字体代表目标肌肉
灰色字体代表其他的工作肌肉
*代表深层肌肉

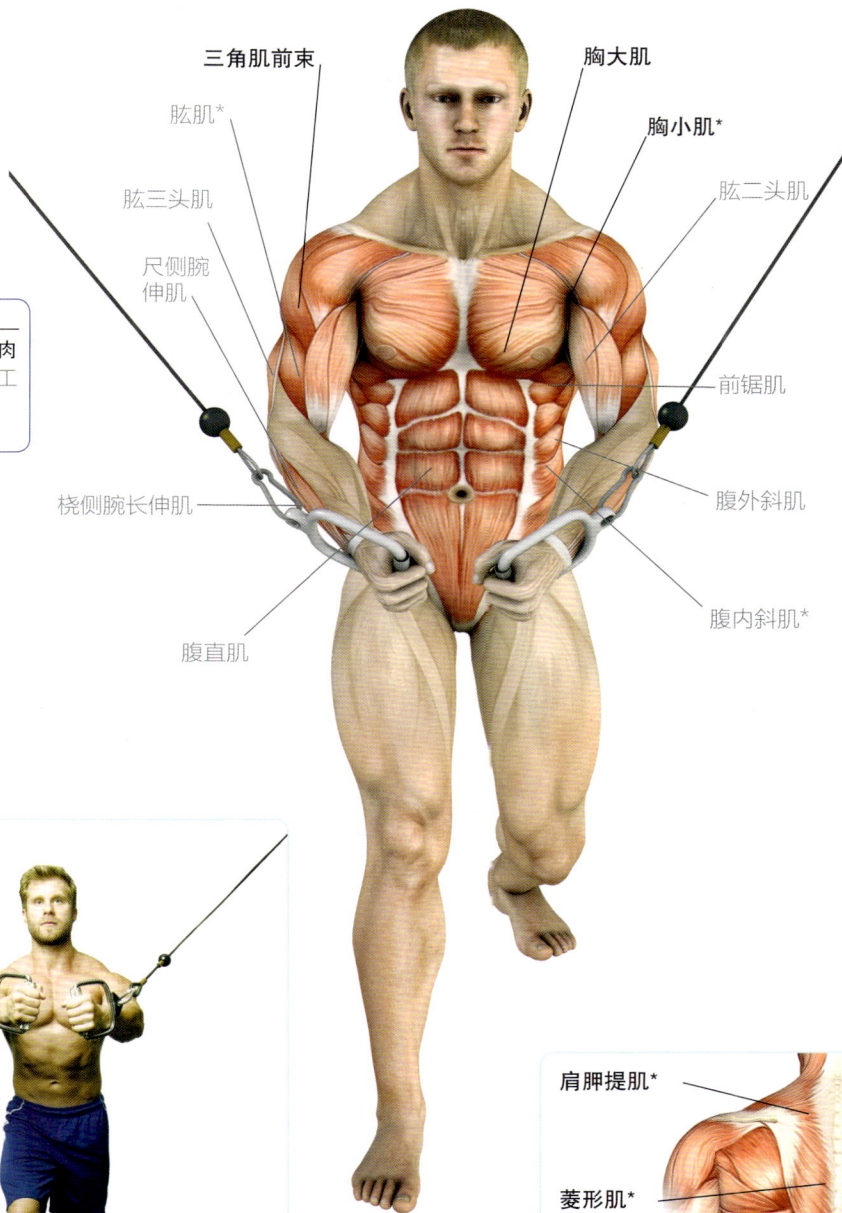

三角肌前束

胸大肌

肱肌*

胸小肌*

肱三头肌

肱二头肌

尺侧腕伸肌

前锯肌

桡侧腕长伸肌

腹外斜肌

腹直肌

腹内斜肌*

❻ 吸气，身体的重心转移至开始姿势。重复以上动作。

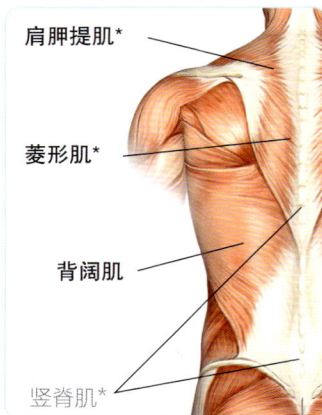

肩胛提肌*

菱形肌*

背阔肌

竖脊肌*

曲臂伸

正确做法
● 完成全套动作

避免
● 练习的速度过快

② 两只手分别搭在两侧，双臂下推或伸展时握紧双杠，使身体完全静止。

① 开始运动前先站在双杠练习器或双杠前。

锻炼目标
● 胸肌
● 三头肌
● 上背部
● 前臂
● 核心肌群

级别
● 中级

益处
● 增大上肢的力量和体积

变化练习
● **难度降低**：让一名同伴支撑着你的双腿
● **难度增大**：将哑铃放在两只小腿中间，增大阻力

③ 身体下移，直至上臂与地面平行，然后双臂向上撑，恢复开始姿势。重复做8到10次。

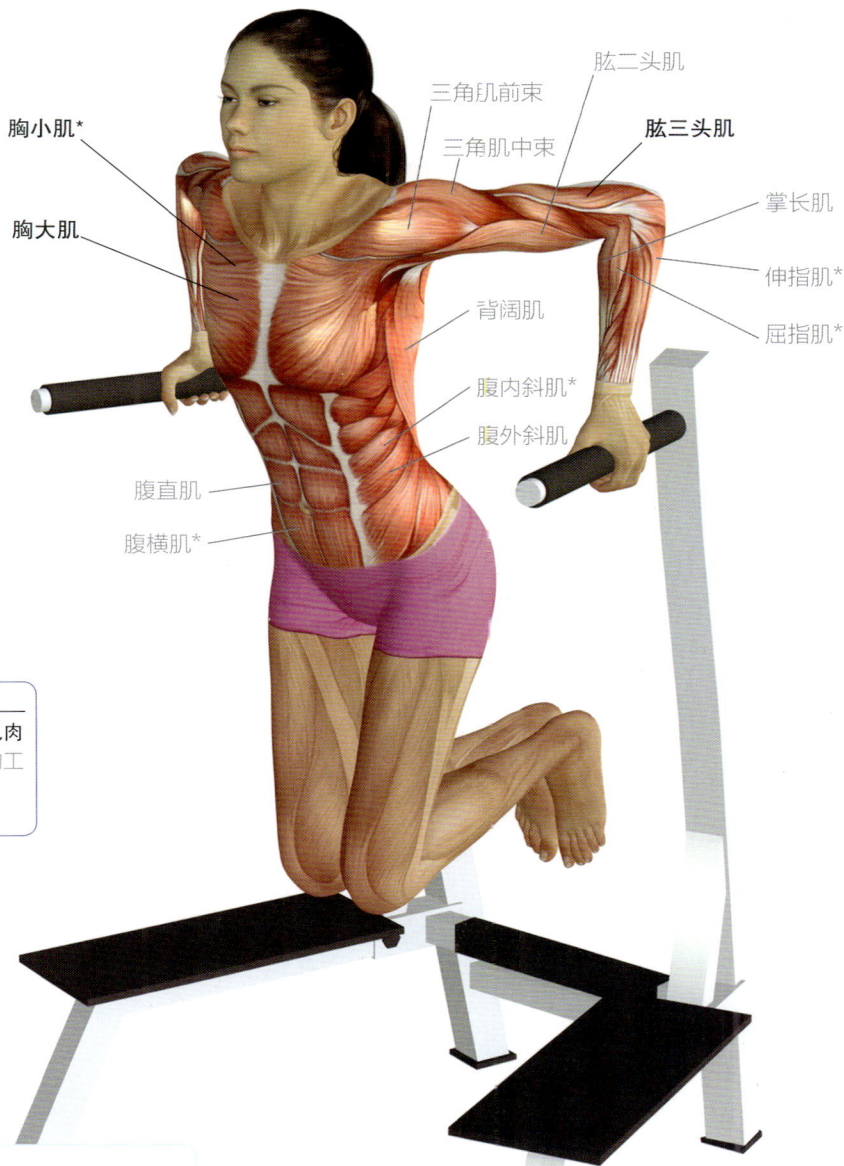

胸小肌*

胸大肌

三角肌前束

三角肌中束

肱二头肌

肱三头肌

掌长肌

伸指肌*

屈指肌*

背阔肌

腹内斜肌*

腹外斜肌

腹直肌

腹横肌*

最佳锻炼部位

- 胸大肌
- 胸小肌
- 肱三头肌

关键注释

黑色字体代表目标肌肉

灰色字体代表其他的工作肌肉

*代表深层肌肉

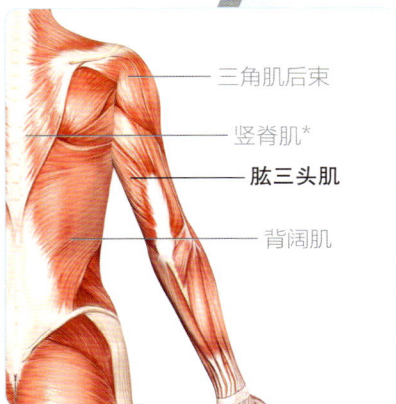

三角肌后束

竖脊肌*

肱三头肌

背阔肌

俯卧撑

① 身体站直，吸气并收腹。

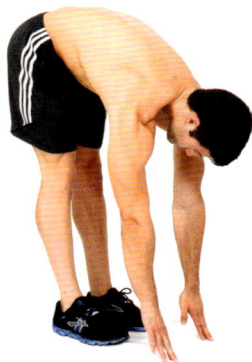

② 身体下弯，每次只向下压一个椎骨，同时呼气；直至双手与地面接触。

③ 双手向前移动，当身体成平板姿势时，双手正好位于双肩的正下方。

④ 吸气，小腹内收，"摆好"身体姿势。臀部和腿部收紧，脚后跟向后拉伸，身体成一条直线。

正确做法

- 做俯卧撑运动时，颈部保持伸长、放松状态
- 腹肌内收时，确保臀部收紧，从而使身体稳定性更强

避免

- 耸肩

锻炼目标

- 胸肌
- 三头肌

级别

- 中级

益处

- 强化核心稳定器、肩部、背部、臀部以及胸肌

如果你有下列问题，不建议做此项练习

- 肩部问题

⑤ 当肘部弯曲，身体下降时，不断地进行呼气和吸气。然后身体向上抬起时，恢复平板姿势。肘部紧贴身体两侧，重复做8次。

⑥ 臀部向上抬起时吸气，双手向脚部移动。慢慢地呼气，同时将身体慢慢地向上抬起，每次抬升一块椎骨，恢复开始姿势。整套运动重复做3遍。

变化练习

难度降低：双膝跪下，双手与面前的地面相触。髋部打开，肘部弯曲、伸直，就好像在做俯卧撑一样。

难度增大：双手放在瑞士球上，与肩同宽。双脚的脚孤拐与身后的地面接触，在完成俯卧撑的同时，维持身体在球上的稳定性。

难度增大：将脚孤拐放在瑞士球顶上，同时凭借双手支持整个身体。利用腹肌保持身体呈一条直线，并且在完成俯卧撑时维持身体平衡。

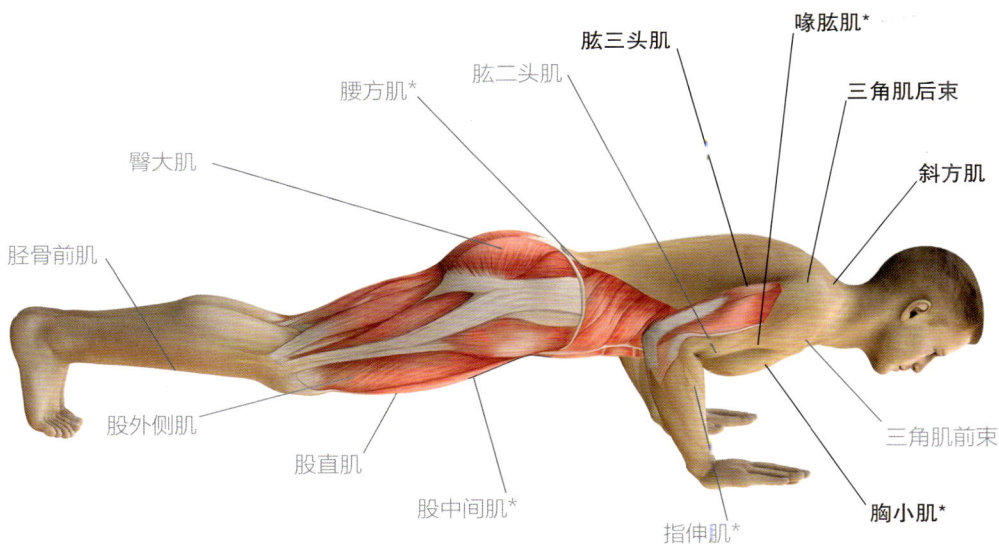

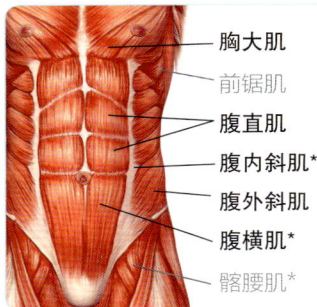

肱三头肌
喙肱肌*
腰方肌*
肱二头肌
三角肌后束
臀大肌
斜方肌
胫骨前肌
股外侧肌
股直肌
股中间肌*
三角肌前束
指伸肌*
胸小肌*

胸大肌
前锯肌
腹直肌
腹内斜肌*
腹外斜肌
腹横肌*
髂腰肌*

最佳锻炼部位

- 肱三头肌
- 胸大肌
- 胸小肌
- 喙肱肌
- 三角肌后束
- 腹直肌
- 腹横肌
- 腹外斜肌
- 腹内斜肌
- 斜方肌

关键注释

黑色字体代表目标肌肉
灰色字体代表其他的工作肌肉
*代表深层肌肉

71

换手俯卧撑

① 身体做出平板姿势，左手撑住地面，右手放在升高的箱子或踏板（高度为4到6英尺）上。

② 躯干保持僵直，双腿笔直。肘部弯曲，成俯卧撑姿势。

③ 身体向上抬升，肘部伸直，恢复开始姿势。

锻炼目标
- 全身

级别
- 中级

益处
- 强化骨盆、躯干以及肩部稳定器

如果你有下列问题，不建议做此项练习
- 肩部疼痛
- 背部疼痛
- 颈部疼痛

正确做法
- 确保双手位于肩部的正下方

避免
- 肩部朝一侧倾斜
- 双手"行走"时臀部移动
- 伸长脖子

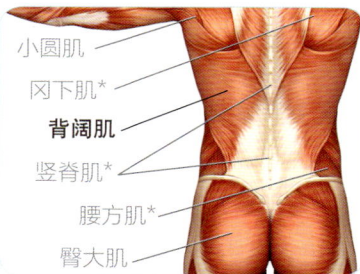

小圆肌
冈下肌*
背阔肌
竖脊肌*
腰方肌*
臀大肌

最佳锻炼部位

- 股内侧肌
- 股外侧肌
- 股中间肌
- 股直肌
- 缝匠肌
- 肱三头肌
- 腹横肌

- 股薄肌
- 斜方肌
- 背阔肌
- 髂腰肌
- 髂肌
- 阔筋膜张肌
- 长收肌

④ 左手从地面抬起，将它紧挨着右手放在盒子顶上。

⑤ 右手从盒子上抬起，放在盒子右侧一肩宽的地方。

⑥ 肘部弯曲，再完成一组俯卧撑，这一次换成盒子的另一侧。

⑦ 回到盒子顶上并重复这一动作。身体每一侧做5次俯卧撑。

关键注释
黑色字体代表目标肌肉
灰色字体代表其他的工作肌肉
*代表深层肌肉

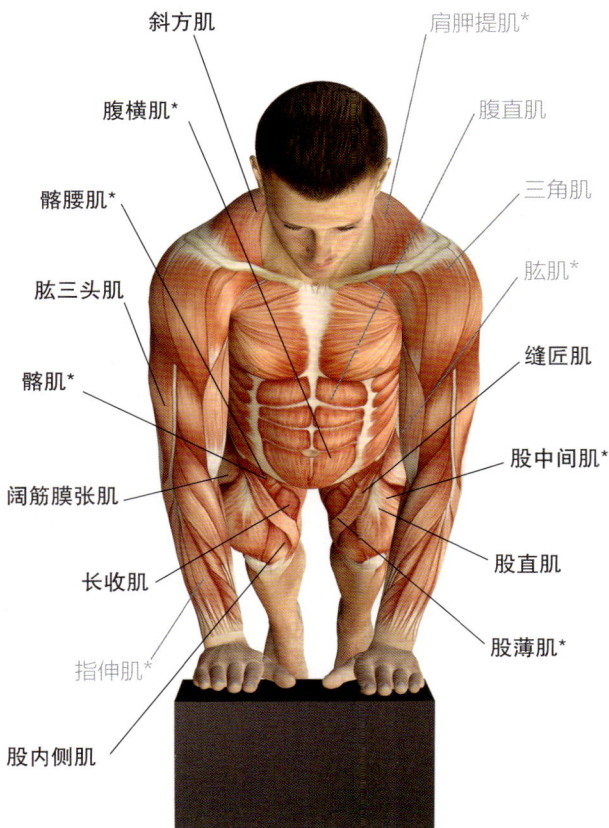

斜方肌

腹横肌*

髂腰肌*

肱三头肌

髂肌*

阔筋膜张肌

长收肌

指伸肌*

股内侧肌

肩胛提肌*

腹直肌

三角肌

肱肌*

缝匠肌

股中间肌*

股直肌

股薄肌*

坐姿哑铃推举

① 依靠在斜板上，将一对哑铃放在大腿上作为开始动作。用肘部将哑铃抬起，与肩齐平。

② 肘部向外翻转90度，掌心向前。

正确做法
- 运动过程中确保下巴始终位于肩部以上的位置

避免
- 在推举运动过程中，当你向上举起哑铃时，背部过度伸展

锻炼目标
- 侧三角肌

级别
- 中级

如果你有下列问题，不建议做此项练习
- 肩部问题

教练建议
- 当你做完一组练习时，肘部内收，手心相对，并慢慢地将哑铃放回到大腿上
- 运动过程中颈部和下颌放松

③ 将哑铃向上举起，成金字塔形。

④ 慢慢地将哑铃放下，恢复开始姿势。重复做8到10次。

三角肌中束

三角肌前束

肱二头肌

肱三头肌

胸大肌

前锯肌

最佳锻炼部位

- 三角肌前束
- 三角肌中束
- 冈上肌
- 肱三头肌
- 斜方肌
- 前锯肌
- 胸大肌

关键注释

黑色字体代表目标肌肉
灰色字体代表其他的工作肌肉
*代表深层肌肉

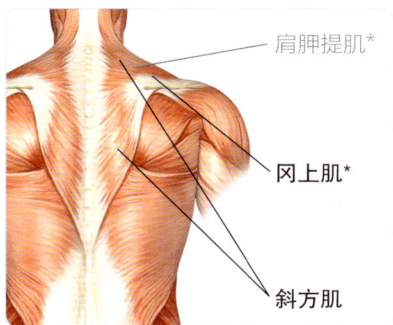

肩胛提肌*

冈上肌*

斜方肌

肩部推举

① 身体站直，一条腿后伸一英尺左右，脚跟离地。用前腿的脚掌部位踩住弹力带，双手握住手柄，双臂弯曲，使弹力带拉紧。

② 双臂伸直、绷紧，高举过头顶，位于肩部前方几英寸的位置。

锻炼目标
- 肩部
- 三头肌

级别
- 初级

益处
- 强化肩部和上臂

如果你有下列问题，不建议做此项练习
- 肩部问题

正确做法
- 伸展双臂时，身体其他部位保持稳定不动
- 运动过程中双目始终直视前方
- 收腹，并借助腹肌的力量完成动作
- 双臂同时伸展

避免
- 躯干扭曲

③ 将双臂放下，恢复开始姿势，并重复这一动作。做三组，每组15次。

三角肌前束

肱二头肌

前锯肌

最佳锻炼部位
- 三角肌前束

关键注释
黑色字体代表目标肌肉
灰色字体代表其他的工作肌肉
*代表深层肌肉

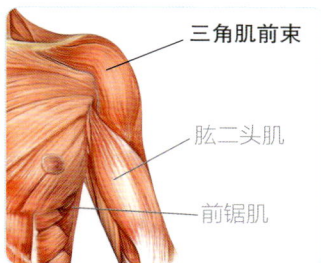

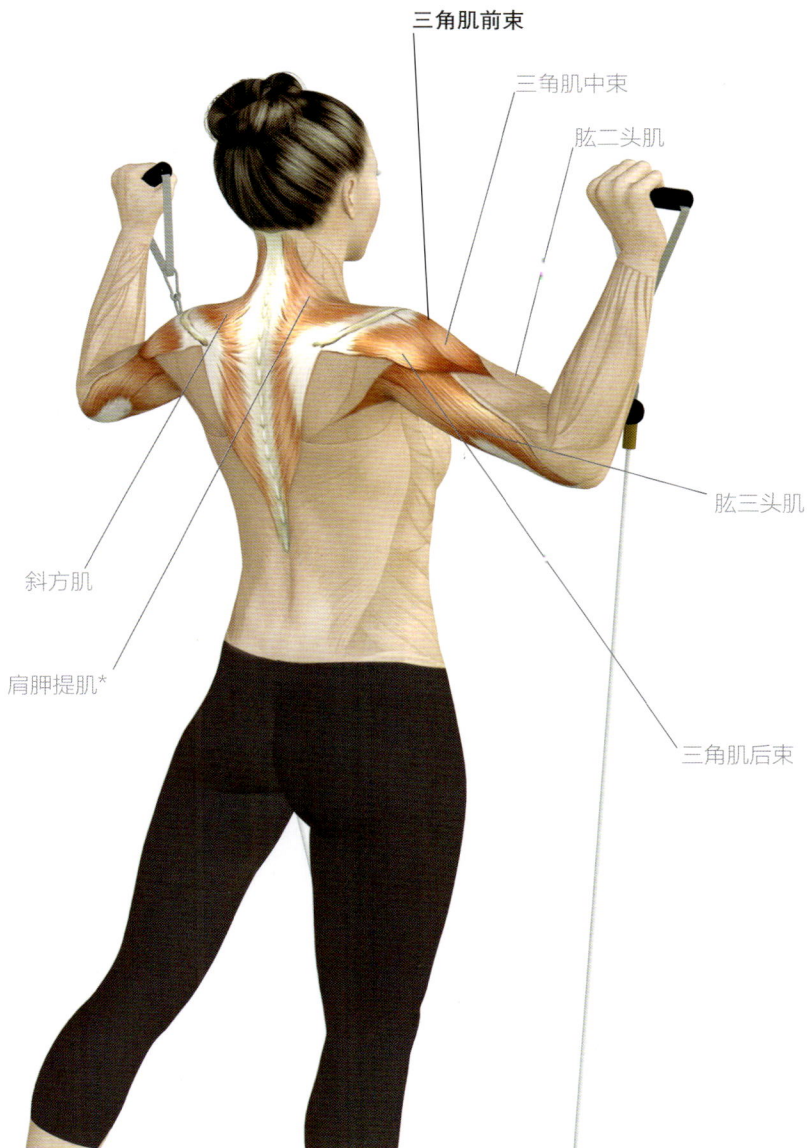

三角肌前束

三角肌中束

肱二头肌

肱三头肌

斜方肌

肩胛提肌*

三角肌后束

旋转练习

旋转拉伸

① 坐着或站立，保持颈部、肩部和躯干部位挺直。右手手掌抵住前额。

② 将头慢慢地向右转，动作一定要轻柔缓慢，直至脖子左侧有拉伸感。坚持10秒。

④ 左手手掌抵住前额，慢慢地将头向左转，动作也要轻柔缓慢，直至脖子右侧有拉伸感。坚持10秒。

⑤ 头部转回到朝前的位置。放松，然后将整套动作再重复做5次。

③ 头部转回到朝前的位置。放松。

锻炼目标
- 颈部旋转肌肉

级别
- 初级

益处
- 增强活动度
- 缓解颈部疼痛

如果你有下列问题，不建议做此项练习
- 手臂或手有麻木感

正确做法
- 肩部肌肉放松
- 头部位于中间位置

避免
- 手掌推挤的力量过大——这只是一个轻微的拉伸动作而已
- 头部屈曲或伸展

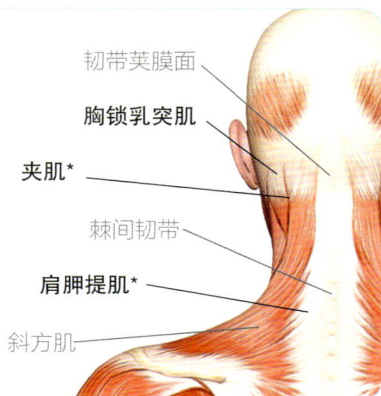

韧带荚膜面

胸锁乳突肌

夹肌*

棘间韧带

肩胛提肌*

斜方肌

最佳锻炼部位
- 头夹肌
- 胸锁乳突肌
- 肩胛提肌

关键注释
黑色字体代表目标肌肉
灰色字体代表其他的工作肌肉
*代表深层肌肉

旋转等角

① 坐着或站立，保持颈部、肩部和躯干部位挺直。下巴保持水平，双目直视前方。

② 左手手掌抵住左侧太阳穴，手掌稍用力下压，就好似阻止头部向左侧转动一样。

③ 保持10秒然后放松。每一侧重复做3次。

正确做法
- 下压的力度要小——用力过猛，尤其是刚开始练习时，会使颈部肌肉变得僵硬

避免
- 颈部转动

锻炼目标
- 颈部旋转肌肉

级别
- 初级

益处
- 在不刺激韧带、肌腱和关节的前提下，强化颈部旋转肌肉

如果你有下列问题，不建议做此项练习
- 手臂或手有麻木感

最佳锻炼部位
- 夹肌
- 胸锁乳突肌
- 肩胛提肌
- 斜方肌

关键注释
黑色字体代表目标肌肉
灰色字体代表其他的工作肌肉
*代表深层肌肉

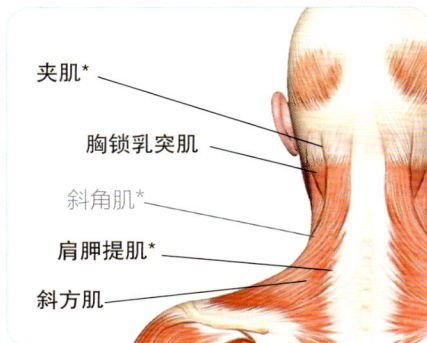

夹肌*
胸锁乳突肌
斜角肌*
肩胛提肌*
斜方肌

弹力带外旋

① 将弹力带的一端系
在柱子上，高度与
肘部持平。右手抓
住另一端，上臂与
身体两侧夹紧，前
臂与地面平行。

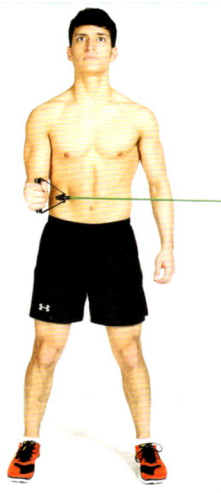

锻炼目标
- 三角肌

级别
- 初级

益处
- 增强肩部力量

**如果你有下列问
题，不建议做此
项练习**
- 肘部或腕部
  疼痛

正确做法
- 上臂与身体一侧
  夹紧

避免
- 动作速度过快

② 上臂保持位置不
动，前臂尽可能朝
一侧外伸，然后恢
复开始姿势。重复
做12到15次，然
后换另一只胳膊。

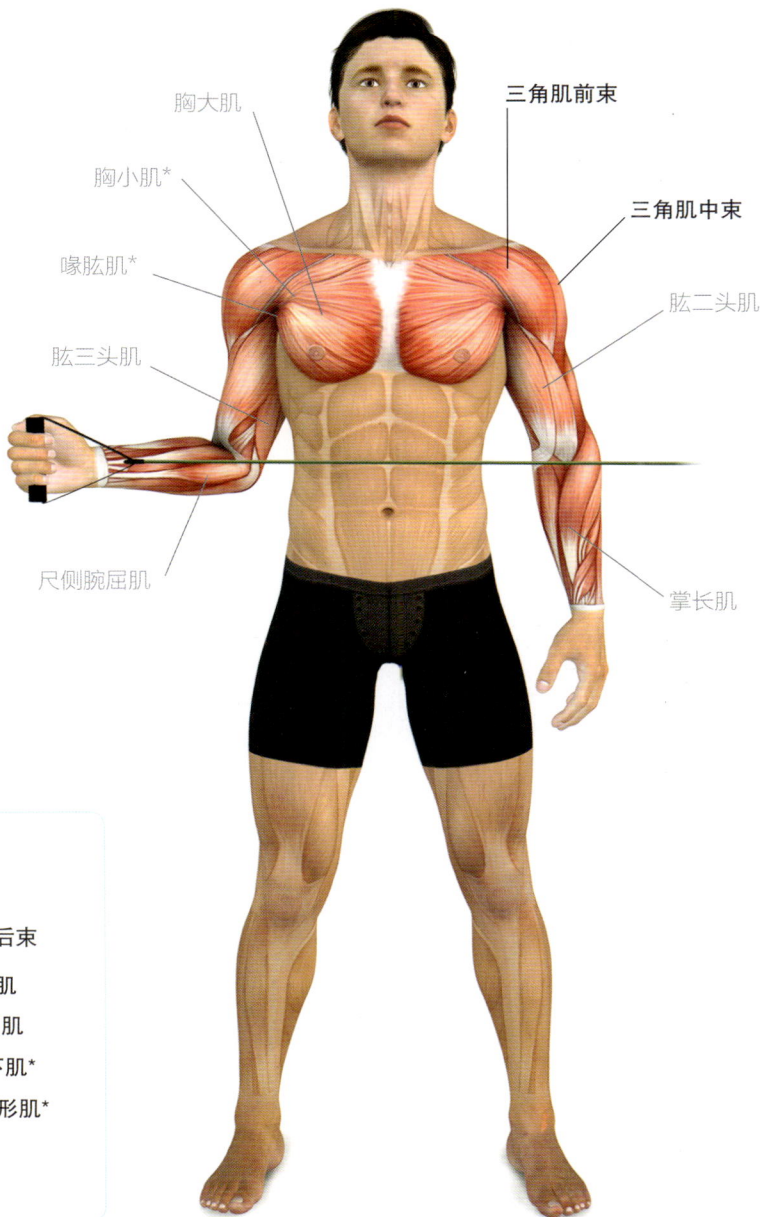

三角肌前束

三角肌中束

胸大肌

胸小肌*

喙肱肌*

肱三头肌

肱二头肌

尺侧腕屈肌

掌长肌

最佳锻炼部位

- 冈上肌
- 冈下肌
- 三角肌前束
- 三角肌中束
- 三角肌后束
- 大圆肌
- 小圆肌
- 斜方肌
- 菱形肌
- 肩胛下肌

关键注释

黑色字体代表目标肌肉

灰色字体代表其他的工作肌肉

*代表深层肌肉

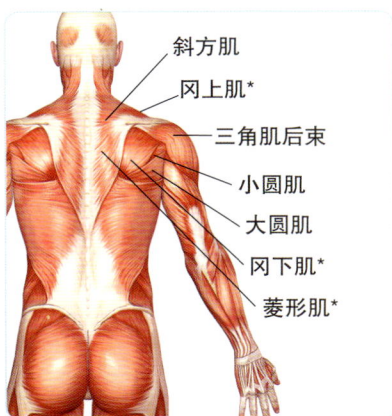

斜方肌

冈上肌*

三角肌后束

小圆肌

大圆肌

冈下肌*

菱形肌*

侧平举

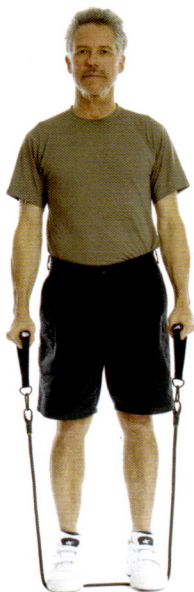

① 身体站直，双臂垂落于身体两侧，双脚分开与髋同宽，并踩在弹力带上。两只手各握住一个手柄，掌心向内。

正确做法
- 双臂抬高，直接向两侧外伸
- 保持动作缓慢、流畅、克制
- 躯干挺直，双目直视前方

避免
- 动作过于匆忙，或者手臂抽搐
- 双臂抬升的高度超过肩部
- 双脚发生移动

锻炼目标
- 三角肌

级别
- 中级

益处
- 强化三角肌
- 肱三头肌塑形

如果你有下列问题，不建议做此项练习
- 肩部问题

② 掌心朝下，双臂抬高朝身体两侧外伸，与地面保持平行。

③ 将手臂放下并重复这一动作，完成三组，每组15次。

最佳锻炼部位

- 三角肌中束

关键注释

黑色字体代表目标肌肉
灰色字体代表其他的工作肌肉
*代表深层肌肉

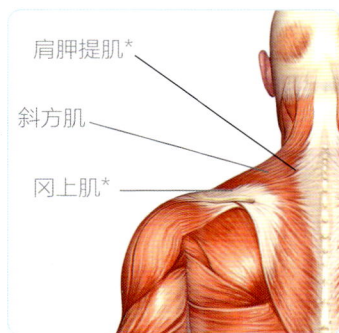

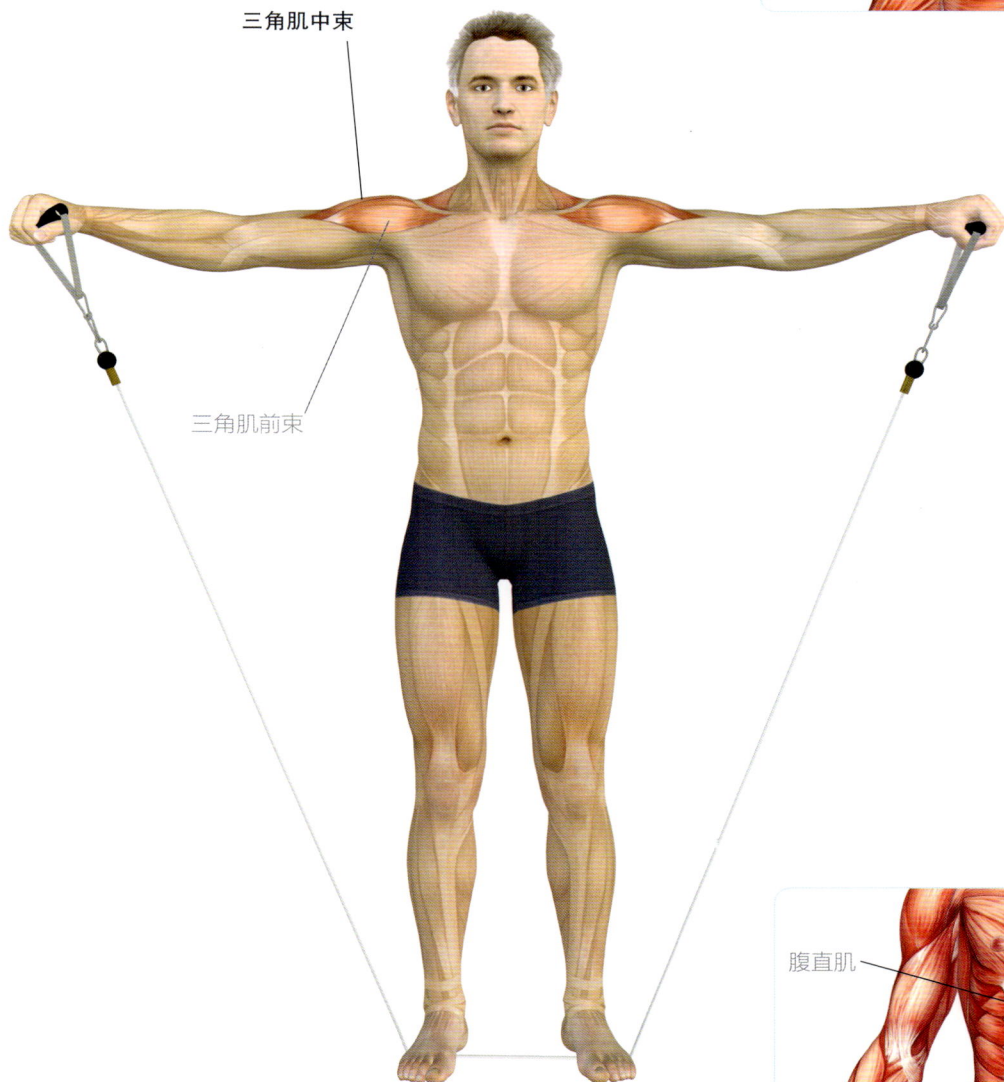

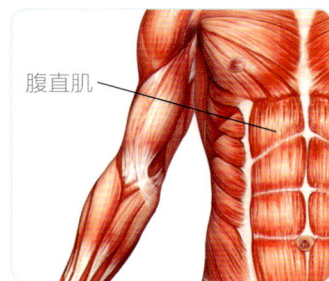

肩胛提肌*

斜方肌

冈上肌*

三角肌中束

三角肌前束

腹直肌

肩部抬升和拉伸

① 双手各握住一个哑铃或手持重物，双脚分开，与肩同宽，并且双腿双脚保持平行。双膝略微弯曲，骨盆微微前倾，胸部抬起，肩部朝后下方下压。

② 双臂抬起，与身体前部成90度角。

锻炼目标
- 三角肌

级别
- 初级

益处
- 强化肩部

如果你有下列问题，不建议做此项练习
- 肩部问题
- 肩袖损伤

正确做法
- 当手臂上抬时，肘部保持微微弯曲，避免对关节产生压力

避免
- 肘部或者重物的高度超过肩部

最佳锻炼部位

- 三角肌中束
- 胸大肌
- 前锯肌

关键注释

黑色字体代表目标肌肉

灰色字体代表其他的工作肌肉

*代表深层肌肉

三角肌前束

胸大肌

肱二头肌

前锯肌

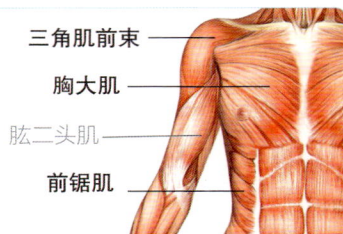

❸ 将哑铃拉伸至前部前方，肘部朝身体两侧外伸。

❹ 将重物放下，恢复开始姿势，重复做；两组，每组10次。

菱形肌*

三角肌中束

肱三头肌

三角肌后束

杠铃上提

① 双手握住杠铃，将其举起，两手距离较近。双臂在身前自由垂落。

② 身体挺直，将杠铃往上提。

锻炼目标
- 三角肌前束
- 斜方肌
- 上背部
- 前臂
- 二头肌
- 核心肌群

级别
- 中级

益处
- 增大斜方肌的力量和体积

如果你有下列问题，不建议做此项练习
- 肩部问题
- 下背部疼痛

③ 等到杠铃靠近下巴时，将它放回到双臂自然垂落的位置。重复做10到12次。

正确做法
- 运动过程中始终保持杠铃与身体贴近，并凭借肘部将它向上提起

避免
- 杠铃击中下巴

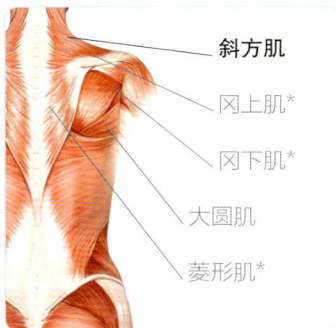

斜方肌

冈上肌*

冈下肌*

大圆肌

菱形肌*

关键注释

黑色字体代表目标肌肉

灰色字体代表其他的工作肌肉

*代表深层肌肉

最佳锻炼部位

- 三角肌前束
- 斜方肌

三角肌中束

胸锁乳突肌

斜方肌

三角肌前束

肱二头肌

前锯肌

掌长肌

腹直肌

腹外斜肌

腹横肌*

变化练习

难度降低:用一条质量很轻的金属杆替代哑铃。

难度增大:双手握杠铃时,增大双手间距(如下图所示)。

俯卧反飞鸟

① 双手各握一个哑铃，脸朝下跨坐在斜板上。以握铁锤的姿势将哑铃放在斜板下方。

② 身体朝斜板下压，同时将哑铃下移，放回到开始位置。

正确做法
- 不论是运动过程中的上升还是下降阶段，都要保持动作稳定、克制

避免
- 颈部和下巴绷紧
- 运动过程中性斜板上滑下来

③ 双手掌心相对，胳膊朝身体两侧抬高，离开身体。

锻炼目标
- 三角肌后束

级别
- 中级

益处
- 增大肩部和上背部力量

如果你有下列问题，不建议做此项练习
- 肩部或背部问题

教练建议
- 双脚牢牢地固定在地面上
- 运动过程中胸部始终向上抬
- 举起哑铃时呼气，将哑铃放回到开始位置时吸气

④ 双臂抬升至肩膀的高度，然后将哑铃放回到开始位置。重复做6到8次。

肩胛提肌*

三角肌前束

肱二头肌

肱肌*

肱桡肌

桡侧腕屈肌

屈指肌*

三角肌中束

斜方肌

三角肌后束

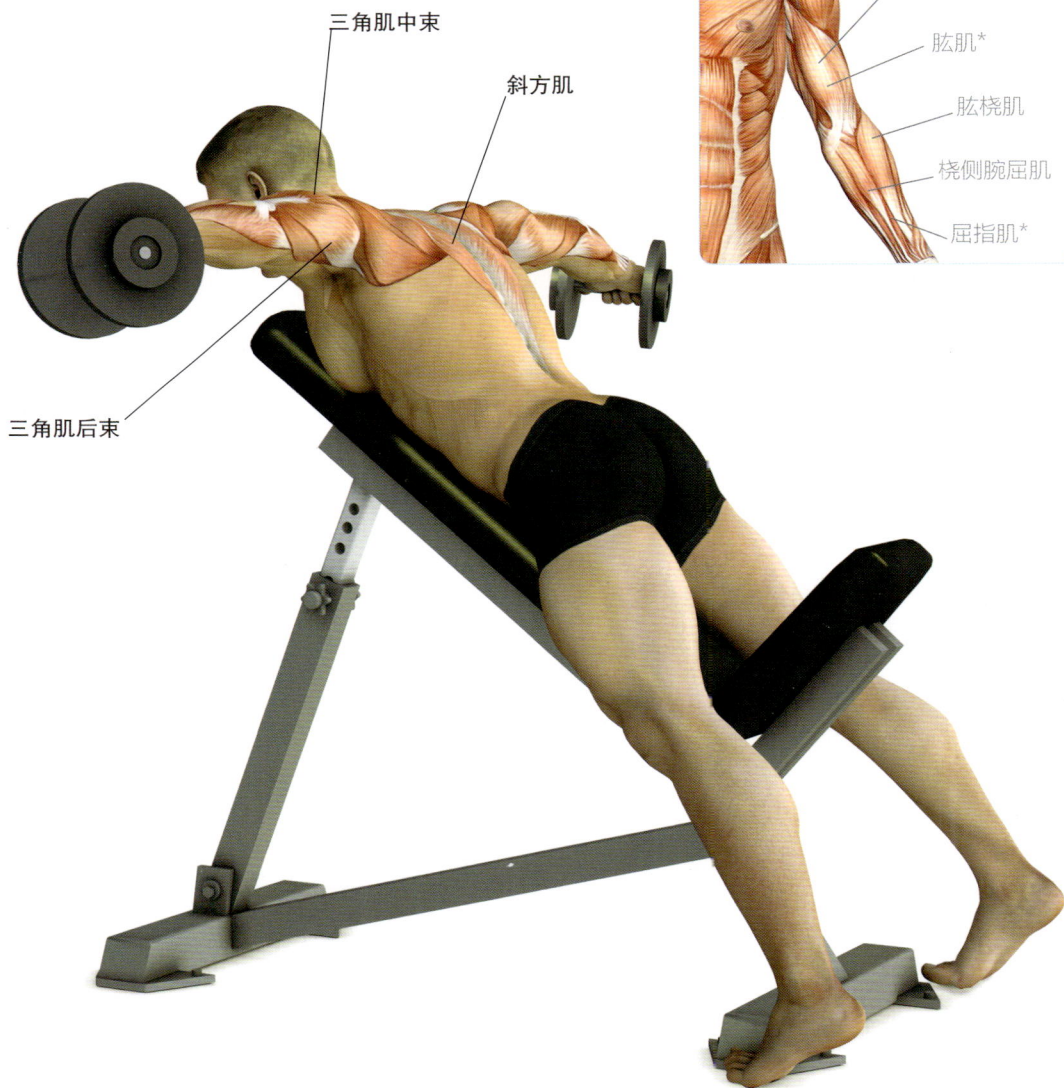

最佳锻炼部位

- 三角肌前束
- 三角肌中束
- 三角肌后束
- 斜方肌

关键注释

黑色字体代表目标肌肉
灰色字体代表其他的工作肌肉
*代表深层肌肉

瑞士球反飞鸟

① 俯卧在瑞士球上，双腿向后伸展，脚趾与地面相触。双手各握一个小型的手持重物，掌心向内。开始做动作时，手臂向下伸展，肘部微微弯曲。

正确做法
- 整个运动过程中肘部始终保持略微弯曲
- 尽可能地将肘部抬高，让两条胳膊达到同样的高度

避免
- 运动过程中躯干移动
- 允许手中的重物与地面接触

锻炼目标
- 背部
- 股四头肌
- 臀大肌
- 腘绳肌
- 核心肌群
- 前臂
- 二头肌

级别
- 中级

益处
- 强化上背部和肩部
- 拉伸胸部肌肉

如果你有下列问题，不建议做此项练习
- 颈部问题
- 下背部疼痛

② 肘部抬高，略高过肩膀的高度，双臂保持在固定的位置不变。

③ 坚持5秒，然后将胳膊放下，几乎将重物放回到地面上。重复做8到10次。

斜角肌*
胸大肌
腹外斜肌
腹内斜肌*
桡侧腕伸肌
桡侧腕屈肌

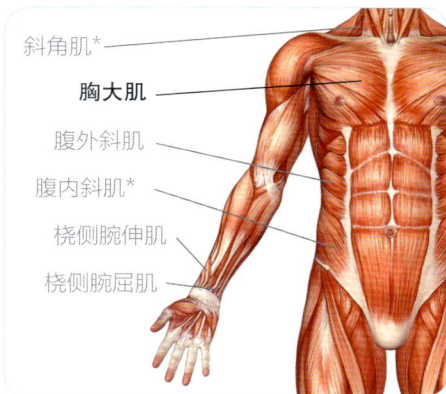

最佳锻炼部位
- 小圆肌
- 斜方肌
- 三角肌中束
- 三角肌后束
- 肱三头肌
- 胸大肌

关键注释
黑色字体代表目标肌肉
灰色字体代表其他的工作肌肉
*代表深层肌肉

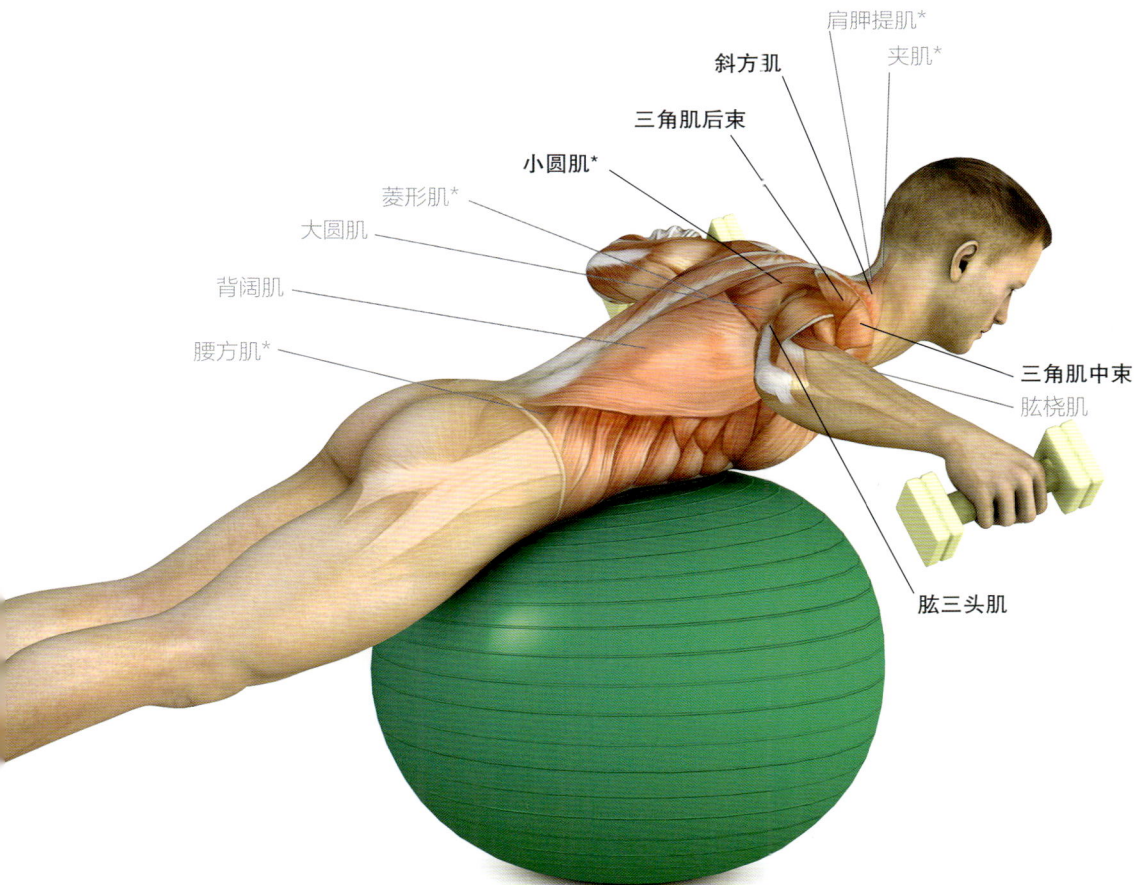

肩胛提肌*
夹肌*
斜方肌
三角肌后束
小圆肌*
菱形肌*
大圆肌
背阔肌
腰方肌*
三角肌中束
肱桡肌
肱三头肌

金属盘前平举

① 双手在胯前以握铁锤的姿势握住一个45磅重的金属盘，双脚平行站立，与肩同宽，骨盆微微内收。

② 将金属盘举起到肩膀的高度。

③ 慢慢地将重物放回到开始的位置。

锻炼目标
- 三头肌

级别
- 中级

益处
- 健美肩部线条，增大肩部力量

如果你有下列问题，不建议做此项练习
- 肩部或背部问题

教练建议
- 举起金属盘时呼气，放下金属盘时吸气
- 运动过程中保持垂直姿势
- 肩部向后向下伸展，远离双耳

正确做法
- 维持稳定、克制的动作

避免
- 将重物举起时，肘部过度伸展
- 允许肩部向内旋转

三角肌前束

三角肌中束

肱二头肌

肱肌*

前锯肌

屈指肌*

肱桡肌

桡侧腕伸肌

肩胛提肌*

三角肌后束

斜方肌

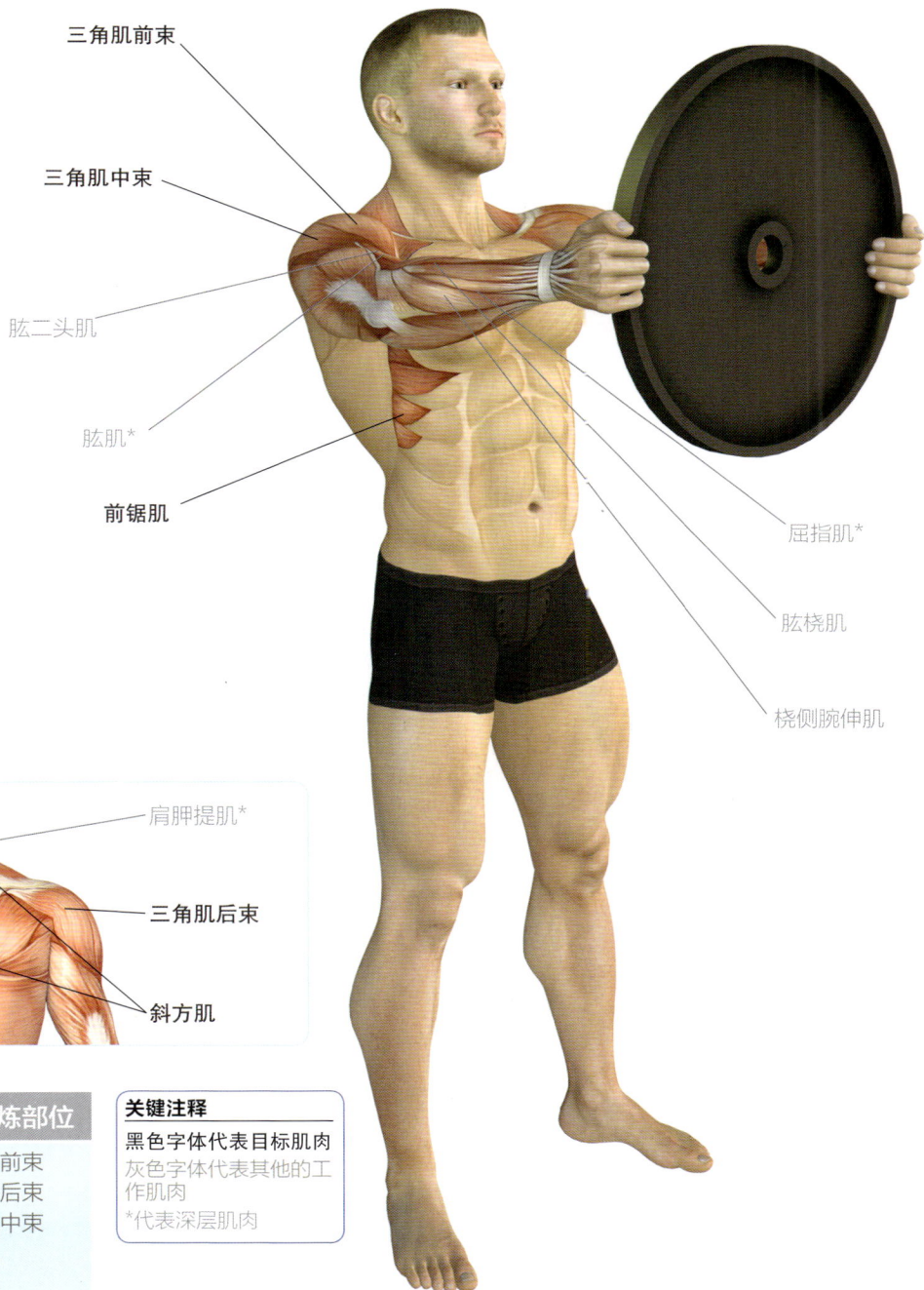

最佳锻炼部位

- 三角肌前束
- 三角肌后束
- 三角肌中束
- 斜方肌
- 前锯肌

关键注释

黑色字体代表目标肌肉
灰色字体代表其他的工作肌肉
*代表深层肌肉

杠铃耸肩

① 拿起杠铃，双臂垂落于身前。

正确做法
• 直上直下地耸肩

避免
• 肩部向后旋转

② 耸肩并尽可能靠近双耳。

锻炼目标
• 颈部
• 上背部
• 前臂
• 核心肌群

级别
• 初级

益处
• 增大斜方肌的力量和体积

③ 恢复开始姿势。重复做10到12次。

夹肌*
肩胛提肌*
冈上肌*
冈下肌*
大圆肌
菱形肌*
斜方肌
竖脊肌*

胸锁乳突肌

斜方肌

腹外斜肌

腹直肌

腹横肌*

掌长肌

屈指肌*

桡侧腕伸肌

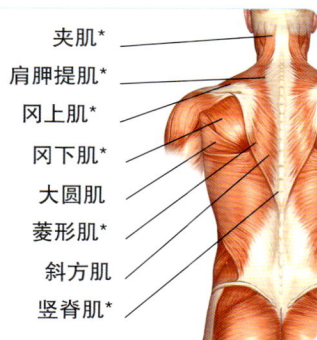

最佳锻炼部位

- 斜方肌
- 夹肌
- 肩胛提肌
- 冈上肌
- 冈下肌
- 大圆肌
- 菱形肌
- 竖脊肌

关键注释

黑色字体代表目标肌肉
灰色字体代表其他的工作肌肉
*代表深层肌肉

变化练习

难度降低： 用质量很轻的金属棒代替杠铃。

难度增大： 用哑铃（如右图所示）代替杠铃。

弹力绳臂弯举

① 身体站直，双脚踩在弹力绳上。双手握住弹力绳两端手柄的同时，胳膊略微弯曲，掌心向外。

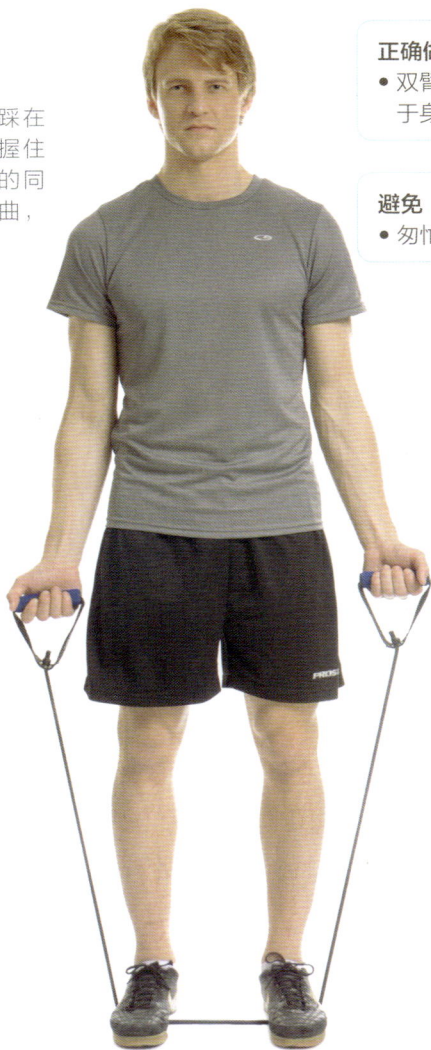

正确做法
- 双臂的肘部始终位于身体两侧

避免
- 匆忙完成动作

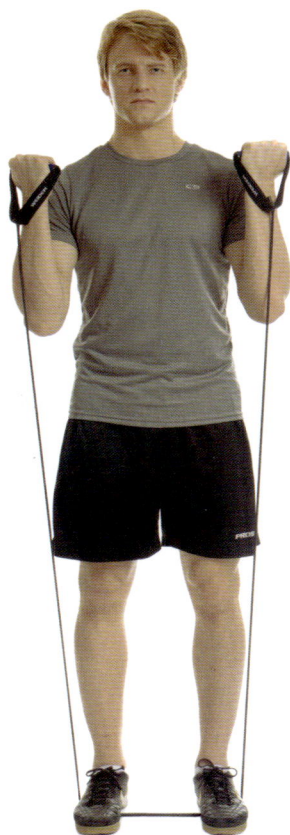

锻炼目标
- 二头肌

级别
- 初级

益处
- 强化二头肌

如果你有下列问题，不建议做此项练习
- 腕部或肘部疼痛

② 将弹力绳朝肩部方向向上提。

③ 将弹力绳放下，并重复这一动作，完成三组，每组15次。

肱肌*

肱桡肌

斜方肌

三角肌前束

肩胛提肌*

肱二头肌

尺侧腕屈肌

桡侧腕屈肌

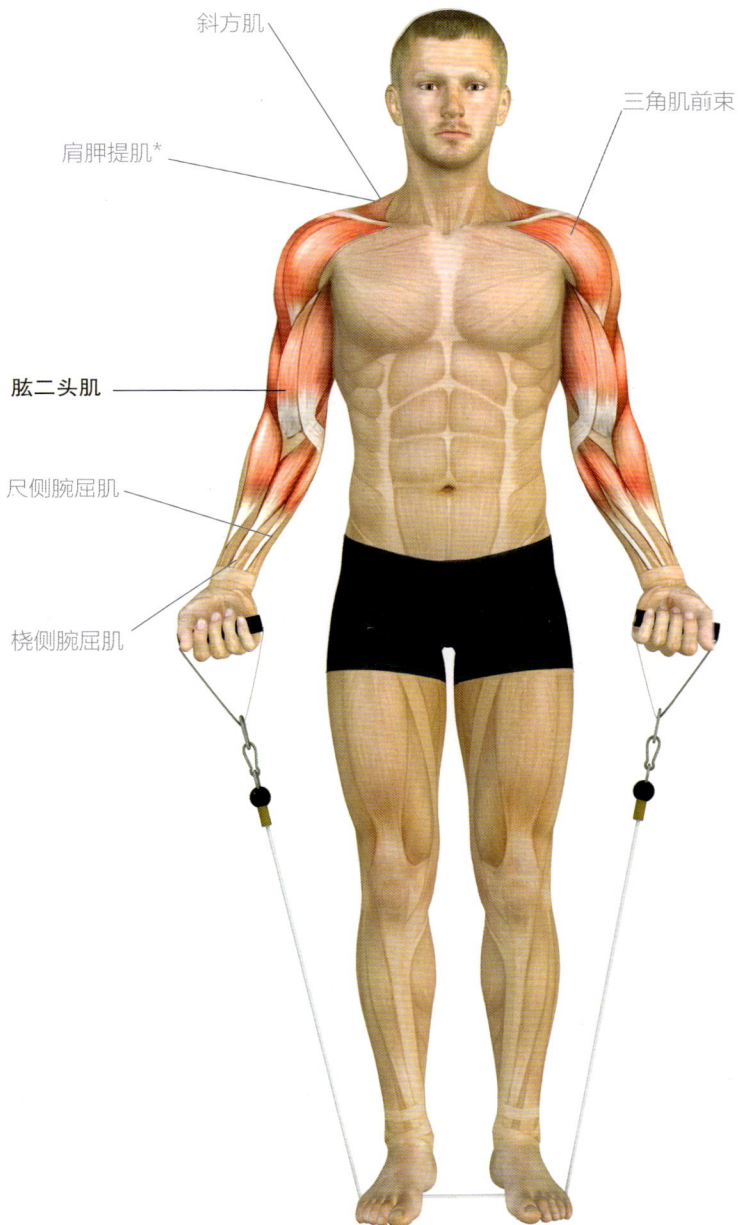

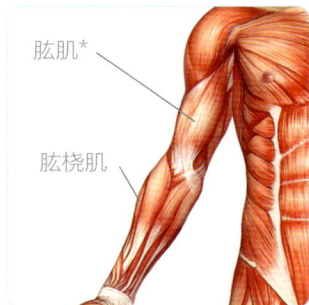

最佳锻炼部位

• 肱二头肌

关键注释

黑色字体代表目标肌肉

灰色字体代表其他的工作肌肉

*代表深层肌肉

交替锤式弯举

① 双脚平行站立，与肩同宽，膝盖略微弯曲，骨盆微微内收。

② 双手以握铁锤的姿势各握一个哑铃。双臂的肘部应该紧紧贴住躯干。

正确做法
- 当手臂举到最高点时，二头肌弯曲收缩

避免
- 凭借一股冲力将重物举起——保持躯干挺直，将注意力集中在二头肌的放松或收缩上。
- 腕部弯曲——腕部与前臂成90度直角

③ 双臂静止不动，左手的哑铃朝上胸部弯举。

锻炼目标
- 二头肌

级别
- 中级

益处
- 增大上臂的力量和体积

如果你有下列问题，不建议做此项练习
- 肘部问题

教练建议
- 将哑铃举起时呼气，将它放回到开始位置时吸气
- 如果你发现自己的背部摇晃不定或向后的倾斜幅度过大的话，就选择质量较轻的哑铃

④ 慢慢地将重物放回到开始的位置，用右手的哑铃重复这一动作。重复做10到12次，身体两侧交替进行。

尺侧腕屈肌

挠侧腕屈肌

肩胛提肌*

斜方肌

三角肌前束

肱二头肌

肱肌*

肱桡肌

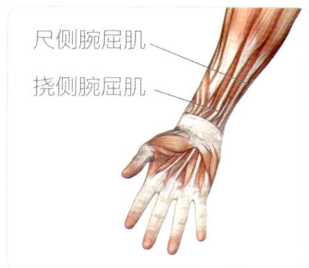

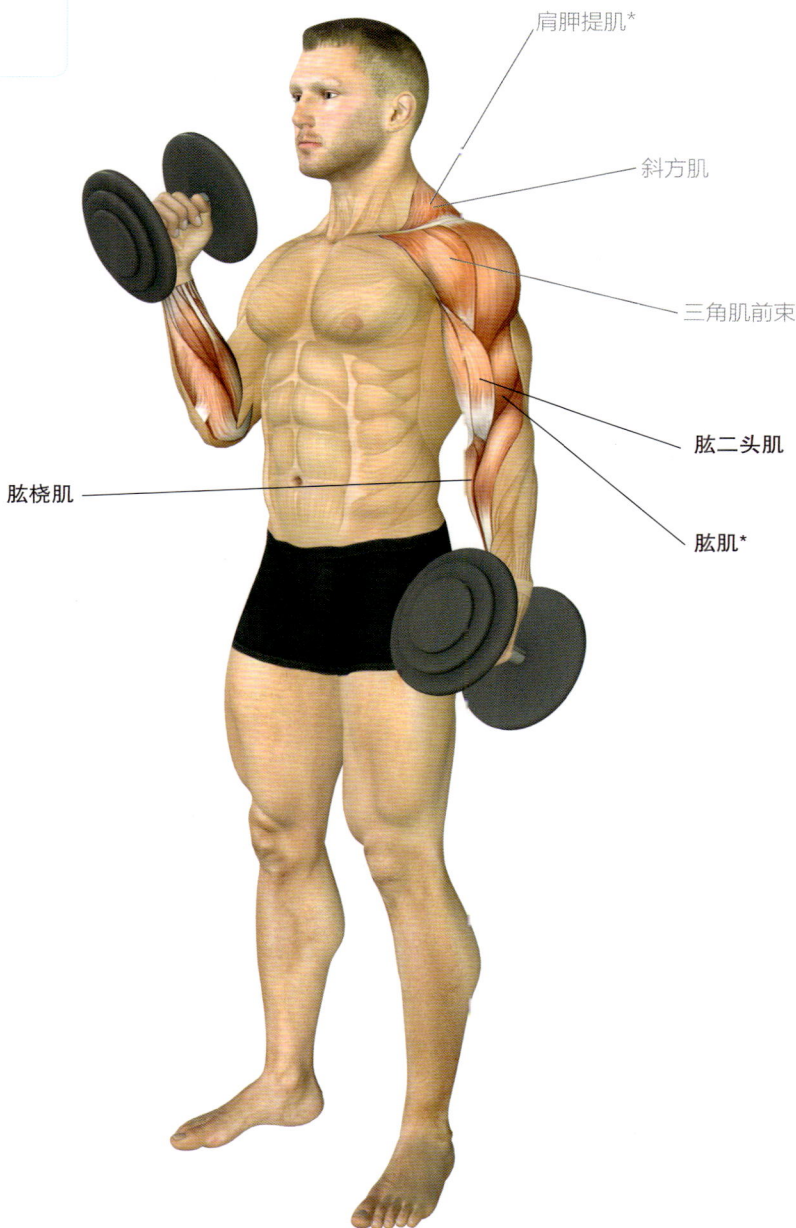

最佳锻炼部位

- 肱二头肌
- 肱桡肌
- 肱肌

关键注释

黑色字体代表目标肌肉

灰色字体代表其他的工作肌肉

*代表深层肌肉

杠铃弯举

① 身体站立，反手握住杠铃，双手所抓位置与肩同宽，双臂自然垂落。

② 肘部保持在身体两侧，双臂弯曲，双手掌心朝胸部方向伸展。

锻炼目标
- 二头肌
- 前臂
- 核心肌群

级别
- 中级

益处
- 增大二头肌的力量和体积

如果你有下列问题，不建议做此项练习
- 肘部问题

③ 当哑铃靠近锁骨时，将它放下。重复做8到10次。

正确做法
- 使活动范围尽可能地大

避免
- 利用背部力量将杠铃举起

变化练习

难度降低： 尝试将双手间的握距增大，完成动作，这样会减小动作幅度。

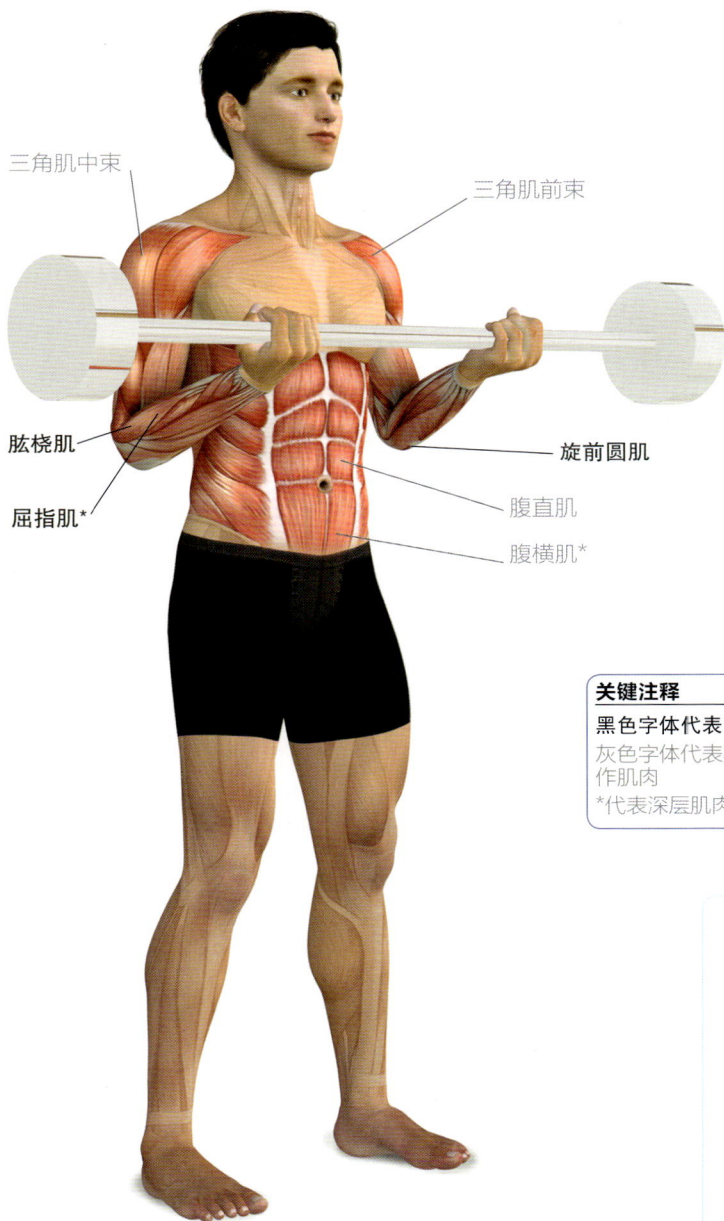

三角肌中束

三角肌前束

肱桡肌

旋前圆肌

屈指肌*

腹直肌

腹横肌*

关键注释

黑色字体代表目标肌肉

灰色字体代表其他的工作肌肉

*代表深层肌肉

最佳锻炼部位

- 肱二头肌
- 掌长肌
- 旋前圆肌
- 屈指肌
- 尺侧腕屈肌
- 肱桡肌

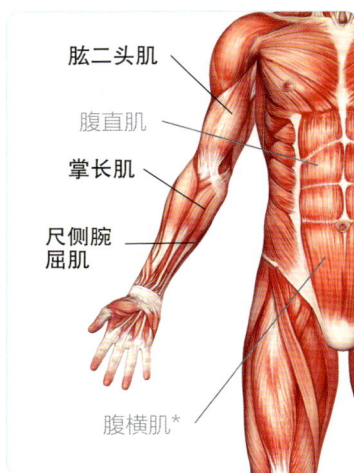

肱二头肌

腹直肌

掌长肌

尺侧腕屈肌

腹横肌*

单臂哑铃弯举

① 正面朝前坐在哑铃平椅上，双腿叉开，与肩同宽。在身前举起哑铃，并使其位于双腿之间。

② 右上臂后部紧贴右侧内大腿根部。

正确做法
- 在开始位置，当胳膊向下伸展时，哑铃应该与地板保持几英寸的距离

避免
- 运动过程中身体发生摆动
- 腕部弯曲——腕部与前臂成直角
- 肩部向前伸展

锻炼目标
- 二头肌

级别
- 初级

益处
- 增大躯干的力量和体积

如果你有下列问题，不建议做此项练习
- 膝盖疼痛

教练建议
- 在动作最高点时有轻微的停顿，将注意力集中在二头肌的收缩上

③ 右手手掌朝上，上臂静止不动，哑铃朝脸部右上方移动，与肩齐平时停止动作。

④ 慢慢地将重物移回到开始位置，并重复这一动作。

⑤ 换身体另一侧，左手握住哑铃重复以上所有动作。

肩胛提肌*

竖脊肌*

尺侧腕屈肌

挠侧腕屈肌

腹外斜肌

腹内斜肌*

腹横肌*

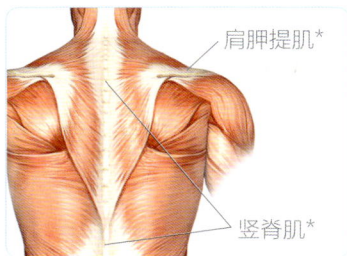

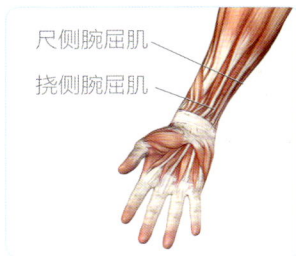

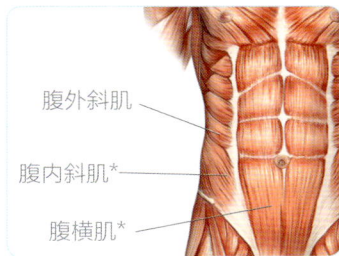

最佳锻炼部位

- 肱二头肌
- 肱桡肌
- 肱肌

关键注释

黑色字体代表目标肌肉
灰色字体代表其他的工作肌肉
*代表深层肌肉

肱肌*

肱桡肌

斜方肌

肱二头肌

绳索锤式弯举

① 将绳索连接物系在拉力器的最底端。

② 站在距离拉力器一英尺远的地方，身体挺直，双脚平行站立，与肩同宽，双膝微微弯曲，骨盆向内微缩。双手以握锤的姿势抓住绳索，肘部紧贴身体两侧。

正确做法
- 运动过程中上臂始终保持静止不动
- 保证腕部与前臂在一条直线上

避免
- 运动过程中保持颈部或下巴紧张

锻炼目标
- 二头肌

级别
- 中级

益处
- 增大躯干的力量和体积

如果你有下列问题，不建议做此项练习
- 肘部疼痛

教练建议
- 后脖颈和下巴保持微微上抬的姿势
- 将拉力绳下移至开始位置之前，在动作的最高点处稍微停顿一下

③ 将拉力绳朝上胸部方向移动，上臂保持静止不动。

④ 慢慢地将拉力绳放回到开始位置，并重复以上动作。

最佳锻炼部位

- 肱二头肌
- 肱肌
- 肱桡肌

关键注释

黑色字体代表目标肌肉
灰色字体代表其他的工作肌肉
*代表深层肌肉

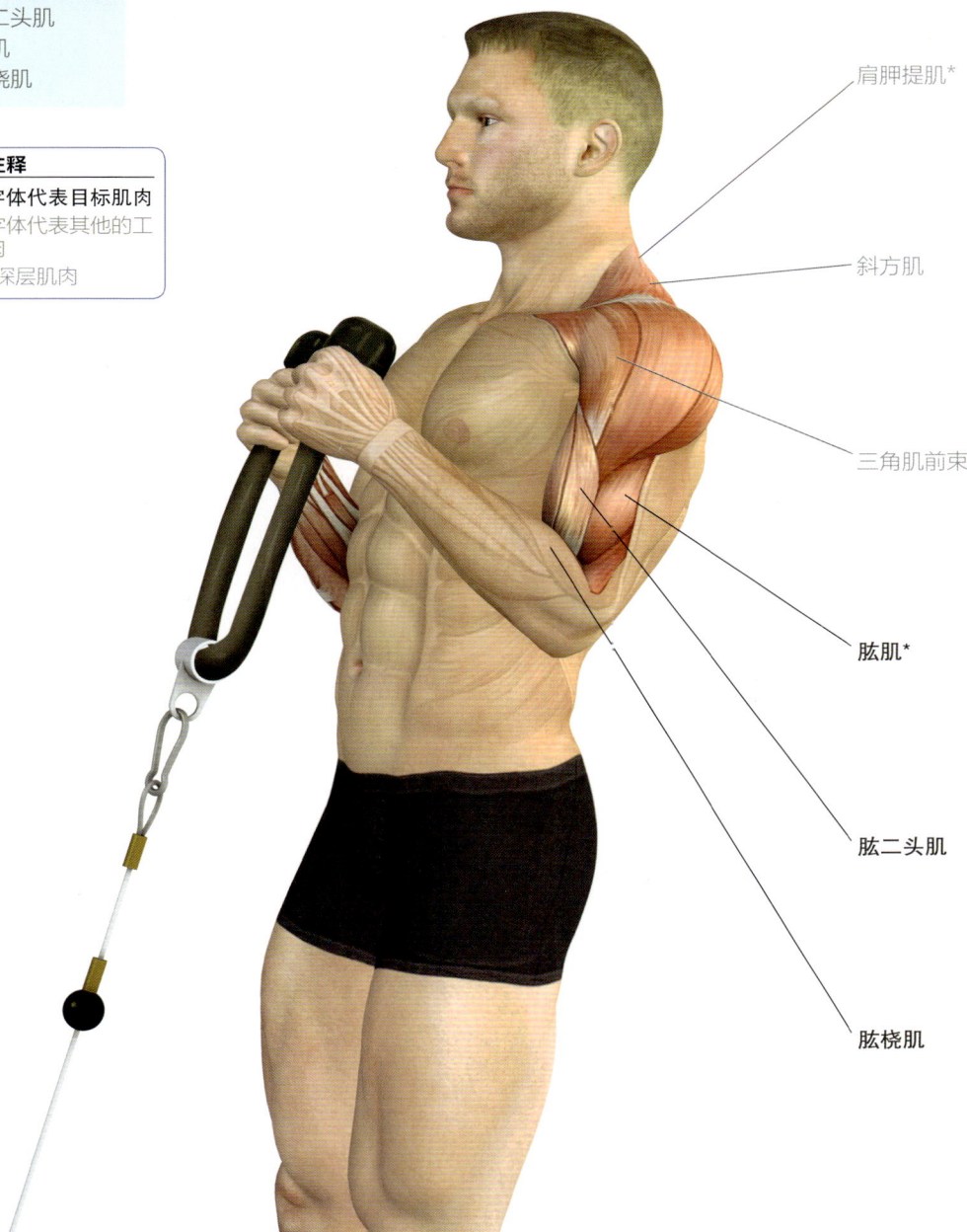

肩胛提肌*

斜方肌

三角肌前束

肱肌*

肱二头肌

肱桡肌

105

绳索曲臂下压

① 将绳索连接物系在拉力器的最顶端。

② 双脚平行站立，与肩同宽，双膝微微弯曲，骨盆向内微缩。双手以握锤的姿势抓住绳索。

③ 肘部朝身体两侧紧缩，将拉力绳朝大腿方向拉伸。

④ 慢慢地将拉力绳放回到开始位置。重复做8到10次。

锻炼目标
- 三头肌

级别
- 中级

益处
- 增大躯干的力量和体积

如果你有下列问题，不建议做此项练习
- 肘部或腕部疼痛

教练建议
- 后脖颈和下巴保持微微上抬的姿势
- 拉力绳下拉时呼气，恢复至开始位置时吸气
- 在动作的最低点处稍作停顿

正确做法
- 运动过程中上臂保持静止不动
- 腕部与前臂保持在一条直线上

避免
- 将拉力绳向下拉时，腕部弯曲
- 凭借一股冲力完成动作——主要借助三头肌完成动作

大圆肌

背阔肌

桡侧腕屈肌

尺侧腕屈肌

斜方肌

三角肌后束

肱三头肌

胸小肌*

胸大肌

腹直肌

腹外斜肌

腹内斜肌*

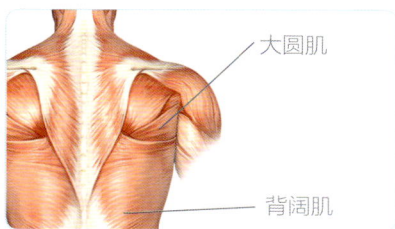

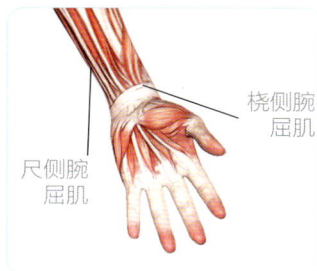

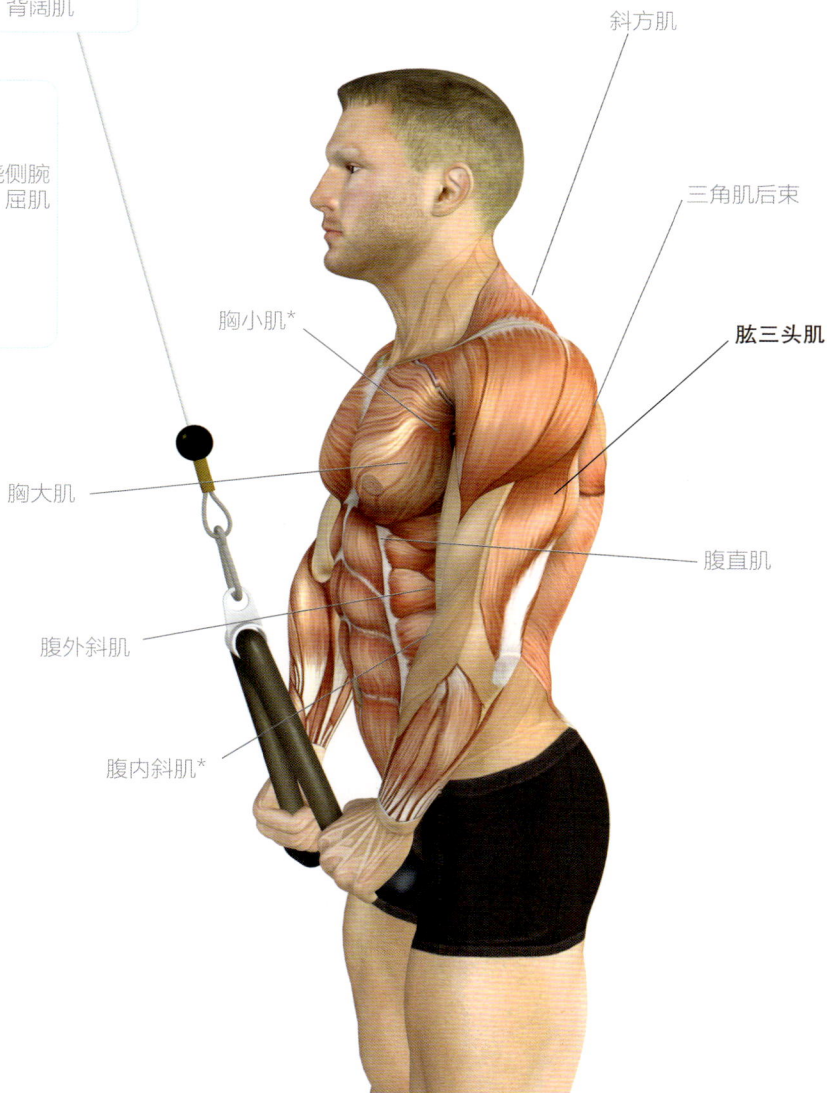

最佳锻炼部位

• 肱三头肌

关键注释

黑色字体代表目标肌肉
灰色字体代表其他的工作肌肉
*代表深层肌肉

仰卧哑铃屈臂伸

正确做法

- 前臂保持静止不动，肘部位于肩部正上方
- 运动过程中，躯干始终保持静止不动，且双脚牢牢地固定在地面上
- 调动腹肌参与到运动中
- 骨盆上提，这样你的大腿、躯干和颈部能够成一条直线
- 动作流畅且克制

避免

- 背部弯曲
- 肘部外翻
- 手中的重物摇摆不定——当重物靠近头部时这一点尤其重要

锻炼目标

- 三头肌

级别

- 中级

益处

- 强化三头肌

如果你有下列问题，不建议做此项练习

- 肘部疼痛

① 身体仰卧在瑞士球上，上背部、颈部和头部支撑身体。躯干伸直，膝盖以合适的角度弯曲，双脚固定在地面上，两脚间的距离比肩略宽。双手各握一个手持重物或哑铃，双臂伸直。

② 重物朝头部方向下移时，肘部弯曲。

③ 双臂向上伸直，回到开始位置，然后重复这一动作。做三组，每组15次。

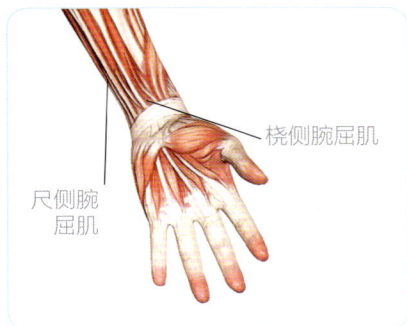

最佳锻炼部位
- 肱三头肌

关键注释
黑色字体代表目标肌肉
灰色字体代表其他的工作肌肉
*代表深层肌肉

桡侧腕屈肌

尺侧腕屈肌

肱三头肌

三角肌中束

胸大肌

背阔肌

大圆肌

三角肌后束

三头肌外滚

① 双膝跪在地上，泡沫轴横向放在身前。将手腕放在泡沫轴顶上，手指朝前伸。

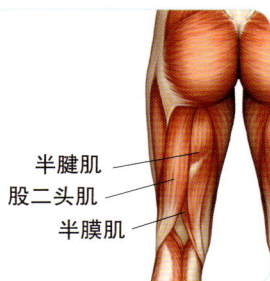

半腱肌
股二头肌
半膜肌

正确做法
- 所有的动作应该同时进行
- 运动过程中肩部始终保持放松状态
- 双脚用力下压

避免
- 耸肩
- 运动过程中髋部和下背部位置下移
- 背部弯曲拱起

锻炼目标
- 三头肌
- 腹肌
- 躯干稳定器

级别
- 中级

益处
- 提高核心肌群和肩部的稳定性

如果你有下列问题，不建议做此项练习
- 下背部疼痛
- 肩部疼痛

② 脊柱保持笔直，并确保颈部不会朝着肩部方向缩，前臂向前翻滚。

③ 继续往前翻，直到肘部碰到泡沫轴为止。按住
泡沫轴，保持你的臀部对齐，然后翻滚回起始
置。重复15次。

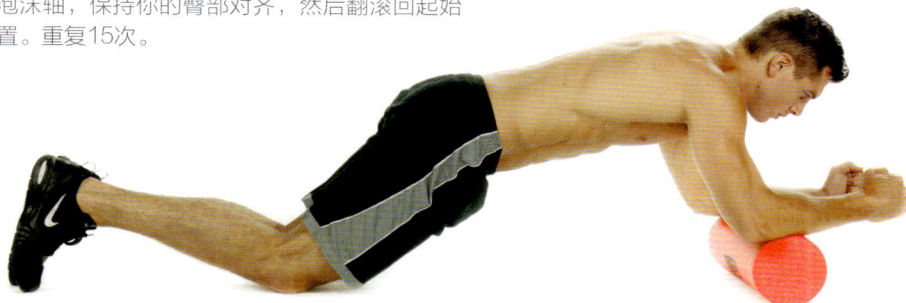

最佳锻炼部位

- 腹直肌
- 肱三头肌
- 臀大肌
- 臀中肌
- 股二头肌
- 半腱肌
- 半膜肌
- 外斜肌
- 胸大肌
- 胸小肌

关键注释
黑色字体代表目标肌肉
灰色字体代表其他的工作肌肉
*代表深层肌肉

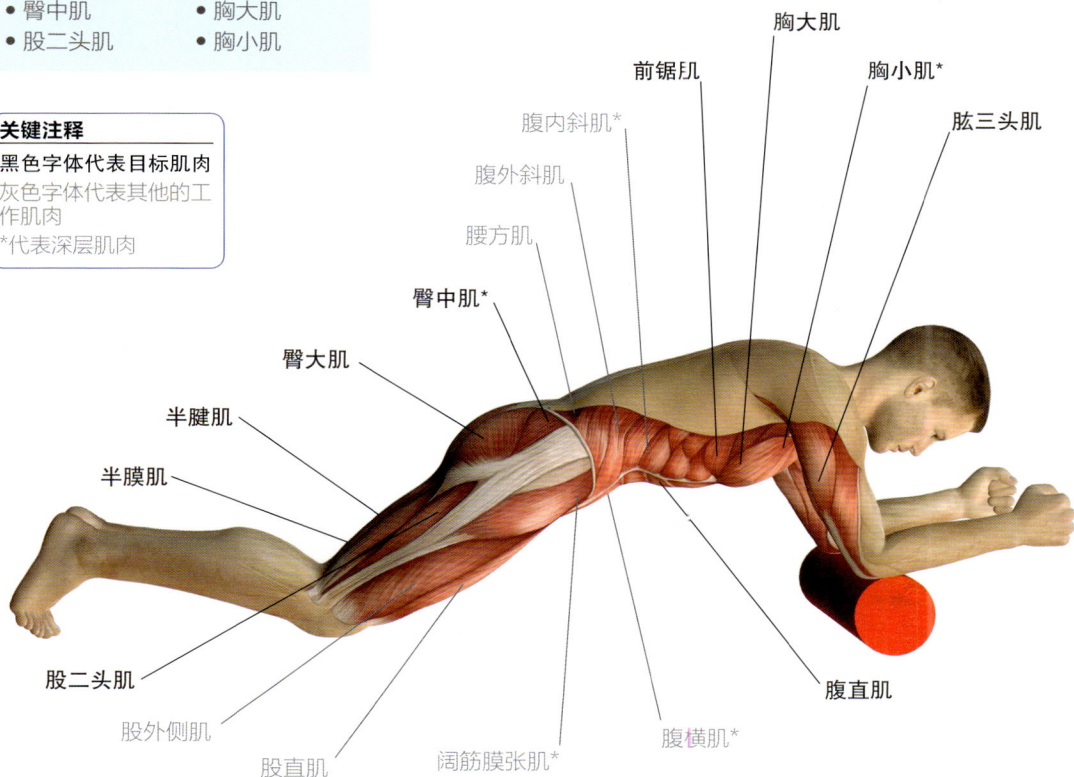

胸大肌

前锯肌

胸小肌*

腹内斜肌*

肱三头肌

腹外斜肌

腰方肌

臀中肌*

臀大肌

半腱肌

半膜肌

股二头肌

股外侧肌

股直肌

阔筋膜张肌*

腹横肌*

腹直肌

凳上双臂屈伸

① 身体靠近一把结实椅子的前端，坐下，背部挺直。双手置于臀部后方，手指握住椅子的前侧边缘。

② 双腿在体前略微伸展，双脚平放在地上。

正确做法
- 身体贴近椅子
- 运动过程中脊柱始终保持中正的位置

避免
- 耸肩
- 双脚移动
- 臀部拱起
- 借助双脚而非胳膊的力量将身体向上推

③ 身体从椅子的边缘向下滑动，直至膝盖位于双脚正上方，并且躯干不与椅子接触。

④ 肘部直接在身后弯曲，不向身体两侧外展，躯干下移直至肘部成90度直角。

⑤ 双手按住椅子，躯干上移恢复开始姿势。做两组，每组15次。

锻炼目标
- 三头肌
- 三角肌
- 核心肌群

级别
- 初级

益处
- 使肩胛带变得强健
- 训练躯干在双臂和双腿运动的情况下保持稳定不动

如果你有下列问题，不建议做此项练习
- 肩部疼痛
- 腕部疼痛

变化练习

难度增大：双膝并拢，一条腿抬高，与地面平行，完成屈伸动作。身体两侧各做15次。

最佳锻炼部位
- 肱三头肌
- 三角肌
- 胸大肌
- 胸小肌
- 喙肱肌

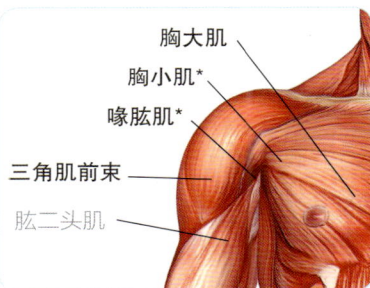

胸大肌
胸小肌*
喙肱肌*
三角肌前束
肱二头肌

关键注释
黑色字体代表目标肌肉
灰色字体代表其他的工作肌肉
*代表深层肌肉

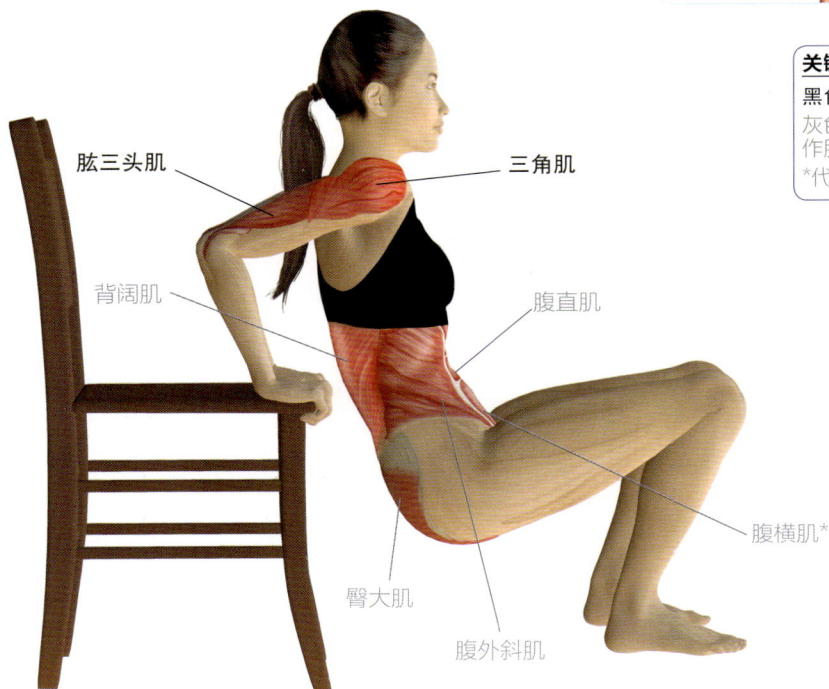

肱三头肌
三角肌
背阔肌
腹直肌
腹横肌*
臀大肌
腹外斜肌

绳索过顶伸展

① 将绳索连接物系在拉力器的最底端。双手握住绳索。肘部紧贴身体。

正确做法
- 绳索在头部后方，向下拉动时，双臂保持静止不动

② 双脚维持分开站立的姿势，将绳索向上拉时，躯干开始转动。

锻炼目标
- 三头肌

级别
- 中级

益处
- 增大肩部和上臂的力量和体积

如果你有下列问题，不建议做此项练习
- 背部、肩部或肘部问题

教练建议
- 在动作最低点，当你的三头肌完全伸展时，身体要有短暂的停顿
- 当你完成这项运动时，缓慢并小心翼翼地将绳索放下，肘部紧贴身体，避免肩部受伤

③ 双手高举过头顶时，身体继续转动，面朝前方。

④ 你的开始姿势将会面朝前，肘部贴近头部，双臂与地面垂直，指关节向上指向天花板。

避免
- 凭借一股冲力完成动作——主要借助三头肌完成动作

斜方肌

三角肌后束

大圆肌

尺侧腕屈肌

挠侧腕屈肌

肱三头肌

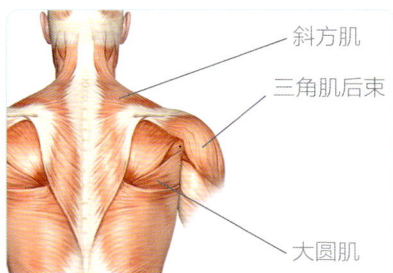

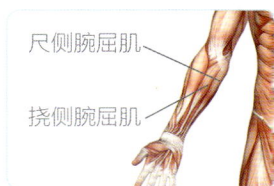

最佳锻炼部位

- 肱三头肌

关键注释

黑色字体代表目标肌肉
灰色字体代表其他的工作肌肉
*代表深层肌肉

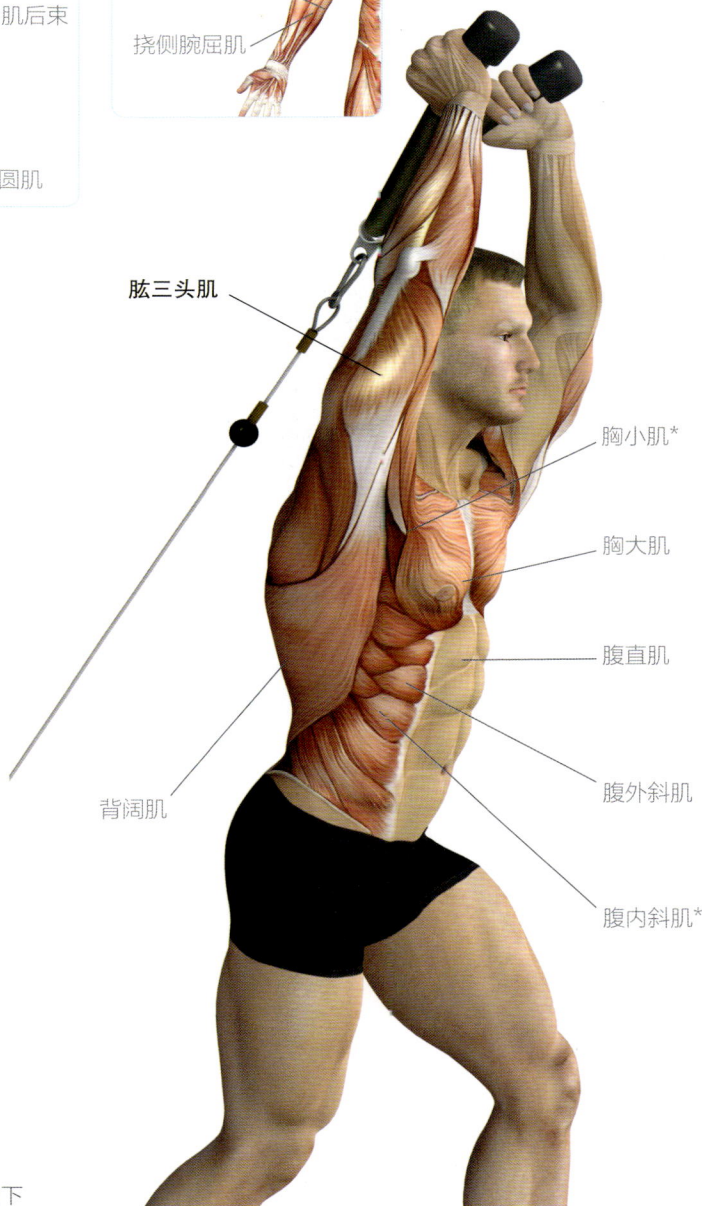

胸小肌*

胸大肌

腹直肌

腹外斜肌

背阔肌

腹内斜肌*

⑤ 慢慢地将头部后方的绳索下移，然后将绳索抬高，恢复开始姿势。重复做8到10次。

手腕屈曲

正确做法

- 记住屈曲运动伸展伸肌，而扩展运动伸展屈肌
- 确保拇指按压掌心靠近拇指处肉较多的位置，增大前臂和腕部的伸展幅度

避免

- 肩部抬高或拉紧

锻炼目标

- 腕部
- 双手
- 前臂

教练建议

- 在长时间通话或紧张地通勤后进行这些伸展运动，或者如果你经常用手臂提重物，例如抱孩子的话，这些伸展运动能够消除双手和前臂的张力

最佳锻炼部位

- 尺侧腕伸肌
- 桡侧腕伸肌
- 小指伸肌
- 指伸肌
- 食指伸肌
- 拇指伸肌

关键注释

黑色字体代表目标肌肉
灰色字体代表其他的工作肌肉
*代表深层肌肉

① 身体坐着或站立，双臂位于身体两侧。

② 右手前臂在肘部弯曲，成90度直角。掌心朝下。

③ 右手腕部向下弯曲，从而使掌心朝内。

④ 左手手指覆盖在右手背部，拇指直接放在右手掌心的拇指肌上。

⑤ 左手手指轻轻按压右手手背，右手腕部成60度到90度弯曲，同时左手大拇指向外按压掌心，使动作伸展的幅度更大。

⑥ 放松，双手交换，用另外一侧重复以上动作。

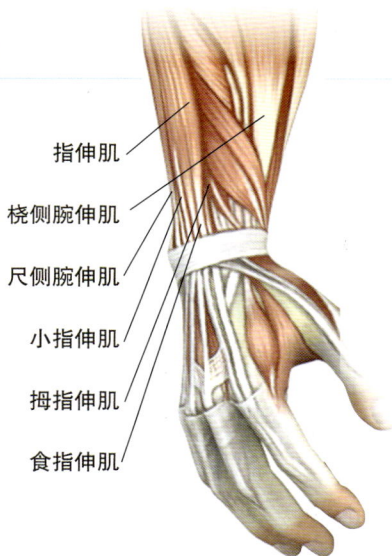

指伸肌

桡侧腕伸肌

尺侧腕伸肌

小指伸肌

拇指伸肌

食指伸肌

手腕伸张

① 身体坐着或站立，双臂位于身体两侧。

② 右手前臂在肘部弯曲，成90度直角。此时掌心应该朝上。

③ 右手腕部向下弯曲，从而使掌心外翻。

④ 左手手指覆盖在右手背部，拇指直接放在右手掌心的拇指肌上。

⑤ 利用左手的拇指和掌心轻轻按压右手拇指。同时左手手指按压右手手背，从而使右手手掌伸直，伸展的幅度更大。

教练建议

● 想象着两只胳膊下各夹着一支铅笔。调动腋窝周围的肌肉夹住这支不存在的铅笔——整个过程中肩部的位置不变。在所有需要将肘部朝胸腔内收的伸展或阻力训练中，都可以利用这种锻炼方法。

最佳锻炼部位

● 尺侧腕屈肌
● 桡侧腕屈肌
● 小指屈肌
● 屈指肌
● 掌长肌
● 拇指屈肌

关键注释

黑色字体代表目标肌肉
灰色字体代表其他的工作肌肉
*代表深层肌肉

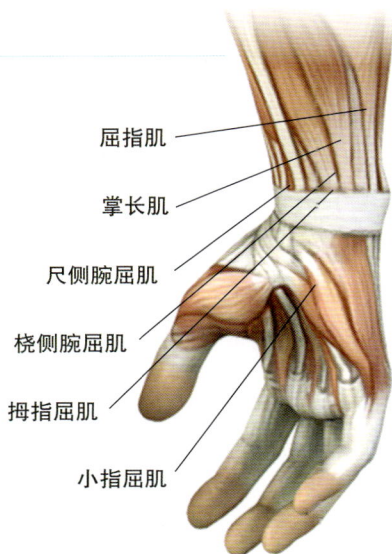

屈指肌
掌长肌
尺侧腕屈肌
桡侧腕屈肌
拇指屈肌
小指屈肌

卷腹

① 膝盖弯曲，仰卧在地面上，双手互握枕在头下。

正确做法
- 利用肩部和腹肌带动整个动作
- 整个卷腹运动中确保骨盆位于正中位置
- 下巴微收，双目紧盯住大腿内侧

避免
- 颈部向上拉
- 臀部朝地面倾斜

锻炼目标
- 腹肌

级别
- 初级

益处
- 强健躯干
- 增强骨盆以及核心肌群的稳定性

如果你有下列问题，不建议做此项练习
- 背部疼痛
- 颈部疼痛

② 肘部打开，调动腹肌，将上半身从地面抬起，做一个卷腹动作。

③ 慢慢地恢复开始姿势。做两组，每组15次。

变化练习

难度增大： 双腿伸直，仰躺在地上，双臂位于头顶上方。用双臂和躯干抬高的动作代替抬腿的动作。身体继续向前弯曲，抓住双脚。

最佳锻炼部位

- 腹直肌
- 腹内斜肌

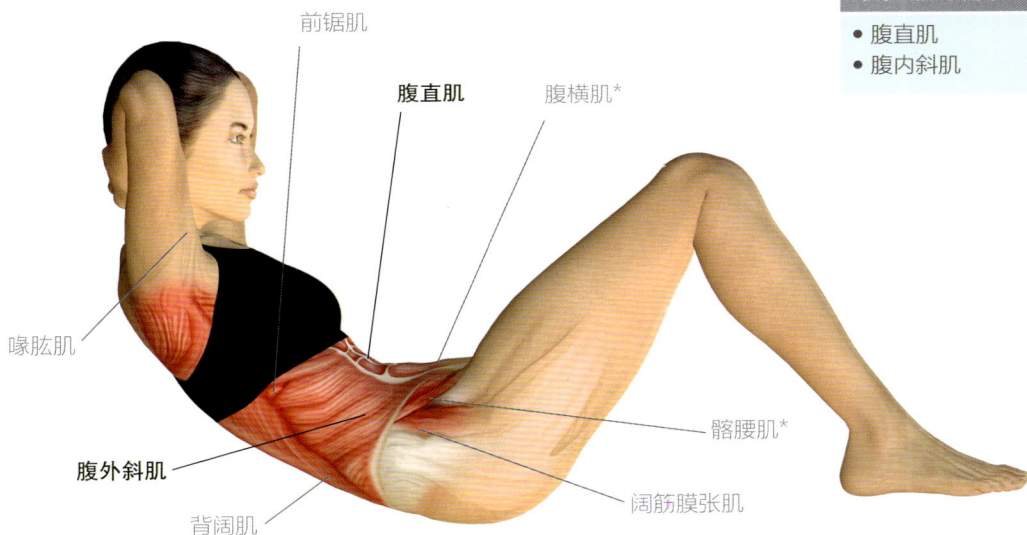

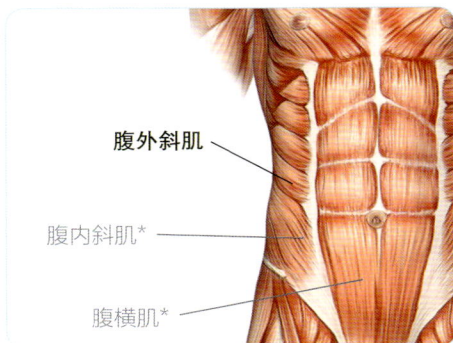

前锯肌

腹直肌

腹横肌*

喙肱肌

腹外斜肌

背阔肌

髂腰肌*

阔筋膜张肌

腹外斜肌

腹内斜肌*

腹横肌*

关键注释

黑色字体代表目标肌肉

灰色字体代表其他的工作肌肉

*代表深层肌肉

119

平板支撑

① 四肢着地，伏趴在地上。

锻炼目标
- 腹肌
- 背部
- 腹斜肌

级别
- 初级

益处
- 强化整个核心肌群

如果你有下列问题，不建议做此项练习
- 肩部问题
- 背部疼痛
- 肘部疼痛

变化练习
- 难度增大：一只脚从地面抬起，从而使动作更具挑战性

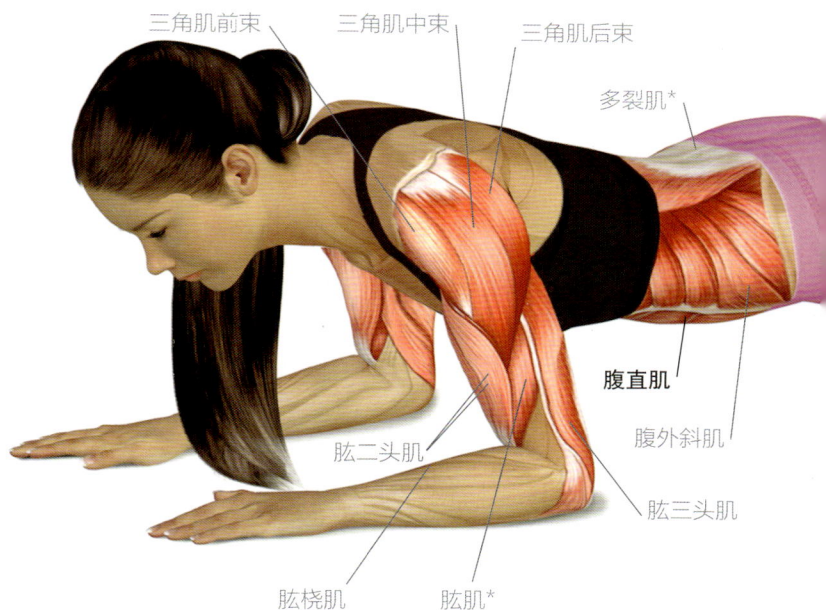

三角肌前束
三角肌中束
三角肌后束
多裂肌*
肱二头肌
腹直肌
腹外斜肌
肱三头肌
肱桡肌
肱肌*

② 前臂固定在地面上且彼此互相平行，然后将膝盖从地面上抬起，并且将双腿伸直，与双臂成一条直线。

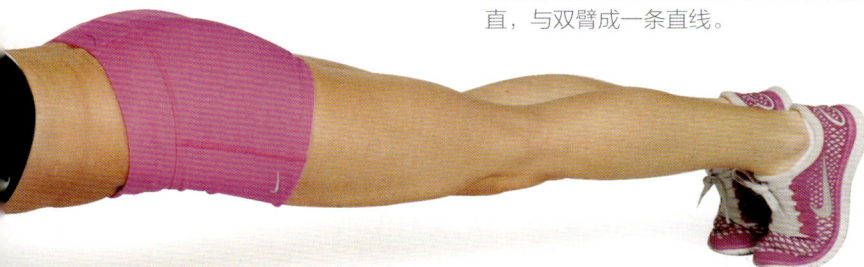

③ 保持平板支撑姿势30秒（逐步增加到120秒）。

正确做法
- 保持腹部股肉紧张，身体呈一条直线

避免
- 桥太高，因为这会减弱工作肌肉的压力

最佳锻炼部位
- 腹直肌
- 竖脊肌

菱形肌*
竖脊肌*
背阔肌
多裂肌*

胸大肌
前锯肌
腹直肌
腹外斜肌
腹内斜肌*
腹横肌*

关键注释
黑色字体代表目标肌肉
灰色字体代表其他的工作肌肉
*代表深层肌肉

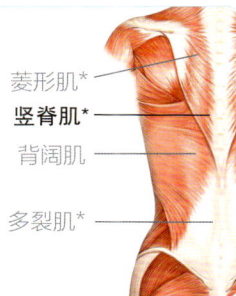

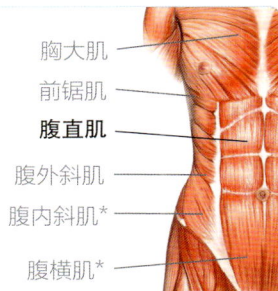

侧板式

① 双腿伸直，身体成右侧卧姿势，一条腿在上，另一条腿在下。右臂弯曲成90度直角，手指朝前伸。左手手臂放在左髋上。

锻炼目标
- 小腹
- 背部
- 三角肌

级别
- 中级

益处
- 强健腹部、下背部和肩部

如果你有下列问题，不建议做此项练习
- 肩部问题
- 背部疼痛
- 肘部疼痛

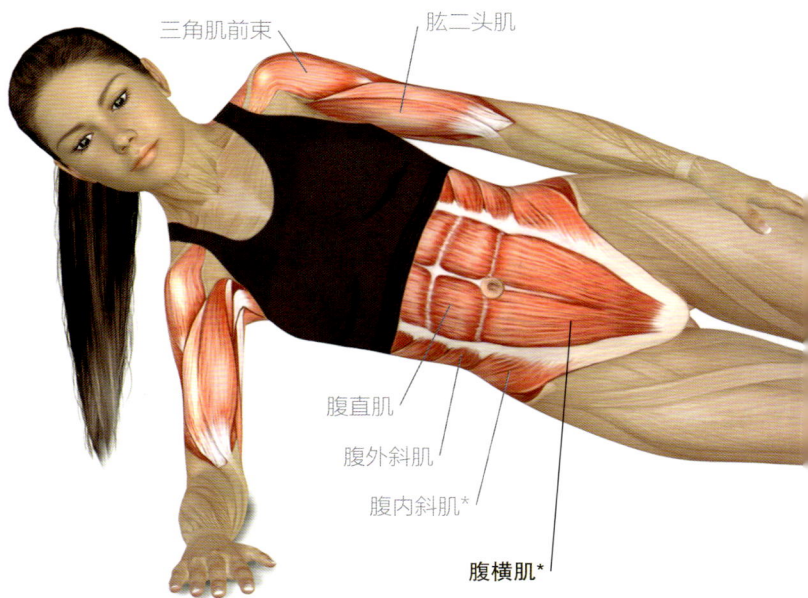

三角肌前束

肱二头肌

腹直肌

腹外斜肌

腹内斜肌*

腹横肌*

变化练习

难度降低：将另一条空闲的手臂作为支架，协助身体向上抬高。

难度增大：身体侧卧时双腿略微分开（如右图所示）。

正确做法

- 前臂和髋部同时向前推

避免

- 肩部的张力过大

② 通过右前臂将身体往前推，将臀部从地面抬起直至身体呈一条直线。保持这一姿势30秒（逐步达到1分钟），然后换左侧重复这一动作。

最佳锻炼部位

- 腹横肌
- 竖脊肌

关键注释

黑色字体代表目标肌肉

灰色字体代表其他的工作肌肉

*代表深层肌肉

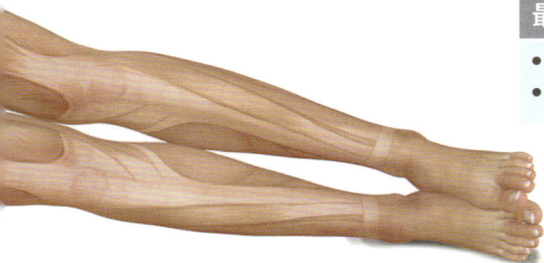

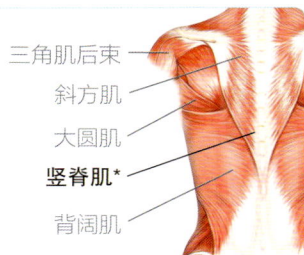

三角肌后束
斜方肌
大圆肌
竖脊肌*
背阔肌

T形稳定练习

① 将俯卧撑的结束动作作为开始动作，双臂完全伸展，掌心向前，脚趾支撑起整个身体。

正确做法
• 身体成一条直线

避免
• 背部弯曲或拱起

锻炼目标
• 腹肌
• 髋部
• 下背部
• 腹斜肌

级别
• 中级

益处
• 强化腹部、髋部、下背部和腹斜肌

如果你有下列问题，不建议做此项练习
• 肩部问题
• 背部疼痛
• 肘部疼痛

② 在保持身体成一条直线的同时，左侧髋部转身向上，左脚放在右脚上。右臂横跨整个身体，直指天花板。保持这一姿势30秒（逐步达到60秒）。恢复开始姿势，用身体另一侧重复这一动作。

最佳锻炼部位

- 腹直肌
- 腹横肌
- 阔筋膜张肌
- 缝匠肌
- 髂腰肌
- 髂肌
- 髂胫束
- 多裂肌*
- 腰方肌

屈指肌*

掌长肌

肱二头肌

三角肌前束

肱三头肌

腹直肌

腹横肌*

阔筋膜张肌

缝匠肌

腹外斜肌

腹内斜肌*

耻骨肌*

长收肌

大收肌

尺侧腕屈肌

关键注释

黑色字体代表目标肌肉
灰色字体代表其他的工作肌肉
*代表深层肌肉

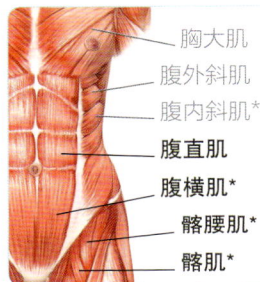

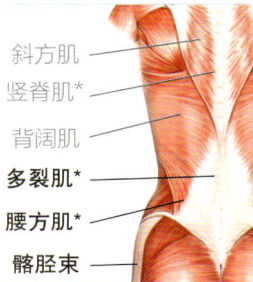

胸大肌
腹外斜肌
腹内斜肌*
腹直肌
腹横肌*
髂腰肌*
髂肌*

斜方肌
竖脊肌*
背阔肌
多裂肌*
腰方肌
髂胫束

瑞士球绕行

① 身体成俯卧撑姿
势，将瑞士球置
于胫骨下方。

正确做法	避免
• 尽可能保持瑞士球静止不动且位于中心位置不变	• 腕部的压力过大

锻炼目标
- 三头肌
- 腹肌
- 躯干稳定器

级别
- 中级

益处
- 有助于保持上肢稳定并且能够相互配合

如果你有下列问题，不建议做此项练习
- 下背部疼痛
- 肩部疼痛

② 一次移动一只手，朝右侧"走"，身体也
随之转动，直至你完成一个半圆。然后双
手朝左侧走，回到最初的位置。每个方向
各完成3个半圆。

胸小肌*
喙肱肌*
胸大肌
腹直肌
腹横肌*
髂腰肌*
股中间肌*
股直肌
股外侧肌
胫骨前肌

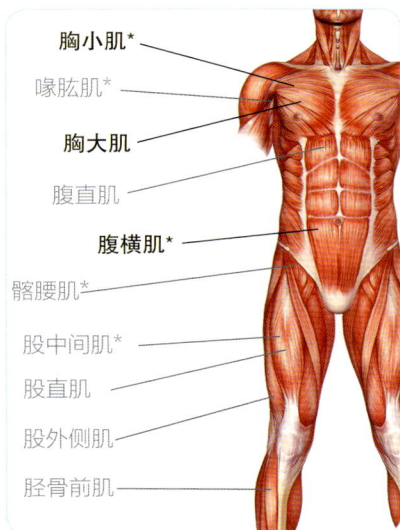

最佳锻炼部位

- 胸小肌
- 胸大肌
- 三角肌后束
- 三角肌中束
- 三角肌前束
- 肱三头肌
- 腹横肌

关键注释

黑色字体代表目标肌肉
灰色字体代表其他的工作肌肉
*代表深层肌肉

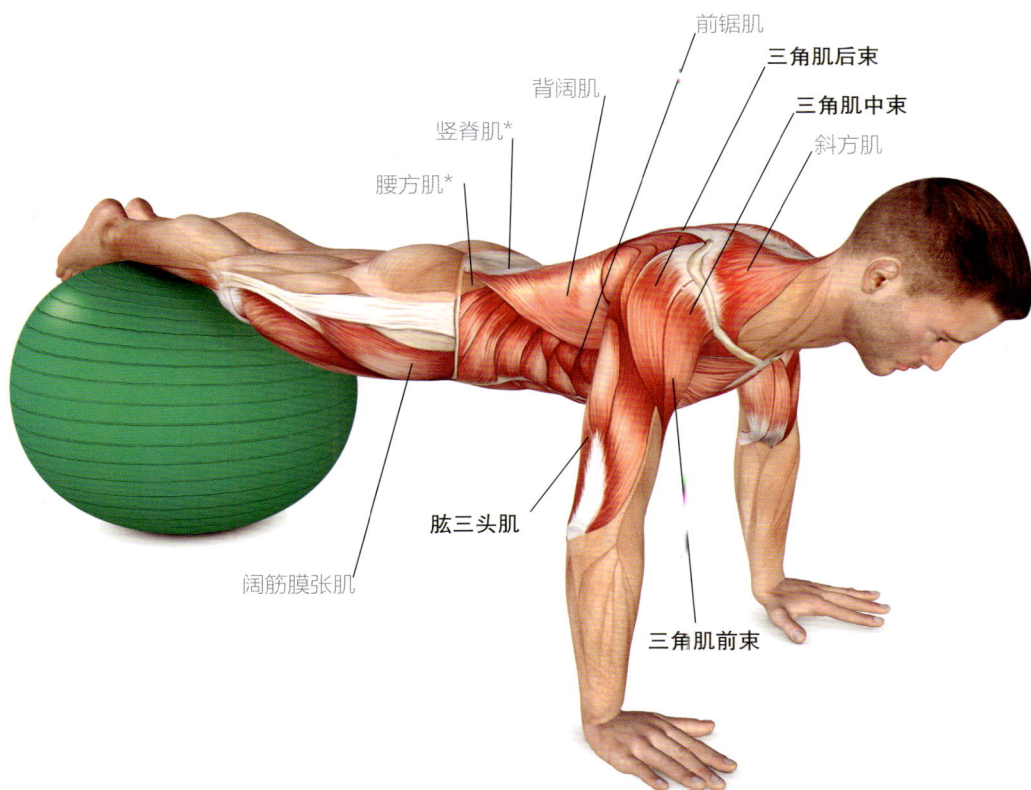

前锯肌
背阔肌
竖脊肌*
腰方肌*
三角肌后束
三角肌中束
斜方肌
肱三头肌
阔筋膜张肌
三角肌前束

瑞士球屈腿

锻炼目标

- 髋部屈肌
- 腹肌
- 竖立肌
- 腹斜肌

级别

- 中级

益处

- 强化髋部屈肌、腹肌和竖立肌

如果你有下列问题，不建议做此项练习

- 下背部疼痛
- 肩部疼痛

变化练习

- 难度增大：试着将一条腿从球上抬起，增大阻力

正确做法
- 利用核心肌群支撑整个身体

避免
- 背部转向

① 四肢着地，双手与肩同宽。将左腿抬起并放在瑞士球顶上，然后用同样的方法将右腿也放上去。这样瑞士球就恰好位于胫骨下方，全身成俯卧撑姿势。

② 双膝弯曲，尽可能地使球朝胸部方向滚动。然后双腿伸直，恢复开始姿势。重复做20次。

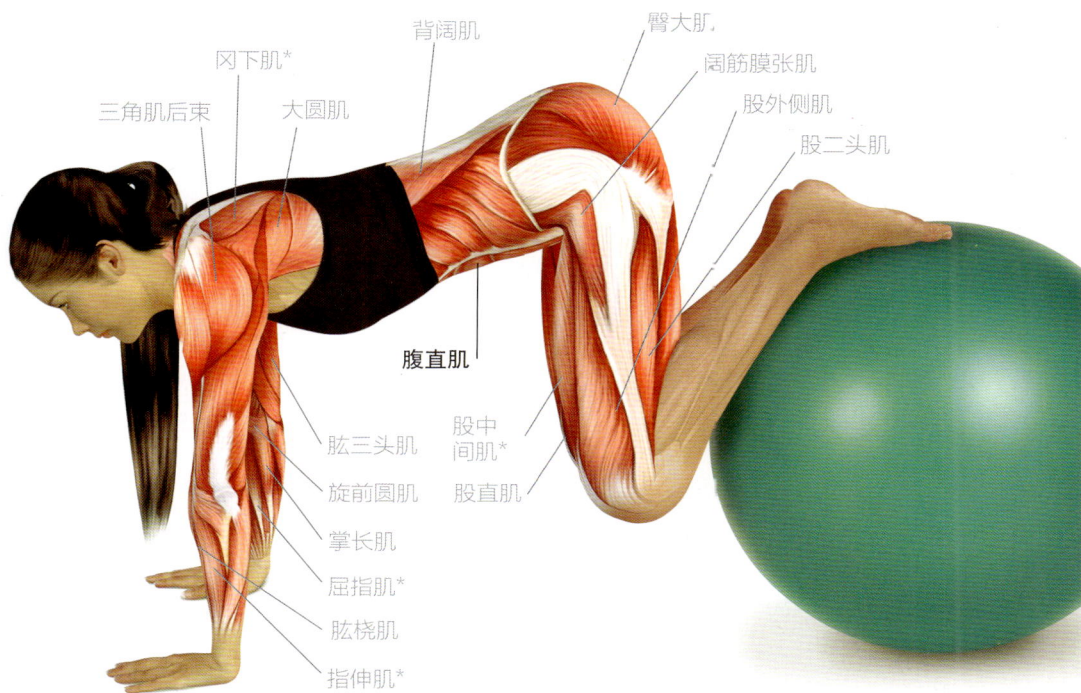

冈下肌*

三角肌后束

大圆肌

背阔肌

臀大肌

阔筋膜张肌

股外侧肌

股二头肌

腹直肌

肱三头肌

旋前圆肌

掌长肌

屈指肌*

肱桡肌

指伸肌*

股中间肌*

股直肌

最佳锻炼部位

- 缝匠肌
- 髂腰肌
- 髂肌
- 腹直肌
- 竖脊肌

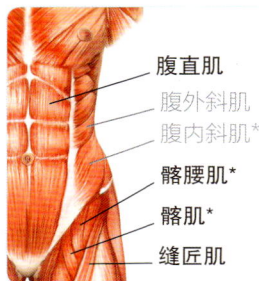

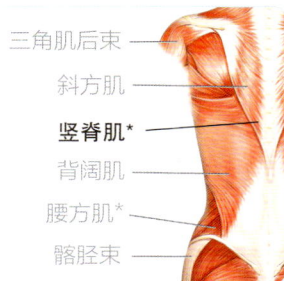

腹直肌

腹外斜肌

腹内斜肌*

髂腰肌*

髂肌*

缝匠肌

三角肌后束

斜方肌

竖脊肌*

背阔肌

腰方肌*

髂胫束

健身实心球伐木

正确做法
- 迅速完成运动中的积极部分（摇摆动作），用缓慢克制的动作完成消极部分（绕臂挥动）。在进行这些动作的同时保持核心肌群收缩紧张

避免
- 从身体一侧到另一侧扭曲的幅度过大，这会造成背部扭伤

锻炼目标
- 腹斜肌
- 腹肌
- 背部

级别
- 初级

益处
- 强化腹斜肌

如果你有下列问题，不建议做此项练习
- 下背部疼痛
- 肩部疼痛

❶ 身体站直，双脚与肩同宽，双手握住一个实心球置于头部右侧。

❷ 躯干朝左侧弯曲，同时将实心球下移至左腿外侧，然后恢复开始姿势。重复做20次，然后换另一侧。

冈上肌*

冈下肌*

肱三头肌

大圆肌

三角肌后束

背阔肌

小圆肌

腹直肌

腹外斜肌

腹横肌*

腹内斜肌*

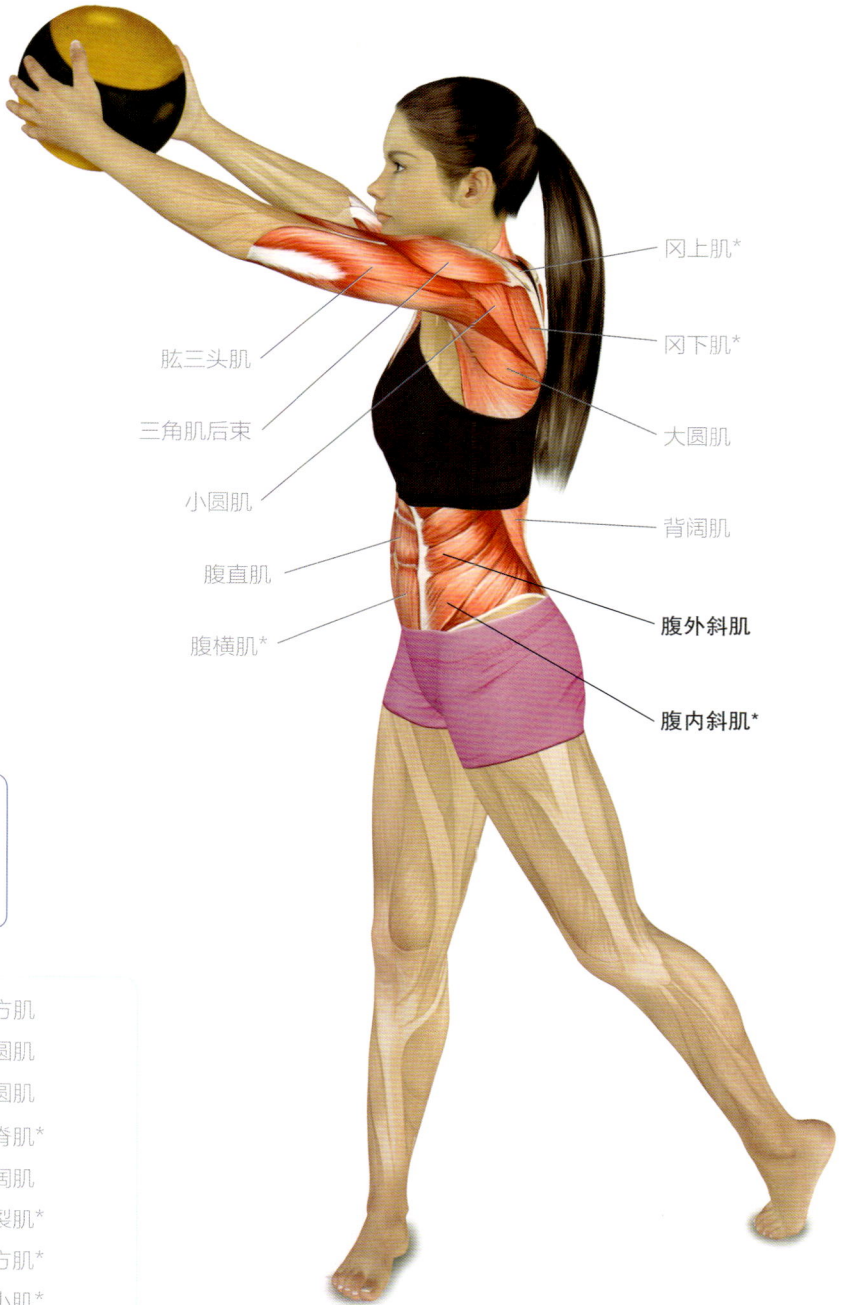

最佳锻炼部位

- 腹外斜肌
- 腹内斜肌

关键注释

黑色字体代表目标肌肉

灰色字体代表其他的工作肌肉

*代表深层肌肉

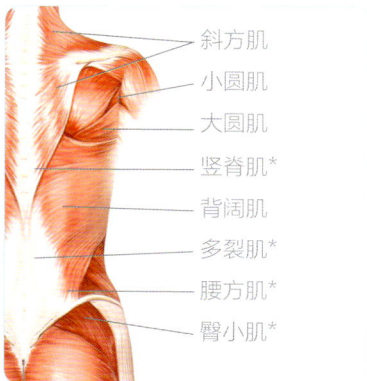

斜方肌

小圆肌

大圆肌

竖脊肌*

背阔肌

多裂肌*

腰方肌*

臀小肌*

下肢练习

　　这里提供的下肢练习是最有效运动的代表，它们已经被证明在特定的运动或活动中可以提高你的运动成绩。所有的练习都有明确的定义，同时还附带有完整的分步骤说明。这一部分内容包括了旨在强健所有腿部、臀部和背部肌群的练习。本书后半部分提到的运动常规则是利用这些练习，有效地组合成特定的运动或活动。然而，你可以随意翻阅一下这几页的内容，并随时进行个人练习，增加锻炼的多样性。与之前一样，密切关注自己的动作，确保目标肌肉产生灼烧感至关重要，不要过于依赖辅助器械的帮助。所有的体验层次都有多种运动可供选择。祝您练习愉快！

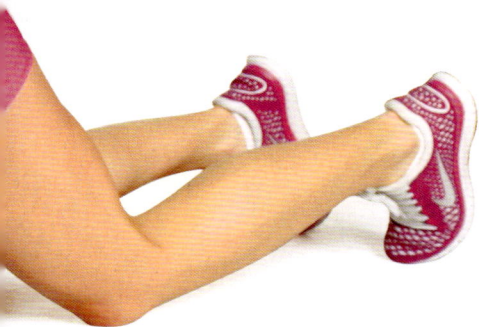

瑞士球直角坐墙

① 将瑞士球靠在墙上，用背抵住球，这样你的背和肩膀能够将球固定在墙壁上。双脚约与臀部同宽，但是位置要靠前。

正确做法
- 双脚放在臀部前方大约半个大腿的距离
- 整个运动过程中保持身体稳固
- 肩部和颈部放松

避免
- 坐姿小于90度角
- 开始感觉疲劳时，身体左右晃动

② 双臂前举，上半身放松。将球按在墙壁上，慢慢地弯曲髋部和大腿，形成坐姿。当你向下坐的时候，球也随着你的身体往下滚动。

③ 坚持10秒，然后恢复初始姿势，当你的身体慢慢直起的时候，球也随之向上滚动。再重复做一组，每组10次。

锻炼目标
- 股四头肌
- 臀部

级别
- 中级

益处
- 强化股四头肌和臀部肌肉
- 训练身体将重量均匀地分散到两条腿上

如果你有下列问题，不建议做此项练习
- 膝盖疼痛

髂腰肌*
缝匠肌
长收肌
股直肌
股薄肌*
股内侧肌

臀中肌*
大收肌
股二头肌
半腱肌
半膜肌

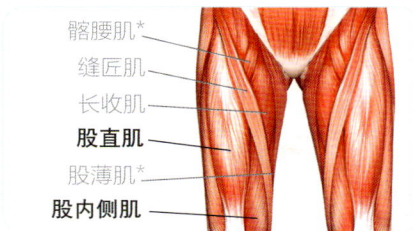

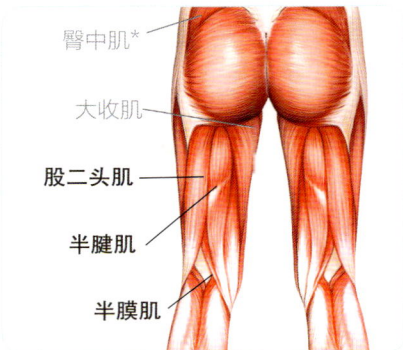

最佳锻炼部位

- 股内侧肌
- 股外侧肌
- 股中间肌
- 股直肌
- 半腱肌
- 半膜肌
- 股二头肌
- 臀大肌

腹直肌

腹外斜肌

腹横肌*

股中间肌*

股外侧肌

臀大肌

胫骨后肌*

阔筋膜张肌

腓肠肌

趾长伸肌

胫骨前肌

踇长伸肌

关键注释

黑色字体代表目标肌肉

灰色字体代表其他的工作肌肉

*代表深层肌肉

杠铃深蹲

① 首先站在放置在四方架上的杠铃前，杠铃应该与双眼齐平。两脚与肩同宽，身体钻到杠铃下，正好位于肩部后方。将杠铃从架子上移开。

② 膝盖弯曲时吸气，身体下压直至大腿与地面平行。在进行这些动作时确保背部挺直。

锻炼目标
- 大腿
- 臀部
- 核心肌群

级别
- 中级

益处
- 增加大腿肌肉的力量和体积

如果你有下列问题，不建议做此项练习
- 膝盖疼痛

③ 当膝盖挺直，恢复直立姿势时呼气。重复做6到8次。

正确做法
- 在保持大腿与地面平行的同时，身体向下深蹲

避免
- 膝盖过度前伸，超过脚趾

最佳锻炼部位

- 股中间肌
- 股外侧肌
- 股内侧肌
- 股直肌
- 半腱肌
- 股二头肌
- 半膜肌
- 臀大肌
- 臀中肌
- 臀小肌

关键注释

黑色字体代表目标肌肉

灰色字体代表其他的工作肌肉

*代表深层肌肉

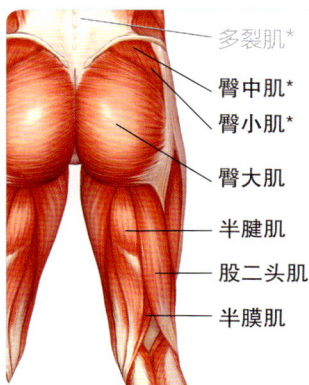

腹直肌

腹横肌*

腹外斜肌

股内侧肌

腹内斜肌*

缝匠肌

股中间肌*

大收肌

股外侧肌

股直肌

多裂肌*

臀中肌*

臀小肌*

臀大肌

半腱肌

股二头肌

半膜肌

变化练习

难度降低： 按照步骤完成练习，但是用身体自身的重量（如右图所示）代替杠铃。

难度增大： 改变双脚间的距离。减小双脚间的距离，以增大所要求的动作幅度，增加练习难度。

137

哑铃弓步下蹲

① 身体直立，双脚与肩同宽，双臂位于身体两侧，双手各握一个手持重物或哑铃。

② 抬起头，使脊柱保持中正位置，身体向前跨一大步。

正确做法

- 做前弓步时，身体面朝前方
- 身体站直
- 双目直视前方
- 轻松地完成前弓步
- 确保前腿膝盖向前

避免

- 身体向一侧倾斜
- 膝盖前伸超过脚趾
- 背部拱起

锻炼目标

- 臀部
- 四头肌

级别

- 初级

益处

- 强化四头肌和臀部肌肉

如果你有下列问题，不建议做此项练习

- 膝盖疼痛

③ 向前跨步时，前腿膝盖弯曲成90度角，大腿下垂与地面保持平行。后腿膝盖在身后下压，用后脚脚趾维持身体平衡。从脊柱到膝盖后部成一条直线。

④ 前腿膝盖挺直使身体站直，然后恢复开始姿势。另一条腿重复以上动作，双腿交替，每条腿完成三组，每组15次。

最佳锻炼部位

- 臀大肌
- 股直肌
- 股外侧肌
- 股中间肌
- 股内侧肌

关键注释

黑色字体代表目标肌肉

灰色字体代表其他的工作肌肉

*代表深层肌肉

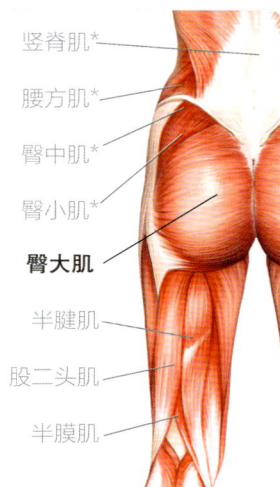

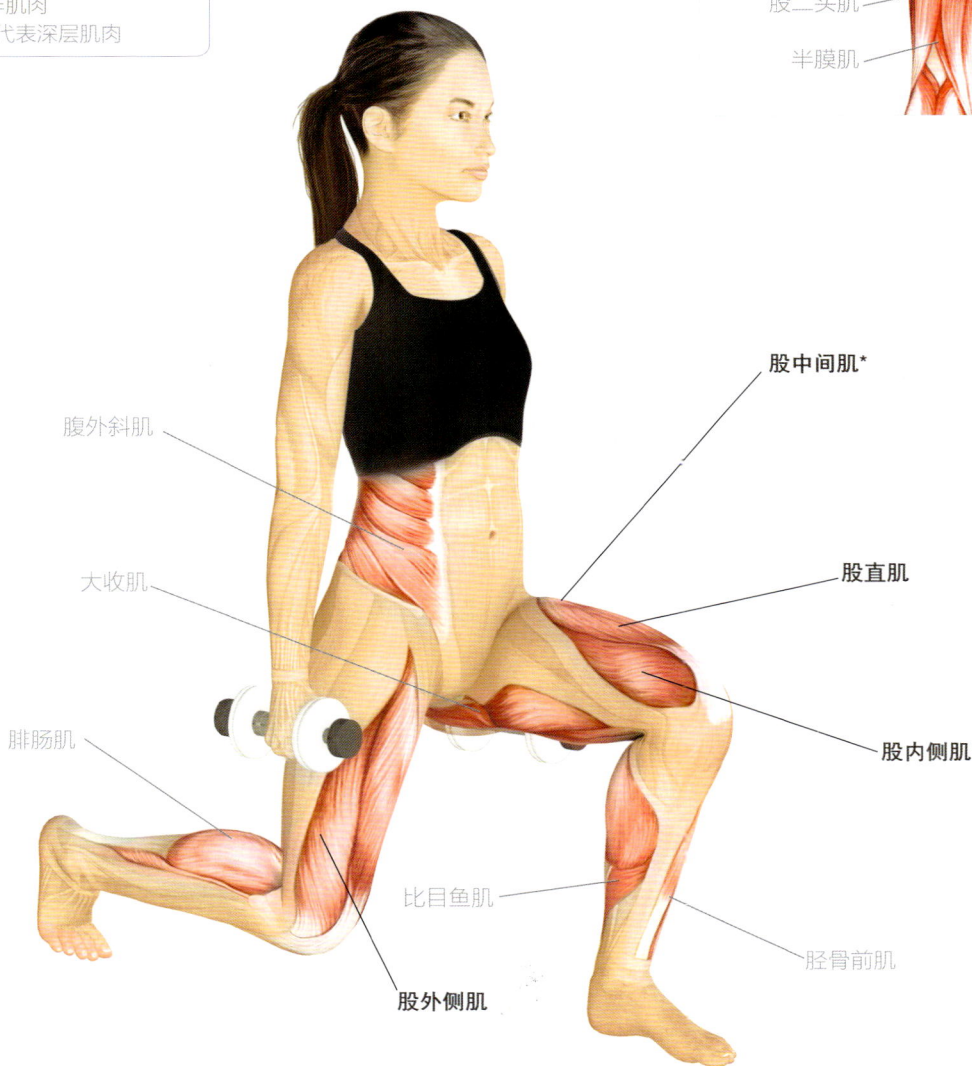

竖脊肌*

腰方肌*

臀中肌*

臀小肌*

臀大肌

半腱肌

股二头肌

半膜肌

股中间肌*

腹外斜肌

大收肌

股直肌

腓肠肌

股内侧肌

比目鱼肌

胫骨前肌

股外侧肌

反弓步

② 身体向后跨一大步，同时膝盖弯曲。

① 双手掐腰，双脚与肩同宽。

锻炼目标
- 四头肌
- 臀部
- 腘绳肌

级别
- 初级

益处
- 强化四头肌和臀部肌肉
- 改善身体平衡

如果你有下列问题，不建议做此项练习
- 膝盖问题

正确做法
- 运动过程中身体始终维持直立姿势

避免
- 做弓步时，膝盖过度前伸，超过脚趾

③ 当前腿大腿与地面基本平行时，前腿膝盖挺直，恢复开始姿势。每条腿重复做15次。

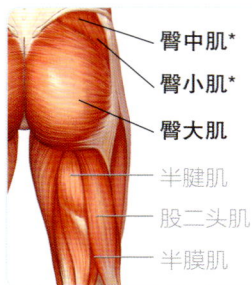

臀中肌*
臀小肌*
臀大肌
半腱肌
股二头肌
半膜肌

变化练习

难度降低： 试着握住一根
棍子或扫帚支撑身体。

难度增大： 双手握住一对
哑铃以增大身体阻力（如
下图所示）。

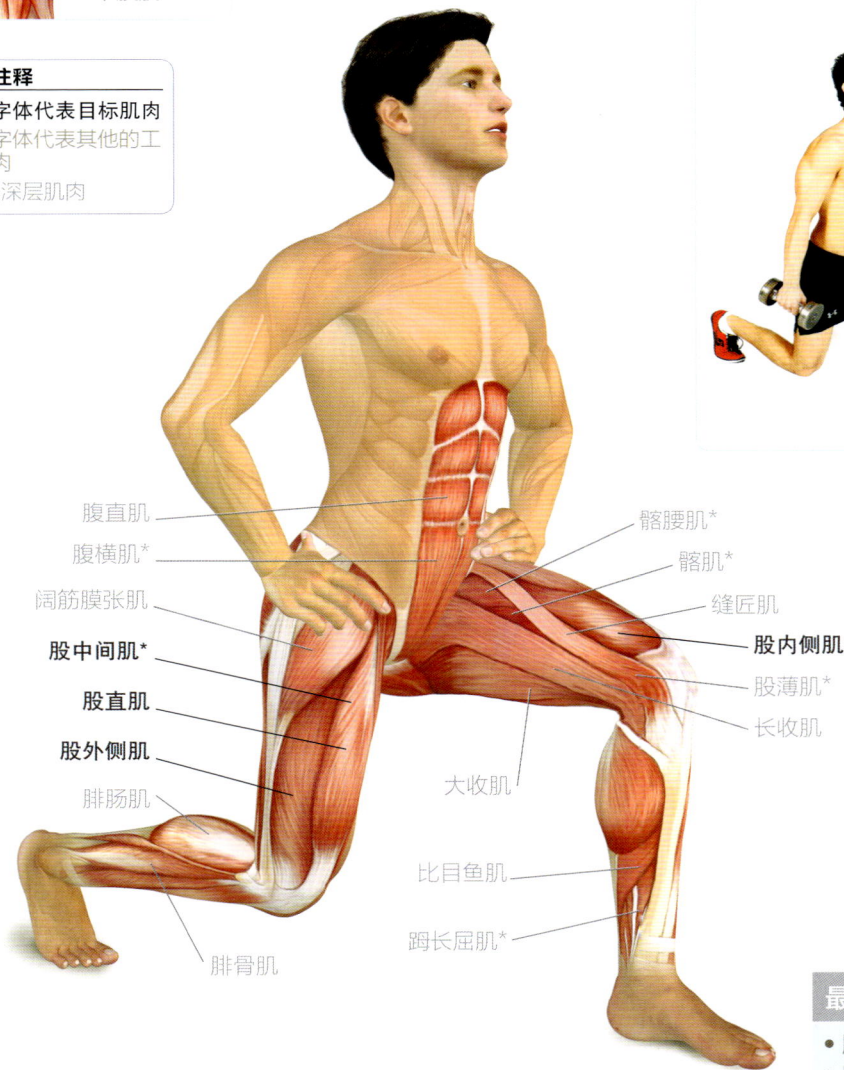

关键注释

黑色字体代表目标肌肉
灰色字体代表其他的工
作肌肉
*代表深层肌肉

腹直肌
腹横肌*
阔筋膜张肌
股中间肌*
股直肌
股外侧肌
腓肠肌
腓骨肌

髂腰肌*
髂肌*
缝匠肌
股内侧肌
股薄肌*
长收肌
大收肌
比目鱼肌
踇长屈肌*

最佳锻炼部位

- 股中间肌
- 股外侧肌
- 股内侧肌
- 股直肌
- 臀大肌
- 臀小肌
- 臀中肌

侧弓步

① 身体站直，髋部和双臂前伸，与地面保持平行。

正确做法

- 髋部弯曲时，膝盖应该保持中立
- 肩部和颈部放松
- 膝盖与弯曲的那条腿的脚趾对齐
- 弯曲时臀肌绷紧

避免

- 练习过程中脖子要伸长
- 双脚从地面抬起
- 背部拱起或伸直

② 向左侧跨一步，右腿下蹲，髋部弯曲的同时保持脊柱位于中正位置。左腿开始伸展，双脚平放于地面上。

③ 右膝弯曲，直至大腿与地面平行，左腿充分伸展。

④ 双臂与地面保持平行，臀部收缩，右腿伸直，恢复开始姿势并重复以上动作。身体两侧各做10次。

锻炼目标

- 臀部
- 四头肌

级别

- 初级

益处

- 强化骨盆、躯干和膝盖稳定器

如果你有下列问题，不建议做此项练习

- 膝盖剧痛
- 背部疼痛
- 一条腿不能承受重压

最佳锻炼部位

- 长收肌
- 大收肌
- 缝匠肌
- 股外侧肌
- 股直肌
- 腹横肌
- 斜方肌
- 菱形肌

关键注释

黑色字体代表目标肌肉

灰色字体代表其他的工作肌肉

*代表深层肌肉

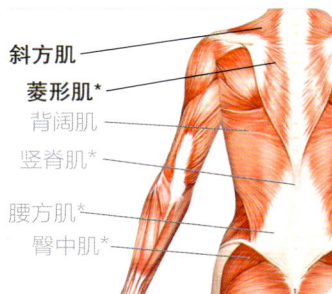

斜方肌
菱形肌*
背阔肌
竖脊肌*
腰方肌*
臀中肌*

肱二头肌
三角肌
肱三头肌
腹外斜肌
臀大肌
阔筋膜张肌
腹直肌
髂腰肌*
腹横肌*
长收肌
大收肌
股直肌
缝匠肌
股外侧肌
股中间肌*
股内侧肌
股薄肌*
股二头肌
腓肠肌
比目鱼肌

哑铃弓箭步下蹲

① 双脚平行站立，比肩略窄，双手以握铁锤的姿势各握一只哑铃，掌心相对。双臂紧贴身体两侧。

正确做法
- 保持前胫骨与地面垂直
- 运动过程中保持躯干挺直

避免
- 身体下压时，前伸腿的膝盖超过脚趾——这会给膝关节带来压力并造成可能的损伤

② 左腿向前迈，直至两脚间的距离有2英尺左右，上肢下压时躯干挺直。

③ 将注意力放在左脚脚跟上，用力向前向上推，恢复开始的站位。

④ 用右腿重复做步骤2和步骤3。

锻炼目标
- 四头肌
- 臀部

级别
- 高级

益处
- 增大四头肌和臀肌的力量和体积

如果你有下列问题，不建议做此项练习
- 膝盖疼痛

教练建议
- 将这项练习想象成是礼仪课堂，你必须要使放在头顶的那本书保持平衡。这会确保在做弓步时，上肢能够维持正确的姿势

最佳锻炼部位

- 股直肌
- 股外侧肌
- 股内侧肌
- 大收肌
- 臀大肌
- 比目鱼肌

关键注释

黑色字体代表目标肌肉

灰色字体代表其他的工作肌肉

*代表深层肌肉

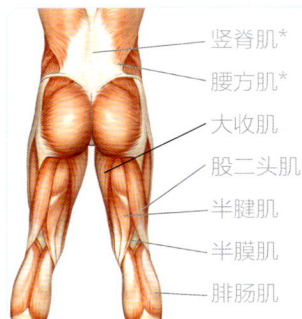

竖脊肌*
腰方肌*
大收肌
股二头肌
半腱肌
半膜肌
腓肠肌

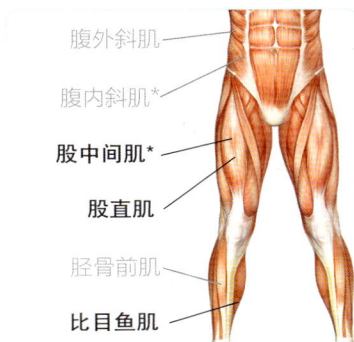

腹外斜肌
腹内斜肌*
股中间肌*
股直肌
胫骨前肌
比目鱼肌

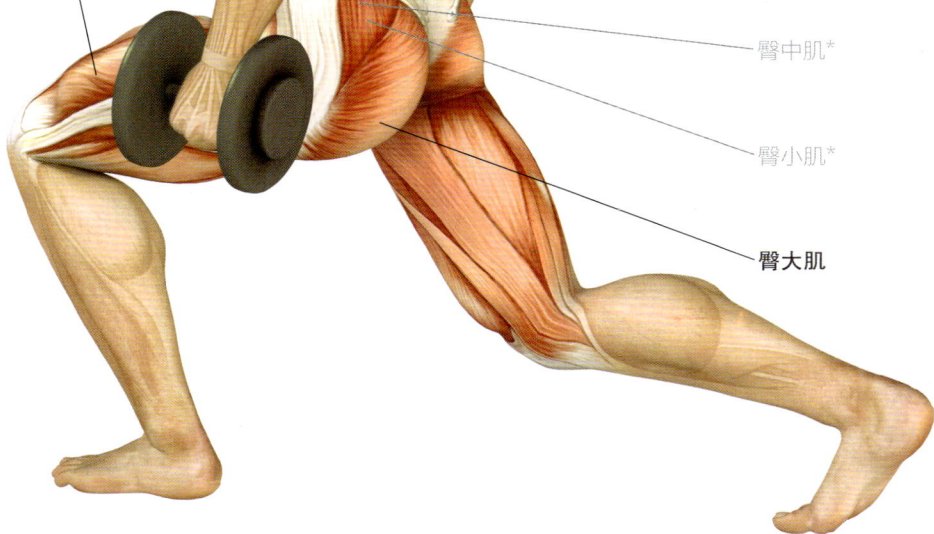

股外侧肌

臀中肌*

臀小肌*

臀大肌

高位起跑式

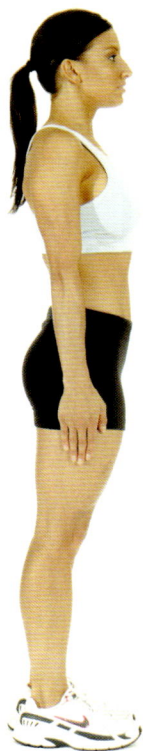

①身体站直，右脚
向前移动且臀部
以上部位向前弯
曲，双手放在脚
掌两侧。

正确做法
- 通过保持肩部和上
肢的正确姿势将脊
柱拉长

避免
- 向后伸的膝盖与地
面接触

②左脚向后迈，双腿与臀部在
一条直线上。右脚脚孤拐紧
贴地面。

③右脚脚孤拐向下压，大腿
肌肉收缩，左腿用力抬高
使之处于笔直的状态。坚
持5到6秒。

锻炼目标
- 双腿
- 腹肌

级别
- 初级

益处
- 拉伸腹股沟
- 强化腿部和腹
肌力量

**如果你有下列问
题，不建议做此
项练习**
- 臀部受伤
- 血压偏高或
偏低

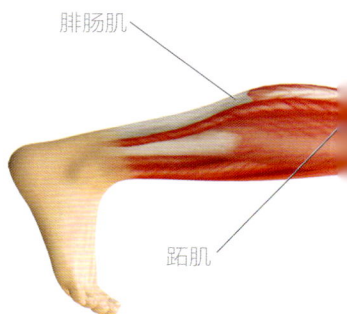

腓肠肌

跖肌

④ 慢慢地恢复站立姿势，然后用身体右侧重复以上动作。身体每侧重复做10次。

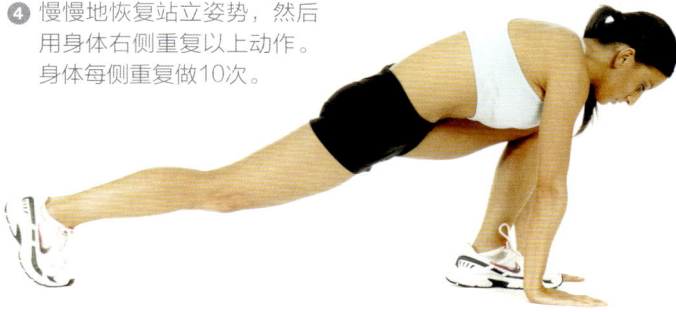

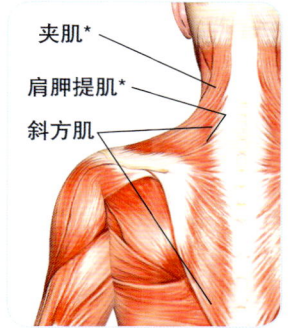

夹肌*
肩胛提肌*
斜方肌

关键注释

黑色字体代表目标肌肉

灰色字体代表其他的工作肌肉

*代表深层肌肉

最佳锻炼部位

- 臀中肌
- 臀大肌
- 大收肌
- 股外侧肌
- 半膜肌
- 股直肌
- 肩胛提肌
- 夹肌
- 斜方肌

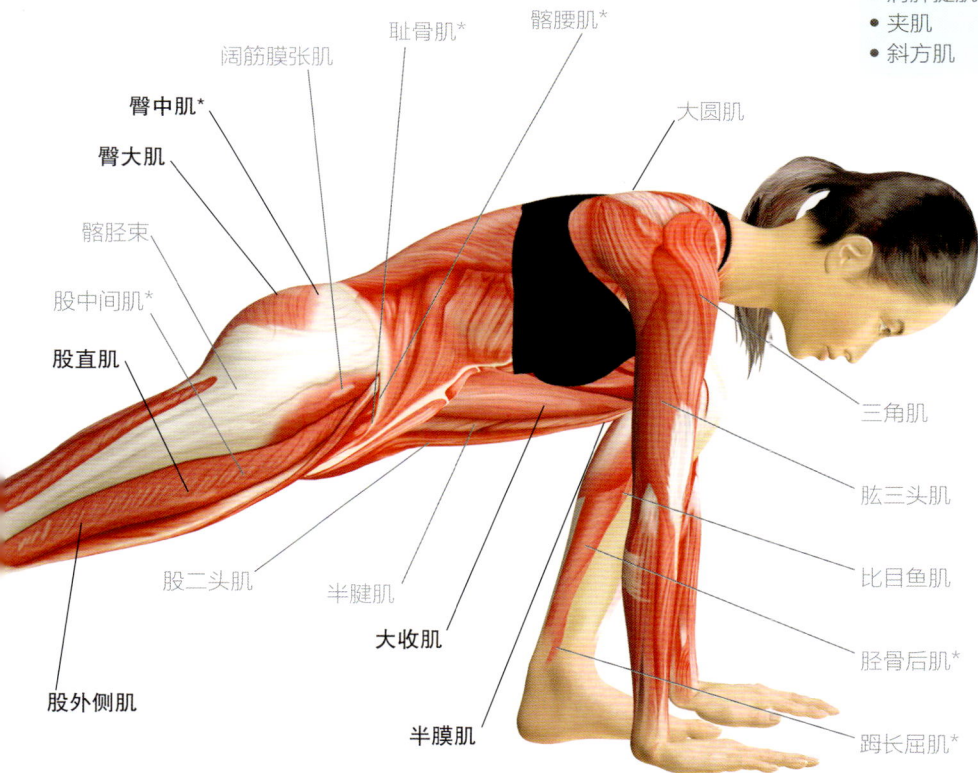

耻骨肌*
髂腰肌*
阔筋膜张肌
大圆肌
臀中肌*
臀大肌
髂胫束
股中间肌*
股直肌
三角肌
肱三头肌
比目鱼肌
股二头肌
半腱肌
大收肌
胫骨后肌*
股外侧肌
半膜肌
踇长屈肌*

交叉步

① 双脚分开，与肩同宽，在脚踝上拴上弹力环或弹力带。骨盆微微前突，挺胸，肩部向后下方下压。

正确做法
- 移动的那只脚的脚趾朝胫骨方向弯曲
- 臀部保持平稳，微微前倾
- 双脚要在弹力带保持适度紧张的前提下移动

避免
- 躯干旋转
- 耸肩

锻炼目标
- 髋内收肌

级别
- 初级

益处
- 强化髋关节

如果你有下列问题，不建议做此项练习
- 髋关节剧烈疼痛

② 左脚横跨一步，直到你感觉弹力带有适度的紧张感，然后左右腿交叉，左脚在前，右脚在后。

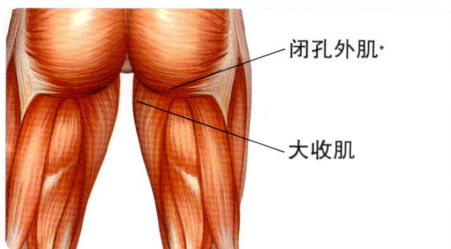

闭孔外肌·

大收肌

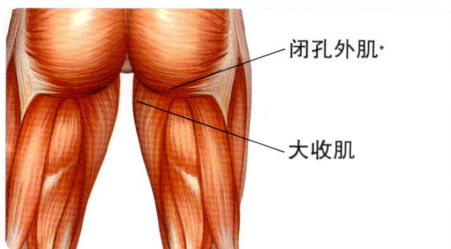

最佳锻炼部位

- 长收肌
- 大收肌
- 短收肌
- 股薄肌
- 耻骨肌
- 闭孔外肌

关键注释

黑色字体代表目标肌肉

灰色字体代表其他的工作肌肉

*代表深层肌肉

❸ 接下来右腿在前左腿在后，然后左腿向外横跨一步。一共走三步，两条腿都向左移动。

❹ 恢复开始姿势，然后朝相反的方向交叉双腿，右腿在前，左腿在后。

❺ 将所有的动作朝每个方向各做3组。

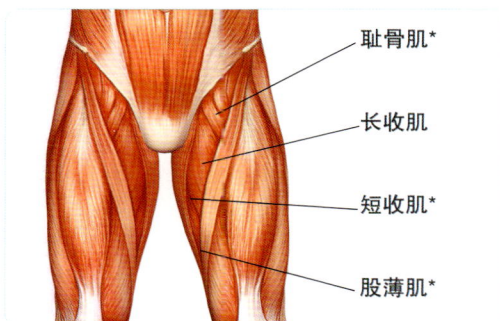

耻骨肌*

长收肌

短收肌*

股薄肌*

壶铃深蹲

正确做法
- 使活动幅度尽可能地大

避免
- 膝盖过度前伸，超过脚趾

锻炼目标
- 股四头肌
- 小腿
- 臀部
- 腘绳肌
- 肩部

级别
- 初级

益处
- 有助于增大股四头肌的力量

如果你有下列问题，不建议做此项练习
- 髋关节剧烈疼痛

变化练习
- **难度降低：** 双脚间距拉大会减小动作幅度
- **难度增大：** 双脚间距减小会增大动作幅度

❶ 身体呈站立姿势，双手握住一个壶铃，贴近胸部。双腿比肩略宽，脚趾微微外翻。

❷ 身体下蹲直至大腿与地面保持平行，肘部向大腿方向移动。

❸ 当脚跟上提，恢复开始姿势时，背部保持平直。重复做8到10次。

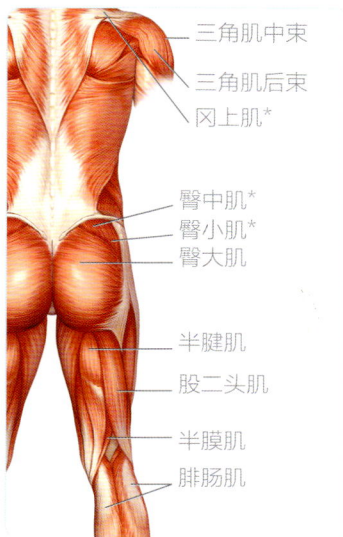

三角肌中束
三角肌后束
冈上肌*

臀中肌*
臀小肌*
臀大肌

半腱肌

股二头肌

半膜肌

腓肠肌

关键注释

黑色字体代表目标肌肉

灰色字体代表其他的工作肌肉

*代表深层肌肉

最佳锻炼部位

- 股中间肌
- 股外侧肌
- 股内侧肌
- 股直肌

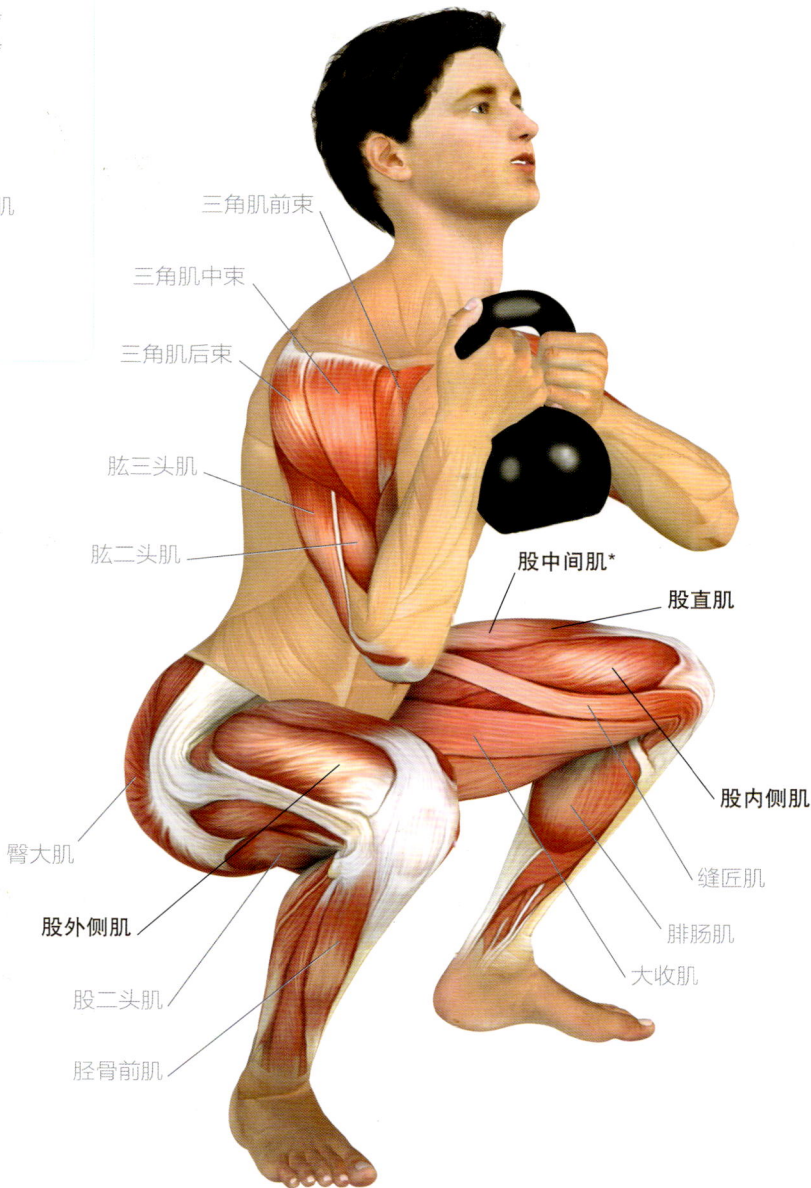

三角肌前束

三角肌中束

三角肌后束

肱三头肌

肱二头肌

股中间肌*

股直肌

股内侧肌

缝匠肌

腓肠肌

大收肌

臀大肌

股外侧肌

股二头肌

胫骨前肌

单腿下踏板

① 面朝前站在踏板上。

避免

- 膝盖向内弯曲；相反，膝盖应与中趾在一条直线上
- 匆忙完成动作

正确做法

- 动作缓慢且克制
- 将注意力集中到正确的姿势上

锻炼目标

- 股四头肌
- 臀部

级别

- 中级

益处

- 强化骨盆和膝盖稳定器

如果你有下列问题，不建议做此项练习

- 膝盖问题

教练建议

- 第一次进行这项练习的时候可以借助墙壁维持身体平衡，保持姿势正确

② 左腿从踏板上移到地面上。右脚脚跟垫起，只有脚趾与踏板接触；用前脚掌保持身体平衡。当你下踏板时，双手叉腰。

③ 慢慢地将支撑腿伸直，恢复开始姿势。双腿交换，重复做20次。

最佳锻炼部位

- 三角肌前束
- 腰方肌
- 股外侧肌
- 股内侧肌
- 股中间肌
- 缝匠肌
- 股直肌
- 臀大肌
- 半腱肌
- 半膜肌
- 臀小肌

关键注释

黑色字体代表目标肌肉
灰色字体代表其他的工作肌肉
*代表深层肌肉

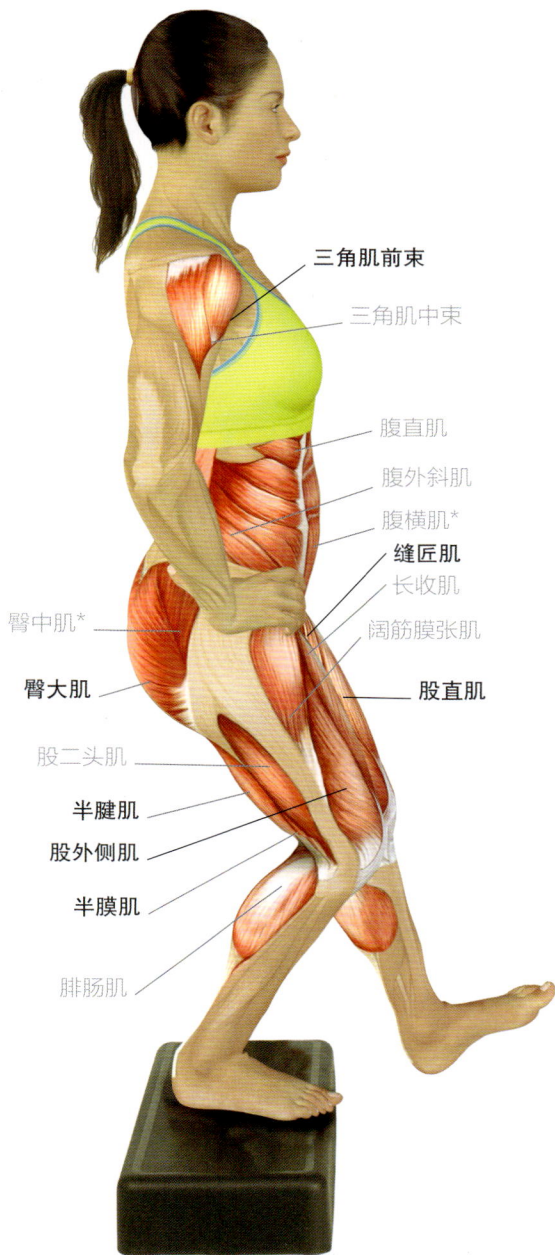

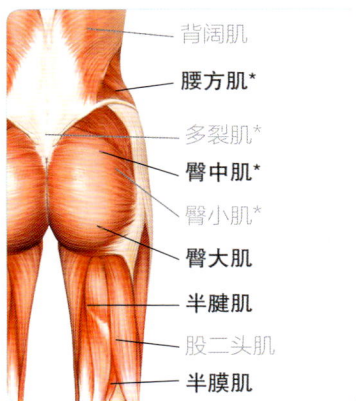

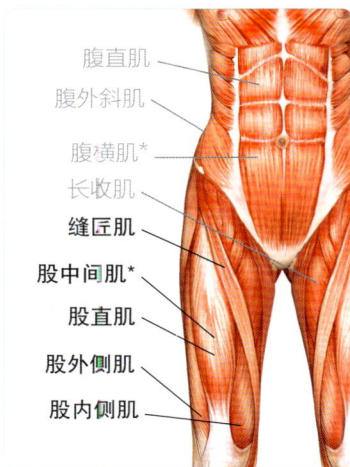

三角肌前束

三角肌中束

腹直肌

腹外斜肌

腹横肌*

缝匠肌

长收肌

阔筋膜张肌

臀中肌*

臀大肌

股直肌

股二头肌

半腱肌

股外侧肌

半膜肌

腓肠肌

背阔肌

腰方肌*

多裂肌*

臀中肌*

臀小肌*

臀大肌

半腱肌

股二头肌

半膜肌

腹直肌

腹外斜肌

腹横肌*

长收肌

缝匠肌

股中间肌*

股直肌

股外侧肌

股内侧肌

膝盖旋转伸直

① 身体端坐在一把椅子上，双脚平放于地面，双手扶膝，双目直视前方。

② 慢慢地将一条腿伸直并尽可能地抬高，或者与地面平行，脚部弯曲。将脚向外旋转，在圆的最高点处暂停，然后再向内转动。

③ 将这只脚放下，用身体另一侧重复这一动作。双脚继续交替，完成两组，每组10次。

锻炼目标
● 大腿内侧和外侧

级别
● 初级

益处
● 在向外旋转的练习阶段可以强化大腿外侧肌肉
● 在向内旋转的练习阶段可以强化大腿内侧肌肉

如果你有下列问题，不建议做此项练习
● 膝盖疼痛
● 脚踝疼痛

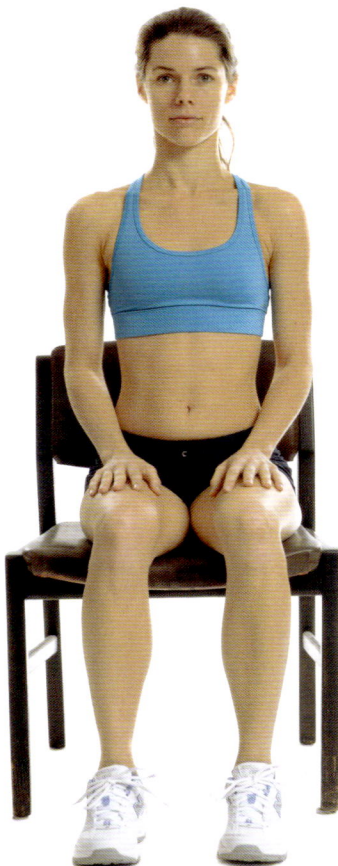

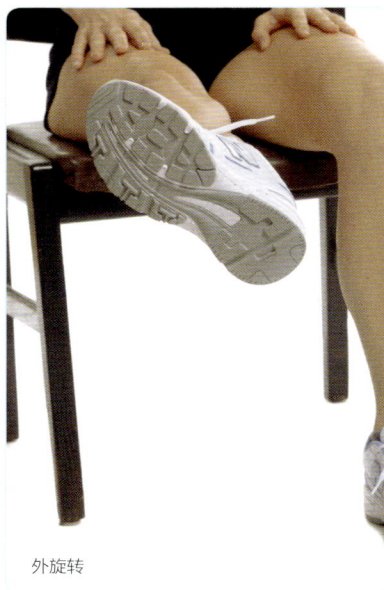

外旋转

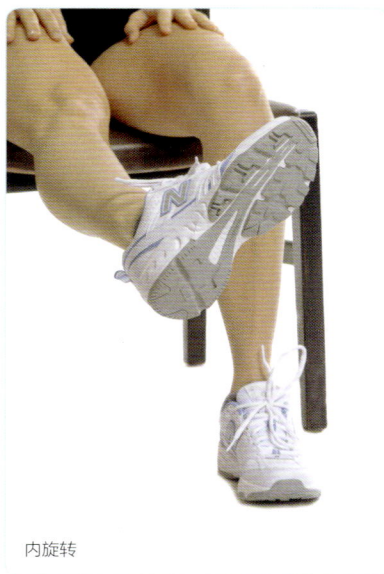

内旋转

正确做法
● 移动的那条腿的大腿部位固定在椅子上不动

避免
● 膝盖抬高

变化练习

难度增大： 将弹力带的一端套在椅子腿上，另一端套在你的脚踝上，然后完成步骤2和步骤3。

最佳锻炼部位
- 股外侧肌
- 股内侧肌

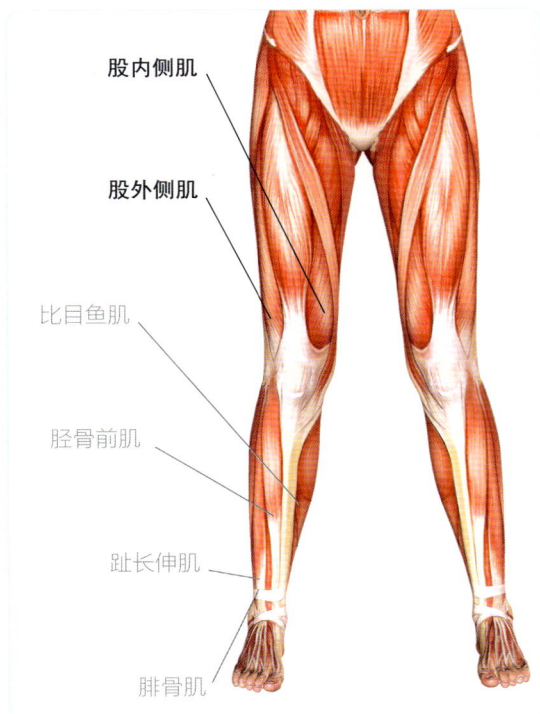

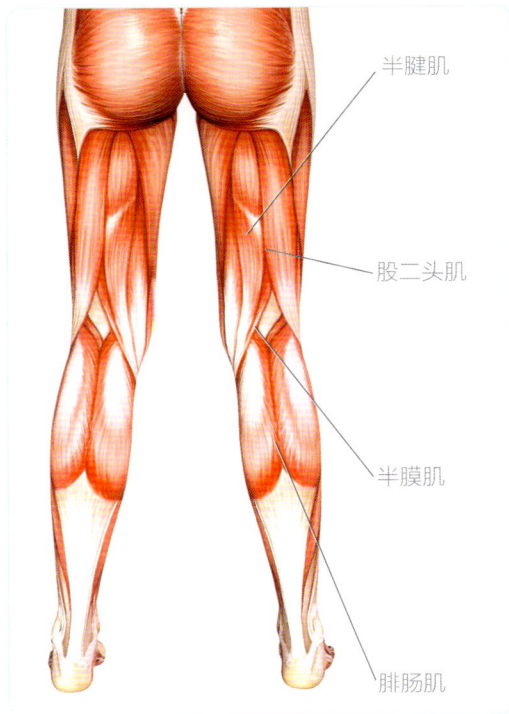

股内侧肌

股外侧肌

比目鱼肌

胫骨前肌

趾长伸肌

腓骨肌

半腱肌

股二头肌

半膜肌

腓肠肌

星式跳跃

① 开始时身体成半蹲姿势，双臂在身体前方微微弯曲，双臂相互交叉。

锻炼目标
- 股四头肌
- 腘绳肌
- 臀肌
- 小腿

级别
- 初级

益处
- 增强下肢爆发力

如果你有下列问题，不建议做此项练习
- 膝盖问题

变化练习
- **难度降低：** 跳跃的高度很低
- **难度增大：** 增大跳跃高度

正确做法
- 确保运动过程中核心肌群绷紧

避免
- 落地时脚跟过度用力

② 双脚脚跟离地，直直地向上跳跃，双腿向两侧伸展同时双臂抬高。脚跟轻轻着地，恢复开始姿势。重复做15次。

最佳锻炼部位

- 股中间肌
- 股外侧肌
- 股内侧肌
- 股直肌

关键注释

黑色字体代表目标肌肉
灰色字体代表其他的工作肌肉
*代表深层肌肉

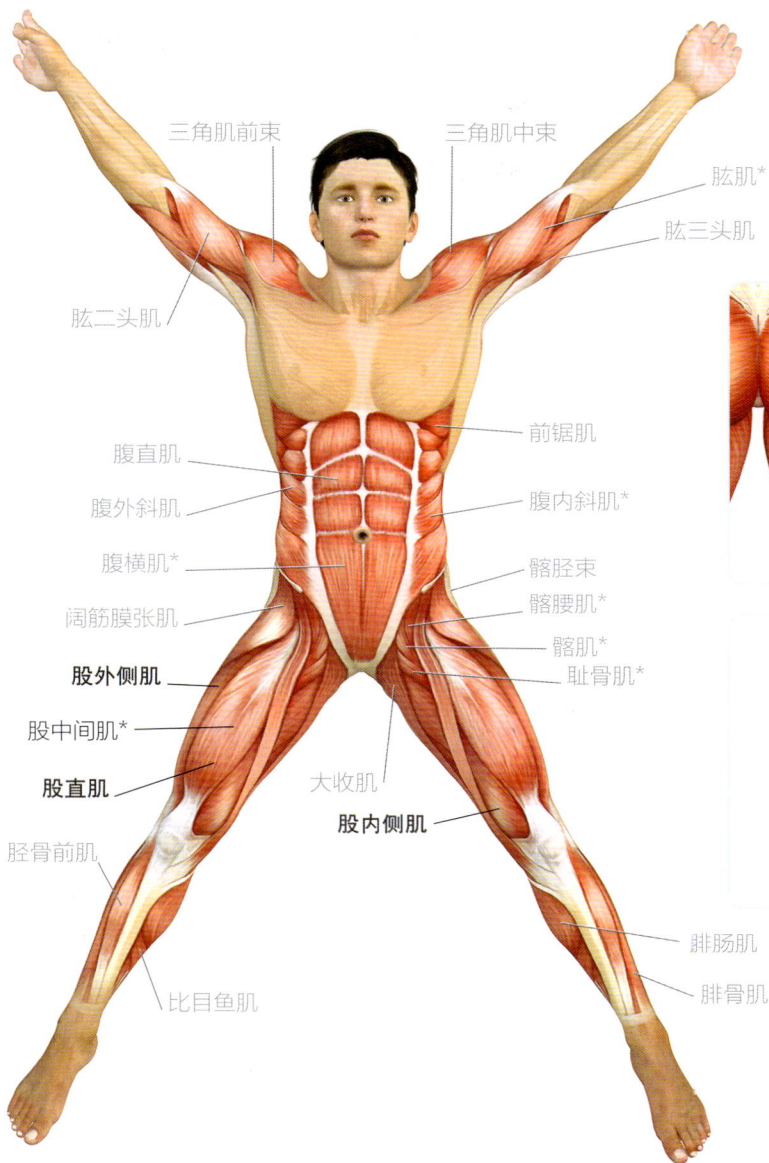

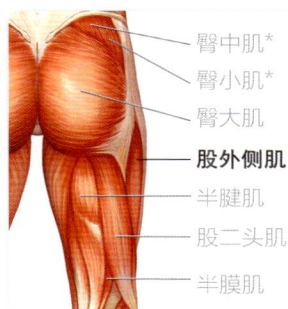

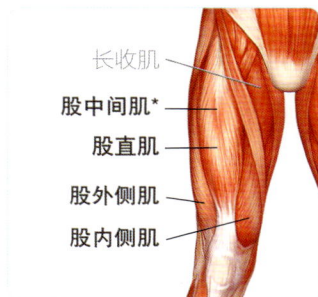

三角肌前束

三角肌中束

肱肌*

肱三头肌

肱二头肌

臀中肌*

臀小肌*

臀大肌

股外侧肌

半腱肌

股二头肌

半膜肌

前锯肌

腹直肌

腹外斜肌

腹内斜肌*

腹横肌*

髂胫束

阔筋膜张肌

髂腰肌*

髂肌*

耻骨肌*

长收肌

股外侧肌

股中间肌*

股中间肌*

股直肌

股直肌

大收肌

股外侧肌

胫骨前肌

股内侧肌

股内侧肌

腓肠肌

比目鱼肌

腓骨肌

登山家

① 以俯卧撑的结束
动作作为开始动
作，全身挺直。

② 一条腿弯曲并尽可能地使膝
盖朝胸部靠拢。

锻炼目标
- 股四头肌
- 臀肌
- 腘绳肌
- 小腿
- 核心肌群

级别
- 初级

益处
- 改善心血管功
  能，增强腿部
  力量

**如果你有下列问
题，不建议做此
项练习**
- 膝盖问题

变化练习
- **难度增大：** 戴
  上踝部加重
  袋，增大身体
  阻力

③ 恢复开始姿
势，用另一
条腿重复以
上动作。

正确做法
- 运动过程中保持背
  部平直

④ 这项练习至
少做2分钟。

避免
- 做动作时臀部摇摆
  幅度过大

158

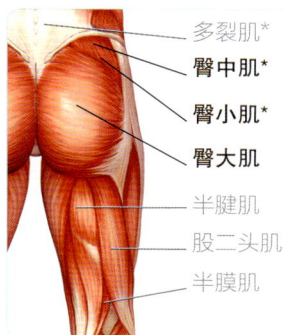

多裂肌*
臀中肌*
臀小肌*
臀大肌
半腱肌
股二头肌
半膜肌

关键注释

黑色字体代表目标肌肉
灰色字体代表其他的工作肌肉
*代表深层肌肉

缝匠肌
股中间肌*
股直肌
股外侧肌
股中间肌

最佳锻炼部位

- 股中间肌
- 股外侧肌
- 股内侧肌
- 股直肌
- 臀大肌
- 臀小肌
- 臀中肌

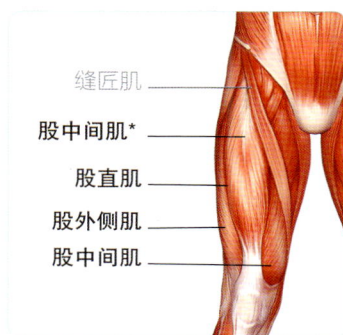

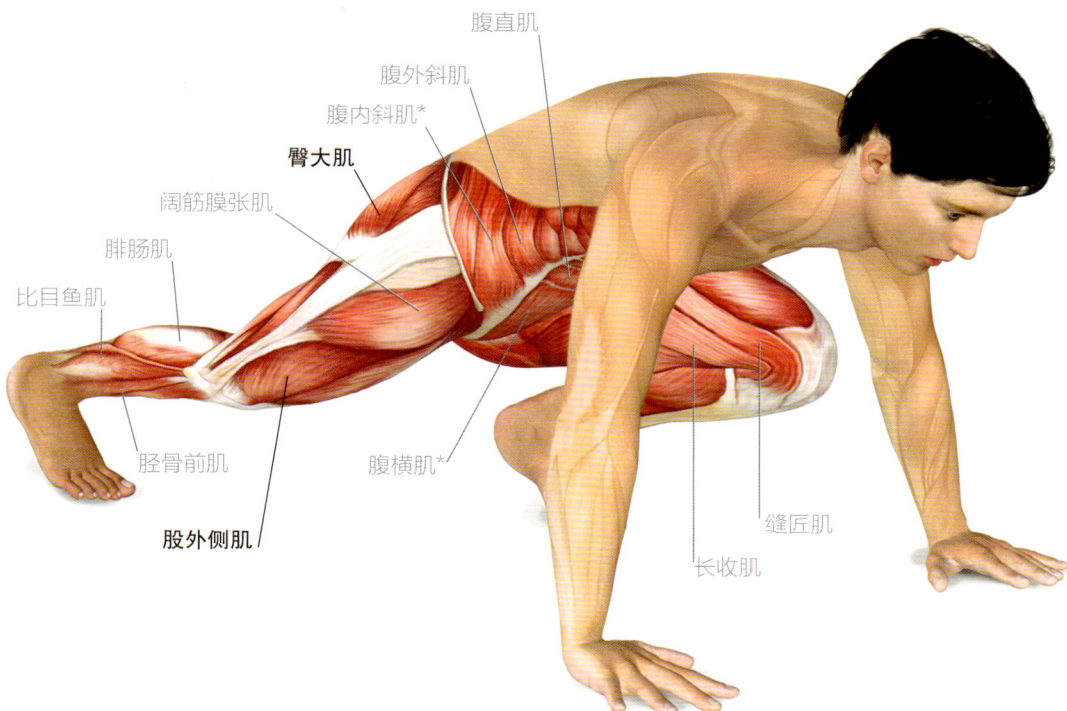

腹直肌
腹外斜肌
腹内斜肌*
臀大肌
阔筋膜张肌
腓肠肌
比目鱼肌
胫骨前肌
腹横肌*
股外侧肌
缝匠肌
长收肌

俯卧撑上纵跳

① 身体成下蹲姿势，双手牢牢地固定在地面上，与肩同宽。

正确做法
- 确保在运动过程中核心肌群保持紧张状态

避免
- 落地时太用力

锻炼目标
- 臀肌
- 股四头肌
- 腘绳肌
- 背部
- 小腿

级别
- 中级

益处
- 增加肌肉力量和持久力

如果你有下列问题，不建议做此项练习
- 膝盖问题

变化练习
- **难度降低：** 跳跃的高度很低
- **难度增大：** 在运动常规中增加一个俯卧撑

② 双脚向后踢，双腿伸直成俯卧撑姿势。

③ 快速恢复下蹲姿势。

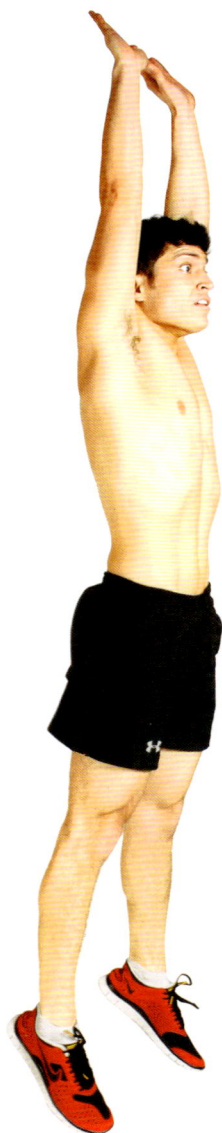

④ 从下蹲姿势尽可能地竖直向上跳，边跳边举起双臂。重复做15次。

最佳锻炼部位

- 臀大肌
- 臀小肌
- 臀中肌
- 股中间肌
- 股外侧肌
- 股内侧肌
- 股直肌

关键注释

黑色字体代表目标肌肉

灰色字体代表其他的工作肌肉

*代表深层肌肉

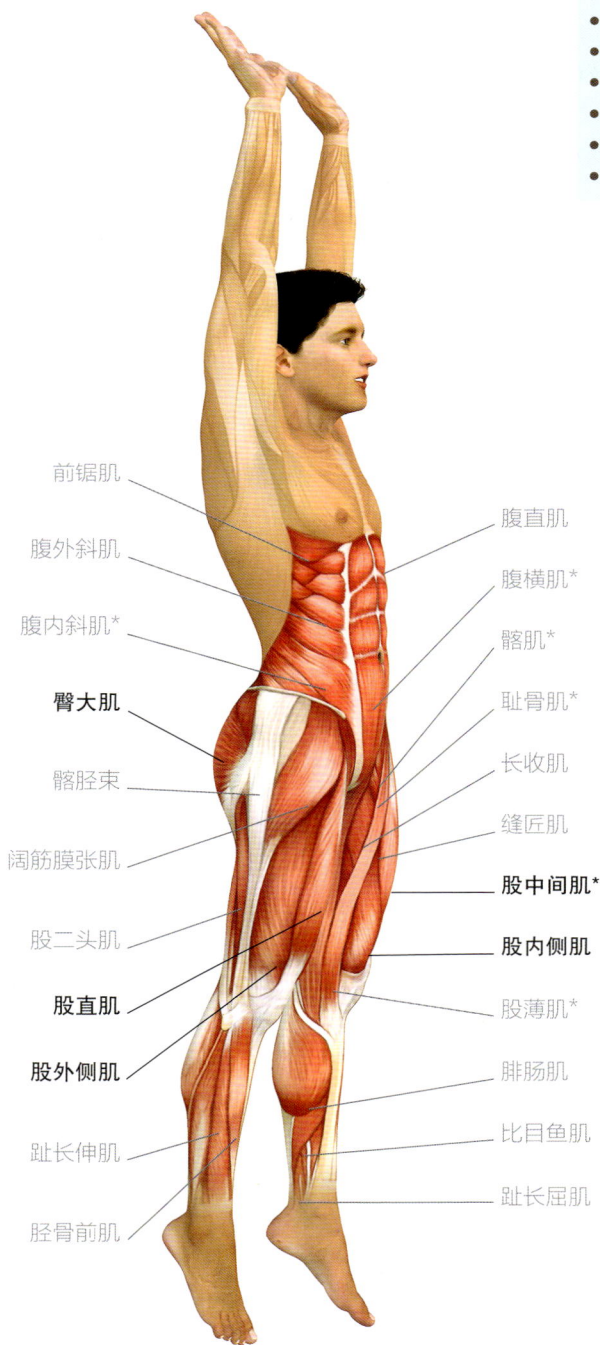

前锯肌

腹外斜肌

腹内斜肌*

臀大肌

髂胫束

阔筋膜张肌

股二头肌

股直肌

股外侧肌

趾长伸肌

胫骨前肌

腹直肌

腹横肌*

髂肌*

耻骨肌*

长收肌

缝匠肌

股中间肌*

股内侧肌

股薄肌*

腓肠肌

比目鱼肌

趾长屈肌

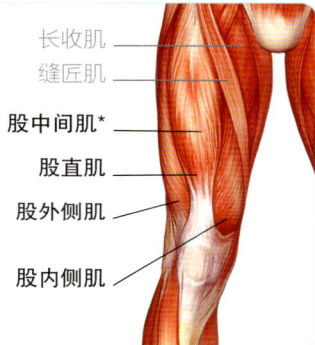

长收肌

缝匠肌

股中间肌*

股直肌

股外侧肌

股内侧肌

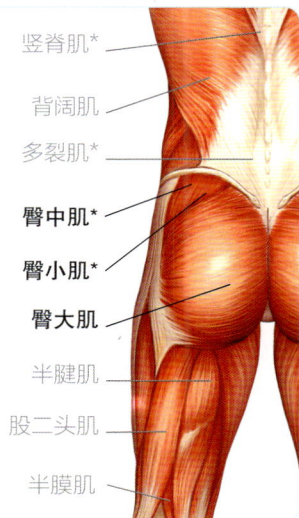

竖脊肌*

背阔肌

多裂肌*

臀中肌*

臀小肌*

臀大肌

半腱肌

股二头肌

半膜肌

内收肌伸展

① 身体站立，双脚分开，比髋关节略宽，使身体处于开立姿势。膝盖弯曲。

② 双手扶膝，身体在臀部弯曲，保持脊柱处于中立位置，双肩微微前倾。

③ 保持躯干姿势不变，臀部超过脚跟位置，将身体重心转移到另一侧，并在屈膝的同时伸展另一条腿。保持10秒，然后用身体另一侧重复以上动作。

正确做法

- 从一侧转向另一侧时，保持躯干平直
- 将手放在大腿上帮助你维持身体姿势
- 保持颈部和肩部放松

最佳锻炼部位

- 长收肌
- 大收肌
- 腓骨肌
- 股二头肌
- 半腱肌
- 半膜肌
- 梨状肌

关键注释

黑色字体代表目标肌肉
灰色字体代表其他的工作肌肉
*代表深层肌肉

避免

- 脊椎弯曲
- 双脚移动或离开地面
- 膝盖弯曲时，膝盖的位置超过脚趾

锻炼目标

- 髋内收肌
- 腘绳肌
- 臀部

级别

- 中级

益处

- 伸展髋部、腘绳肌和臀肌

如果你有下列问题，不建议做此项练习

- 髋部损伤
- 膝盖损伤

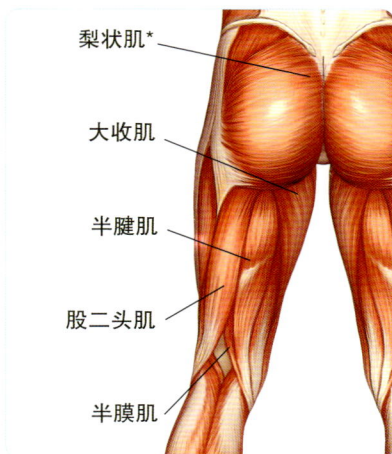

梨状肌*

大收肌

半腱肌

股二头肌

半膜肌

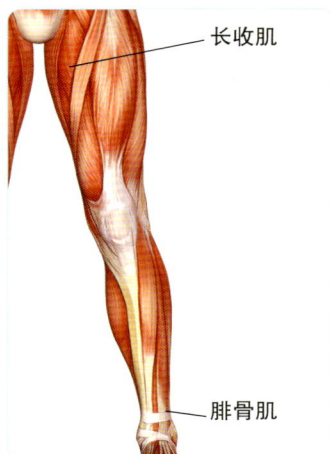

长收肌

腓骨肌

腘绳肌外展

① 双脚大开，比肩远宽，使身体处于开立姿势。双膝弯曲。

② 双手扶住左膝，保持脊柱中正，肩微微前倾。

③ 保持躯干位置不变，髋部位于膝盖后方，将身体重心转移到左侧，左膝弯曲的同时伸展右腿。坚持10秒并用身体另一侧重复以上动作。

正确做法
- 保持髋部平直并面向前方

避免
- 背部拱起或向前移动

最佳锻炼部位
- 长收肌
- 大收肌
- 腓骨肌
- 股二头肌
- 半腱肌
- 半膜肌
- 梨状肌

关键注释
黑色字体代表目标肌肉
灰色字体代表其他的工作肌肉
*代表深层肌肉

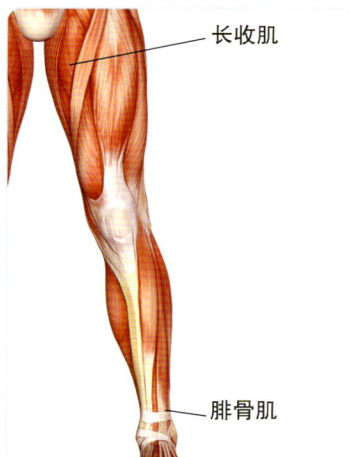

长收肌

腓骨肌

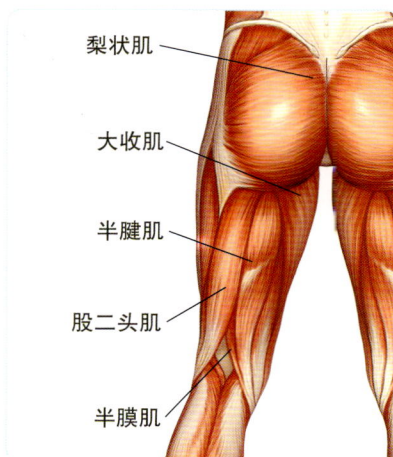

梨状肌

大收肌

半腱肌

股二头肌

半膜肌

锻炼目标
- 腘绳肌
- 大腿内侧

级别
- 中级

益处
- 伸展腘绳肌、臀肌和内收肌

如果你有下列问题，不建议做此项练习
- 膝盖损伤

瑞士球腘绳肌弯曲

① 面朝上平躺在地上，双臂置于身体两侧并略向外伸。双腿伸展，并将小腿和踝部放在瑞士球上。

正确做法

- 在弯曲之前将双腿置于球上，与身体成45度角
- 移动动作要平滑顺畅，维持对球的控制
- 双臂固定在地面上
- 利用腹肌完成动作，同时收缩臀部

避免

- 勿忙完成动作
- 双腿弯曲时背部拱起。相反，背部应尽可能地挺直

② 双脚下压，当球朝你滚动时双膝弯曲。弯曲骨盆并将下半身从地面抬起。保持5秒。

③ 慢慢地恢复开始姿势并重复以上动作，重复做三组，每组15次。

锻炼目标

- 臀肌
- 腘绳肌

级别

- 中级

益处

- 强化腘绳肌和臀肌

如果你有下列问题，不建议做此项练习

- 下背部问题
- 肩部问题
- 颈部问题

半腱肌

股二头肌

半膜肌

最佳锻炼部位

- 股二头肌
- 半腱肌
- 半膜肌

关键注释

黑色字体代表目标肌肉
灰色字体代表其他的工作肌肉
*代表深层肌肉

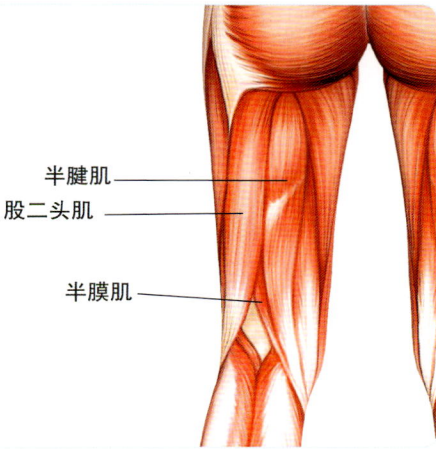

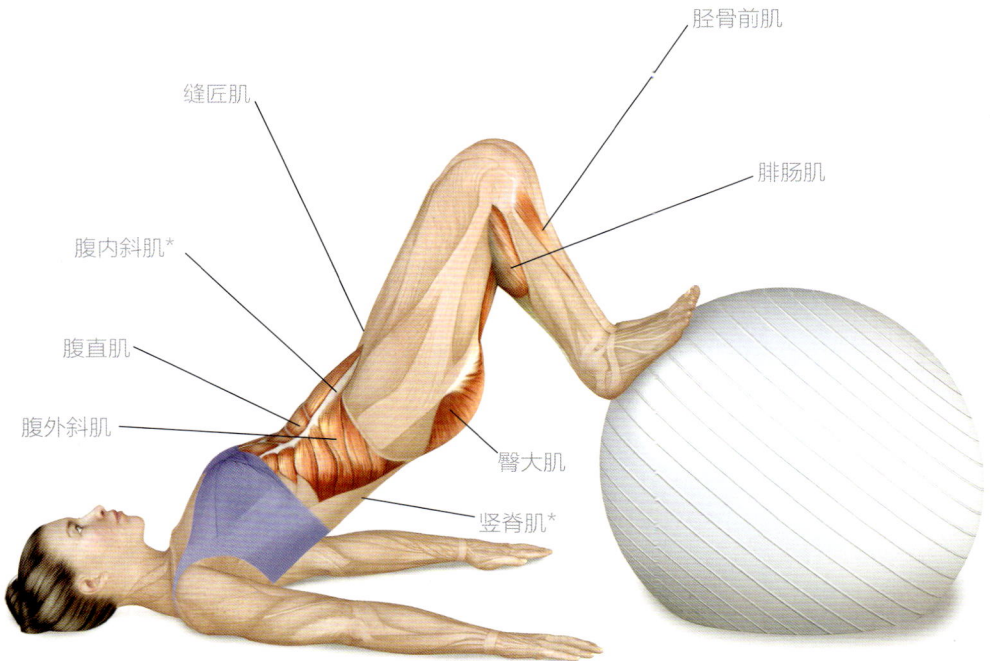

胫骨前肌

缝匠肌

腓肠肌

腹内斜肌*

腹直肌

腹外斜肌

臀大肌

竖脊肌*

反向腘绳肌拉伸

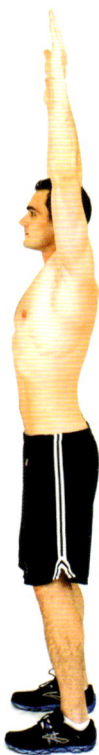

① 身体成站立姿势，双脚与肩同宽，双腿微微弯曲且双臂高举过头顶。

正确做法
- 运动过程中保持背部平直

避免
- 允许脚部与地面接触

② 腰部以上部位向前弯曲，同时双臂张开以维持身体平衡，左腿向身后抬起直至躯干和腿部基本与地面平行。维持15秒，并重复以上动作。

锻炼目标
- 全身

级别
- 高级

益处
- 有助于增强全身稳定性

如果你有下列问题，不建议做此项练习
- 下背部问题

变化练习
- 双手握住身前的平衡杆可以降低练习的难度

③ 恢复开始姿势，双腿交换，重复做步骤2。每条腿重复做5次。

三角肌前束
胸大肌
胸小肌*
腹直肌
腹横肌*
股中间肌*
缝匠肌

臀中肌*
臀小肌*
臀大肌
髂胫束
股外侧肌
半腱肌
股二头肌
半膜肌

关键注释
黑色字体代表目标肌肉
灰色字体代表其他的工作肌肉
*代表深层肌肉

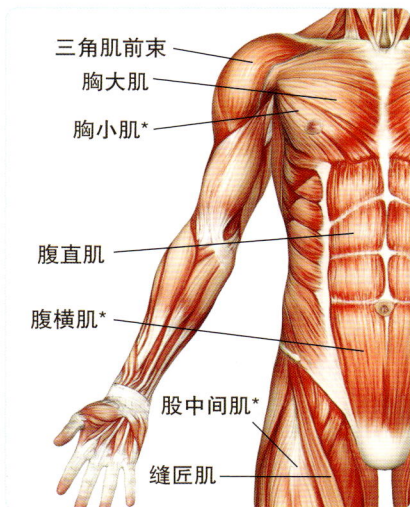

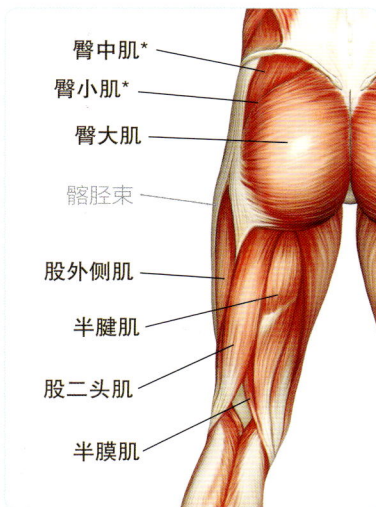

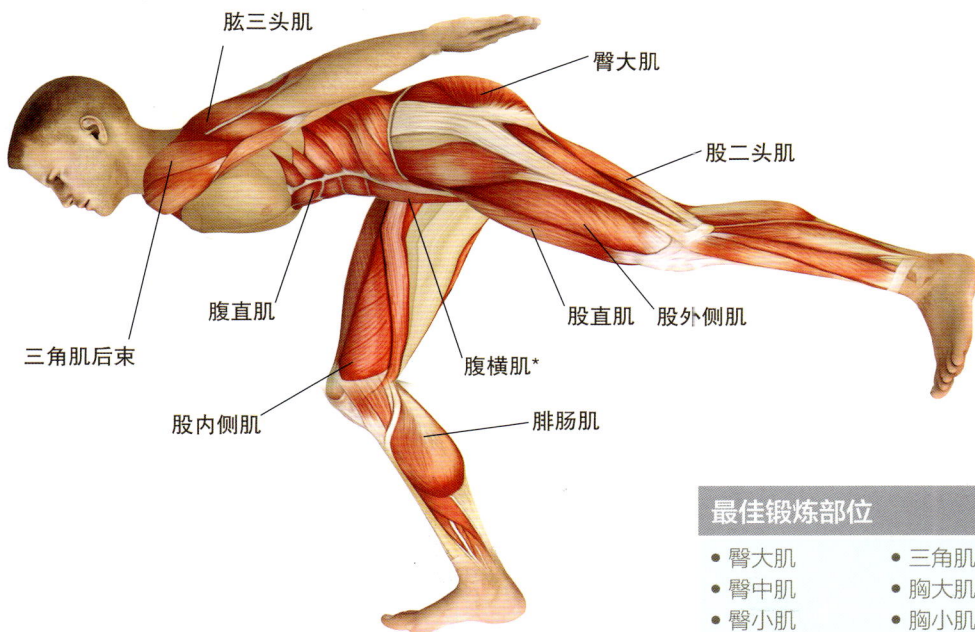

肱三头肌
臀大肌
股二头肌
腹直肌
股直肌
股外侧肌
三角肌后束
腹横肌*
股内侧肌
腓肠肌

最佳锻炼部位

- 臀大肌
- 臀中肌
- 臀小肌
- 股外侧肌
- 股中间肌
- 股内侧肌
- 半腱肌
- 股二头肌
- 半膜肌
- 三角肌前束
- 三角肌后束
- 胸大肌
- 胸小肌
- 腹直肌
- 腹横肌
- 缝匠肌
- 肱三头肌
- 股直肌
- 腓肠肌

167

杠铃硬拉俯身起

① 双脚平行站立，与肩同宽，杠铃放置在身前的地面上。背部尽可能地挺直，身体向前倾并反手握住杠铃杆，掌心朝下。

② 双腿膝盖挺直或微微弯曲，同时保持胫骨垂直，臀部向后，且背部平直，利用髋关节将杠铃举起。

锻炼目标
- 腘绳肌
- 臀肌
- 下背部

级别
- 高级

益处
- 有助于增强腘绳肌和臀肌的力量

如果你有下列问题，不建议做此项练习
- 下背部问题

教练建议
- 如果你发现双手握住杠铃杆有困难的话，那么腕带能够确保你举起杠铃，并使你举起质量更重的物体
- 这项运动也可以通过双手各握一个哑铃来完成

③ 继续向上举，直至恢复站立姿势。

④ 将杠铃放回到开始位置，确保杠铃尽可能地与前身贴近。

正确做法
- 与其他动作相比，这些练习的动作速度稍快
- 保持稳定但克制的动作——安全和正确的姿势是必不可少的

避免
- 进行这项练习时，背转向前方
- 凭借一股冲力将杠铃举起或放下

最佳锻炼部位

- 股二头肌
- 半腱肌
- 半膜肌
- 臀大肌
- 竖脊肌

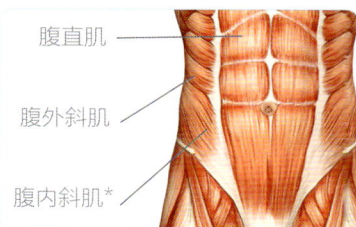

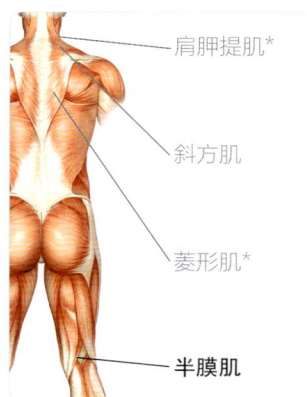

腹直肌

腹外斜肌

腹内斜肌*

肩胛提肌*

斜方肌

菱形肌*

半膜肌

关键注释

黑色字体代表目标肌肉

灰色字体代表其他的工作肌肉

*代表深层肌肉

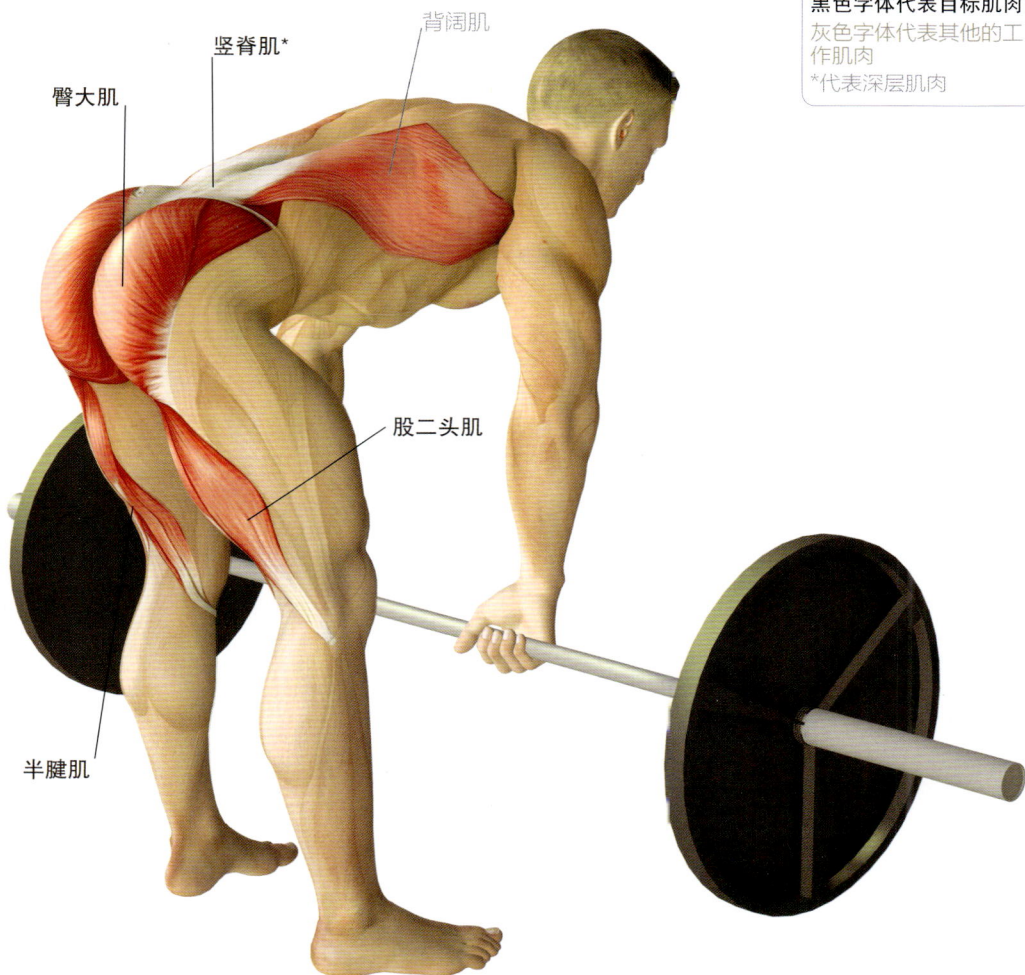

臀大肌

竖脊肌*

背阔肌

股二头肌

半腱肌

腘绳肌内缩

① 仰卧在地上，双膝弯曲，将泡沫轴置于脚下。

正确做法
- 运动过程中肩部始终保持放松状态
- 从肩部到膝盖，整个身体应该在一条直线上

② 双腿向内拉，脚掌踩在泡沫轴顶上。

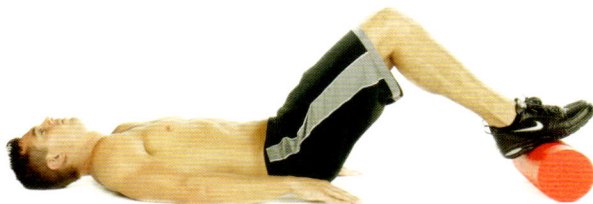

锻炼目标
- 腘绳肌
- 臀部

级别
- 中级

益处
- 强化腘绳肌的力量和耐力
- 增强臀肌和骨盆稳定器

如果你有下列问题，不建议做此项练习
- 腘绳肌损伤
- 下背部疼痛
- 脚踝疼痛

③ 身体拱起，臀部抬高，使其与肩部的中线在一条线上。

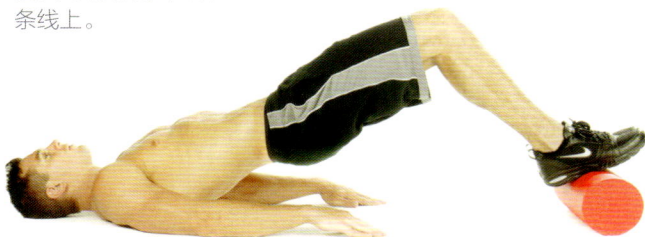

避免
- 练习过程中髋部和下背部下落
- 背部拱起

④ 臀部收缩，当你推动泡沫
  轴在脚下滚动时，小腿内
  收或外伸。做两组，每组
  15次。

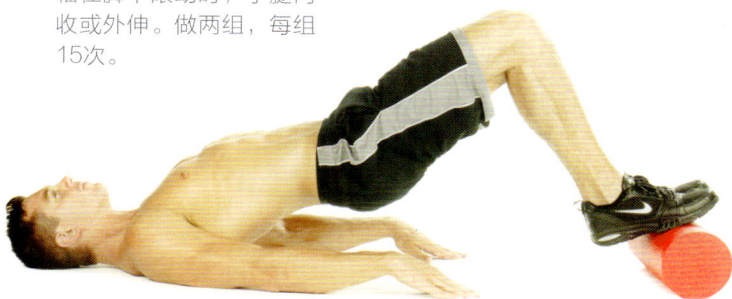

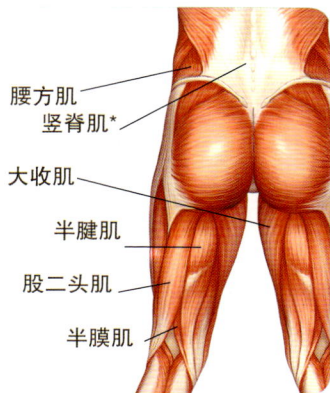

最佳锻炼部位

- 腹直肌
- 比目鱼肌
- 臀大肌
- 臀中肌
- 股二头肌
- 半腱肌

- 半膜肌
- 竖脊肌
- 腰方肌
- 大收肌
- 腓肠肌

关键注释

黑色字体代表目标肌肉

灰色字体代表其他的工
作肌肉

*代表深层肌肉

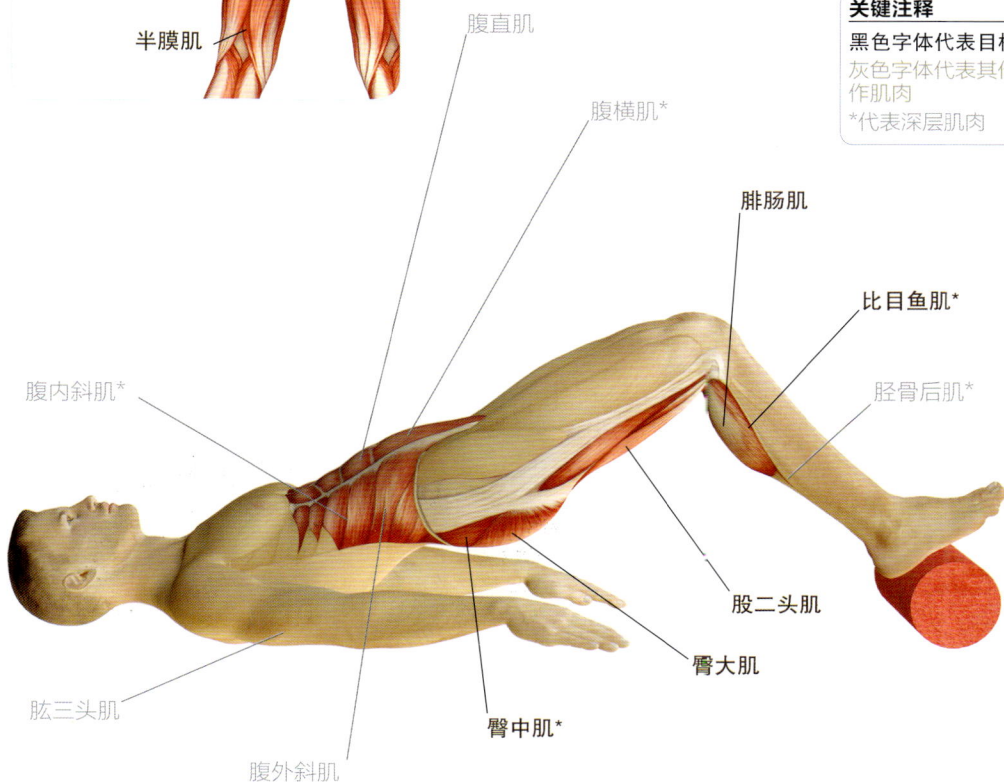

腰方肌
竖脊肌*
大收肌
半腱肌
股二头肌
半膜肌

腹直肌

腹横肌*

腓肠肌

比目鱼肌*

腹内斜肌*

胫骨后肌*

股二头肌

臀大肌

肱三头肌

臀中肌*

腹外斜肌

相扑式深蹲

① 双脚分开站立，脚尖外旋，双手在两腿间握住一只哑铃。

正确做法
- 双目直视前方
- 将胸部抬高，双肩后压
- 利用核心肌群完成练习

避免
- 膝盖过度伸展，超过双脚的位置
- 背部拱起或向前弯腰
- 耸肩
- 躯干扭曲

锻炼目标
- 臀肌
- 大腿

级别
- 初级

益处
- 强化臀部和大腿

如果你有下列问题，不建议做此项练习
- 下背部问题

② 躯干保持直立，当身体下压成相扑式深蹲时双膝弯曲。

③ 当身体上移恢复直立姿势时，脚跟用力下压。重复这一动作，完成3组，每组15次。

最佳锻炼部位

● 臀大肌

关键注释

黑色字体代表目标肌肉
灰色字体代表其他的工作肌肉
*代表深层肌肉

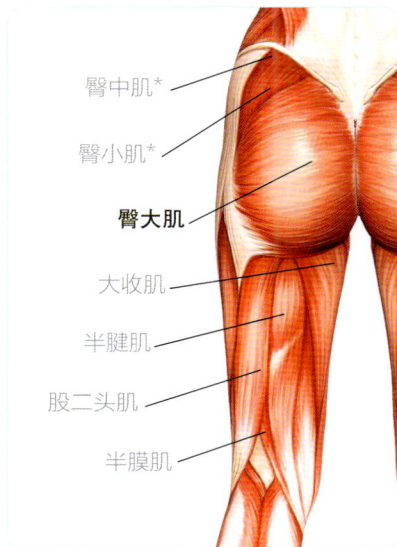

臀中肌*
臀小肌*
臀大肌
大收肌
半腱肌
股二头肌
半膜肌

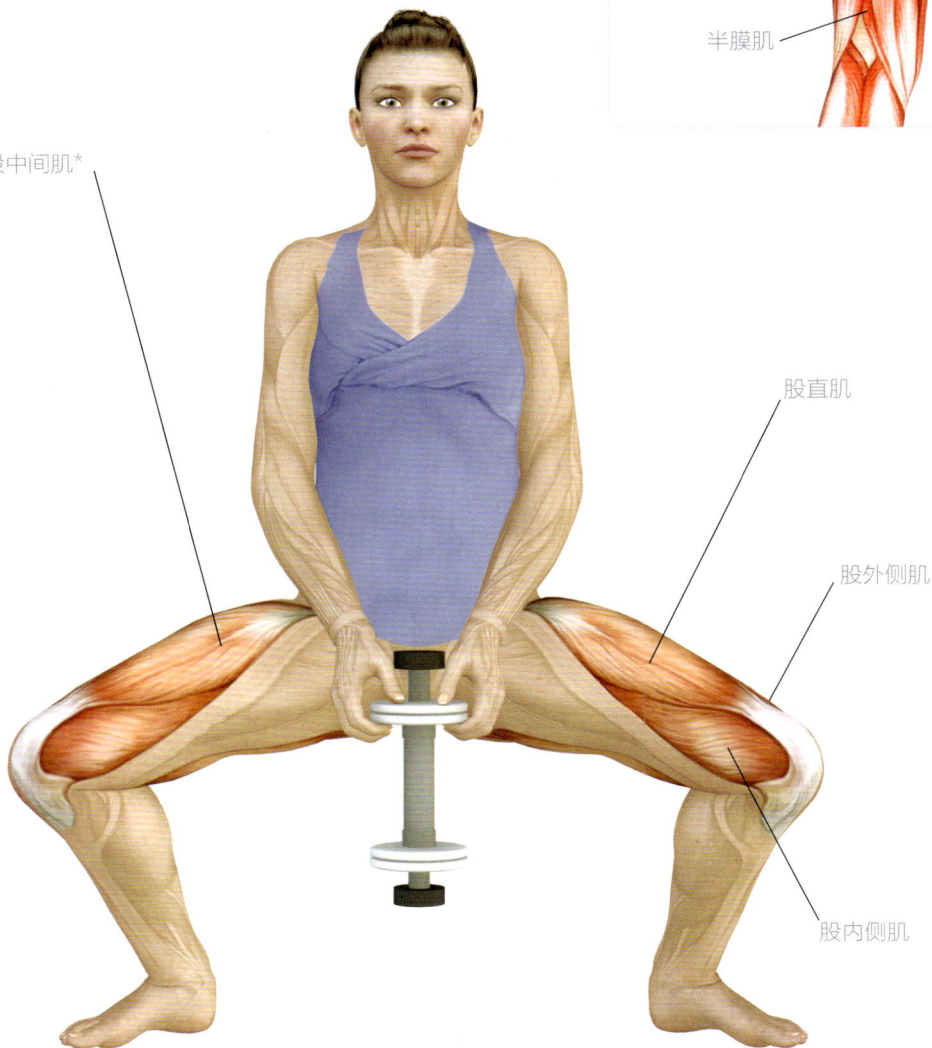

股中间肌*

股直肌

股外侧肌

股内侧肌

屈腿硬拉

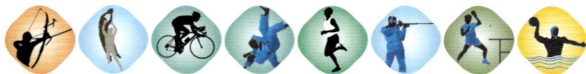

1 身体站直，双脚与肩同宽，双臂位于大腿稍前的位置，双手各握一个手持重物或哑铃。膝盖略微弯曲，臀部微微向外突出。

正确做法
- 保持背部挺直
- 保持躯干牢固不动
- 保持颈部挺直
- 保持双臂向外伸展

避免
- 下背部凹陷或隆起
- 颈部拱起，俯身时颈部拉紧，双目直视前方

锻炼目标
- 背部
- 臀部
- 腘绳肌

级别
- 中级

益处
- 增强下肢的弹性和稳定性

如果你有下列问题，不建议做此项练习
- 下背部问题

2 保持背部平直，当你将手中的哑铃放回到地面时，臀部以上部位前倾。此时双腿后部应有拉伸感。

3 上肢挺直，恢复开始姿势。重复以上动作，完成三组，每组15次。

大收肌

半腱肌

股二头肌

半膜肌

关键注释
黑色字体代表目标肌肉
灰色字体代表其他的工作肌肉
*代表深层肌肉

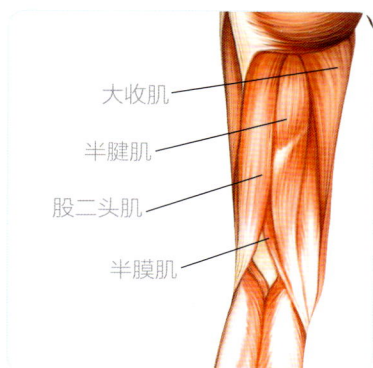

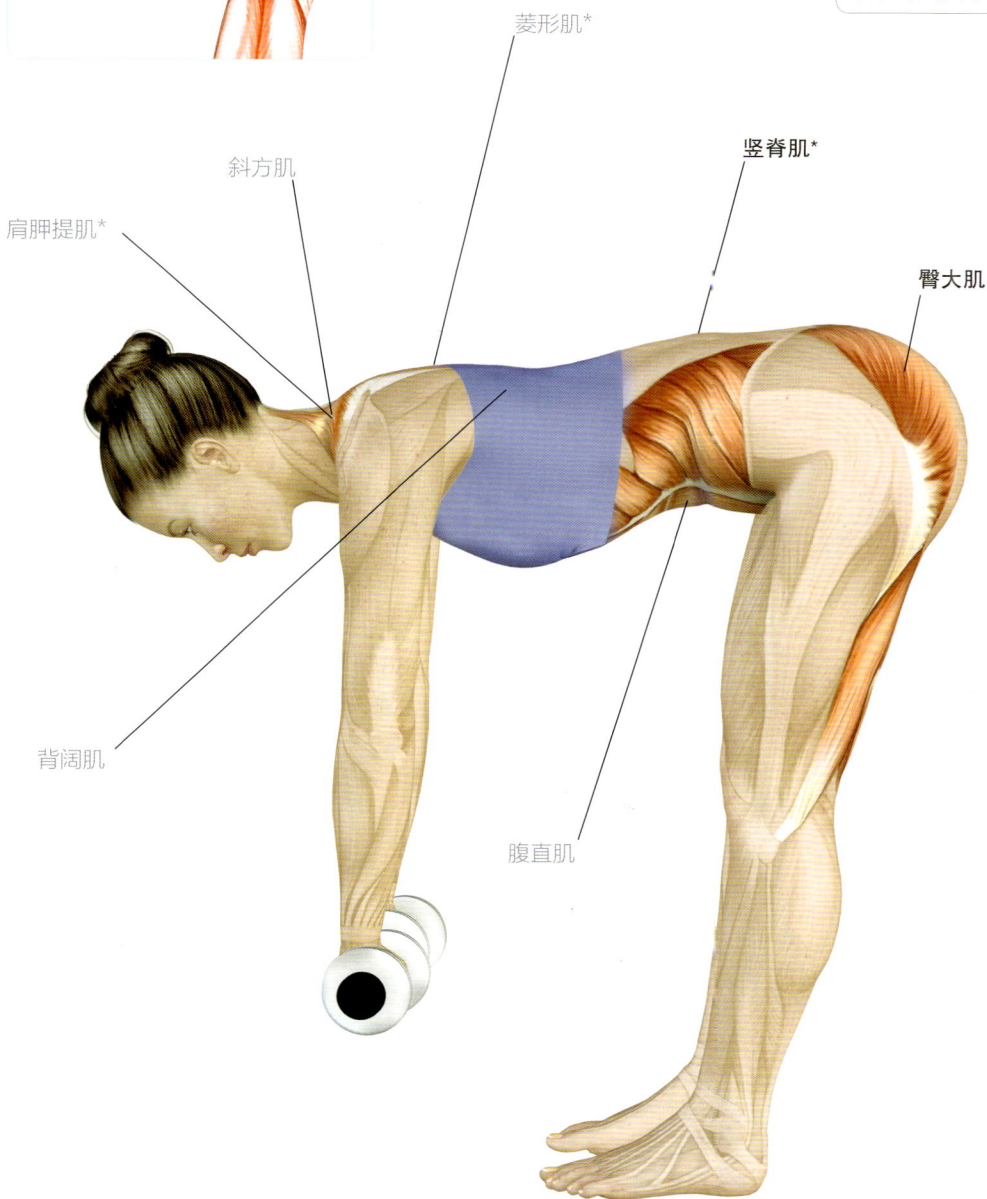

菱形肌*

竖脊肌*

斜方肌

肩胛提肌*

臀大肌

背阔肌

腹直肌

单脚压小腿

① 坐在地上，双腿前伸，将泡沫轴置于膝盖下方。双手扶地以支撑躯干，指尖朝向臀部。

② 双手朝地面下压，将臀部抬起，同时双腿保持不动。

正确做法
- 确保你抬高的那条腿形成一条长长的直线
- 整个运动过程中臀部始终保持高抬的姿势

避免
- 耸肩
- 膝盖弯曲
- 肘部弯曲

锻炼目标
- 肱三头肌
- 肩部稳定器
- 腹肌
- 腘绳肌

级别
- 中级

益处
- 提高核心肌群、骨盆和肩部的稳定性

如果你有下列问题，不建议做此项练习
- 腕部疼痛
- 肩部疼痛
- 膝盖后部不适

③ 将一条腿从泡沫轴上抬起并保持稳定不动，确保臀部不会下沉。

大收肌

缝匠肌

股内侧肌

兰腱肌

三角肌

胸小肌*

背阔肌

腹内斜肌*

腹外斜肌

腹直肌

腹横肌*

腓肠肌

跖肌

半膜肌

股二头肌

股直肌

股中间肌*

肱二头肌

肱肌*

肱三头肌

肱桡肌

指伸肌*

掌长肌

臀中肌*

臀大肌

阔筋膜张肌*

髂肌*

髂腰肌*

胫骨后肌*

股外侧肌

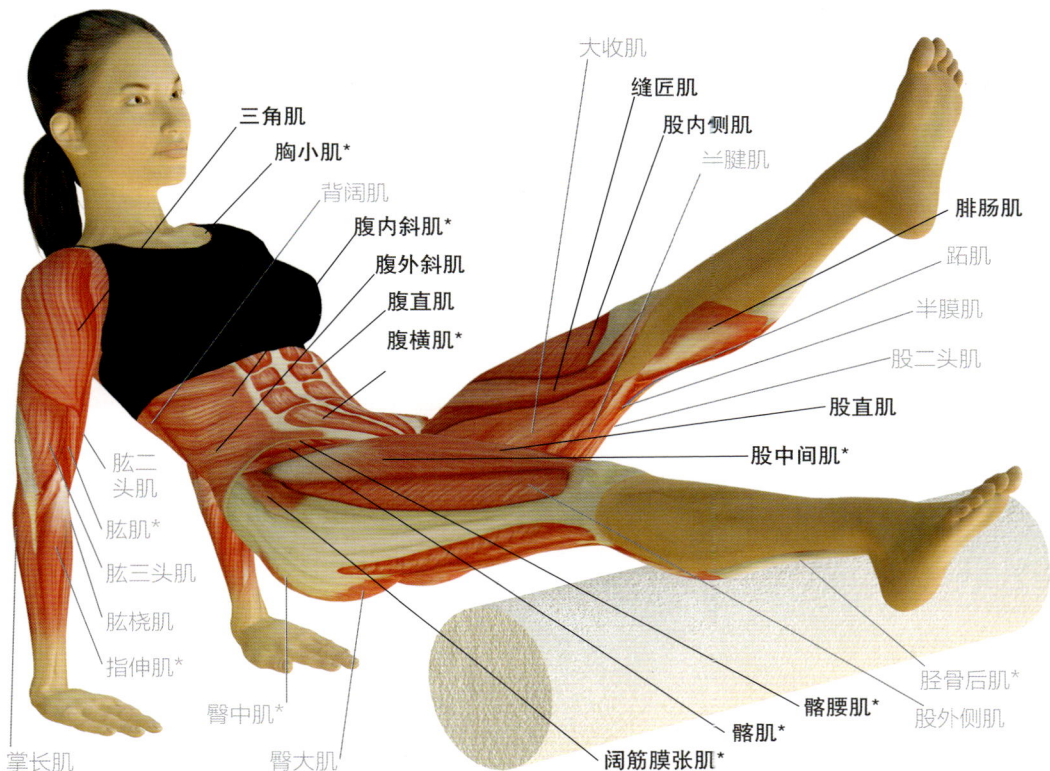

④ 保持一条腿抬高，另一条腿朝泡沫轴下压，臀部向双手的位置后移。

⑤ 恢复开始姿势，小腿肌肉沿着泡沫轴滚动，同时保持抬高的那条腿在空中伸直。每条腿重复做15次。

最佳锻炼部位

- 腹直肌
- 腹横肌
- 三角肌
- 胸小肌
- 股直肌
- 腹外斜肌
- 腹内斜肌
- 缝匠肌
- 股内侧肌
- 股中间肌
- 阔筋膜张肌
- 髂肌
- 髂腰肌
- 腓肠肌

关键注释

黑色字体代表目标肌肉

灰色字体代表其他的工作肌肉

*代表深层肌肉

哑铃负重举踵

① 双臂置于身体两侧，双手各握一个手持重物或哑铃，掌心朝内。

正确做法
- 双腿保持笔直
- 当你依靠脚孤拐维持身体平衡时，注意小腿肌肉收缩；脚跟抬得越高，收缩感就越强烈
- 保持躯干稳定不动，背部挺直
- 双目直视前方
- 尝试依靠双脚脚孤拐维持身体平衡

锻炼目标
- 小腿

级别
- 中级

益处
- 加强小腿肌肉

如果你有下列问题，不建议做此项练习
- 踝关节不适

避免
- 膝盖弯曲
- 匆忙完成动作
- 背部拱起或向前弯腰
- 脚跟抬高时，小脚趾翻转或呈"镰割状"

② 慢慢地将脚跟从地面抬起，用脚孤拐维持身体平衡，身体其余部位保持稳定不动。

③ 坚持10秒，脚跟放下，并重复这一动作。完成三组，每组15次。

最佳锻炼部位

- 腓肠肌

关键注释

黑色字体代表目标肌肉
灰色字体代表其他的工作肌肉
*代表深层肌肉

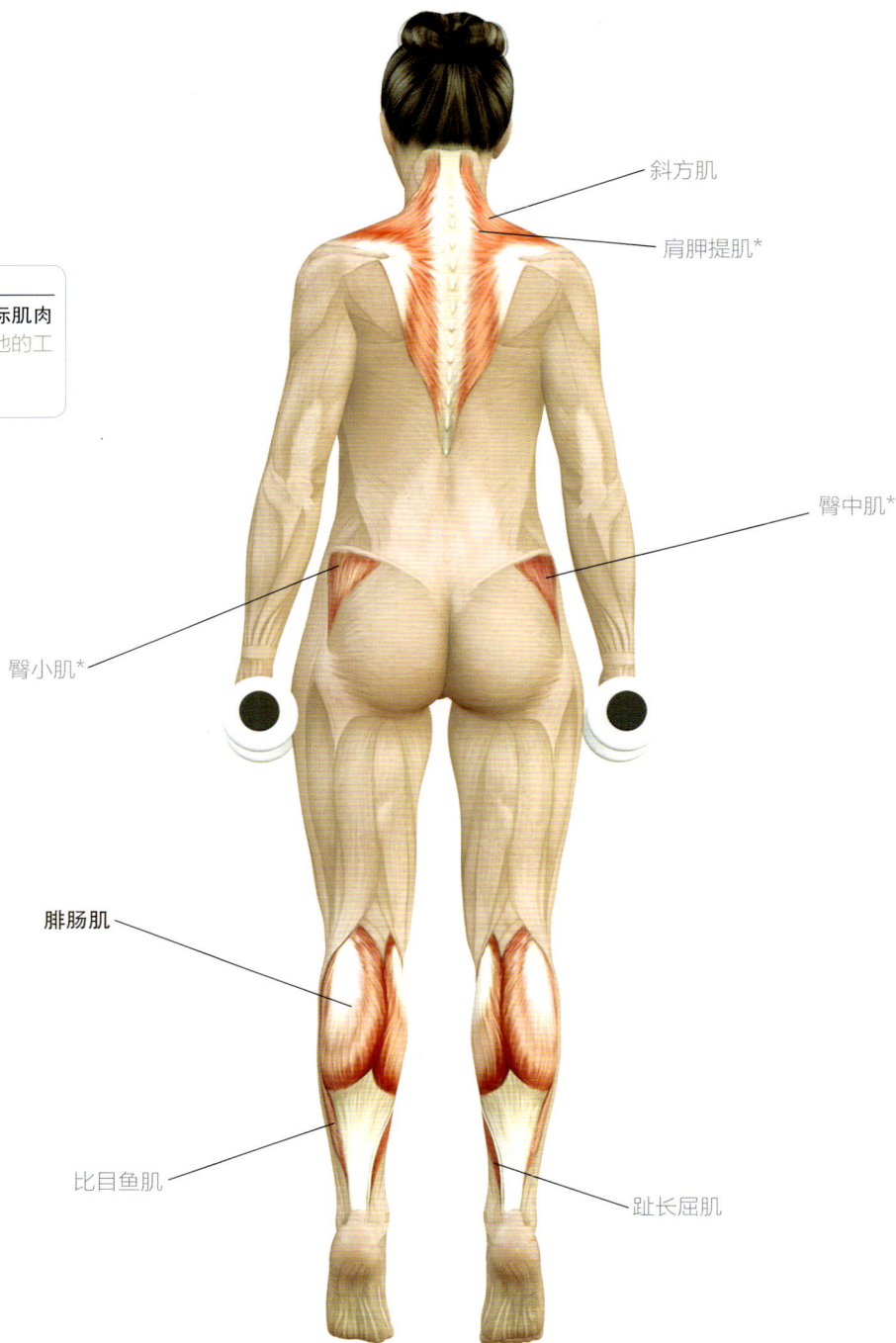

斜方肌

肩胛提肌*

臀中肌*

臀小肌*

腓肠肌

比目鱼肌

趾长屈肌

哑铃胫骨上抬

① 坐在哑铃平椅的前缘，一只哑铃放在身前的地面上。用双脚将哑铃扣住。

② 身体朝着平椅向后摆动，这样只有双脚离开平椅。保持双腿伸直，躯干坐得笔直并慢慢地将脚尖绷直。

③ 保持双腿笔直，上半身也坐直，慢慢地使双脚弯曲。重复以上动作。

锻炼目标
- 胫骨

级别
- 中级

益处
- 增强双腿力量

如果你有下列问题，不建议做此项练习
- 膝盖疼痛

教练建议
- 当你完成这项练习时，小心翼翼地将哑铃放回到地面上

正确做法
- 维持最大的活动范围，同时双脚绷直或弯曲
- 运动过程中保持颈部或下巴放松

避免
- 在练习过程中膝盖弯曲

最佳锻炼部位

- 胫骨前肌

关键注释

黑色字体代表目标肌肉

灰色字体代表其他的工作肌肉

*代表深层肌肉

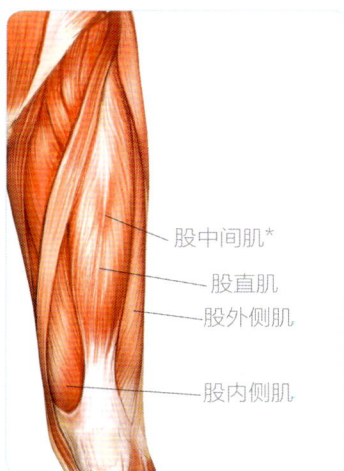

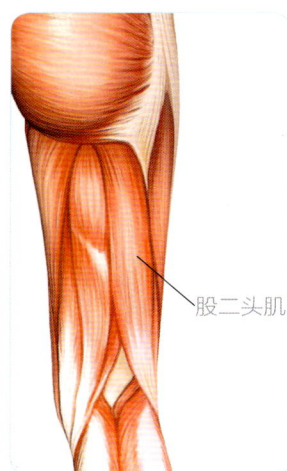

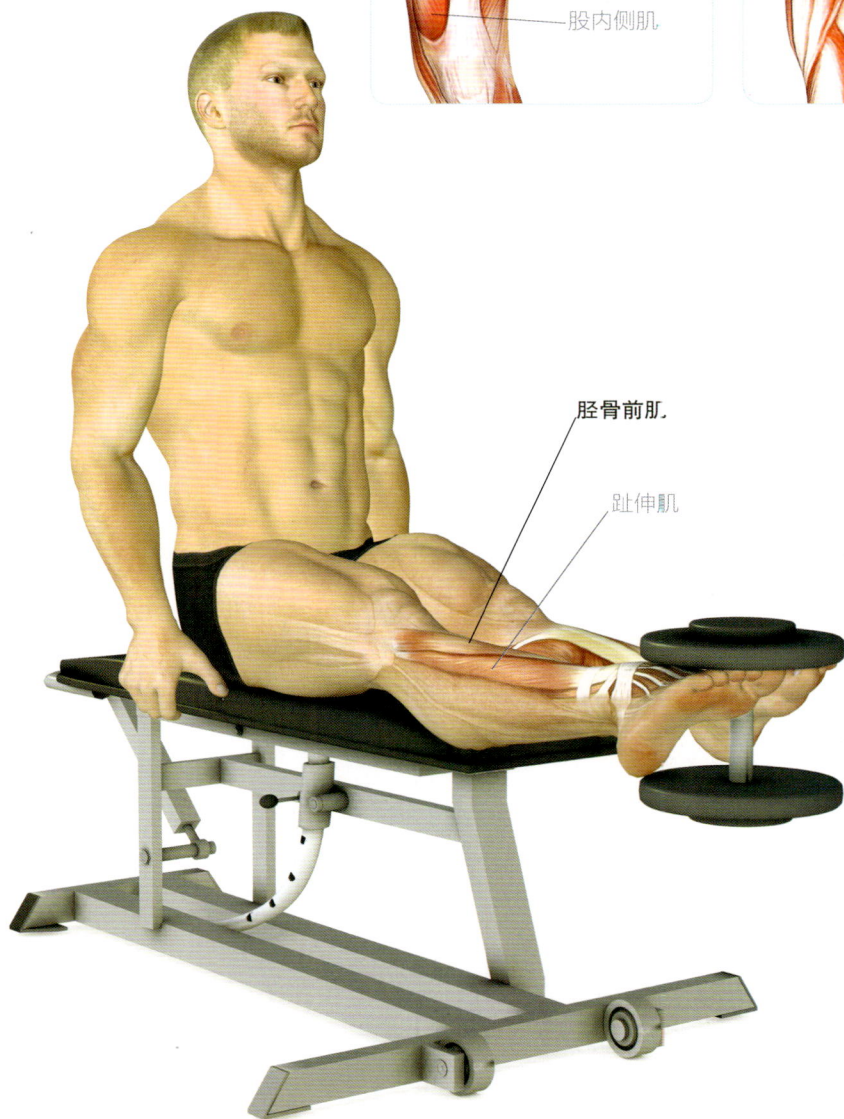

股中间肌*

股直肌

股外侧肌

股内侧肌

股二头肌

胫骨前肌

趾伸肌

核心肌群练习

　　这里所提供的核心肌群练习是最有效运动中的代表，它们已经被证明在特定的运动或活动中可以提高你的运动成绩。所有的练习都有明确的定义，同时还附带有完整的分步骤说明。这一部分内容旨在强健"核心"肌肉，包括腹肌、腹斜肌和伸肌。本书后半部分提到的运动常规则是利用这些练习，有效地组合成特定的运动或活动。然而，你可以随意翻阅一下这几页的内容，并随时进行个人练习，增加锻炼的多样性。与之前一样，密切关注自己的动作，确保目标肌肉产生灼烧感至关重要，不要过于依赖辅助器械的帮助。所有的体验层次都有多种运动可供选择。祝您练习愉快！

腹式踢腿

① 将右膝朝胸部拉伸，左腿伸直，膝盖与
地面成45度角。

② 将右手放在右脚脚踝处，
左手置于右膝上（这能够
维持腿部正确的姿势）。

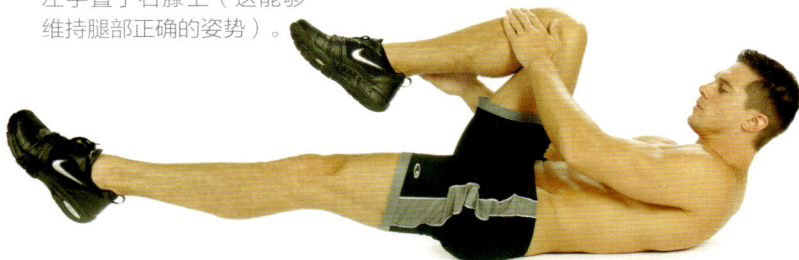

正确做法
- 外侧手放在弯曲腿
  的脚踝处，内侧手
  置于弯曲的膝盖上
- 胸骨顶部向前抬升

③ 双腿交换两次，同时变换双手的位置。

避免
- 下背部向上抬升，
  离开地面；换腿时
  调动腹肌，以保持
  核心肌群稳定

锻炼目标
- 腹肌

级别
- 中级

益处
- 四肢做动作时
  使核心肌群
  稳固
- 加强腹肌

**如果你有下列问
题，不建议做此
项练习**
- 颈部问题
- 下背部疼痛

④ 双腿再交换两次，
双手也放在正确的
位置。

⑤ 重复这项练习4
到6次。

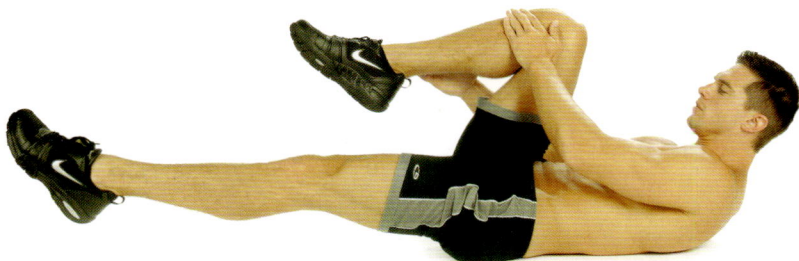

最佳锻炼部位

- 腹直肌
- 腹横肌
- 腹内斜肌
- 股二头肌
- 肱三头肌
- 肱二头肌
- 胫骨前肌
- 阔筋膜张肌
- 股直肌

关键注释

黑色字体代表目标肌肉
灰色字体代表其他的工
作肌肉
*代表深层肌肉

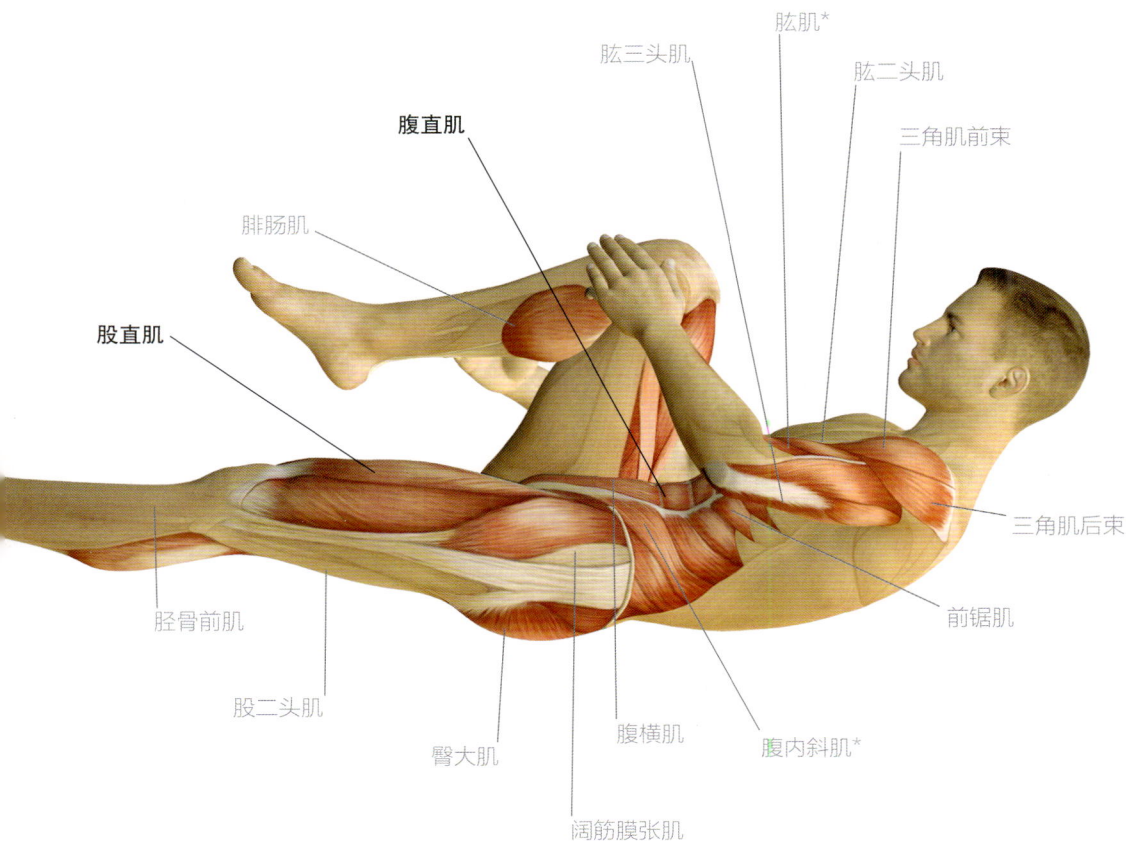

肱肌*

肱三头肌

肱二头肌

三角肌前束

腹直肌

腓肠肌

股直肌

三角肌后束

前锯肌

胫骨前肌

股二头肌

臀大肌

腹横肌

腹内斜肌*

阔筋膜张肌

腹部提臀

① 躺在地上，双腿在空中高
举且在脚踝处交叉，膝盖
伸直。双臂放在地上，伸
直并置于身体两侧。

正确做法
- 运动过程中双腿保
  持挺直、牢固不动
- 提臀时放松颈部和
  肩部

避免
- 动作过猛或凭借一
  股冲力提臀

锻炼目标
- 腹肌
- 三头肌

级别
- 中级

益处
- 强化核心肌群
  以及骨盆稳
  定器
- 强健小腹

**如果你有下列问
题，不建议做此
项练习**
- 背部疼痛
- 颈部疼痛
- 肩部疼痛

② 双腿并拢且臀部收
缩，双臂后部朝地
面按压，将臀部向
上抬起。

③ 慢慢地将臀部放回
到地面上。重复做
10次，然后用在身
前交叉的另一条腿
进行练习。

变化练习

难度增大： 保持臀部始终与地面接触，双臂朝天花板举起。将肩部从地上抬起时，双手触碰脚趾。

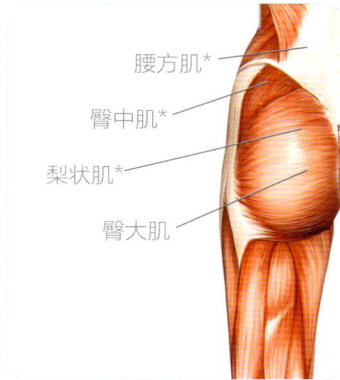

腰方肌*

臀中肌*

梨状肌*

臀大肌

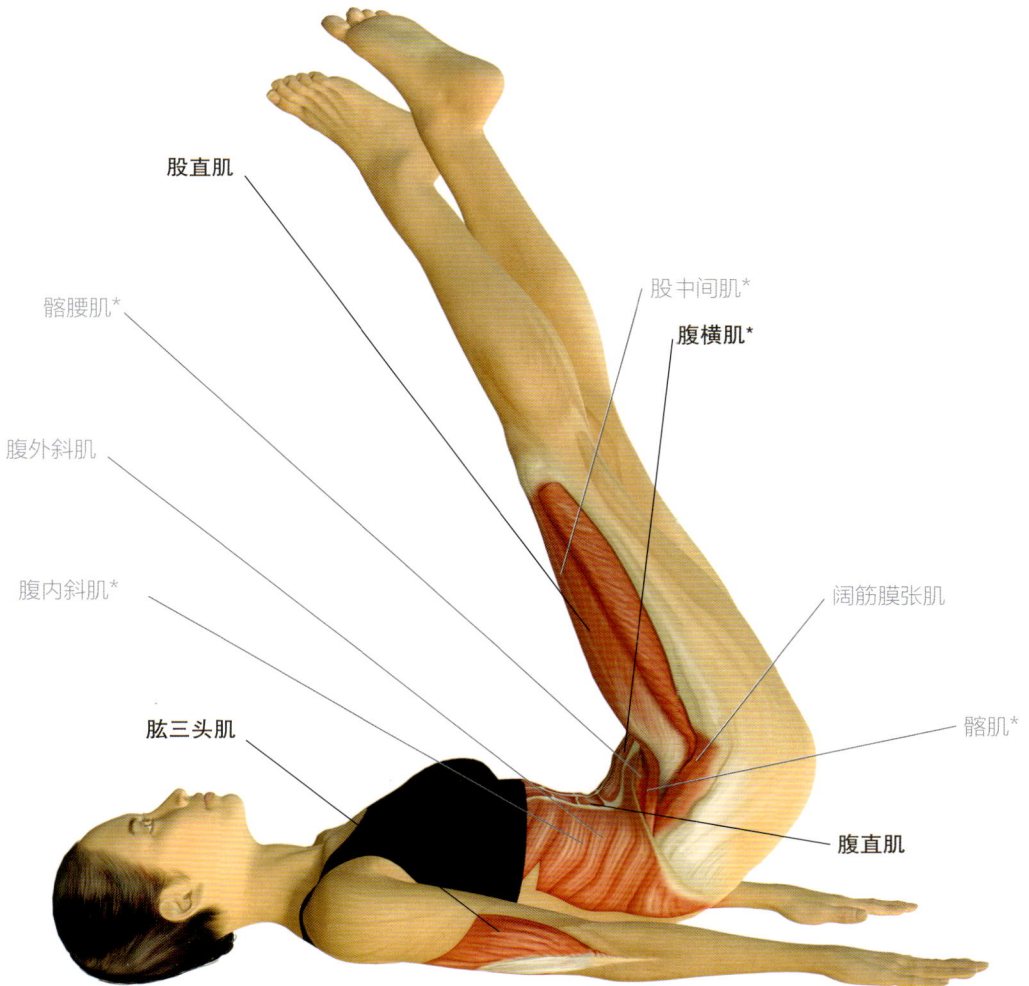

股直肌

髂腰肌*

腹外斜肌

腹内斜肌*

肱三头肌

股中间肌*

腹横肌*

阔筋膜张肌

髂肌*

腹直肌

土耳其起立

① 平躺在地上。将右臂伸直，高举过胸部；同时将左臂置于身侧，左手手心朝下。

② 右膝弯曲并将右脚平放于地面。

正确做法
- 运动过程中核心肌群始终处于紧张收缩状态

避免
- 完成练习的速度过快

锻炼目标
- 肩部
- 核心肌群
- 大腿
- 臀部
- 上背部
- 三头肌

级别
- 中级

益处
- 增加臀部的稳定性且有助于维持整个身体的平衡
- 强健小腹

如果你有下列问题，不建议做此项练习
- 腕部疼痛
- 肩部疼痛
- 膝盖后方不适

③ 将核心肌群微微向左旋转且肩部抬离地面，用左前臂支撑整个身体的重量。接下来，左手固定在地上，身体向上抬起成坐姿。

④ 臀部向上抬起，将左脚收拢到身体下方，用左膝支撑整个身体。

最佳锻炼部位

- 三角肌前束
- 三角肌后束
- 三角肌中束
- 腹直肌
- 腹横肌
- 腹外斜肌
- 腹内斜肌
- 多裂肌
- 股中间肌

- 股外侧肌
- 股内侧肌
- 股直肌
- 半腱肌
- 股二头肌
- 半膜肌
- 臀小肌
- 臀中肌
- 臀大肌

⑤ 左手从地面抬起，右脚恢复开始的站姿，并且在整个运动过程中，右臂始终高举过头顶。

⑥ 恢复开始姿势。每条胳膊重复做10次。

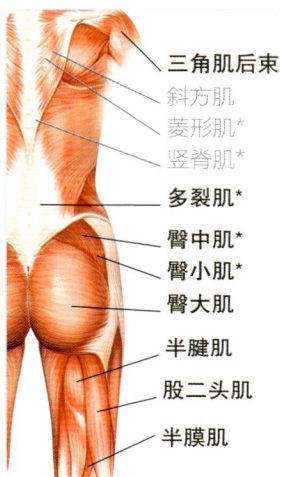

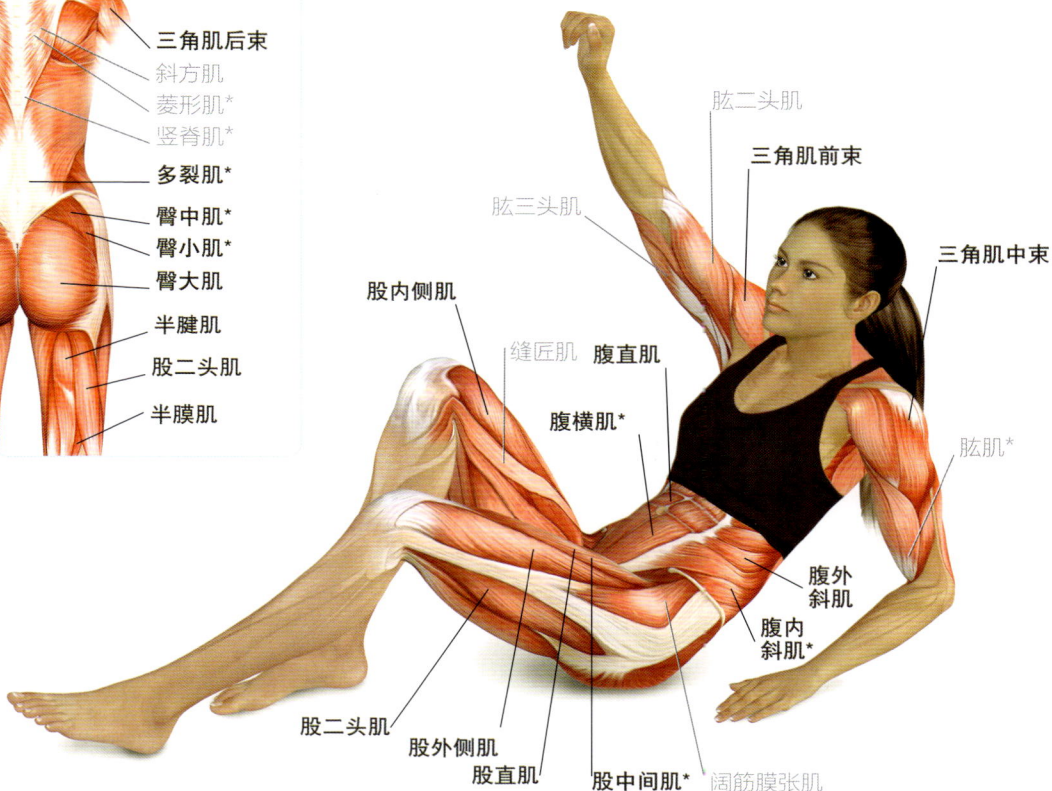

关键注释

黑色字体代表目标肌肉

灰色字体代表其他的工作肌肉

*代表深层肌肉

三角肌后束
斜方肌
菱形肌*
竖脊肌*
多裂肌*
臀中肌*
臀小肌*
臀大肌
半腱肌
股二头肌
半膜肌

肱二头肌
三角肌前束
三角肌中束
肱三头肌
肱肌*
股内侧肌
缝匠肌
腹直肌
腹横肌*
腹外斜肌
腹内斜肌*
股二头肌
股外侧肌
股直肌
股中间肌*
阔筋膜张肌

189

空中单车

① 仰卧在地上，双膝弯曲。双手置于
头部后方，双腿抬离地面。

② 躯干卷起，左臂肘部与右膝接触，
同时左腿在身前伸展。想象着将肩
胛骨从地上抬起，扭动肋骨和腹外
斜肌。

正确做法
- 下巴抬高，两侧
臀部都始终与地
面接触

锻炼目标
- 核心肌群
- 大腿
- 臀部

级别
- 高级

益 处
- 稳定核心肌
群并强化
腹肌

**如果你有下列
问题，不建议
做此项练习**
- 下背部或者
颈部问题

避免
- 用双手将身体从
地上拉起或者背
部拱起

③ 换另一侧。身体每一侧各完
成6次。

最佳锻炼部位

- 腹横肌
- 腹直肌
- 腹内斜肌
- 腹外斜肌

关键注释

黑色字体代表目标肌肉
灰色字体代表其他的工作肌肉
*代表深层肌肉

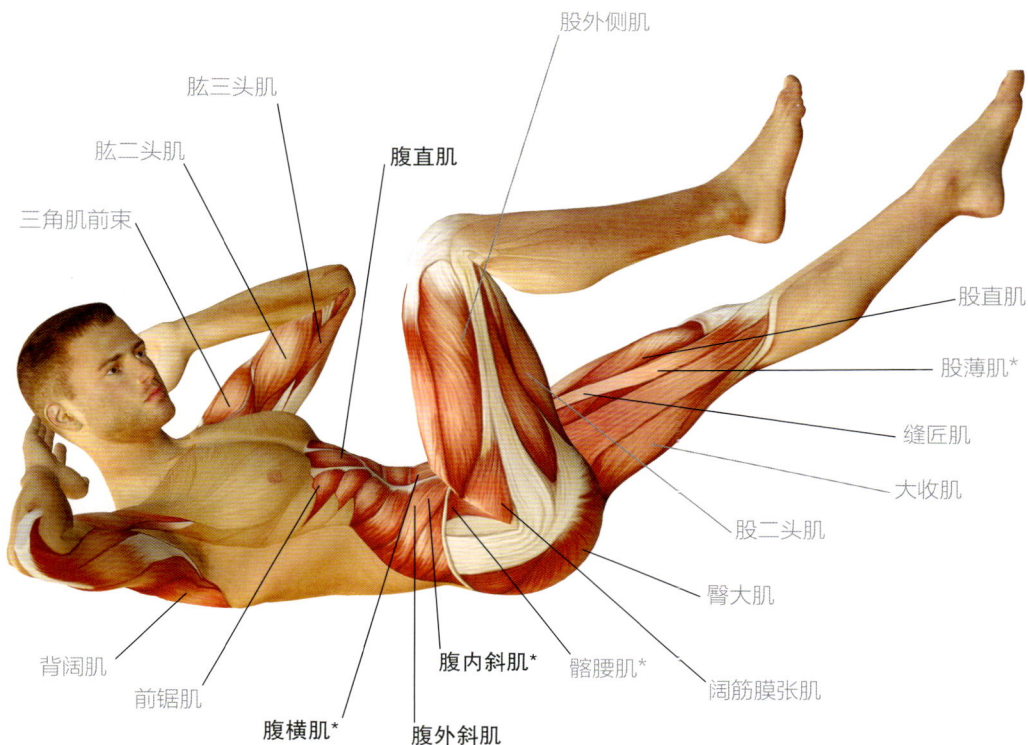

股外侧肌

肱三头肌

肱二头肌

腹直肌

三角肌前束

股直肌

股薄肌*

缝匠肌

大收肌

股二头肌

臀大肌

背阔肌

腹内斜肌*

髂腰肌*

阔筋膜张肌

前锯肌

腹横肌*

腹外斜肌

变化练习

难度降低： 开始时双脚放在地面上。将左脚脚踝放在右大腿上靠近膝盖的位置。右臂肘部与膝盖相触。身体每一侧都重复做6次。

反向卷腹

① 平躺于地上，双臂在身体两侧伸直，双脚抬离地面。双腿应微微弯曲。

正确做法
- 利用腹肌带动下肢完成动作
- 双臂平放于地面上

避免
- 下背部或颈部从地面抬起
- 凭借一股冲力帮助你完成练习

锻炼目标
- 上腹部

级别
- 中级

益处
- 强化并帮助腹肌塑形

如果你有下列问题，不建议做此项练习
- 髋关节不稳
- 下背部问题

② 向上提臀时，双腿向身体卷起，然后再向下移动几英寸。

③ 下移的动作要克制缓慢，将双脚放回到原来的位置。重复以上动作，完成3组，每组20次。

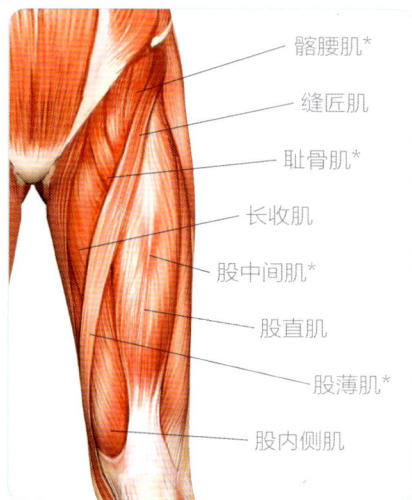

髂腰肌*
缝匠肌
耻骨肌*
长收肌
股中间肌*
股直肌
股薄肌*
股内侧肌

最佳锻炼部位
- 腹直肌
- 腹横肌

关键注释

黑色字体代表目标肌肉
灰色字体代表其他的工作肌肉
*代表深层肌肉

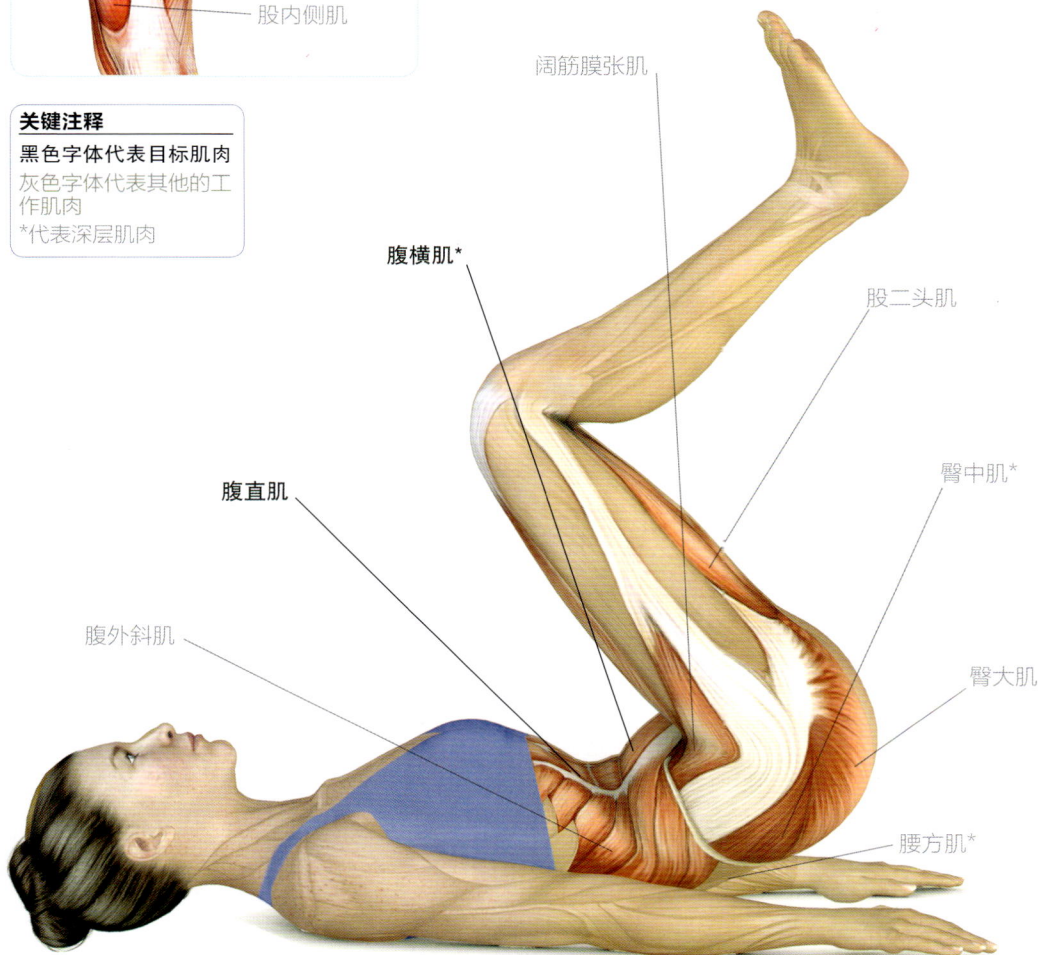

阔筋膜张肌

腹横肌*

腹直肌

腹外斜肌

股二头肌

臀中肌*

臀大肌

腰方肌*

眼镜蛇背拉

① 俯卧在地上，双腿在身后伸直，脚尖绷直。双手手掌平放于地面。略高于肩部，同时肘部也置于地面上。

正确做法
- 你应该可以感受到臀部和地面之间轻微的压力
- 保持肩部放松并向下压

锻炼目标
- 脊骨关节

级别
- 中级

益处
- 使脊椎挺直
- 胸部、腹肌和肩部伸展

如果你有下列问题，不建议做此项练习
- 下背部损伤

② 双手按住地面向下推，双臂挺直的同时慢慢地将上胸部从地面抬起。

③ 将尾骨朝耻骨拉伸，同时将肩部朝后下方下垂。

④ 颈部拉长，双目直视前方。

避免
- 头部过度后仰
- 伸展动作的幅度过大——它会导致下背部压力过大

阔筋膜张肌

长收肌

股直肌

臀中肌*

臀大肌

大收肌

股二头肌

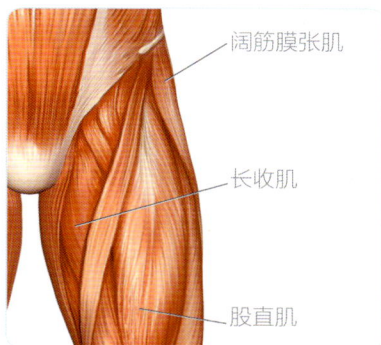

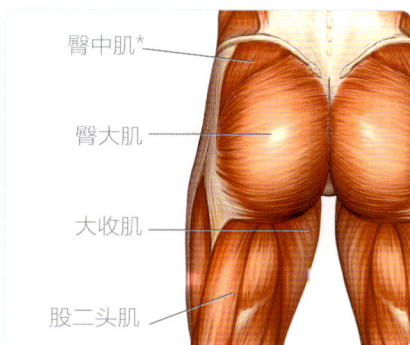

最佳锻炼部位

- 腹直肌
- 腹横肌
- 腹外斜肌
- 腹内斜肌

关键注释

黑色字体代表目标肌肉
灰色字体代表其他的工作肌肉
*代表深层肌肉

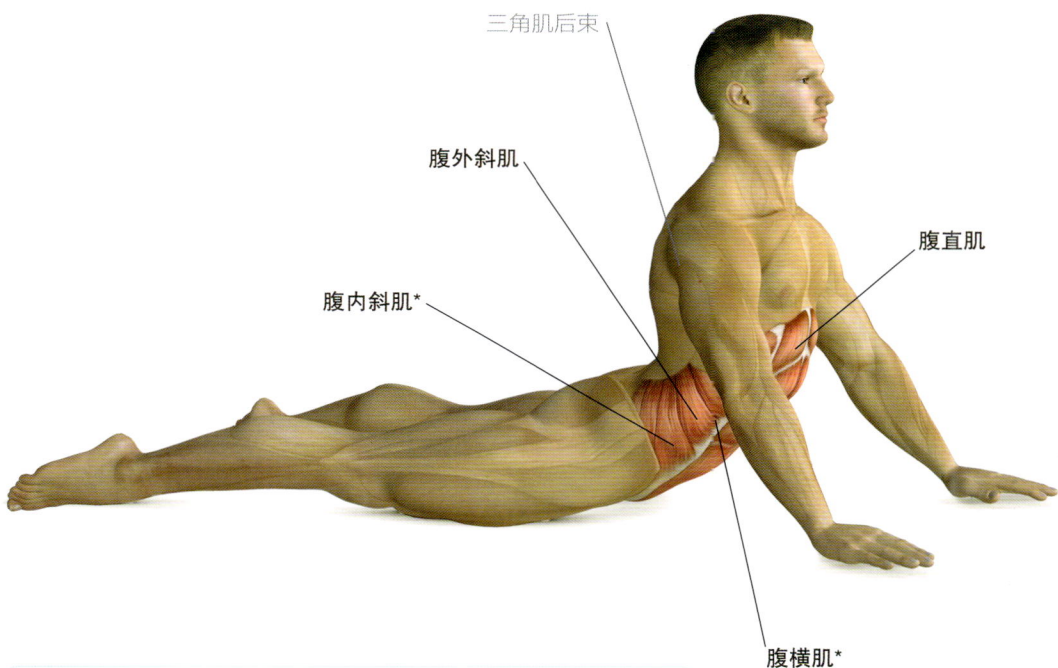

三角肌后束

腹外斜肌

腹内斜肌*

腹直肌

腹横肌*

变化练习

难度降低: 在步骤2时,用前臂放在地上的动作代替双臂挺直的动作。

瑞士球骨盆倾斜

① 端坐在瑞士球上，双脚平放于地面，双手放在膝盖或大腿处。

正确做法
- 臀部放置在瑞士球的中心，这样身体可以得到完全支撑
- 收缩腹肌时呼气

避免
- 匆忙完成动作

锻炼目标
- 下背部
- 腹肌
- 臀部

级别
- 初级

益处
- 改善体形
- 缓解轻度或中度的下背部疼痛

如果你有下列问题，不建议做此项练习
- 下背部剧痛

② 骨盆向前倾斜，利用球的移动帮助你完成动作。收缩腹肌，坚持5秒。

③ 恢复开始姿势，然后再次收缩。重复做前后移动的动作，每个动作坚持5秒，重复做10次。

最佳锻炼部位

- 腹直肌
- 腹横肌
- 臀大肌
- 臀小肌
- 臀中肌
- 竖脊肌

关键注释

黑色字体代表目标肌肉

灰色字体代表其他的工作肌肉

*代表深层肌肉

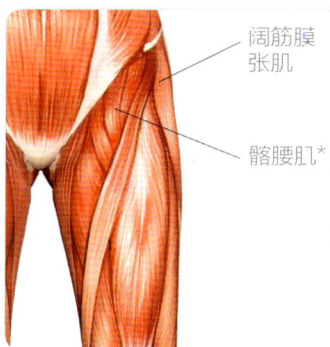

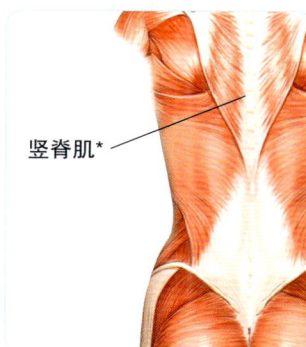

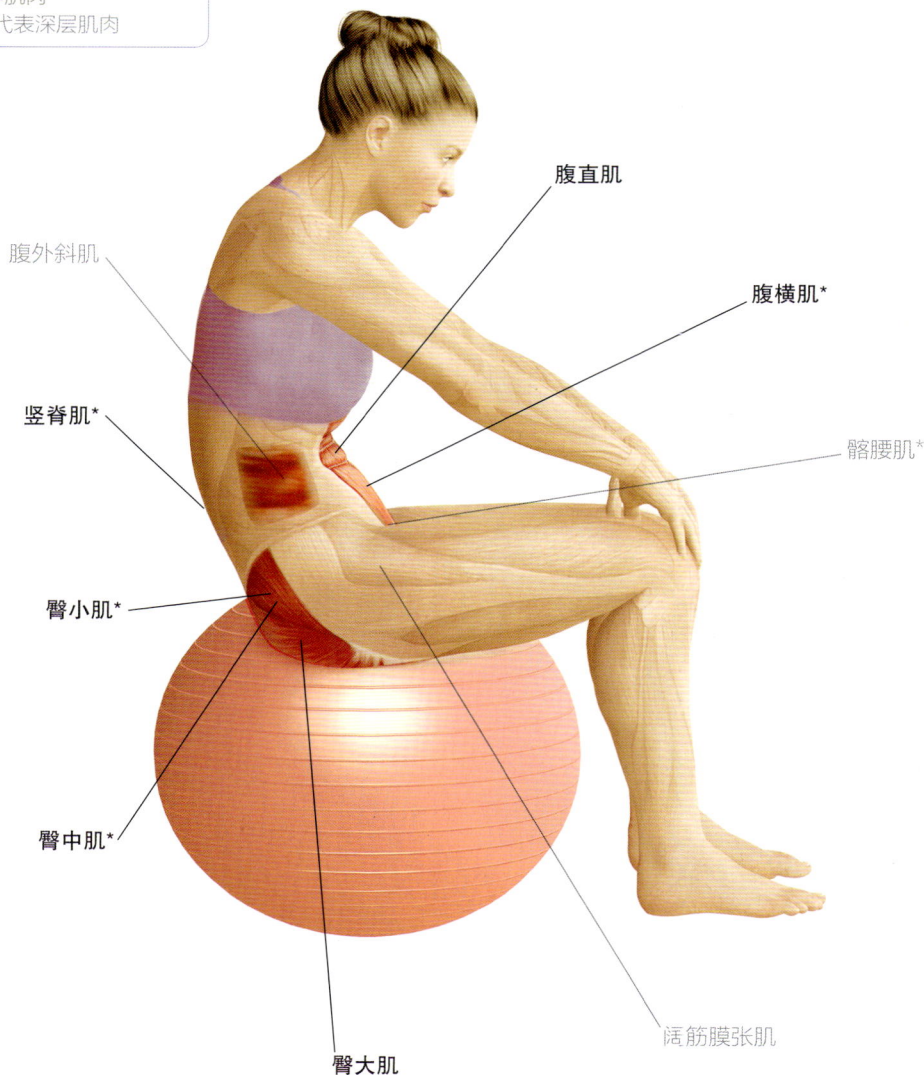

阔筋膜张肌

髂腰肌*

竖脊肌*

腹直肌

腹外斜肌

腹横肌*

竖脊肌*

髂腰肌*

臀小肌*

臀中肌*

臀大肌

阔筋膜张肌

平板俯卧撑

① 身体躺在垫子上，前臂置于胸部下方，身体向下按压形成平板姿势，脚后跟拉长。

正确做法
- 在不抬头向前看的情况下将颈部拉长

② 前臂向下推举，带动肩部朝天花板方向提升。小心地放低两侧肩膀，直至你感觉到它们在背部聚拢。

避免
- 背部松弛下垂
- 肩部塌陷在肩关节中

锻炼目标
- 三角肌
- 核心稳定器

级别
- 中级

益处
- 加强核心肌群
- 改善核心肌群的稳定性
- 强化三头肌
- 改善体形

如果你有下列问题，不建议做此项练习
- 肩部损伤
- 背部剧痛

③ 重复做5次。

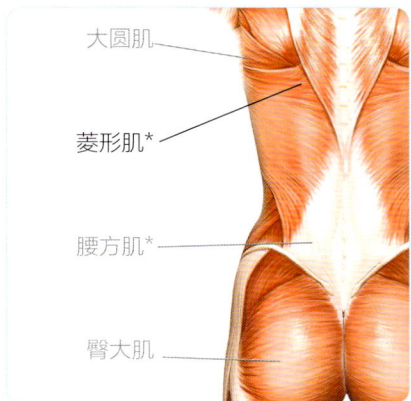

大圆肌

菱形肌*

腰方肌*

臀大肌

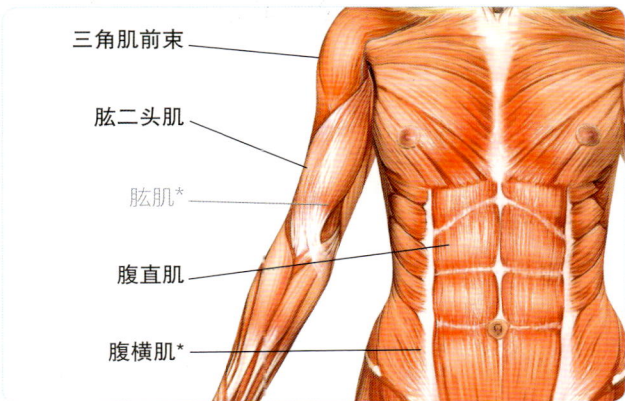

三角肌前束

肱二头肌

肱肌*

腹直肌

腹横肌*

最佳锻炼部位

- 三角肌前束
- 三角肌后束
- 菱形肌
- 腹直肌
- 肱二头肌
- 肱三头肌
- 阔筋膜张肌
- 股直肌
- 腹横肌
- 腹内斜肌
- 前锯肌
- 胫骨前肌

关键注释

黑色字体代表目标肌肉
灰色字体代表其他的工作肌肉
*代表深层肌肉

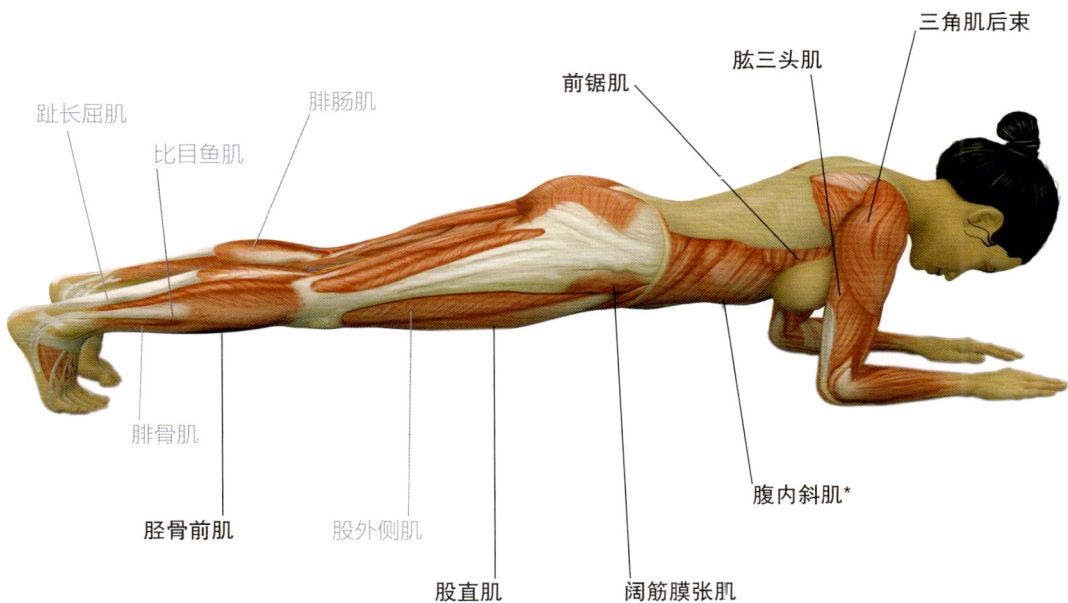

趾长屈肌

比目鱼肌

腓肠肌

前锯肌

肱三头肌

三角肌后束

腓骨肌

胫骨前肌

股外侧肌

股直肌

阔筋膜张肌

腹内斜肌*

坐式俄罗斯旋转

① 身体坐直，双腿弯曲，双脚平放于地面上。双臂在身前伸直，同时背部微微后倾，以唤醒核心肌群。

正确做法
- 旋转动作要流畅、克制
- 旋转时保持背部平直
- 双脚平放于地面上
- 双臂保持伸直状态

避免
- 匆忙完成旋转动作
- 旋转时双脚或膝盖转向一侧

② 上肢向身体一侧旋转，然后重新回到中心位置，动作要流畅、稳定。身体另一侧重复旋转动作。身体两侧各重复做10次动作。

锻炼目标
- 背部
- 腹斜肌
- 上腹部

级别
- 中级

益处
- 稳固并强化核心肌群

如果你有下列问题，不建议做此项练习
- 下背部问题

③ 回归中心位置，重复整套旋转动作，完成3组，每组20次。

变化练习

难度增大： 双手握住一个健身实心球完成旋转动作。

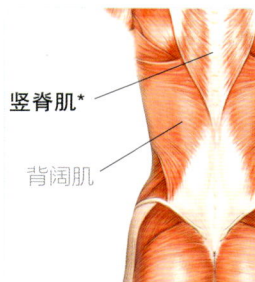

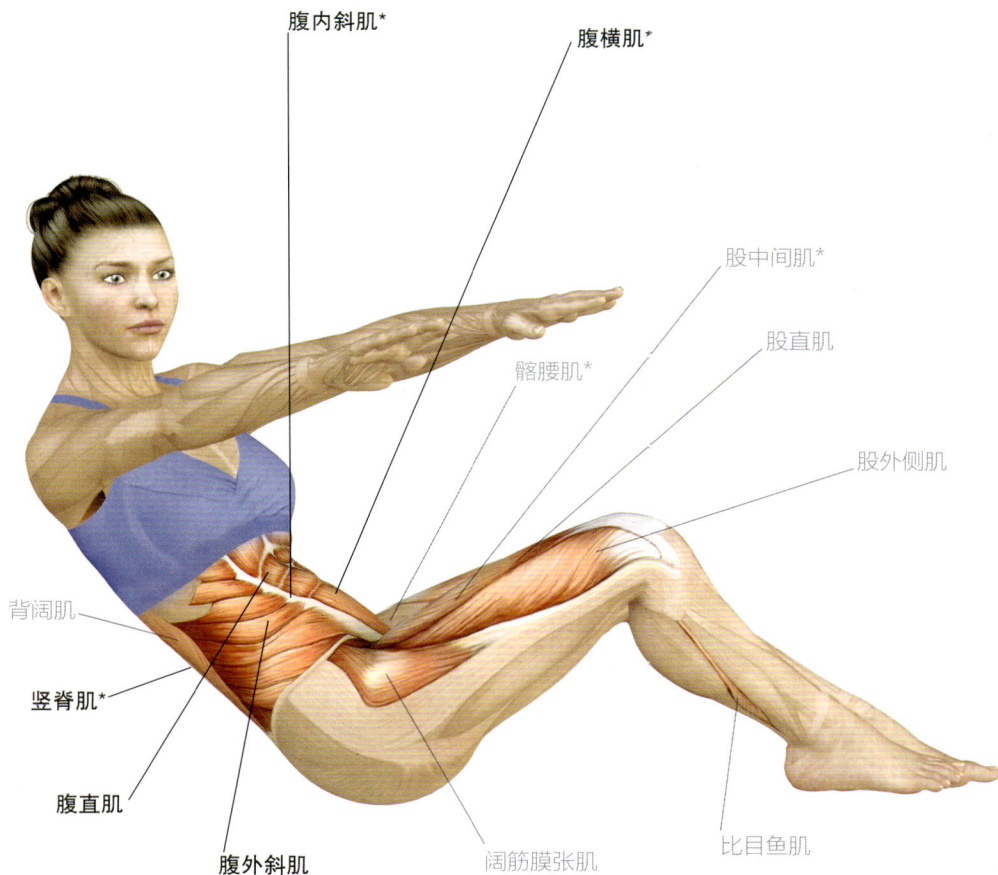

竖脊肌*

背阔肌

腹内斜肌*

腹横肌*

股中间肌*

股直肌

髂腰肌*

股外侧肌

背阔肌

竖脊肌*

腹直肌

比目鱼肌

腹外斜肌

阔筋膜张肌

最佳锻炼部位

- 腹直肌
- 腹外斜肌
- 腹内斜肌
- 竖脊肌
- 腹横肌

关键注释

黑色字体代表目标肌肉
灰色字体代表其他的工作肌肉
*代表深层肌肉

弹力带伐木术

① 双脚分开站立，比髋关节稍宽，并将弹力带固定在一只脚下。双手握住一只手柄，置于身前更靠近固定脚的位置。

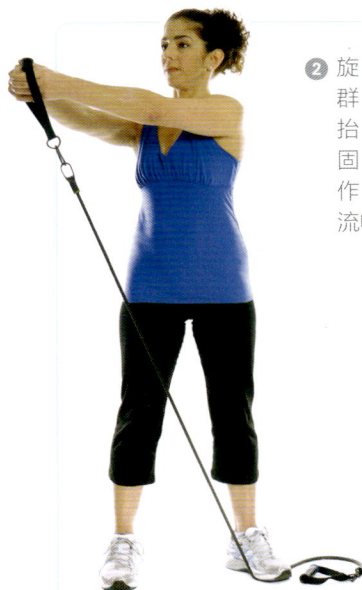

② 旋转核心肌群，将双臂抬高，远离固定脚，动作要缓慢、流畅。

锻炼目标
- 腹斜肌

级别
- 初级

益处
- 增强中枢肌肉力量和支撑
- 加强腹斜肌

如果你有下列问题，不建议做此项练习
- 下背部问题
- 肩部问题

正确做法
- 双臂保持笔直
- 双臂抬升或放下时，目光始终追随着手臂的动作
- 核心肌群收缩，并调动腹肌参与到运动中

避免
- 从身体一侧转向另一侧时，旋转的动作太过急躁
- 双臂抬升过高，失去了对核心肌群的控制并且（或者）背部弯曲
- 耸肩

③ 在克制地完成"伐木"动作后，恢复开始姿势。重复做20次，然后换身体另一侧，完成三组，每组20次。

最佳锻炼部位

- 腹外斜肌
- 腹内斜肌

关键注释

黑色字体代表目标肌肉
灰色字体代表其他的工作肌肉
*代表深层肌肉

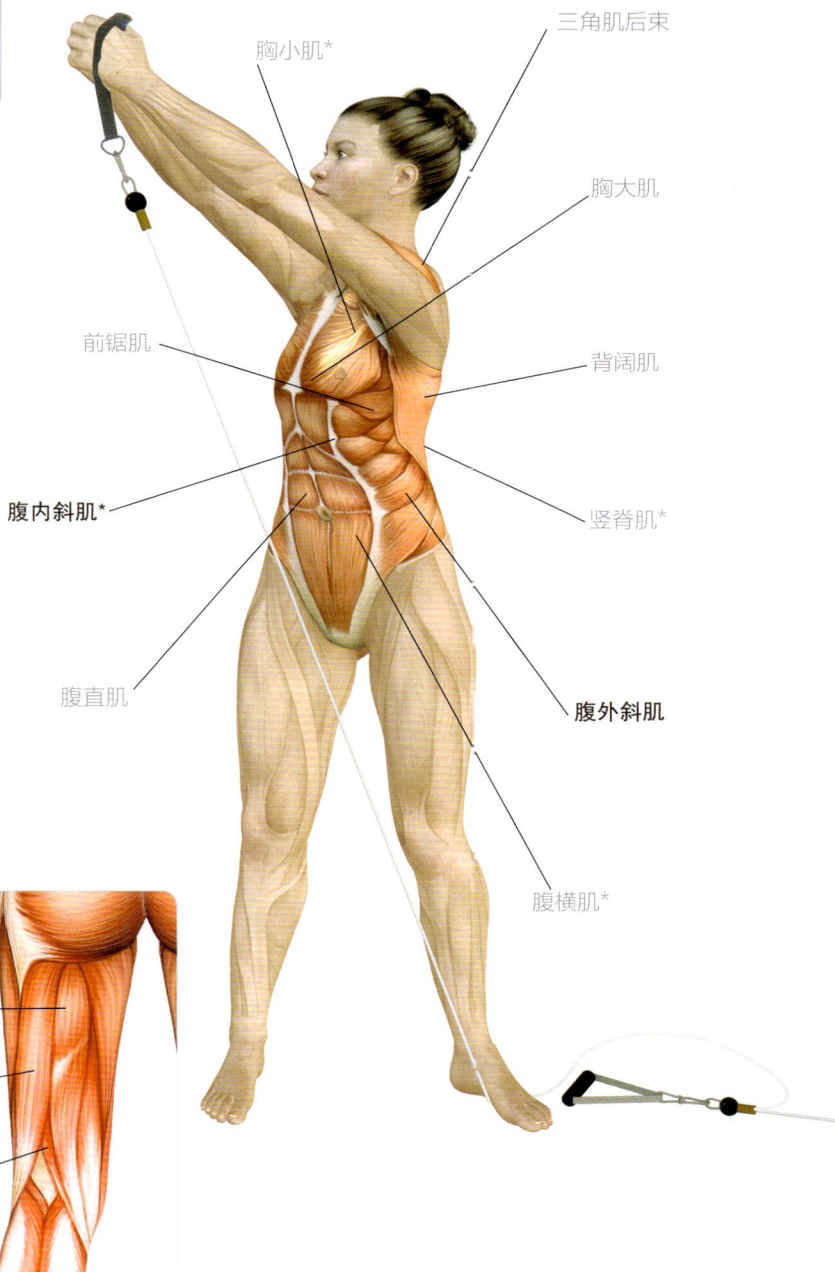

胸小肌*

三角肌后束

胸大肌

前锯肌

背阔肌

腹内斜肌*

竖脊肌*

腹直肌

腹外斜肌

腹横肌*

半腱肌

股二头肌

半膜肌

髋关节内收和外展

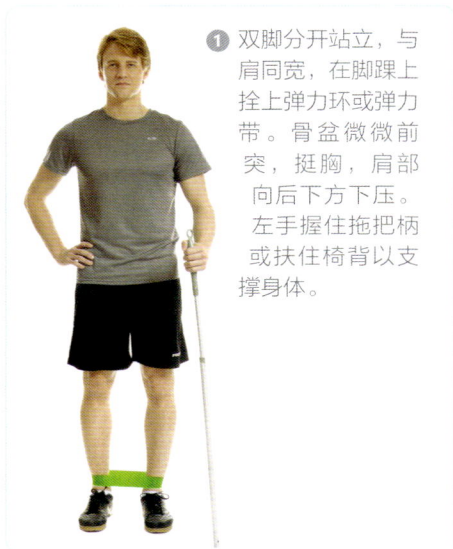

① 双脚分开站立，与肩同宽，在脚踝上拴上弹力环或弹力带。骨盆微微前突，挺胸，肩部向后下方下压。左手握住拖把柄或扶住椅背以支撑身体。

② 背部和膝盖保持笔直，脚尖朝前，右脚直接朝向右侧，向外移动。坚持2秒，重复做10次。

③ 恢复开始姿势。

锻炼目标
- 髋外展肌
- 髋内收肌

级别
- 初级

益处
- 强化髋关节

如果你有下列问题，不建议做此项练习
- 平衡问题

正确做法
- 腿部移动时，大腿和臀部一侧绷紧

避免
- 当一只脚向外侧或内侧移动时，移动的那只脚与地面接触
- 躯干朝身体一侧倾斜

髋关节外展

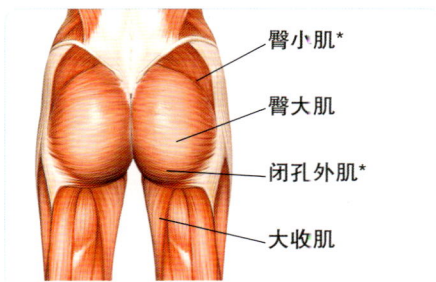

臀小肌*

臀大肌

闭孔外肌*

大收肌

④ 保持背部和膝盖挺直，脚尖朝前，左脚直接朝右移动，双腿交叉。坚持2秒，重复做10次。

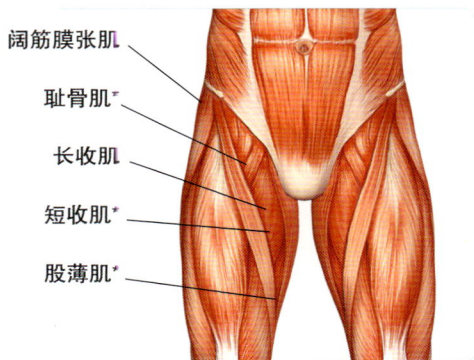

阔筋膜张肌

耻骨肌*

长收肌

短收肌*

股薄肌*

关键注释

黑色字体代表目标肌肉

灰色字体代表其他的工作肌肉

*代表深层肌肉

⑤ 恢复开始姿势，用身体另一侧将整套动作重复做一遍。

髋关节内收

瑞士球推滚

① 跪在瑞士球前，双手置于球上，位置与臀同高。

② 慢慢地将瑞士球向前滚动，同时伸展身体。

③ 瑞士球一直向前滚动，直至身体完全伸展，同时保持背部平直，膝盖稳定不动。然后，利用腹肌和下背部肌肉将球滚回到原来的位置。重复做15至20次。

锻炼目标
- 腹肌
- 下背部
- 腹斜肌

级别
- 中级

益处
- 有助于稳固核心肌群

如果你有下列问题，不建议做此项练习
- 下背部问题
- 膝盖问题

变化练习
- **难度降低：** 双脚置于固体表面，以获取额外的支持

正确做法
- 整个运动过程中身体始终处于拉伸状态

避免
- 背部拱起，臀部松弛下垂

最佳锻炼部位

- 腹直肌
- 腹横肌
- 多裂肌
- 腰方肌

关键注释

黑色字体代表目标肌肉

灰色字体代表其他的工作肌肉

*代表深层肌肉

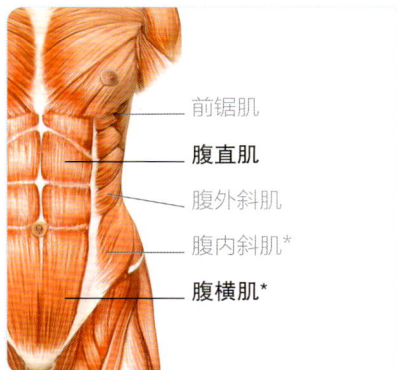

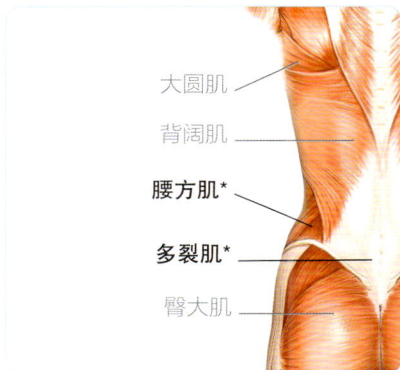

背阔肌

腹外斜肌

腹内斜肌*

臀大肌

阔筋膜张肌

股二头肌

腹直肌

腹横肌*

缝匠肌

股中间肌*

股直肌

股内侧肌

股外侧肌

前锯肌

腹直肌

腹外斜肌

腹内斜肌*

腹横肌*

大圆肌

背阔肌

腰方肌*

多裂肌*

臀大肌

大腿前后摆动

① 跪在地上，背部挺直，两侧膝盖分开与髋部同宽，双臂置于身体两侧。收缩腹肌，小腹内吸。

正确做法

- 肩关节和膝盖之间成一条直线
- 调动身体腹肌来控制动作
- 臀部保持紧绷

② 身体向后倾斜，髋关节打开，与肩关节保持在一条直线上，拉伸大腿前部。

③ 当身体尽可能地向后倾斜时，收缩臀部并慢慢地使身体恢复直立姿势。重复做4到5次。

锻炼目标

- 股四头肌
- 腹肌

级别

- 中级

益处

- 伸展大腿
- 强化腹肌
- 增大前脚踝关节的动作幅度

如果你有下列问题，不建议做此项练习

- 下背部问题
- 踝部问题

避免

- 身体摇摆的幅度过大，无法恢复开始姿势
- 髋关节部位弯曲

最佳锻炼部位

- 腹直肌
- 股直肌
- 大收肌

关键注释

黑色字体代表目标肌肉

灰色字体代表其他的工作肌肉

*代表深层肌肉

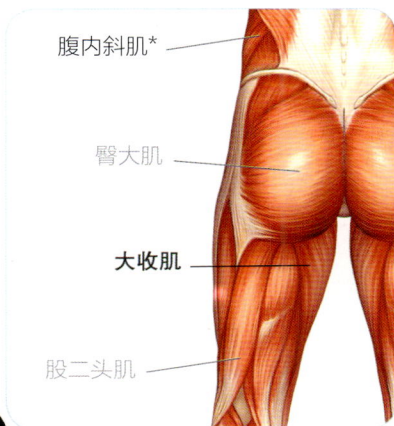

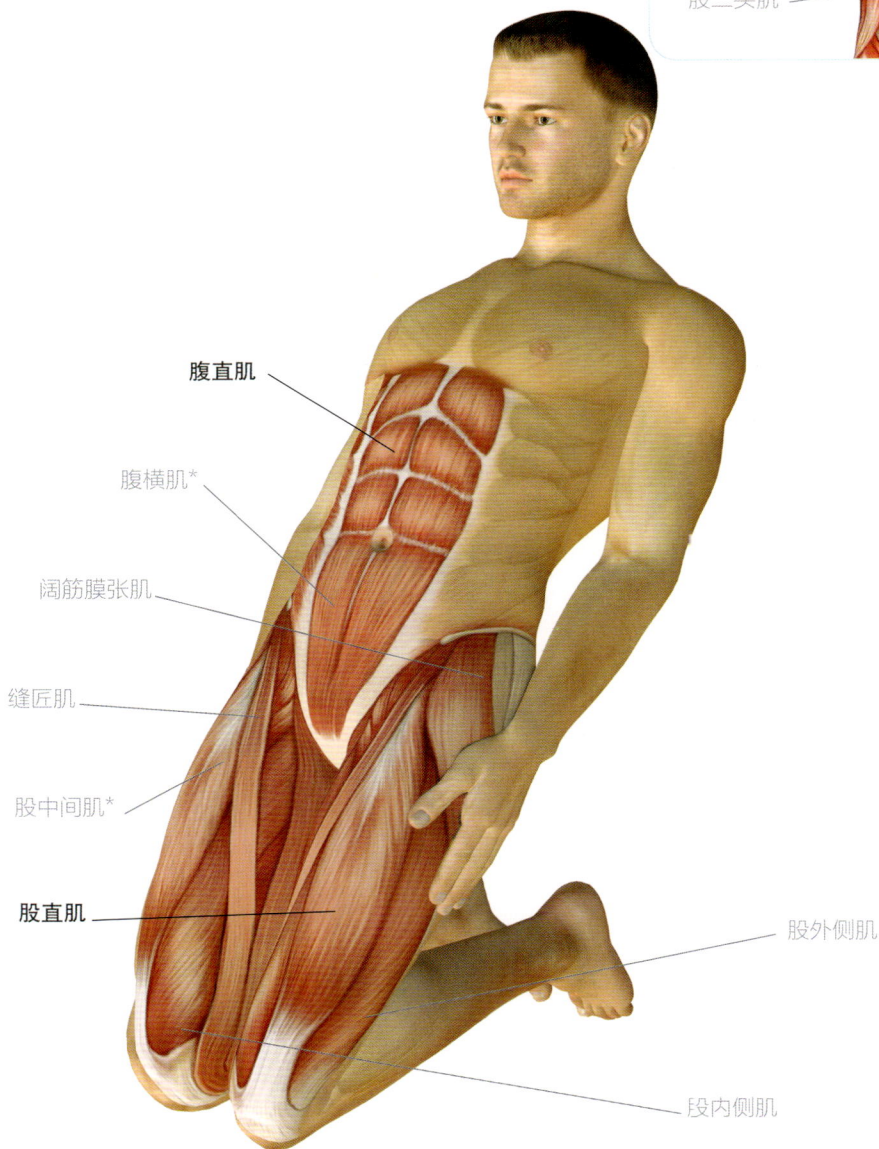

腹内斜肌*

臀大肌

大收肌

股二头肌

腹直肌

腹横肌*

阔筋膜张肌

缝匠肌

股中间肌*

股直肌

股外侧肌

股内侧肌

瑞士球臀部交叉

① 仰卧在地上，双臂朝身体两侧伸展。双腿置于瑞士球上，臀部与之紧紧相贴，膝盖弯曲成90度直角。

锻炼目标
- 下背部
- 腹斜肌
- 腹肌

级别
- 中级

益处
- 强健下背部和腹斜肌

如果你有下列问题，不建议做此项练习
- 下背部问题

变化练习
- **难度增大：** 尝试在大腿之间握住一个健身实心球，以增大身体阻力

正确做法
- 保持核心肌群始终处于中心位置

避免
- 双腿过度摇摆

② 拉紧腹肌，双腿放在身体右侧，直至它们尽可能地与地板贴近。肩部不能抬离地面。

竖脊肌*

背阔肌

多裂肌*

腰方肌*

髂胫束

③ 恢复开始姿势，然后将双腿旋转到身体另一侧。身体两侧各重复做15次。

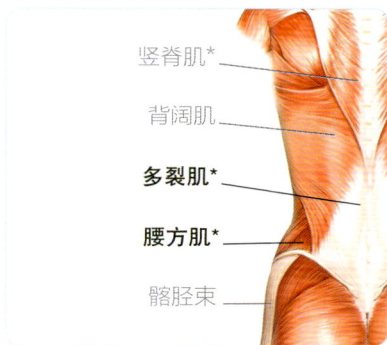

最佳锻炼部位

- 多裂肌
- 腰方肌
- 腹外斜肌
- 腹内斜肌

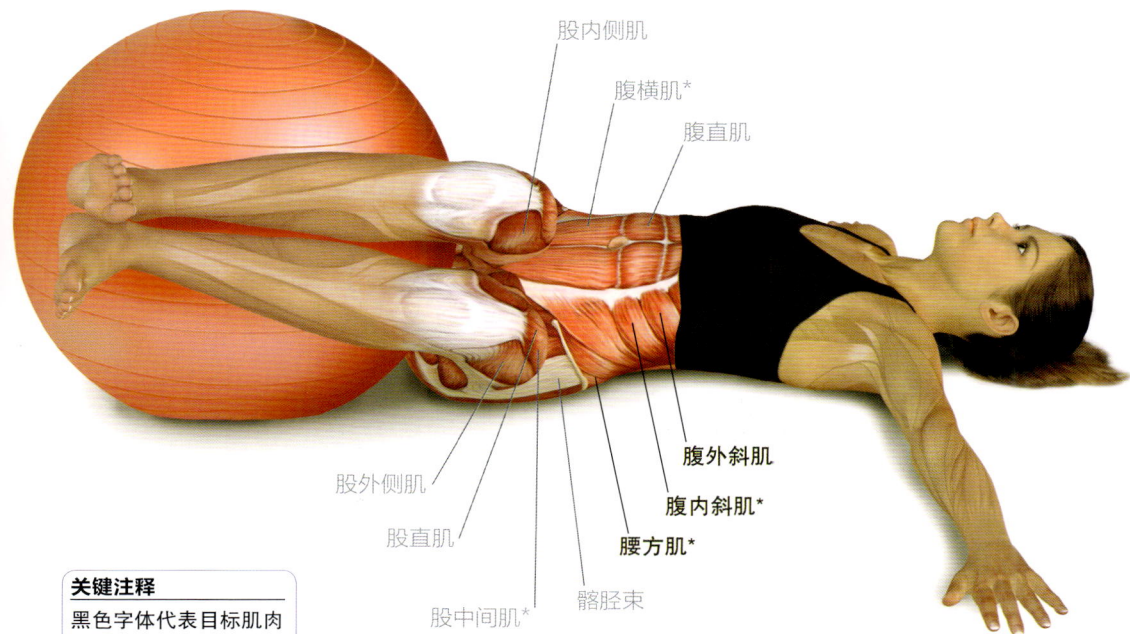

股内侧肌

腹横肌*

腹直肌

腹外斜肌

腹内斜肌*

腰方肌*

股外侧肌

股直肌

髂胫束

股中间肌*

关键注释

黑色字体代表目标肌肉

灰色字体代表其他的工作肌肉

*代表深层肌肉

两头起

① 仰卧在地上，双腿抬升与
地面成45度至90度角。

正确做法
- 颈部伸长但同时
保持放松状态，
尽量减少脊椎上
部的张力

② 吸气，当头部和肩部从
地面抬起时，双臂直指
天花板。

避免
- 凭借一股冲力完成
练习。利用腹肌将
双腿和躯干从地面
抬起

③ 呼气，当脊柱从地面上
滚过时，将胸腔从地面
抬起，使之恰好位于坐
骨之前。

锻炼目标
- 腹肌

级别
- 中级

益处
- 强化腹肌的同
时调动脊椎

**如果你有下列问
题，不建议做此
项练习**
- 下背部疼痛

4 吸气，双臂朝脚趾方向伸展，同时背部保持C形曲线。呼气，脊椎慢慢地贴住地面，一次一节椎骨。恢复开始姿势。

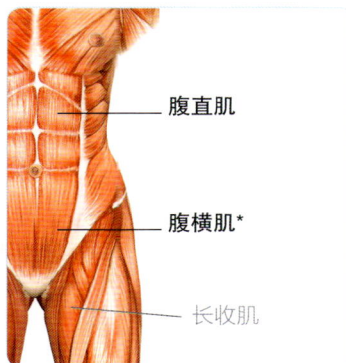

腹直肌

腹横肌*

长收肌

最佳锻炼部位
- 腹直肌
- 股直肌
- 肱肌
- 腹横肌

关键注释
黑色字体代表目标肌肉
灰色字体代表其他的工作肌肉
*代表深层肌肉

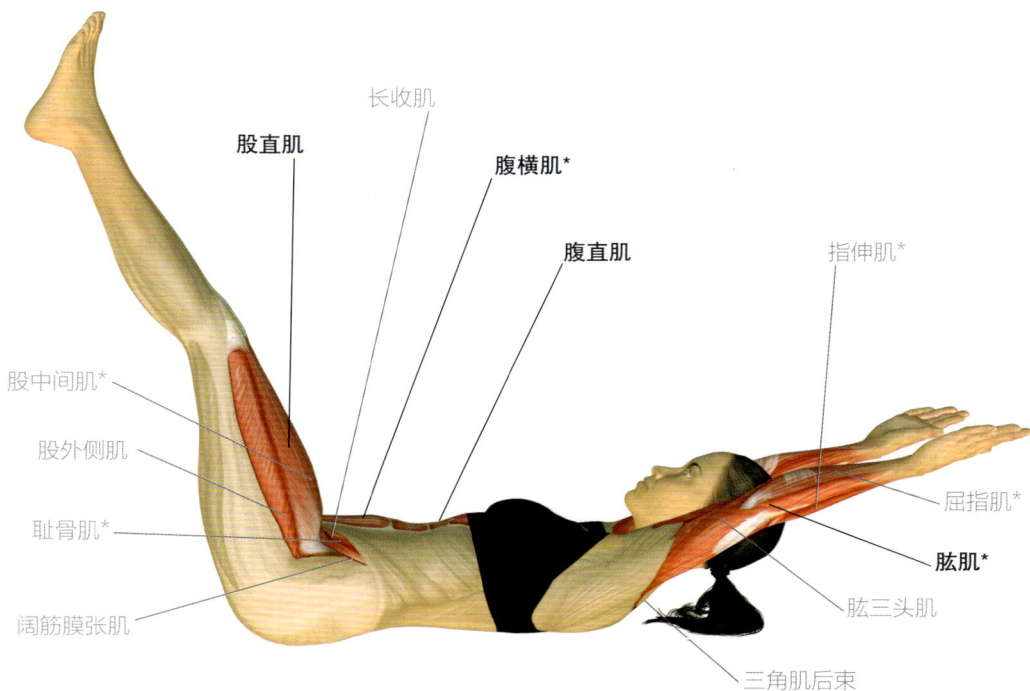

长收肌

股直肌

腹横肌*

腹直肌

指伸肌*

股中间肌*

股外侧肌

耻骨肌*

屈指肌*

肱肌*

肱三头肌

阔筋膜张肌

三角肌后束

健身球猛击

① 身体站直，双脚与肩同宽，双膝微微弯曲，双手握住健身实心球并高举过头顶，双臂向外伸展。

正确做法
- 整个练习过程中躯干都保持挺直

避免
- 背部的扭动幅度过大

② 保持背部挺直，腰部以上部位向前倾，然后将球用力扔到地上。将球捡起来，重复做20次。

锻炼目标
- 腹肌
- 三角肌
- 上背部

级别
- 中级

益处
- 可以有效地调动前部核心肌群

如果你有下列问题，不建议做此项练习
- 下背部问题
- 肩部问题

最佳锻炼部位

• 腹直肌

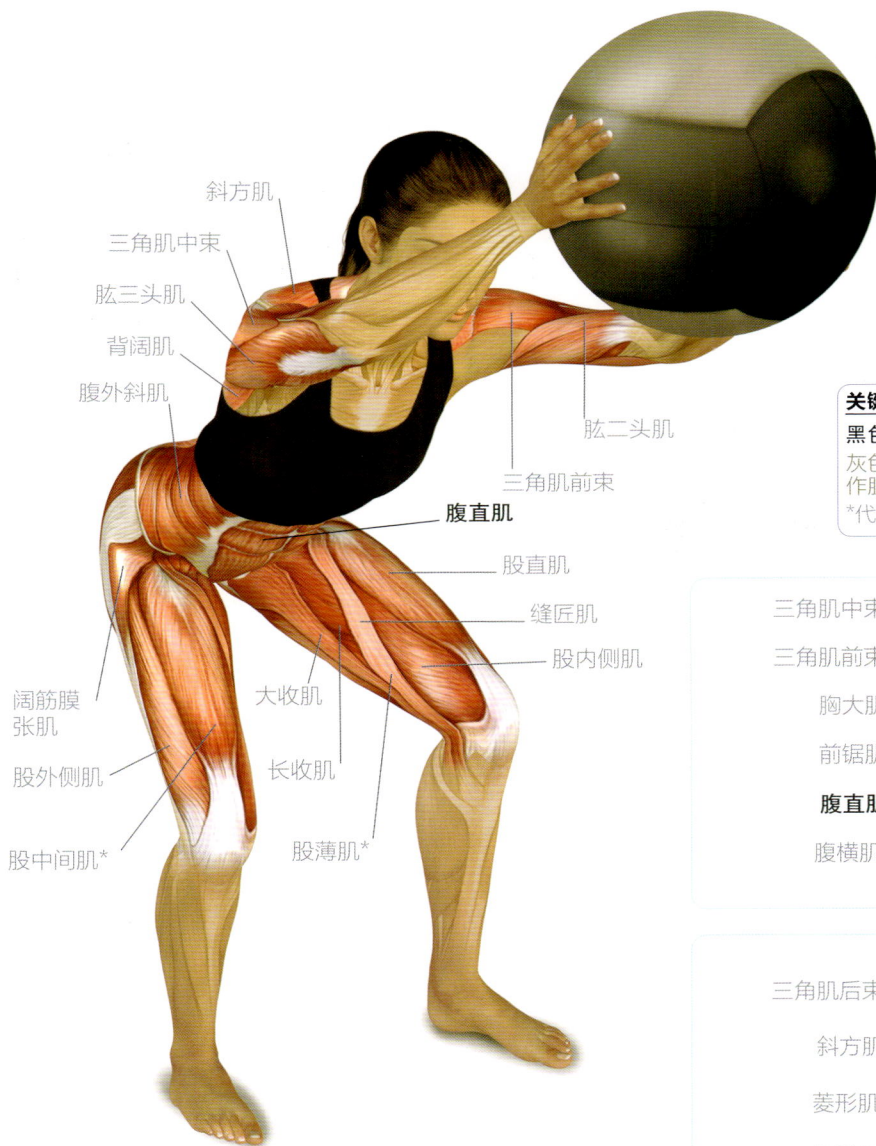

斜方肌

三角肌中束

肱三头肌

背阔肌

腹外斜肌

肱二头肌

三角肌前束

腹直肌

股直肌

缝匠肌

股内侧肌

大收肌

长收肌

阔筋膜张肌

股外侧肌

股中间肌*

股薄肌*

关键注释

黑色字体代表目标肌肉

灰色字体代表其他的工作肌肉

*代表深层肌肉

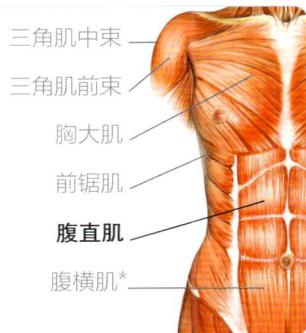

三角肌中束

三角肌前束

胸大肌

前锯肌

腹直肌

腹横肌*

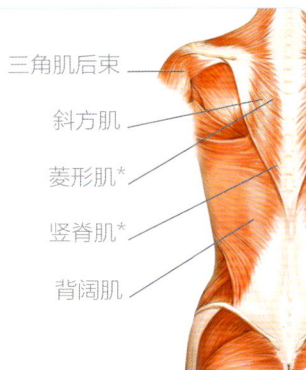

三角肌后束

斜方肌

菱形肌*

竖脊肌*

背阔肌

风车式

1 身体站直，抬头挺胸，呼气。

2 头部朝胸部蜷缩，一次只下压一节脊椎骨，双手向下抓住脚趾。身体重心稍微前移，继续呼气，弯曲脊椎。

锻炼目标
- 背部

级别
- 中级

益处
- 拉伸脊椎和腘绳肌
- 提升脊椎骨叠加技能

如果你有下列问题，不建议做此项练习
- 下背部疼痛

正确做法
- 将脊椎骨一节一节向下压
- 背部的伸展动作和腘绳肌的伸展动作同时进行

避免
- 身体向下伸展时，面朝前方

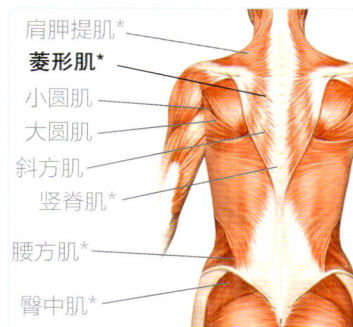

肩胛提肌*
菱形肌*
小圆肌
大圆肌
斜方肌
竖脊肌*
腰方肌*
臀中肌*

关键注释

黑色字体代表目标肌肉
灰色字体代表其他的工作肌肉
*代表深层肌肉

背阔肌
菱形肌*
腰方肌*
斜方肌
臀大肌
股二头肌

最佳锻炼部位

- 背阔肌
- 菱形肌
- 腰方肌
- 股二头肌

❸ 当你完成折叠动作后，吸气，然后脊椎开始伸展。从髋关节向上一直到肩关节，脊椎骨慢慢地向上抬起。肩关节向后移动，并抬头挺胸。重复做3次。

伸展训练

　　不论是对于你在健身房的个人运动成就，还是为了保持结缔组织的强劲柔韧来说，伸展运动都绝对必不可少。富有弹性的肌肉可以完成全方位有弹性且强健的动作。活动范围越大，你能锻炼出的瘦肌肉组织就越多，从而增加身体力量，改善其性能。我们可以在练习中或练习后进行伸展运动，因为此时肌肉的温度较高，并且各块肌肉在经过运动后也被激活了。此外，定期的伸展运动还会带来诸多好处，例如增加对关节的供血，有助于缓解疼痛，提高能量级别，改善体态和缓解压力。

展胸

① 双手置于脑后，手指交叉互扣。肘部向外伸展。

② 当胸部感受到拉力时，将肘部收回。保持30秒。

③ 肘部恢复至开始位置，并重复这一动作。完成三个持续30秒的动作。

锻炼目标

- 胸部

级别

- 初级

益处

- 有助于保持胸部肌肉的柔韧性

如果你有下列问题，不建议做此项练习

- 肩部问题

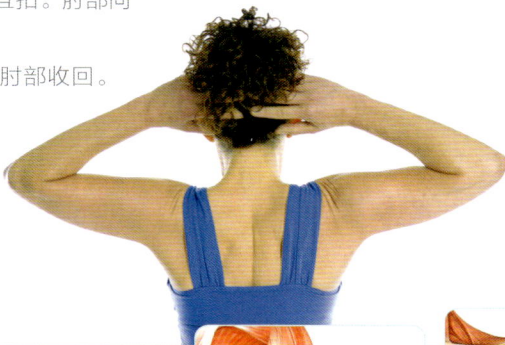

正确做法

- 肘部保持向外伸展的动作
- 双目直视前方

避免

- 耸肩
- 背部或颈部拱起

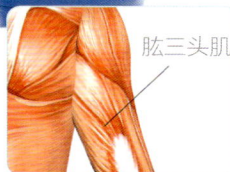

最佳锻炼部位

- 胸大肌
- 胸小肌

肱三头肌

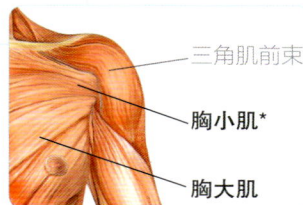

三角肌前束

胸小肌*

胸大肌

关键注释

黑色字体代表目标肌肉
灰色字体代表其他的工作肌肉
*代表深层肌肉

肩部伸展

① 身体直立，右臂横过身体，与胸部齐平。左手向右肘施压。

② 保持15秒，放松，并重复做3次。左臂也同样重复做3次。

锻炼目标

- 肩部

级别

- 初级

益处

- 拉伸肩部，预防肩关节僵硬

如果你有下列问题，不建议做此项练习

- 肩部损伤

正确做法

- 肘部保持伸直状态，同时用手向其施压

避免

- 耸肩

最佳锻炼部位

- 三角肌后束
- 肱三头肌
- 腹外斜肌
- 小圆肌
- 冈下肌

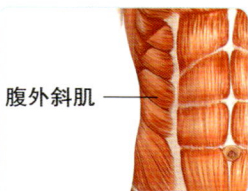

腹外斜肌

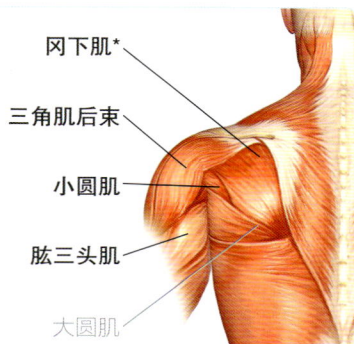

冈下肌*

三角肌后束

小圆肌

肱三头肌

大圆肌

三头肌伸展

正确做法
- 伸展的那条胳膊保持肘部弯曲的姿势

避免
- 握住伸展胳膊肘部的手松开
- 拉住伸展胳膊的力量过大
- 耸肩

1 身体站立，将右臂抬高并在脑后弯曲。

2 保持肩部放松，轻轻地用左手拉住抬高的肘部。

3 继续将肘部向后伸展，直至感觉到胳膊下方有拉伸感为止。保持15秒，每条胳膊重复做3次。

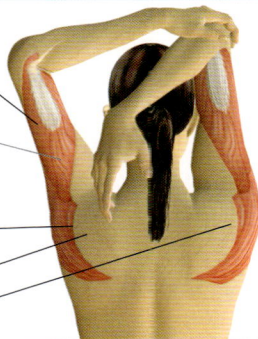

肱三头肌
三角肌
小圆肌
冈下肌
大圆肌

锻炼目标
- 肩关节前部

级别
- 初级

益处
- 有助于保持肩关节的灵活性

如果你有下列问题，不建议做此项练习
- 肩部问题

关键注释
黑色字体代表目标肌肉
灰色字体代表其他的工作肌肉
*代表深层肌肉

立式二头肌伸展

1 身体站立，双手置于身后，十指相扣，双手互抓。

2 双臂抬离身体几英寸远，十指伸展。坚持30秒。

3 放松并重复以上动作，完成3个持续30秒的动作。

正确做法
- 保持肩部下垂姿势
- 躯干保持静止不动

避免
- 双手松开
- 背部拱起
- 耸肩
- 双臂抬升的高度过高，有不适之感

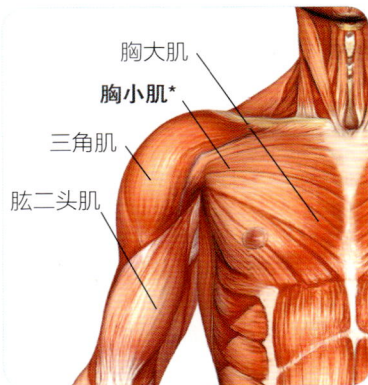

胸大肌
胸小肌*
三角肌
肱二头肌

锻炼目标
- 二头肌

级别
- 初级

益处
- 有助于保持二头肌的灵活性

如果你有下列问题，不建议做此项练习
- 肩部问题

背阔肌伸展

1. 双手在头顶上方互握，掌心朝向天花板。

2. 当双臂与躯干拢成环形时，双手向外伸。

3. 慢慢地组成一个完整的圆圈。身体朝每个方向各重复以上动作3次。

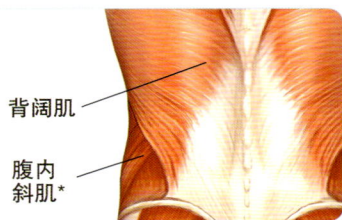

背阔肌

腹内斜肌*

最佳锻炼部位

- 背阔肌
- 腹内斜肌

关键注释

黑色字体代表目标肌肉
灰色字体代表其他的工作肌肉
*代表深层肌肉

锻炼目标

- 背部

级别

- 初级

益处

- 增加肩部和背部的柔韧度

如果你有下列问题，不建议做此项练习

- 背部问题

正确做法

- 双臂和肩部应该尽可能地拉长

避免

- 当达到圆圈的最高点时，身体向后倾斜

脊椎伸展

① 仰躺在地上，左腿伸直，右腿弯曲，并将右脚放在左小腿上。

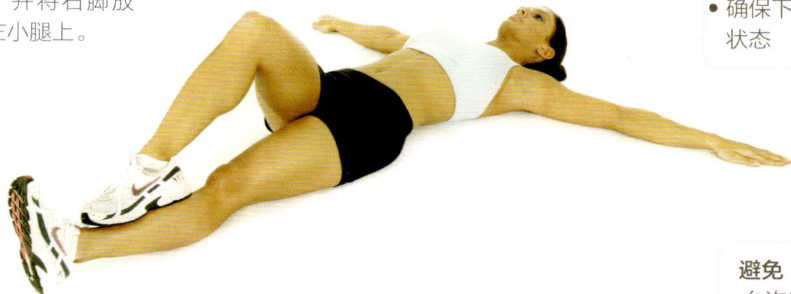

正确做法
- 确保下背部处于放松状态

避免
- 允许肩部从地面抬起

② 两侧肩膀保持与地面接触，右腿慢慢地横过身体，直至下背部和臀部之间的区域有拉伸感。在确保肩部不从地面抬起的情况下，双臂尽可能地向外伸展。

③ 坚持15秒。身体两侧各重复以上动作3次。

竖脊肌*
腰方肌
髂胫束
阔筋膜张肌
股外侧肌

最佳锻炼部位
- 腰方肌
- 竖脊肌

关键注释
黑色字体代表目标肌肉
灰色字体代表其他的工作肌肉
*代表深层肌肉

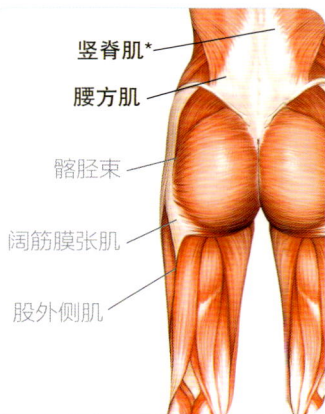

锻炼目标
- 背部

级别
- 初级

益处
- 伸展下背部

如果你有下列问题，不建议做此项练习
- 背部问题

仰卧下背伸展

① 仰卧在地上，双臂和双腿伸直，双臂与身体成一定角度。

② 双腿弯曲，双手紧紧扣住膝盖并使其靠近身体。慢慢地将膝盖朝胸部拉伸，此时下背部应有拉伸感。保持30秒。

③ 放松并重复做30秒。

正确做法
- 双膝和双脚并拢

避免
- 头部抬离地面

锻炼目标
- 臀部
- 下背部

级别
- 初级

益处
- 有助于保持下背部和臀肌的弹性

如果你有下列问题，不建议做此项练习
- 背部剧痛
- 下肢麻木或刺痛

最佳锻炼部位
- 竖脊肌

关键注释
黑色字体代表目标肌肉
灰色字体代表其他的工作肌肉
*代表深层肌肉

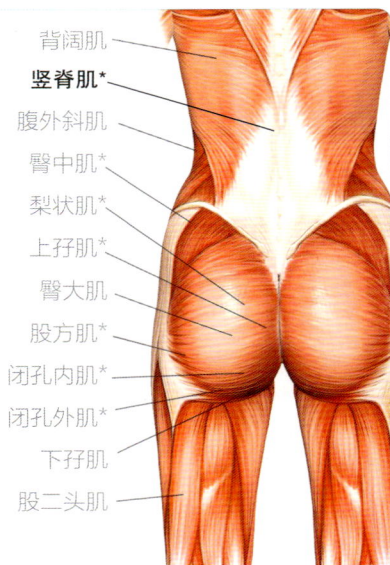

背阔肌
竖脊肌*
腹外斜肌
臀中肌*
梨状肌*
上孖肌*
臀大肌
股方肌*
闭孔内肌*
闭孔外肌*
下孖肌*
股二头肌

跪式瑞士球阔背肌伸展

① 匍匐跪在瑞士球前。一条胳膊伸直，手掌放在球上。另一只手撑地。

正确做法
- 胳膊完全伸直，放在球上
- 整个伸展过程中，面部始终保持向下

避免
- 躯干扭曲
- 背部拱起

② 身体向后倾斜，坐在脚后跟上，直至背部任意一侧的大肌肉深层有拉伸感。坚持30秒。

③ 两臂交换，并重复以上动作。两条胳膊各坚持30秒。

冈上肌*
冈下肌*
三角肌后束
小圆肌
肱三头肌
背阔肌
竖脊肌*

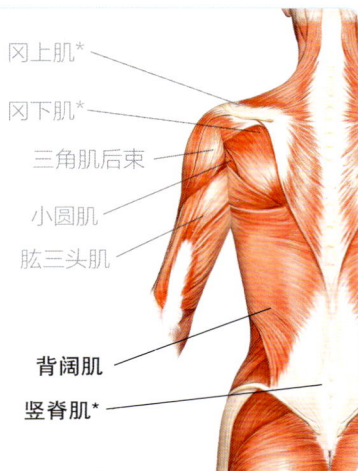

最佳锻炼部位
- 背阔肌
- 竖脊肌

关键注释
黑色字体代表目标肌肉
灰色字体代表其他的工作肌肉
*代表深层肌肉

锻炼目标
- 背部

级别
- 初级

益处
- 有助于保持背部肌肉的弹性

如果你有下列问题，不建议做此项练习
- 下背部问题

交叉伸展练习

① 身体呈站立姿势，双腿交叉，右腿在前，左腿在后。

② 腰部以上部位向前弯曲，同时双膝挺直，双手朝地面方向伸。

③ 保持15秒。每条腿重复以上动作3次。

正确做法

- 双臂和双腿保持相对笔直

避免

- 背部随时弯曲拱起
- 迫使双手与地面接触

锻炼目标

- 膝盖
- 大腿外侧

级别

- 初级

益处

- 伸展髂胫束、小腿、腘绳肌和臀部

如果你有下列问题，不建议做此项练习

- 背部损伤

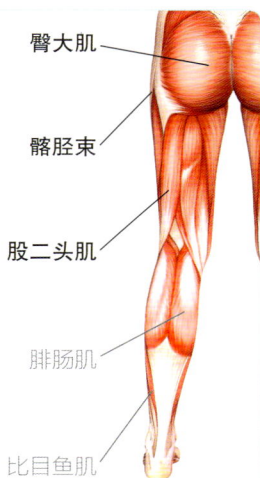

臀大肌

髂胫束

股二头肌

腓肠肌

比目鱼肌

最佳锻炼部位

- 髂胫束
- 股二头肌
- 臀大肌
- 股外侧肌

关键注释

黑色字体代表目标肌肉
灰色字体代表其他的工作肌肉
*代表深层肌肉

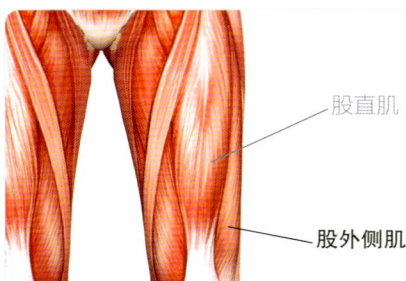

股直肌

股外侧肌

臀腿伸展

① 左膝跪下，右脚放在体前的地面上，右膝的弯曲度小于90度。

② 躯干向前移动，右膝弯曲，这样膝盖可以朝着脚趾方向移动。保持躯干处于中间位置，右侧髋关节向前向后按压，拉伸大腿前侧。双臂朝天花板伸直，肩部保持放松状态。

正确做法
- 确保肩部和颈部始终保持放松状态
- 进行伸展动作时，整个身体作为一个整体进行移动

避免
- 膝盖伸展的幅度过大，远远超过固定脚的位置
- 髋关节发生旋转
- 后置腿的膝盖向外侧转动

③ 双臂放下，同时髋部向后移动。右腿伸直，并使躯干向前移动。双手置于伸直腿的两侧，用来支撑身体。

④ 坚持10秒，每条腿重复向前向后的动作各5次。

变化练习

难度增大： 在向后运动的过程中，将后膝从地面抬起并使后腿伸直。双手扶住地面。

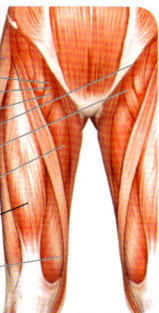

阔筋膜张肌
耻骨肌*
腰小肌*
髂腰肌*
腰大肌*
髂肌*
长收肌
股直肌
股薄肌*

最佳锻炼部位
- 股直肌

关键注释
黑色字体代表目标肌肉
灰色字体代表其他的工作肌肉
*代表深层肌肉

锻炼目标
- 髋部
- 大腿

级别
- 初级

益处
- 伸展大腿前侧和背部

如果你有下列问题，不建议做此项练习
- 背部问题

立式腘绳肌伸展

① 身体站立，一条腿弯曲，另一条腿在体前伸直，脚后跟与地面接触。

② 弯下身子，双腿绷直，双手扶膝。将身体绝大部分的重量转移到前脚的脚后跟上，同时大腿背部有拉伸感。坚持30秒。

正确做法
- 保持前腿伸直
- 伸展时前腿的足部弯曲

避免
- 背部向前拱起
- 耸肩

锻炼目标
- 腘绳肌

级别
- 初级

益处
- 有助于保持腘绳肌的弹性

如果你有下列问题，不建议做此项练习
- 下背部问题
- 膝盖问题

③ 身体两侧交换，并重复以上动作。每条腿完成3组，每组坚持30秒。

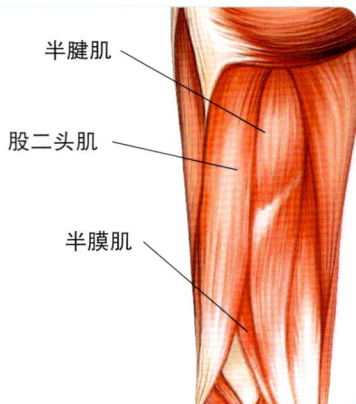

半腱肌

股二头肌

半膜肌

最佳锻炼部位
- 股二头肌
- 半腱肌
- 半膜肌

关键注释
黑色字体代表目标肌肉
灰色字体代表其他的工作肌肉
*代表深层肌肉

卧姿腘绳肌伸展

① 仰卧，同时膝盖弯曲，双脚平放在地面上。

② 自膝盖后侧抓住右腿，将膝盖朝胸部拉伸。

正确做法
- 确保颈部和肩部保持放松状态
- 运动过程中保持膝盖拉伸到胸部的姿势
- 记得弯曲脚趾

避免
- 耸肩，抬头
- 起支撑作用的腿偏离中间位置

③ 保持膝盖拉伸到胸部的姿势，脚趾弯曲并收缩股四头肌，这样你就可以开始将腿部拉直了。

④ 腿部放松恢复伸展姿势，并将其朝胸部拉伸。每条腿重复做10次。

最佳锻炼部位
- 半腱肌
- 半膜肌
- 股二头肌
- 臀大肌

臀大肌

股外侧肌

半腱肌

股二头肌

半膜肌

锻炼目标
- 腘绳肌
- 臀部

级别
- 初级

益处
- 伸展腘绳肌和臀部肌肉

如果你有下列问题，不建议做此项练习
- 髋关节损伤
- 膝盖损伤

关键注释
黑色字体代表目标肌肉
灰色字体代表其他的工作肌肉
*代表深层肌肉

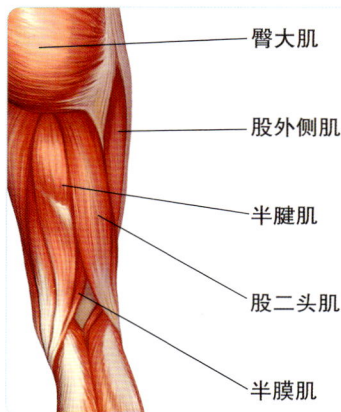

梨状肌伸展

① 仰躺在地面上，双腿伸直且双臂置于身体两侧。膝盖弯曲。

正确做法
- 放松髋关节，从而使身体能做更深的拉伸
- 慢慢地完成伸展动作

锻炼目标
- 下背部
- 臀部

级别
- 初级

益处
- 消除髋关节、梨状肌和下背部的僵硬

如果你有下列问题，不建议做此项练习
- 下背部问题
- 膝盖问题

② 双臂和躯干的位置保持固定不动，双脚从地面抬起。右脚脚踝越过左膝，置于大腿上。双手抓住左大腿。

避免
- 强行将左大腿朝胸部拉伸或者动作过于剧烈
- 颈部从地面抬起

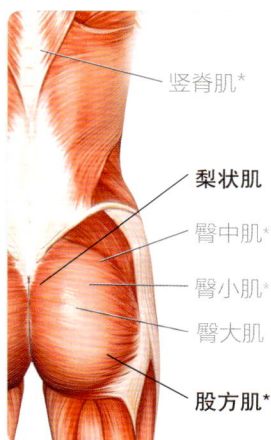

竖脊肌*

梨状肌

臀中肌*

臀小肌*

臀大肌

股方肌*

最佳锻炼部位

● 梨状肌
● 股方肌

关键注释

黑色字体代表目标肌肉
灰色字体代表其他的工作肌肉
*代表深层肌肉

臀大肌

臀小肌*

臀中肌*

梨状肌

股方肌*

❸ 呼气，将左大腿轻轻地朝胸部拉，直至有拉伸感为止。

❹ 坚持15秒。放松，然后用身体另一侧重复以上动作。

231

小腿伸展

1 双脚平行站立，与肩同宽。左腿向前伸展。

2 当髋关节微微前倾时，右膝弯曲。左脚屈曲的同时，左腿保持笔直。

3 坚持15秒。放松，然后用身体另一侧重复以上动作。每条腿完成3次。

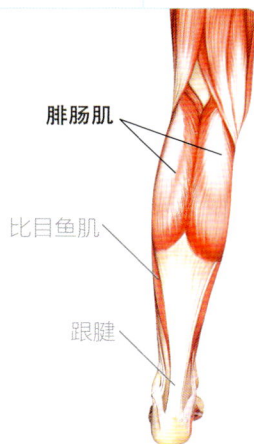

腓肠肌

比目鱼肌

跟腱

胫骨放松

❶ 跪坐在地上，臀部轻轻放在脚后跟上。

正确做法
- 确保臀部肌肉收缩，并避免腰椎弯曲
- 脚后跟和臀部之间保持一定间隙

避免
- 背部拱起

❷ 双手平放于身后的地面上，手指朝前。肘部保持略微弯曲的姿势。

❸ 身体微微后倾，增大伸展动作的力度。

最佳锻炼部位
- 腓肠肌
- 比目鱼肌
- 股直肌
- 股外侧肌
- 股中间肌
- 股内侧肌
- 胫骨前肌

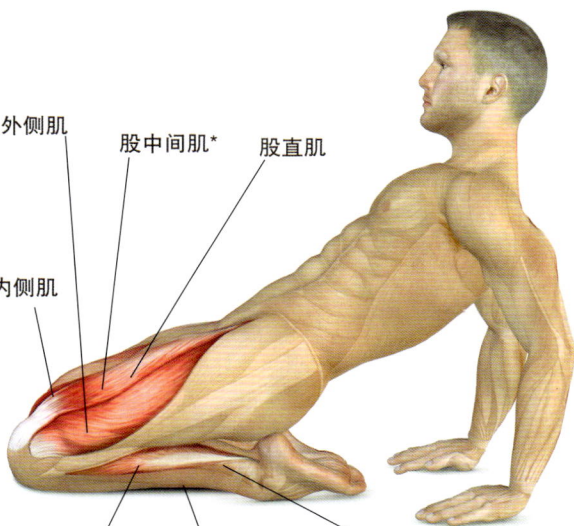

股外侧肌　股中间肌*　股直肌

股内侧肌

腓肠肌　胫骨前肌　比目鱼肌

关键注释

黑色字体代表目标肌肉
灰色字体代表其他的工作肌肉
*代表深层肌肉

锻炼目标
- 胫部
- 四头肌

级别
- 初级

益处
- 伸展胫部和四头肌

如果你有下列问题，不建议做此项练习
- 下背部疼痛

立式股四头肌伸展

① 双脚并拢站立。右腿在身后弯曲，右手抓住足部。将脚后跟朝臀部拉伸直至大腿前侧有拉伸感。双膝并拢、对齐。

② 坚持15秒。每条腿重复以上动作3次。

正确做法
- 两个膝盖相互挤压并拢
- 与弯曲腿相反侧的手臂倚着墙壁或其他稳定的物体，帮助你保持身体平衡

避免
- 胸部前倾
- 足部尽力贴近臀部，使身体产生不适感——这样会对髋关节造成挤压

锻炼目标
- 大腿

级别
- 初级

益处
- 有助于保持大腿肌肉的灵活

如果你有下列问题，不建议做此项练习
- 膝盖问题

变化练习

难度降低： 将弹力带或小毛巾缠在脚踝上，双手抓住两端，帮助你将脚抬起来。

最佳锻炼部位
- 股直肌
- 股外侧肌
- 股内侧肌
- 股中间肌

关键注释
黑色字体代表目标肌肉
灰色字体代表其他的工作肌肉
*代表深层肌肉

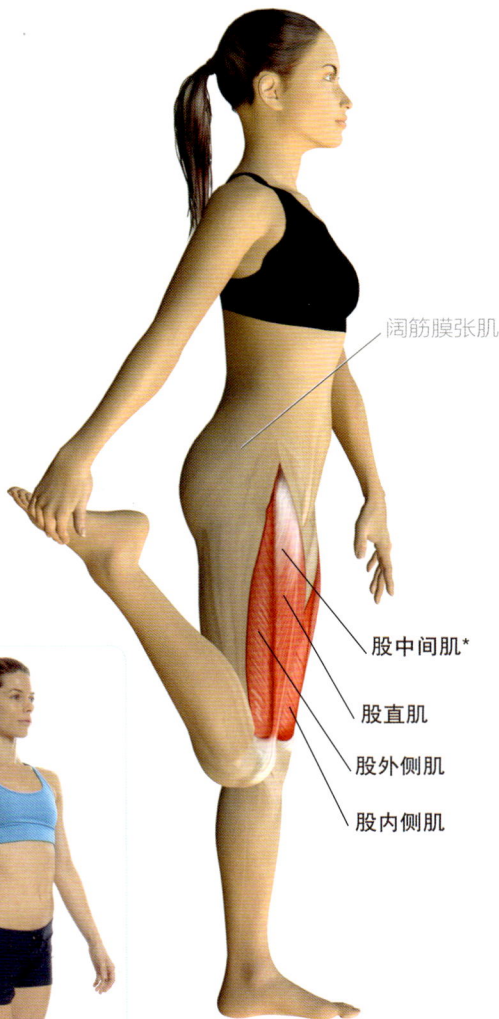

阔筋膜张肌

股中间肌*

股直肌

股外侧肌

股内侧肌

蝴蝶式

坐式蝴蝶

1. 坐在地板或垫子上，背部挺直，双脚脚掌相互挤压。
2. 前臂或肘部放在大腿内侧，双手抓住足部或脚趾。
3. 将脚后跟朝躯干方向拉伸。

折叠式蝴蝶

1. 将坐式蝴蝶的姿势作为开始姿势，将前臂和肘部放置在大腿内侧，双手抓住足部或脚趾。脚后跟与核心肌群保持一个相对舒适的距离。
2. 上半身向前弯曲，直至腹股沟以及大腿内侧的上部有拉伸感。
3. 身体慢慢地卷起，如果愿意的话可以重复进行。

正确做法
- 胸部位置下移时呼气

避免
- 无精打采地坐着
- 屏住呼吸
- 身体向后摇摆，髋骨离开地面；相反，应该感受到它们牢牢地固定在地上

最佳锻炼部位
- 长收肌
- 短收肌
- 股薄肌
- 耻骨肌

关键注释
黑色字体代表目标肌肉
灰色字体代表其他的工作肌肉
*代表深层肌肉

股薄肌*

长收肌

耻骨肌*

短收肌

锻炼目标
- 髋部和大腿
- 下背部
- 躯干以及核心肌群

级别
- 初级

益处
- 伸展髋部和下背部
- 预防和抵消由于长时间骑自行车所造成的酸痛

如果你有下列问题，不建议做此项练习
- 髋部问题
- 下背部问题（折叠姿势）

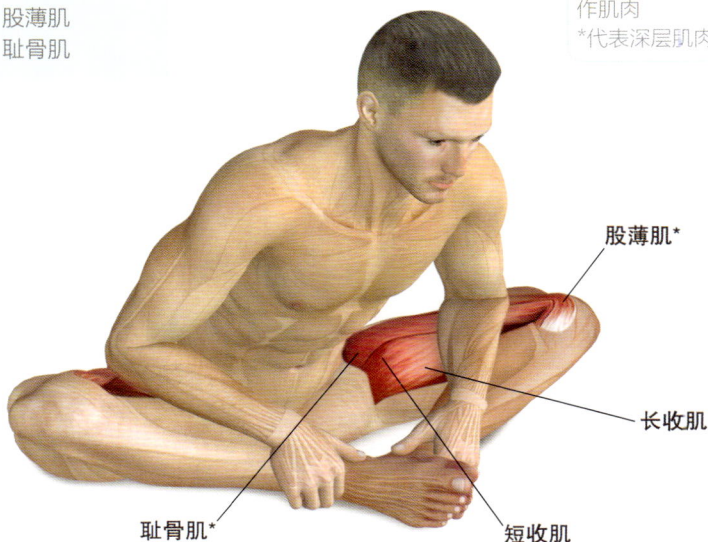

脚尖触碰

① 身体站直，呼气。

② 低头，贴近胸部，脊柱每次只下压一块椎骨，手指朝脚趾方向伸。身体重心保持微微前倾，继续呼气，脊柱弯曲。

③ 当身体完全折叠，吸气并开始拉伸脊柱，从臀部到肩部之间的脊柱逐渐直起。肩部向后卷，身体重新直立。重复做3次。

正确做法

- 一次只直起一块脊椎骨
- 背部与腘绳肌同时伸展
- 确保伸展动作悠长平缓

避免

- 颈部肌肉拉紧
- 当双手试图触碰脚趾时，从地面蹦起——向下伸展时务必确保身体舒适

锻炼目标

- 脊柱

级别

- 初级

益处

- 伸展脊柱和腘绳肌
- 提升脊椎形成技能

如果你有下列问题，不建议做此项练习

- 下背部疼痛向腿部蔓延

斜方肌

菱形肌*

背阔肌

腰方肌*

臀大肌

股二头肌

最佳锻炼部位

- 背阔肌
- 菱形肌
- 股二头肌
- 腰方肌
- 臀大肌

关键注释

黑色字体代表目标肌肉
灰色字体代表其他的工作肌肉
*代表深层肌肉

小孩伸展姿势

① 双膝跪在垫子上，髋关节与膝关节对齐。双腿并拢，大脚趾与地面相触。

② 放松，臀部坐在脚后跟上。双膝分开，约与髋部同宽。

③ 双手在头部前方伸展，同时胸部向下移动，抵住大腿。当尾椎骨朝垫子方向伸展时，颈部和脊柱拉长。

④ 前额置于垫子上，保持这一姿势30秒至3分钟不等。

正确做法
• 背部隆起成拱顶状

避免
• 勿忙摆出姿势。可能需要花上几分钟时间使身体完全伸展
• 脖颈压紧

最佳锻炼部位
• 背阔肌
• 斜方肌

背阔肌　斜方肌　菱形肌*
前锯肌　三角肌前束*
臀大肌　肱肌*
股外侧肌　肱二头肌
肱三头肌　桡侧腕伸肌
　　　屈指肌*

关键注释
黑色字体代表目标肌肉
灰色字体代表其他的工作肌肉
*代表深层肌肉

锻炼目标
• 下背部

级别
• 初级

益处
• 伸展并放松背部

如果你有下列问题，不建议做此项练习
• 膝盖损伤

单侧坐式向前弯曲

① 坐在地上，背部尽可能地挺直，双腿在体前伸展且保持平行。

② 右腿弯曲直至脚尖外翻，右脚脚掌抵住左大腿内侧膝盖骨以上部位。双手放在膝盖上。

③ 腰部以上部位弯曲，探身向前，伸至左大腿上方。前臂放置在左膝盖骨上方。

④ 双腿交换，用身体另一侧重复以上动作。

变化练习

难度增大： 按照步骤1到步骤3，然后呼气且当躯干折叠至左腿上方时，胸骨前倾。右手抓住左脚内侧。用左手指引躯干向左伸展。

正确做法

- 低头以锻炼菱形肌，并且使整体拉伸的幅度更大

避免

- 弯曲腿的足部在直腿的下方移动
- 背部伸直——如果背部紧张，那就尝试借助身后的支撑物（如沙发）完成动作。确保下背部尽可能地贴近支撑物

锻炼目标

- 腘绳肌

级别

- 初级

益处

- 伸展并弯曲腘绳肌、腹股沟和脊柱

如果你有下列问题，不建议做此项练习

- 膝盖损伤
- 下背部损伤

最佳锻炼部位

- 股二头肌
- 半腱肌
- 半膜肌
- 多裂肌
- 竖脊肌
- 腓肠肌
- 比目鱼肌
- 菱形肌

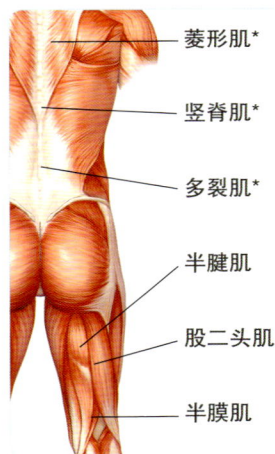

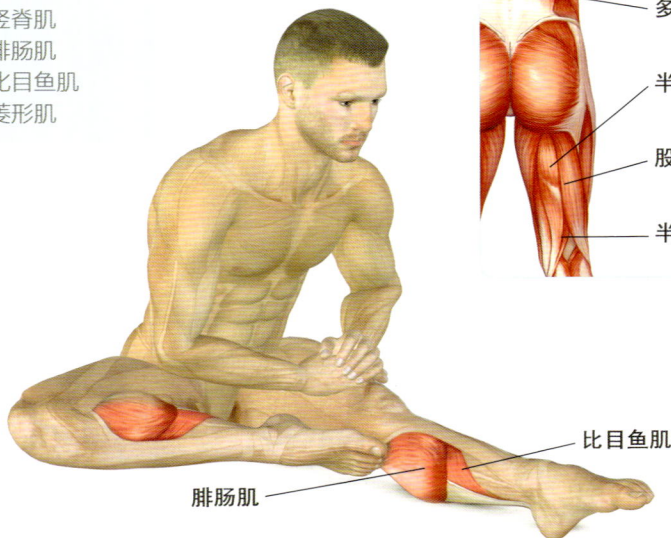

菱形肌*
竖脊肌*
多裂肌*
半腱肌
股二头肌
半膜肌

比目鱼肌
腓肠肌

关键注释

黑色字体代表目标肌肉
灰色字体代表其他的工作肌肉
*代表深层肌肉

双侧坐式向前弯曲

① 坐在地上，背部尽可能地挺直，双腿在体前伸展且保持平行。此时双脚应放松且略微弯曲。

变化练习

难度增大： 为了增大腘绳肌的拉伸度，将弹力带缠在双脚脚掌上，双手将弹力带朝身体方向拉伸。

正确做法

- 髋部以上部位弯曲，进行伸展动作时应保持脊柱挺直
- 使躯干尽可能地朝双腿方向伸展

避免

- 屏住呼吸
- 无论在进行任何伸展动作时，下巴都要收紧或咬紧牙关：口腔放松有助于呼吸更加平稳

② 身体前倾，腹肌下压至大腿上方。身体做伸展动作时，前臂置于膝盖骨上。

③ 身体慢慢卷起，如果愿意的话可以重复以上动作。

最佳锻炼部位

- 股二头肌
- 半腱肌
- 半膜肌
- 多裂肌
- 竖脊肌
- 腓肠肌
- 比目鱼肌
- 菱形肌

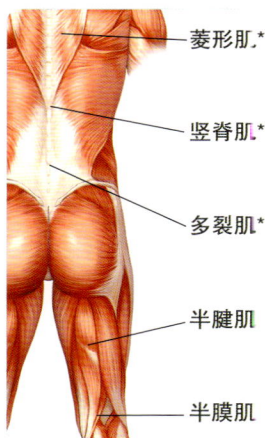

菱形肌.*

竖脊肌.*

多裂肌*

半腱肌

半膜肌

比目鱼肌

股二头肌

腓肠肌

关键注释

黑色字体代表目标肌肉
灰色字体代表其他的工作肌肉
*代表深层肌肉

锻炼目标

- 腘绳肌

级别

- 初级

益处

- 伸展并弯曲腘绳肌、腹股沟和脊柱

如果你有下列问题，不建议做此项练习

- 膝盖损伤
- 下背部损伤

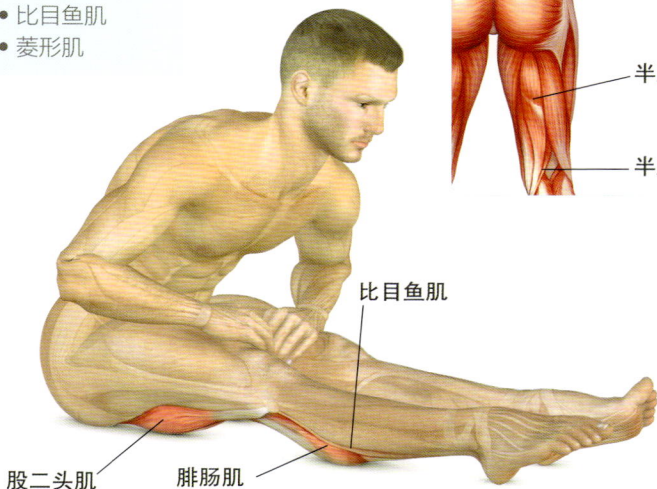

坐式髋骨和脊柱伸展

① 坐在地上，背部尽可能地挺直，双腿在身前伸展且互相平行。此时双脚应放松且略微弯曲。

② 左腿在身前伸直，同时右膝弯曲。弯曲的膝盖在直腿上方交叉，保持足部平放于地面上。

③ 左臂环绕弯屈的膝盖，这样你就可以向腿部施加压力，使躯干旋转。

正确做法
- 保持颈部和肩部放松
- 手朝腿部均匀施加压力
- 当膝盖和躯干贴近时，保持躯干挺直

避免
- 躯干转向
- 弯曲腿的足部抬离地面
- 身体旋转时颈部拉紧

锻炼目标
- 背部
- 髋部
- 臀部

级别
- 初级

益处
- 伸展髋关节、臀部和脊柱

如果你有下列问题，不建议做此项练习
- 背部问题
- 髋关节问题

④ 髋关节对齐，胸部朝膝盖拉伸时，脊柱上部旋转。

⑤ 坚持30秒。慢慢放松，身体两侧各重复做3次。

最佳锻炼部位

- 长收肌
- 髂腰肌
- 菱形肌
- 胸锁乳突肌
- 背阔肌
- 腹内斜肌
- 腹外斜肌
- 腰方肌
- 竖脊肌
- 多裂肌
- 髂胫束
- 臀大肌
- 臀中肌
- 梨状肌

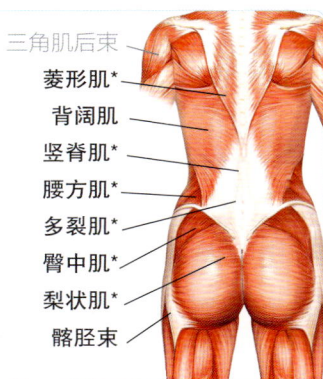

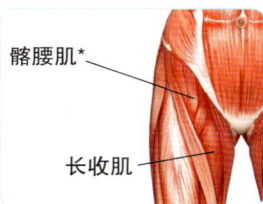

三角肌后束
菱形肌*
背阔肌
竖脊肌*
腰方肌*
多裂肌*
臀中肌*
梨状肌*
髂胫束

髂腰肌*
长收肌

关键注释
黑色字体代表目标肌肉
灰色字体代表其他的工作肌肉
*代表深层肌肉

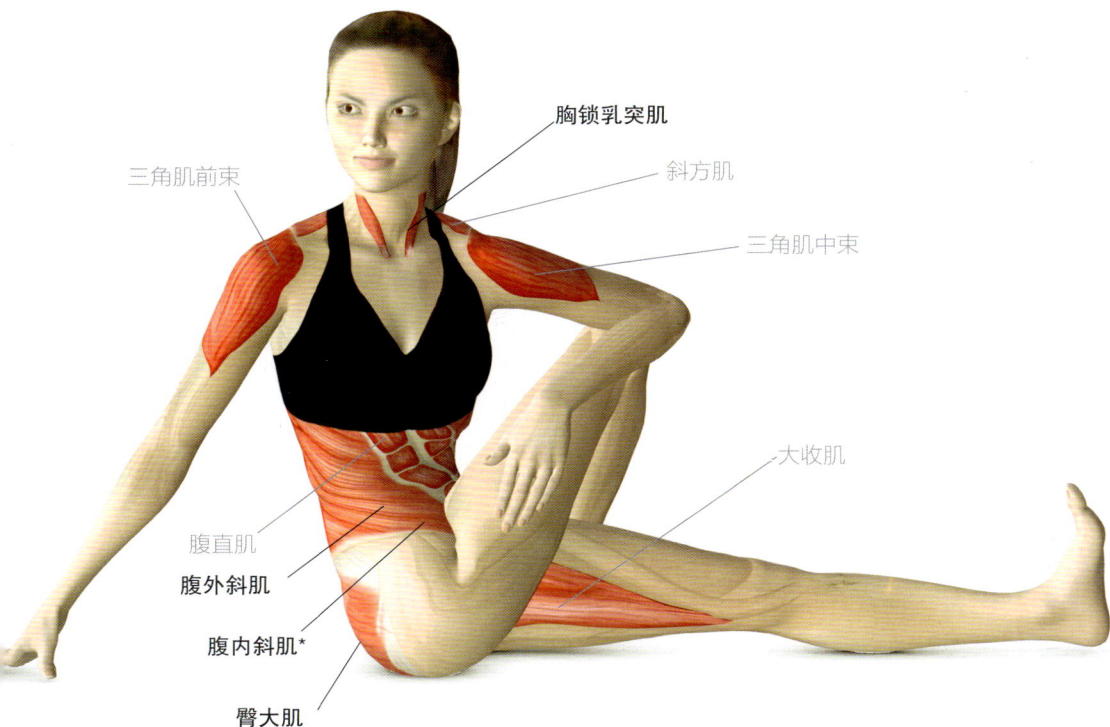

胸锁乳突肌
斜方肌
三角肌中束
三角肌前束
大收肌
腹直肌
腹外斜肌
腹内斜肌*
臀大肌

241

肘腿伸展（脊柱旋转）

① 仰躺在地面上，双腿伸直且相互平行，双臂朝外伸展，手心朝上。

正确做法
- 保持肘部和腕部始终处于肩部下方，保护肩袖免遭扭伤
- 在双腿相互交叉之前，确保身体从头到脚都成一条直线

避免
- 耸肩；在整个伸展过程中，试图确保肩胛骨始终与地面接触

② 右腿弯曲，同时将脚掌放在地上。

锻炼目标
- 腰椎
- 臀部
- 胸部

级别
- 中级

益处
- 伸展下背部

如果你有下列问题，不建议做此项练习
- 下背部剧痛

③ 小心地将臀部抬离地面，躯干朝左侧倾斜2到3英寸，右腿与身体左侧交叉，膝盖弯曲成直角。

④ 保持一段时间，恢复开始姿势并用身体另一侧重复以上动作。

变化练习

难度增大： 右手手掌放在左腿股四头肌上，手掌向下微微施加压力，同时左右腿交叉，左腿在上，右腿在下，反之亦然。

最佳锻炼部位

- 下孖肌
- 上孖肌
- 臀中肌
- 臀小肌
- 梨状肌
- 闭孔外肌
- 闭孔内肌
- 胸大肌
- 胸小肌
- 股方肌
- 臀大肌

关键注释

黑色字体代表目标肌肉
灰色字体代表其他的工作肌肉
*代表深层肌肉

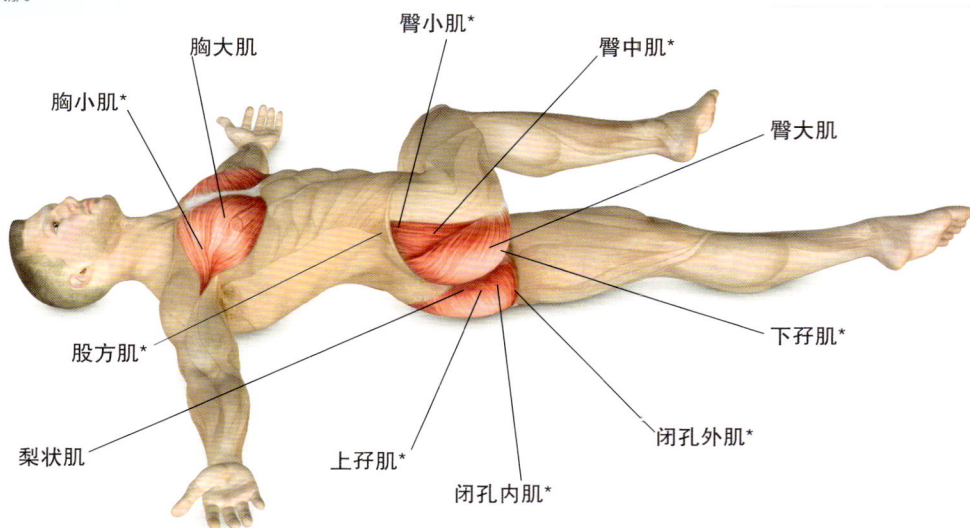

胸小肌*
胸大肌
臀小肌*
臀中肌*
臀大肌
股方肌*
梨状肌
上孖肌*
闭孔内肌*
闭孔外肌*
下孖肌*

膝靠胸屈曲

① 仰卧在垫子上，双腿并拢，双臂外伸。

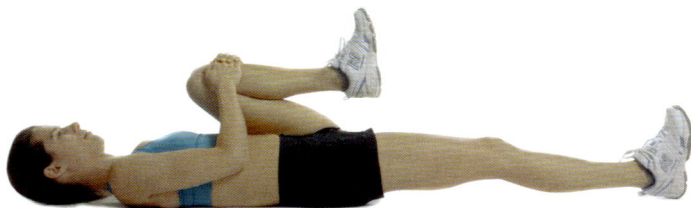

② 左膝弯曲，将足部放置在人体中线上，同时双手互扣，扶住膝盖。这一伸展动作保持15秒。

③ 恢复开始姿势。

避免
• 臀部从地面抬起

④ 双手再次互扣，扶住膝盖，左膝弯曲，但是这一次左腿向右旋转，腿侧抵住胸部。

⑤ 保持伸展动作15秒，然后恢复开始姿势。右腿弯曲，重复以上动作。

关键注释
黑色字体代表目标肌肉
灰色字体代表其他的工作肌肉
*代表深层肌肉

锻炼目标
• 下背部
• 臀部

级别
• 初级

益处
• 伸展下背部、髋部伸肌和髋部回旋肌

如果你有下列问题，不建议做此项练
• 关节严重退化

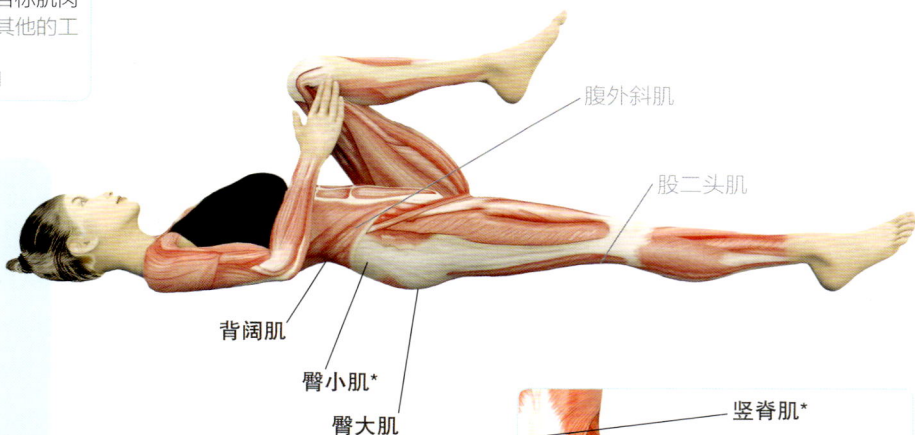

腹外斜肌

股二头肌

背阔肌

臀小肌*

臀大肌

最佳锻炼部位

• 竖脊肌	• 上孖肌
• 背阔肌	• 下孖肌
• 臀大肌	• 闭孔外肌
• 臀小肌	• 闭孔内肌
• 梨状肌	• 股方肌

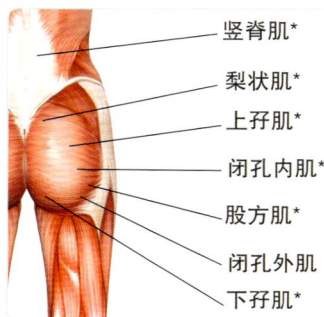

竖脊肌*

梨状肌*

上孖肌*

闭孔内肌*

股方肌*

闭孔外肌

下孖肌*

站姿金字塔

① 双脚平行站立且双腿大张。双膝微微弯曲，骨盆略微前倾，胸部抬起，肩部朝下方和后方下压。

正确做法
- 腿部肌肉收缩
- 运动过程中双脚始终牢牢地固定在地上
- 胸部挺起

② 呼气，同时臀部以上部位前倾，保持背部平直。躯干屈曲的同时胸骨前移，双目直视前方。肘关节伸直，指尖或手掌置于地面上。

③ 再次呼气，双手移动至双脚之间，躯干下移，身体完全前屈。通过将头部朝地面牵引将脊柱拉长。如果可以的话，弯曲肘部并使前额与地面紧贴。

④ 坚持30秒到一分钟。恢复开始姿势，肘部伸直，在保持背部平直的同时放正身体。

避免
- 腰部以上部位前屈
- 脖颈收紧，同时双目直视前方
- 肩部拉紧

关键注释
黑色字体代表目标肌肉
灰色字体代表其他的工作肌肉
*代表深层肌肉

最佳锻炼部位
- 臀大肌
- 臀中肌
- 腹直肌
- 腹横肌
- 竖脊肌
- 腓肠肌
- 比目鱼肌

锻炼目标
- 腘绳肌
- 下背部
- 臀部
- 小腿

级别
- 高级

益处
- 伸展和加强腘绳肌、腹股沟和脊柱

如果你有下列问题，不建议做此项练
- 下背部问题

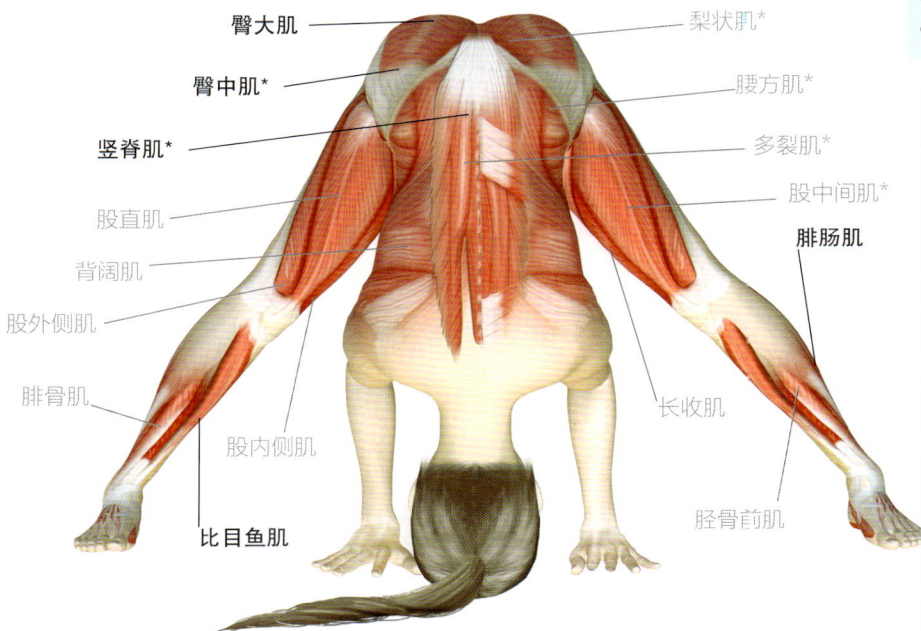

臀大肌
臀中肌*
竖脊肌*
股直肌
背阔肌
股外侧肌
腓骨肌
股内侧肌
比目鱼肌

梨状肌*
腰方肌*
多裂肌*
股中间肌*
腓肠肌
长收肌
胫骨前肌

孕期伸展练习

怀孕期间，应该开始或者继续进行伸展练习吗？答案非常肯定。

为了为分娩做准备，女性的身体会经历一系列变化，包括身体重心的改变，姿势的重新调整以及某些关节、韧带和肌肉的放松。其中的许多变化都会导致痛苦和不适，以及不能移动或与自己的身体产生隔阂等普遍感受。定期的伸展练习能够帮助你与身体保持联系，在保持身体柔软的同时还有助于缓解不适。

产生的疼痛或僵硬。例如，怀抱着新生儿给婴儿哺乳会使你的上半身和肩部感觉僵硬，而定期的伸展运动则能够缓解这种不适。在给你足够的时间关注自身需要的同时，分娩后的伸展运动也能够调整肌肉，帮助你避免损伤，缓解压力并重塑体形。

变化中的身体

身体重心的改变是身体最显著的变化之一。为了对身体进行补偿，胸部、下背部以及臀部的肌肉会收紧。而主要用于改善姿势和平衡力的伸展运动是对抗这种紧绷感的最佳选择。在怀孕期间，女性体内的松弛激素水平会提高。这种被认为会令骨盆中的耻骨联合松弛，有助于生产的激素在孕妇生产过后的三个月时间内会继续产生。它会使韧带以及肌肉放松，从而造成孕妇和新妈妈过度伸展。松弛激素在流产后也依然会保持较高的水平。这就意味着不管是在分娩前还是在分娩后，所有的伸展练习都必须要小心进行。

孕期的伸展练习

对于绝大多数经历正常分娩的健康女性来说，伸展运动的好处包括：

- 帮助放松身体，从而为分娩做好准备；
- 使你能够训练呼吸；
- 有助于舒缓压力。

孕期过后

孩子出生后，你的身体会再次经历变化。坚持定期的伸展练习能够帮助你调节身体，适应变化。伸展运动同样也有助于缓解由于照顾婴儿而

"婴儿反弹"

只需要遵循几条简单的膳食指南，你就可以恢复怀孕前的身材——甚至更好。

- 食用营养丰富的饮食。对于孕妇来说，吃得健康并不那么容易，因此一定要提前计划，准备好营养丰富的零食。
- 食用高蛋白食物。高蛋白食物能够帮助你锻炼出必要的肌肉，增加运动的强度和力量。反过来，它也会促进你的新陈代谢，从而有助于减肥。
- 食用富含纤维的食物。富含纤维的食物能够很快地使你产生饱腹感。并且纤维也能够帮助脂肪快速通过消化系统。

一旦医生对你解除警告，你就可以开始制定充分的锻炼计划了，包括伸展运动以及塑身和心血管运动。尽管你可以做本书中所列举的练习，但是同时你也应该关注一些高强度运动，例如骑自行车、跳绳、游泳和跑步等。

分娩前后安全地进行伸展练习

在开始实施任何类型的锻炼计划之前都要咨询你的医生。尽管你能够从伸展运动中获益匪浅，但是也应该小心为之。

- 在伸展运动过程中，不要"弹跳"；这可能会带来严重的损伤。伸展动作要轻柔，且幅度要小；绝对不要超过使身体有任何不适之感的范畴。
- 在妊娠晚期，在进行任何需要仰卧在地面上的伸展动作之前要先咨询你的医生。它可能会造成呼吸急促，头晕眼花。
- 在生产后三个月内要避免做双腿大张的动作。如果可能的话，尽可能保持双膝并拢的姿势。这样做可以避免柔化的韧带过度拉伸，并且能够使你的身体从分娩的艰辛中恢复过来。

规律的，轻柔的拉抻练习对于怀孕期间或生产后的女性都是有益的。

247

躯干转动

① 坐在地上，双腿在体前伸展，且脚尖外翻，比肩略宽。

正确做法
- 当身体向右侧伸展时，双手置于身体右后下方，反之亦然
- 起支撑作用的肘部保持微微弯曲
- 双脚平放于地面，双腿相互平行，胸部挺起

避免
- 耸肩——颈部应保持拉长状态

② 双手放在身后的地面上，身体微微后倾。

③ 左臂慢慢向上抬高，恰位于头部前方，同时肘部略微弯曲，掌心向内。

④ 转动头部，当左臂朝右侧转动时，目光随之右移，此时肋骨和背部有轻微拉伸感。

⑤ 恢复开始姿势，用身体另一侧重复以上动作。

关键注释

黑色字体代表目标肌肉
灰色字体代表其他的工作肌肉
*代表深层肌肉

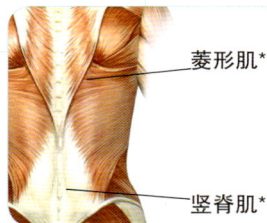

菱形肌*

竖脊肌*

最佳锻炼部位
- 菱形肌
- 背阔肌
- 腹外斜肌
- 腹内斜肌
- 竖脊肌

锻炼目标
- 中背部
- 下背部
- 腹斜肌

级别
- 初级

益处
- 伸展下背部和腹斜肌

如果你有下列问题，不建议做此项练
- 背部问题

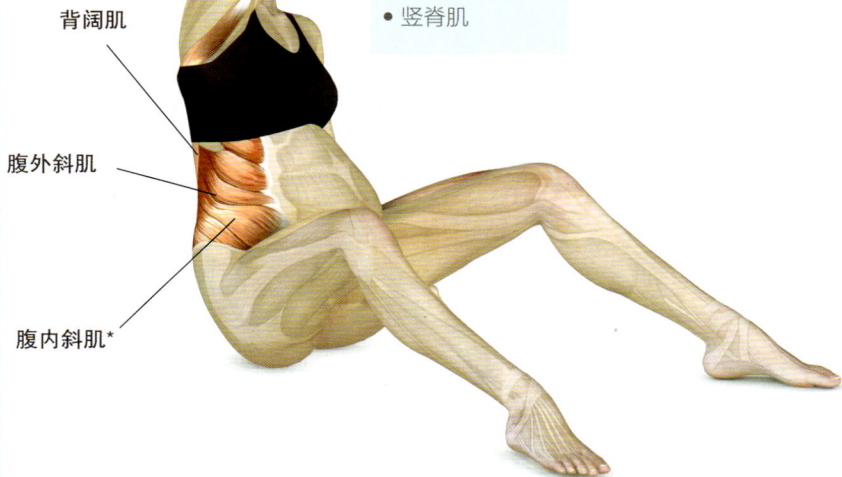

背阔肌

腹外斜肌

腹内斜肌*

手放膝盖伸展

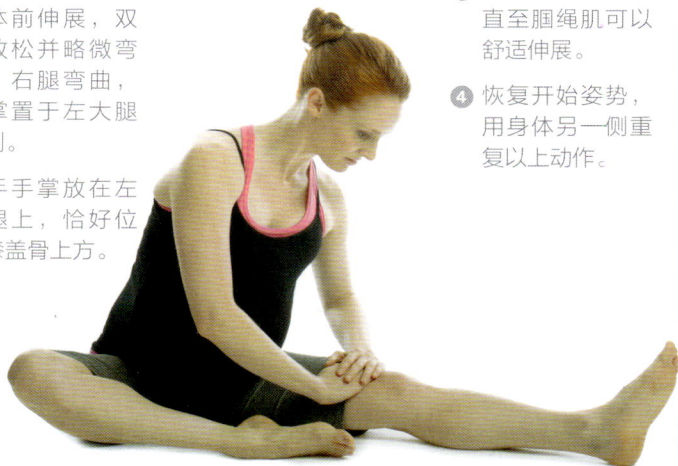

① 坐在地上，双腿在体前伸展，双脚放松并略微弯曲。右腿弯曲，脚掌置于左大腿内侧。

② 双手手掌放在左大腿上，恰好位于膝盖骨上方。

③ 左腿缓缓屈起，直至腘绳肌可以舒适伸展。

④ 恢复开始姿势，用身体另一侧重复以上动作。

正确做法
- 保持胸部挺起
- 旨在减少伸直腿的膝盖骨与地面之间的空隙
- 肩部保持微微下压和后压姿势，远离双耳。如果有必要的话，可以将一只手放在下背部，防止扭伤

避免
- 弯曲的膝盖抬高，保持紧张

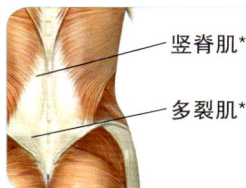

竖脊肌*

多裂肌*

最佳锻炼部位
- 股二头肌
- 半腱肌
- 半膜肌
- 竖脊肌
- 多裂肌
- 腓肠肌
- 比目鱼肌

关键注释
黑色字体代表目标肌肉
灰色字体代表其他的工作肌肉
*代表深层肌肉

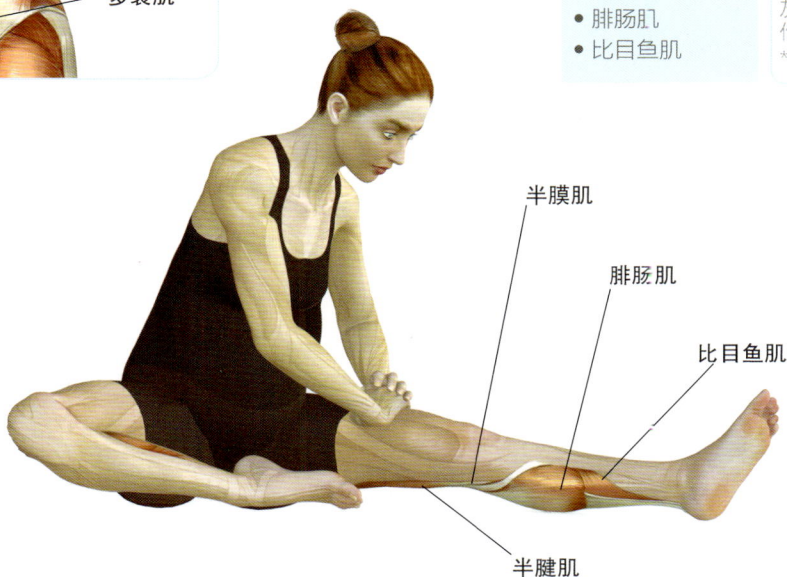

半膜肌

腓肠肌

比目鱼肌

半腱肌

锻炼目标
- 下背部
- 腘绳肌
- 小腿

级别
- 初级

益处
- 伸展下背部和双腿

如果你有下列问题，不建议做此项练
- 髋关节问题
- 下背部问题

坐式骨盆倾斜

① 仰卧在地上，膝盖弯曲。双脚平放于地面上，双腿平行。

正确做法
- 胸部保持略微抬高的姿势
- 放松下巴
- 整个练习过程中保持正常呼吸

② 双手舒适地放在肚子上。

③ 小心地使下背部微微拱起。

④ 骨盆向前旋转，这样可以使下背部平贴地面。

⑤ 恢复开始姿势，如果愿意的话可以重复以上动作。

避免
- 在妊娠晚期，应避免做这类伸展练习。早期妊娠和中期妊娠期间可以继续做，但是需要十分小心，一旦感觉到任何不适，立刻停止。

锻炼目标
- 下背部
级别

- 初级
益处

- 伸展并放松下背部
如果你有下列问题，不建议做此项练

- 背部问题

最佳锻炼部位
- 竖脊肌
- 多裂肌

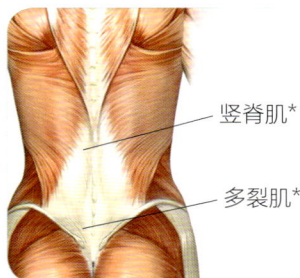

竖脊肌*

多裂肌*

关键注释
黑色字体代表目标肌肉
灰色字体代表其他的工作肌肉
*代表深层肌肉

单侧早安伸展

① 身体站立，双腿双脚保持平行且与肩同宽。膝盖微微弯曲。骨盆略微收缩，胸膛挺起，同时肩部轻微下压。

② 右手放在大腿位置。左臂向天花板方向抬高，掌心向内。

③ 身体小心地向右倾斜。

④ 恢复开始姿势，用身体另一侧重复以上动作。

正确做法
- 通过抬高下巴，使头部和脊柱在一条直线上

避免
- 下肢移动
- 屏住呼吸
- 强迫自己做出超出身体极限的动作；身体应向高处伸展且动作轻柔

关键注释
黑色字体代表目标肌肉
灰色字体代表其他的工作肌肉
*代表深层肌肉

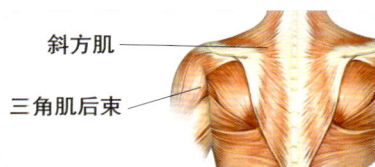

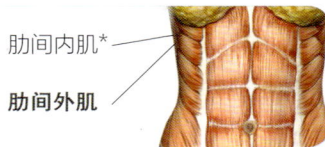

斜方肌
三角肌后束

肋间内肌*
肋间外肌

最佳锻炼部位
- 斜方肌
- 肋间外肌
- 肋间内肌
- 三角肌后束

锻炼目标
- 颈部和肩部
级别

- 初级
益处

- 放松肩部
如果你有下列问题，不建议做此项练

- 背部不适

猫式伸展

1. 四肢着地，匍匐跪在地上，双手与肩同宽，膝盖分开2到3英寸宽。

2. 小腹内收时，脊柱向上卷曲，保持髋部上提，同时肩部稳定不动。

3. 在伸展动作的最高点时，身体保持不动，然后放松。

正确做法
- 双手和膝盖向下推，使肌肉达到最大的收缩状态

避免
- 颈部和肩部拉紧
- 下背部和双臂过度伸展
- 屏住呼吸

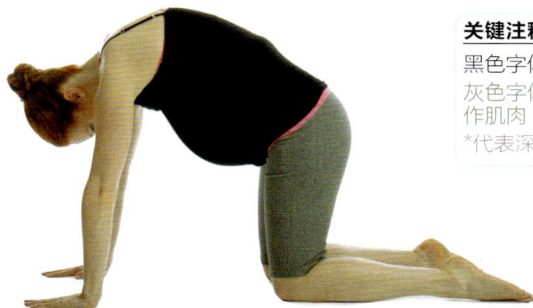

关键注释
黑色字体代表目标肌肉
灰色字体代表其他的工作肌肉
*代表深层肌肉

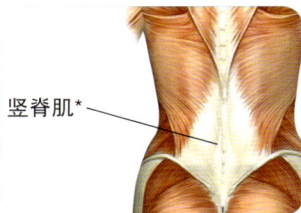

竖脊肌*

最佳锻炼部位
- 竖脊肌

锻炼目标
- 背部
- 髋部

级别
- 初级

益处
- 伸展背部和臀部

如果你有下列问题，不建议做此项练
- 背部或髋部问题

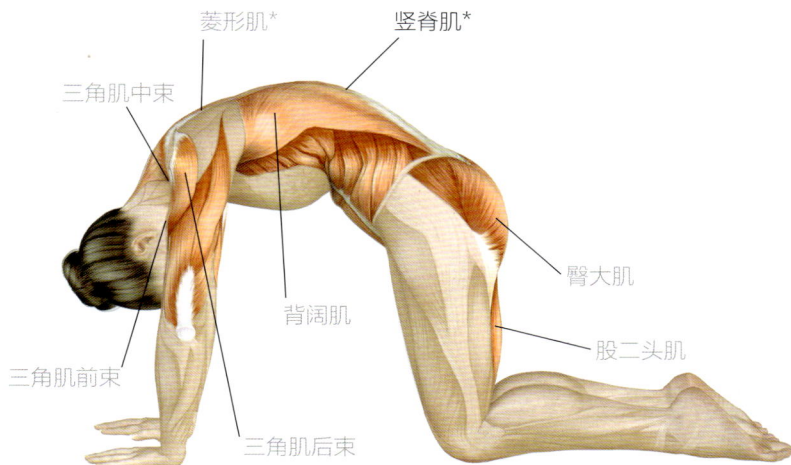

菱形肌*

竖脊肌*

三角肌中束

臀大肌

背阔肌

股二头肌

三角肌前束

三角肌后束

下犬式

① 身体站立，双腿双脚保持平行且与肩同宽。膝盖微微弯曲，身体小心地向前对叠，指尖触地。

② 膝盖微微弯曲，骨盆稍稍前倾，胸部挺起，同时肩部朝后下方下压。

③ 当尾椎骨向天花板方向提升时，双手慢慢地向前"行走"。

④ 脚后跟朝地面下压，并且当大腿收缩时双腿伸直，与身体形成V字。展开胸部和肩部，并且将头部置于双臂中间。

正确做法
- 在练习过程中，整个手掌都贴住地面以避免对腕关节造成过度压力
- 头部和脊柱保持在同一条直线上
- 保持背部平直，胸部抬高

避免
- 屏住呼吸；下巴稍稍放松并且正常呼吸

关键注释
黑色字体代表目标肌肉
灰色字体代表其他的工作肌肉
*代表深层肌肉

最佳锻炼部位
- 胸大肌
- 胸小肌
- 前锯肌
- 肱三头肌
- 三角肌后束
- 肋间内肌
- 肋间外肌
- 股二头肌
- 半腱肌
- 半膜肌
- 竖脊肌
- 腓肠肌
- 比目鱼肌
- 臀大肌

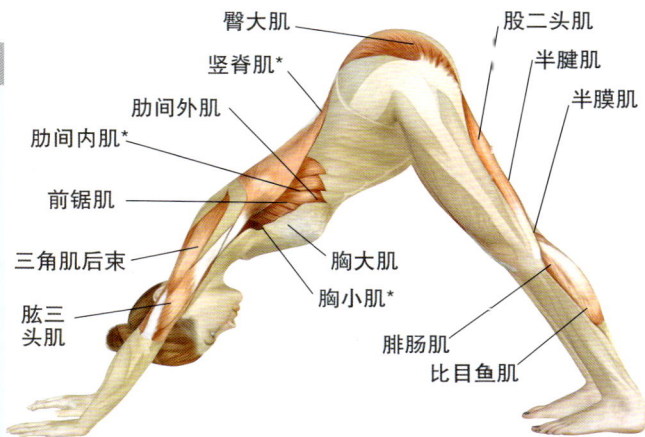

臀大肌
竖脊肌*
肋间外肌
肋间内肌*
前锯肌
三角肌后束
肱三头肌

股二头肌
半腱肌
半膜肌
胸大肌
胸小肌*
腓肠肌
比目鱼肌

锻炼目标
- 双腿后侧
- 背部
- 上臂

级别
- 中级

益处
- 伸展

如果你有下列问题，不建议做此项练
- 背部或肩部问题

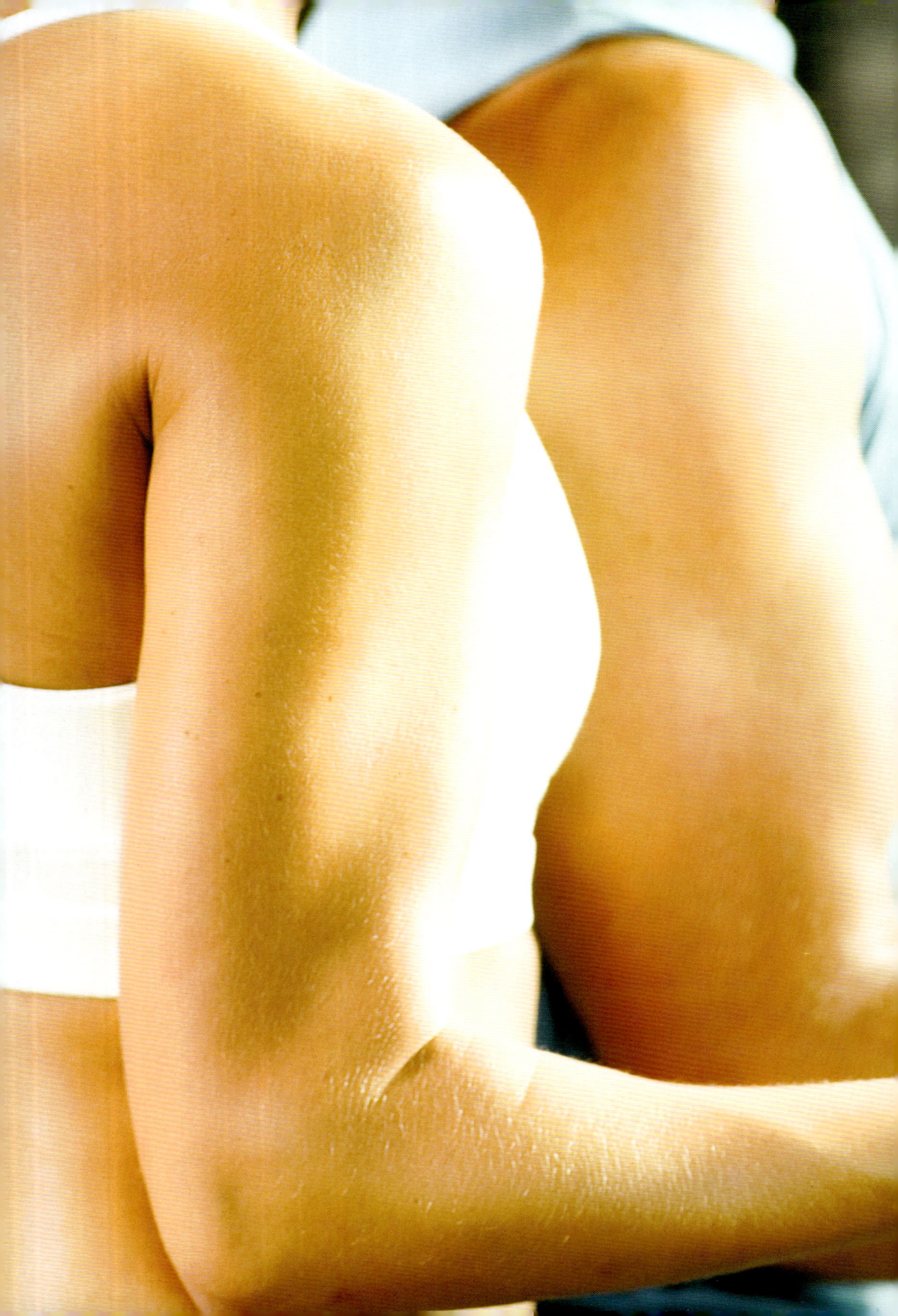

计划&锻炼

专业体育锻炼

  以下的锻炼常规是为提高所选择运动的成绩而专门设计的，旨在增强身体的力量、耐力和柔韧性。每项运动分为两个等级，每个等级则分为三个级别，你可以随着自己健康水平的提高来逐步进行。请记住，不论你自我感觉多么良好，但是如果你正在进行的是一项新的、不熟悉的练习时，那么刚开始时一定要缓缓进行，并且要将注意力放在自己的姿势上。如果不熟悉某项练习的话，不妨从初级阶段开始，每周交替进行第一和第二项锻炼，以维持整体的平衡。首先，你需要回顾一下之前的个人练习，提醒自己不要忘记正确的练习步骤（每项练习都是供了示意图以及页码索引）。所有只展示了单侧运动的练习也应该在身体另一侧重复进行，以便身体肌肉能够得到均衡锻炼，这一点不言而喻。更重要的是，练习愉快　坚持这些锻炼项目，并且你很快就会发现自己爱上的运动会给你更多的回报！

美式橄榄球运动

许多足球踢法都有赖于进行奔跑的双腿，速度和敏捷性。强有力的胸肌和三角肌对于推挤和抢断动作来说必不可少，尤其是发达的肩部在填充和保护措施下，可以有效地进行拦截或抢断。背部能够帮助运动员保持直立和平衡，而核心肌群更是可以提供进一步的全身支撑。

锻炼级别1

初级常规1

第一天：
A 3组6-8
D 3组8-10
G 3组10-12
J 3组10-12
M 3组10-12
Q 15

第二天：
休息

第三天：
A 3组6-8
D 3组8-10
G 3组10-12
J 3组10-12
M 3组10-12
Q 15

第四天：
休息

第五天：
A 3组6-8
D 3组8-10
G 3组10-12
J 3组10-12
M 3组10-12
Q 15

第六天：
有氧运动30-45分

第七天：
休息

中级常规1

第一天：
A 3组6-8
B 每组8-10，共3组
D 3组8-10
E 每组8-10，共3组
G 3组10-12
J 3组10-12
M 3组10-12
Q 15

第二天：
有氧运动30-45分

第三天：
A 3组6-8
B 每组8-10，共3组
D 3组8-10
E 每组8-10，共3组
G 3组10-12
J 3组10-12

M 3组10-12
Q 15

第四天：
休息

第五天：
A 3组6-8
B 每组8-10，共3组
D 3组8-10
E 每组8-10，共3组
G 3组10-12
J 3组10-12
M 3组10-12
Q 15

第六天：
有氧运动30-45分

第七天：
休息

高级常规1

第一天：
A 每组6-8，共3组
B 每组8-10，共3组
D 3组8-10
E 每组8-10，共3组
G 3组10-12
J 3组10-12
N 3组12-15
Q 15
S 身体两侧各20

第二天：
有氧运动30-45分

第三天：
A 每组6-8，共3组
B 每组8-10，共3组
D 3组8-10
E 每组8-10，共3组
G 3组10-12
J 3组10-12
M 3组10-12
N 3组12-15

Q 15
S 身体两侧各20

第四天：
有氧运动30-45分

第五天：
A 3组6-8
B 每组8-10，共3组
D 3组8-10
E 每组8-10，共3组
G 3组10-12
J 3组10-12
M 3组10-12
N 3组12-15
Q 15
S 身体两侧各20

第六天：
有氧运动30-45分

第七天：
休息

锻炼级别2

初级常规2

第一天：
C 3组12-15
F 3组8-10
H 3组10-12
I 3组12-15
K 3组12-15
L 3组10-12

第二天：
休息

第三天：
C 3组12-15
F 3组8-10
H 3组10-12
I 3组12-15
K 3组12-15
L 3组10-12

第四天：
休息

第五天：
C 3组12-15
F 3组8-10
H 3组10-12
I 3组12-15
K 3组12-15
L 3组10-12

第六天：
有氧运动30-45分

第七天：
休息

中级常规2

第一天：
C 3组12-15
F 3组8-10
H 3组10-12
I 3组12-15
K 3组12-15
L 3组10-12
O 3组12-15
P 3组20

第二天：
有氧运动30-45分

第三天：
C 3组12-15
F 3组8-10
H 3组10-12
I 3组12-15
K 3组12-15
L 3组10-12
O 3组12-15
P 3组20

第四天：
休息

第五天：
C 3组12-15
F 3组8-10
H 3组10-12
I 3组12-15
K 3组12-15
L 3组10-12
O 3组12-15
P 3组20

第六天：
有氧运动30-45分

第七天：
休息

高级常规2

第一天：
C 3组12-15
F 3组8-10
H 3组10-12
I 3组12-15
K 3组12-15
L 3组10-12
O 3组12-15
P 3组20
R 3组20
T 3组30-60秒

第二天：
有氧运动30-45分

第三天：
C 3组12-15
F 3组8-10
H 3组10-12
I 3组12-15
K 3组12-15
L 3组10-12
O 3组12-15
P 3组20

R 3组20
T 3组30-60秒

第四天：
有氧运动30-45分

第五天：
C 3组12-15
F 3组8-10
H 3组10-12
I 3组12-15
K 3组12-15
L 3组10-12
O 3组12-15
P 3组20
R 3组20
T 3组30-60秒

第六天：
有氧运动30-45分

第七天：
休息

A 杠铃硬拉
34页

B 杠铃划船
36页

C 平凳腹背练习
56页

D 杠铃仰卧平板推举
60页

E 曲臂伸
68页

F 肩部推举
76页

G 杠铃耸肩
94页

H 绳索曲臂下压
106页

I 手腕屈曲
116页

J 瑞士球直角坐墙
134页

K 高位起跑式
146页

L 壶铃深蹲
150页

M 瑞士球腘绳肌弯曲
164页

N 哑铃负重举踵
178页

O 土耳其起立
188页

P 空中单车
190页

Q 平板俯卧撑
198页

R 坐式俄罗斯旋转
200页

S 健身实心球伐木
130页

T T形稳定练习
124页

射箭运动

在射箭运动中，肌肉与角度和视线一样重要。你需要强壮的背部、肩部和肱二头肌拉开弓弦。当你稳稳地瞄准目标时，要保持静止的紧握动作必须要有有力的前臂。强大的核心肌群是维持身体稳定，保持平衡必不可少的。有力的臀肌、腘绳肌和股四头肌可以帮助髋部和膝盖进行正确的扩张。这些锻炼有助于你瞄准目标，实现你在射箭领域的抱负。

锻炼级别 1

初级常规1

第一天：
A 3组8-10
C 3组8-10
D 3组8-10
E 3组8-10
G 3组12-15
H 3组10-12

第二天：
休息

第三天：
A 3组8-10
C 3组8-10
D 3组8-10
E 3组8-10
G 3组12-15
H 3组10-12

第四天：
休息

第五天：
A 3组8-10
C 3组8-10
D 3组8-10
E 3组8-10
G 3组12-15
H 3组10-12

第六天：
有氧运动30-45分

第七天：
休息

中级常规1

第一天：
A 3组8-10
C 3组8-10
D 3组8-10
E 3组8-10
G 3组12-15
H 3组10-12
J 3组15-20
K 3组15-20

第二天：
有氧运动30-45分

第三天：
A 3组8-10
C 3组8-10
D 3组8-10
E 3组8-10
G 3组12-15
H 3组10-12
J 3组15-20
K 3组15-20

第四天：
休息

第五天：
A 3组8-10
C 3组8-10
D 3组8-10
E 3组8-10
G 3组12-15
H 3组10-12
J 3组15-20
K 3组15-20

第六天：
有氧运动30-45分

第七天：
休息

高级常规1

第一天：
A 3组8-10
C 3组8-10
D 3组8-10
E 3组8-10
G 3组12-15
H 3组10-12
J 3组15-20
K 3组15-20
Q 身体两侧各30
R 3组8-10

第二天：
有氧运动30-45分

第三天：
A 3组8-10
C 3组8-10
D 3组8-10
E 3组8-10
G 3组12-15
H 3组10-12
J 3组15-20
K 3组15-20
Q 身体两侧各30

R 3组8-10

有氧运动30-45分

第五天：
A 3组8-10
C 3组8-10
D 3组8-10
E 3组8-10
G 3组12-15
H 3组10-12
J 3组15-20
K 3组15-20
Q 身体两侧各30
R 3组8-10

第六天：
有氧运动30-45分

第七天：
休息

锻炼级别 2

初级常规2

第一天：
B 3组8-10
F 3组10-12
I 3组12-15
L 3组12-15
M 3组12-15
N 3组25

第二天：
休息

第三天：
B 3组8-10
F 3组10-12
I 3组12-15
L 3组12-15
M 3组12-15
N 3组25

第四天：
休息

第五天：
B 3组8-10
F 3组10-12
I 3组12-15
L 3组12-15
M 3组12-15
N 3组25

第六天：
有氧运动30-45分

第七天：
休息

中级常规2

第一天：
B 3组8-10
F 3组10-12
I 3组12-15
L 3组12-15
M 3组12-15
N 3组25
O 3组15
P 3组25

第二天：
有氧运动30-45分

第三天：
B 3组8-10
F 3组10-12
I 3组12-15
L 3组12-15
M 3组12-15
N 3组25
O 3组15
P 3组25

第四天：
休息

第五天：
B 3组8-10
F 3组10-12
I 3组12-15
L 3组12-15
M 3组12-15
N 3组25
O 3组15
P 3组25

第六天：
有氧运动30-45分

第七天：
休息

高级常规2

第一天：
B 3组8-10
F 3组10-12
I 3组12-15
L 3组12-15
M 3组12-15
N 3组25
O 3组15
P 3组25
S 3组20
T 3组20

第二天：
有氧运动30-45分

第三天：
B 3组8-10
F 3组10-12
I 3组12-15
L 3组12-15
M 3组12-15
N 3组25
O 3组15
P 3组25

S 3组20
T 3组20

第四天：
有氧运动30-45分

第五天：
B 3组8-10
F 3组10-12
I 3组12-15
L 3组12-15
M 3组12-15
N 3组25
O 3组15
P 3组25
S 3组20
T 3组20

第六天：
有氧运动30-45分

第七天：
休息

A 哑铃划船
38页

B 高滑轮下拉
42页

C 反握胸前引 体
54页

D 曲臂伸
68页

E 坐姿哑铃推举
74页

F 交替锤式弯举
98页

G 手腕屈曲和手腕伸张
116页和1 7页

H 瑞士球直角坐墙
134页

I 交叉步
148页

J 内收肌伸展
162页

K 腘绳肌外展
163页

L 屈腿硬拉
174页

M 腘绳肌内缩
170页
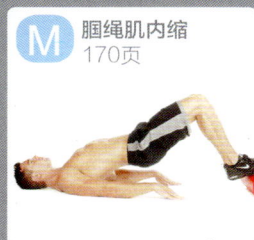

N 手腕伸张
118页

O 平板俯卧撑
198页

P 瑞士球绕行
126页

Q 弹力带伐木术
202页

R 三头肌外滚
110页

S 瑞士球屈腿
128页

T 瑞士球推滚
206页

澳式足球

澳式足球是足球和橄榄球的混合产物，在这项快速的接触性运动中，你可以用手铲球或者用整个身体阻拦对手。你需要强壮的下肢肌肉以及健壮的核心肌群以维持身体的稳定。由于运动员在运动过程中需要长时间的奔跑，因此一双健壮的双腿就显得尤为重要。

初级常规1

第一天：
A 每组8-10，共3组
B 每组12-15，共3组
D 每组10-12，共3组
H 每组12-15，共3组
K 每组10-12，共3组
P 每组15，共3组

第二天：
休息

第三天：
A 每组8-10，共3组
B 每组12-15，共3组
D 每组10-12，共3组
H 每组12-15，共3组
K 每组10-12，

共3组
P 每组15，共3组

第四天：
休息

第五天：
A 每组8-10，共3组
B 每组12-15，共3组
D 每组10-12，共3组
H 每组12-15，共3组
K 每组10-12，共3组
P 每组15，共3组

第六天：
有氧运动30-45分

中级常规1

第一天：
A 每组8-10，共3组
B 每组12-15，共3组
D 每组10-12，共3组
G 每组12-15，共3组
H 每组12-15，共3组
K 每组10-12，共3组
O 每组12-15，共3组
P 每组15，共3组

第四天：
休息

第五天：
A 每组8-10，共3组
B 每组12-15，共3组
D 每组10-12，共3组
G 每组12-15，共3组
H 每组12-15，共3组
K 每组10-12，共3组
O 每组12-15，共3组
P 每组15，共3组

第六天：
有氧运动30-45分

第七天：
休息

高级常规1

第一天：
A 每组8-10，共3组
B 每组12-15，共3组
D 每组10-12，共3组
G 每组12-15，共3组
H 每组12-15，共3组
K 每组10-12，共3组
L 每组12-15，共3组
P 每组15，共3组
Q 2分

第二天：
有氧运动30-45分

第三天：
A 每组8-10，共3组
B 每组12-15，共3组
D 每组10-12，共3组
G 每组12-15，共3组
H 每组12-15，共3组
K 每组10-12，共3组
L 每组12-15，共3组
O 每组12-15，共3组
P 每组15，共3组
Q 2分

Q 2分

第四天：
有氧运动30-45分

第五天：
A 每组8-10，共3组
B 每组12-15，共3组
D 每组10-12，共3组
G 每组12-15，共3组
H 每组12-15，共3组
K 每组10-12，共3组
L 每组12-15，共3组
O 每组12-15，共3组
P 每组15，共3组
Q 2分

第六天：
有氧运动30-45分

第七天：
休息

初级常规2

第一天：
C 3组10-12
D 3组12-15
I 3组15-20
J 3组15-20
M 3组12-15

第二天：
休息

第三天：
C 3组10-12
D 3组12-15
F 3组12-15
I 3组15-20
J 3组15-20
M 3组12-15

第四天：
休息

第五天：
C 3组10-12
D 3组12-15
F 3组12-15
I 3组15-20
J 3组15-20
M 3组12-15

第六天：
有氧运动30-45分

第七天：
休息

中级常规2

第一天：
C 3组10-12
D 3组12-15
F 3组12-15
I 3组15-20
J 3组15-20
M 3组12-15
N 3组10-12
R 3组30

第二天：
有氧运动30-45分

第三天：
C 3组10-12
D 3组12-15
F 3组12-15
I 3组15-20
J 3组15-20
M 3组12-15
N 3组10-12
R 3组30

第四天：
休息

第五天：
C 3组10-12
D 3组12-15
F 3组12-15
I 3组15-20
J 3组15-20
M 3组12-15
N 3组10-12
R 3组30

第六天：
有氧运动30-45分

第七天：
休息

高级常规2

第一天：
C 3组10-12
D 3组12-15
F 3组12-15
I 3组15-20
J 3组15-20
M 3组12-15
N 3组10-12
R 3组30
S 3组20
T 3组20

S 3组20
T 3组20

第四天：
有氧运动30-45分

第五天：
C 3组10-12
D 3组12-15
F 3组12-15
I 3组15-20
J 3组15-20
M 3组12-15
N 3组10-12
R 3组30
S 3组20
T 3组20

第二天：
有氧运动30-45分

第三天：
C 3组10-12
D 3组12-15
F 3组12-15
I 3组15-20
J 3组15-20
M 3组12-15
N 3组10-12
R 3组30

第六天：
有氧运动30-45分

第七天：
休息

澳式足球锻炼

A 仰卧哑铃上拉
40页

B 平凳腹背练习
56页

C 杠铃耸肩
94页

D 瑞士球直角坐墙
134页

E 哑铃弓步下蹲
138页

F 反弓步
140页

G 哑铃弓箭步下蹲
144页

H 单腿下踏板
152页

I 内收肌伸展
162页

J 腘绳肌外展
163页

K 瑞士球腘绳肌弯曲
164页

L 腘绳肌内缩
170页

M 相扑式深蹲
172页

N 屈腿硬拉
174页

O 单脚压小腿
176页

P 星式跳跃
156页

Q 登山家
158页

R 弹力带伐木术
202页

S 瑞士球屈腿
128页

T 瑞士球臀部交叉
210页

羽毛球运动

打羽毛球时，一个基本目标就是防止羽毛球落在自己场区内。在这项运动中，肩部内部以及核心肌群都会持续不断地动作，做出快速、从容且及时的反应——它需要极为迅速的反应能力。肩部以及核心肌群需要进行定期锻炼，以增强身体的力量、灵活性和耐力。由于越过球网的有力扣球可以经常为你赢得分数，因此你的双臂也应该强劲有力。

锻炼级别 1

初级常规1

第一天：
B 每组8-10，共3组
E 每组12-15，共3组
F 每组15，共3组
H 身体每侧各25，共3组
N 身体每侧各30，共3组
P 每组15，共3组

第二天：
休息

第三天：
B 每组8-10，共3组
E 每组12-15，共3组
F 每组15，共3组
H 身体每侧各25，共3组
N 身体每侧各30，共3组
P 每组15，共3组

第四天：
休息

第五天：
B 每组8-10，共3组
E 每组12-15，共3组
F 每组15，共3组
H 身体每侧各25，共3组
N 身体每侧各30，共3组
P 每组15，共3组

第六天：
有氧运动30-45分

第七天：
休息

中级常规1

第一天：
B 每组8-10，共3组
E 每组12-15，共3组
F 每组15，共3组
G 每组15，共3组
H 身体每侧各25，共3组
K 每组15，共3组
N 身体每侧各30，共3组
P 每组15，共3组

第二天：
有氧运动30-45分

第三天：
B 每组8-10，共3组
E 每组12-15，共3组
F 每组15，共3组
G 每组15，共3组
H 身体每侧各25，共3组
K 每组15，共3组
N 身体每侧各30，共3组
P 每组15，共3组

P 每组15，共3组

第四天：
休息

第五天：
B 每组8-10，共3组
E 每组12-15，共3组
F 每组15，共3组
G 每组15，共3组
H 身体每侧各25，共3组
K 每组15，共3组
N 身体每侧各30，共3组
P 每组15，共3组

第六天：
有氧运动30-45分

第七天：
休息

高级常规1

第一天：
B 每组8-10，共3组
D 每组10-12，共3组
E 每组12-15，共3组
F 每组15，共3组
G 每组15，共3组
H 身体每侧各25，共3组
K 每组15，共3组
N 身体每侧各30，共3组
O 身体两侧各30-60秒
P 每组15，共3组

第二天：
有氧运动30-45分

第三天：
B 每组8-10，共3组
D 每组10-12，共3组
E 每组12-15，共3组
F 每组15，共3组
G 每组15，共3组
H 身体每侧各25，共3组
K 每组15，共3组
N 身体每侧各30，共3组

共3组
O 身体两侧各30-60秒
P 每组15，共3组

第四天：
有氧运动30-45分

第五天：
B 每组8-10，共3组
D 每组10-12，共3组
E 每组12-15，共3组
F 每组15，共3组
G 每组15，共3组
H 身体每侧各25，共3组
K 每组15，共3组
N 身体每侧各30，共3组
O 身体两侧各30-60秒
P 每组15，共3组

第六天：
有氧运动30-45分

第七天：
休息

锻炼级别 2

初级常规2

第一天：
A 3组8-10
C 3组10-12
I 3组30
J 3组20
L 30-120秒
M 3组20

第二天：
休息

第三天：
A 3组8-10
C 3组10-12
I 3组30
J 3组20
L 30-120秒
M 3组20

第四天：
休息

第五天：
A 3组8-10
C 3组10-12
I 3组30
J 3组20
L 30-120秒
M 3组20

第六天：
有氧运动30-45分

第七天：
休息

中级常规2

第一天：
A 3组8-10
C 3组10-12
I 3组30
J 3组20
L 30-120秒
M 3组20
Q 3组20
R 3组20

第二天：
有氧运动30-45分

第三天：
A 3组8-10
C 3组10-12
I 3组30
J 3组20
L 30-120秒
M 3组20
Q 3组20
R 3组20

第四天：
休息

第五天：
A 3组8-10
C 3组10-12
I 3组30
J 3组20
L 30-120秒
M 3组20
Q 3组20
R 3组20

第六天：
有氧运动30-45分

第七天：
休息

高级常规2

第一天：
A 3组8-10
C 3组10-12
I 3组30
J 3组20
L 30-120秒
M 3组20
Q 3组20
R 3组20
S 3组25
T 3组20

S 3组25
T 3组20

第四天：
有氧运动30-45分

第五天：
A 3组8-10
C 3组10-12
I 3组30
J 3组20
L 30-120秒
M 3组20
Q 3组20
R 3组20
S 3组25
T 3组20

第二天：
有氧运动30-45分

第三天：
A 3组8-10
C 3组10-12
I 3组30
J 3组20
L 30-120秒
M 3组20
Q 3组20
R 3组20

第六天：
有氧运动30-45分

第七天：
休息

羽毛球锻炼

A 高滑轮下拉 42页

B 坐姿哑铃推举 74页

C 绳索曲臂下压 106页

D 仰卧哑铃屈臂伸 108页

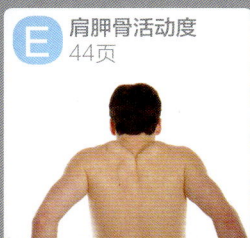

E 肩胛骨活动度 44页

F 旋转练习 78页

G 弹力带外旋 80页

H 腹式踢腿 184页

I 土耳其起立 188页

J 空中单车 190页

K 平板俯卧撑 198页

L 平板支撑 120页

M 坐式俄罗斯旋转 200页

N 弹力带伐木术 202页

O T形稳定练习 124页

P 髋关节内收和外展 204页

Q 瑞士球推滚 206页

R 两头起 212页

S 健身球猛击 214页

T 风车式 216页

棒球运动

不管是以惊人的速度投球还是将球击出球场，棒球绝对不是仅靠一双健壮有力的胳膊就能完成的运动。肩膀、背部以及核心肌群也同样应该强劲有力——臀部和大腿会加以协助，使身体产生巨大的爆发力。防守需要速度和灵活性，同时迅速猛烈的投球动作也需要强壮的双臂和肩膀。这项伟大的锻炼包含了所有能够使你成为棒球运动顶级选手的要素，并且会助你打出更多全垒打。

锻炼级别 1

初级常规1

第一天：
A 每组8-10，共3组
C 每组12-15，共3组
F 每组10-12，共3组
H 每组10-12，共3组
N 旋转20圈
O 身体两侧各20

第二天：
休息

第三天：
A 每组8-10，共3组
C 每组12-15，共3组
F 每组10-12，共3组
H 每组10-12，共3组
N 旋转20圈
O 身体两侧各20

第四天：
休息

第五天：
A 每组8-10，共3组
C 每组12-15，共3组
F 每组10-12，共3组
H 每组10-12，共3组
N 旋转20圈
O 身体两侧各20

第六天：
有氧运动30-45分

第七天：
休息

中级常规1

第一天：
A 每组8-10，共3组
C 每组12-15，共3组
F 每组10-12，共3组
H 每组10-12，共3组
J 每组10-12，共3组
N 旋转20圈
O 身体两侧各20
T 重复做25次

第二天：
有氧运动30-45分

第三天：
A 每组8-10，共3组
C 每组12-15，共3组
F 每组10-12，共3组
H 每组10-12，共3组
J 每组10-12，共3组
N 旋转20圈
O 身体两侧各20
T 重复做25次

第四天：
休息

第五天：
A 每组8-10，共3组
C 每组12-15，共3组
F 每组10-12，共3组
H 每组10-12，共3组
N 旋转20圈
O 身体两侧各20
T 重复做25次

第六天：
有氧运动30-45分

第七天：
休息

高级常规1

第一天：
A 每组8-10，共3组
C 每组12-15，共3组
E 每组10-12，共3组
F 每组10-12，共3组
H 每组10-12，共3组
J 每组10-12，共3组
N 旋转20圈
O 身体两侧各20
R 身体两侧各20
T 重复做25次

第二天：
有氧运动30-45分

第三天：
A 每组8-10，共3组
C 每组12-15，共3组
E 每组10-12，共3组
F 每组10-12，共3组
H 每组10-12，共3组
J 每组10-12，共3组
N 旋转20圈
O 身体两侧各20
R 身体两侧各20
T 重复做25次

第四天：
有氧运动30-45分

第五天：
A 每组8-10，共3组
C 每组12-15，共3组
E 每组10-12，共3组
F 每组10-12，共3组
J 每组10-12，共3组
N 旋转20圈
O 身体两侧各20
R 身体两侧各20
T 重复做25次

第六天：
有氧运动30-45分

第七天：
休息

锻炼级别 2

初级常规2

第一天：
B 3组15
D 3组10-12
G 3组10-12
I 3组12-15
K 3组25
L 3组20

第二天：
休息

第三天：
B 3组15
D 3组10-12
G 3组10-12
I 3组12-15
K 3组25
L 3组20

第四天：
休息

第五天：
B 3组15
D 3组10-12
G 3组10-12
I 3组12-15
K 3组25
L 3组20

第六天：
有氧运动30-45分

第七天：
休息

中级常规2

第一天：
B 3组15
D 3组10-12
G 3组10-12
I 3组12-15
K 3组25
L 3组20
M 3组20
P 3组12-15

第二天：
有氧运动30-45分

第三天：
B 3组15
D 3组10-12
G 3组10-12
I 3组12-15
K 3组25
L 3组20
M 3组20
P 3组12-15

第四天：
休息

第五天：
B 3组15
D 3组10-12
G 3组10-12
I 3组12-15
K 3组25
L 3组20
M 3组20
P 3组12-15

第六天：
有氧运动30-45分

第七天：
休息

高级常规2

第一天：
B 3组15
D 3组10-12
G 3组10-12
I 3组12-15
K 3组25
L 3组20
M 3组20
P 3组12-15
Q 3组20
S 3组20

第二天：
有氧运动30-45分

第三天：
B 3组15
D 3组10-12
G 3组10-12
I 3组12-15
K 3组25
L 3组20
M 3组20
P 3组12-15
Q 3组20
S 3组20

第四天：
有氧运动30-45分

第五天：
B 3组15
D 3组10-12
G 3组10-12
I 3组12-15
K 3组25
L 3组20
M 3组20
P 3组12-15
Q 3组20
S 3组20

第六天：
有氧运动30-45分

第七天：
休息

棒球锻炼

A 坐姿哑铃推举
74页

B 斜板划船
50页

C 弹力带外旋
80页

D 侧平举
82页

E 瑞士球反飞鸟
90页

F 绳索曲臂下压
106页

G 仰卧哑铃屈臂伸
108页

H 瑞士球直角坐墙
134页

I 哑铃弓步下蹲
138页

J 壶铃深蹲
150页

K 腹式踢腿
184页

L 空中单车
190页

M 侧板式
122页

N 坐式俄罗斯旋转
200页

O 健身实心球伐木
130页

P 单臂哑铃弯举
102页

Q 瑞士球推滚
206页

R 大腿前后摆动
208页

S 瑞士球臀部交叉
210页

T 健身球猛击
214页

篮球运动

运动员需要进行疾跑和跳跃，同时快速并精确地传球和投篮。七英尺的身高的确有帮助，但是无论你有多高，篮球的杰出技能主要是在四组肌肉——上臂、肩膀、核心肌群和大腿——的驱动下完成的。通过这项锻炼，可以增加双脚的弹力。

锻炼级别 1

初级常规1

第一天：
A 每组8-10，共3组
C 每组8-10，共3组
E 每组10-12，共3组
F 每组12-15，共3组
J 每组12-15，共3组
N 15

第二天：
休息

第三天：
A 每组8-10，共3组
C 每组8-10，共3组
E 每组10-12，共3组
F 每组12-15，共3组
J 每组12-15，

共3组
N 15

第四天：
休息

第五天：
A 每组8-10，共3组
C 每组8-10，共3组
E 每组10-12，共3组
F 每组12-15，共3组
J 每组12-15，共3组
N 15

第六天：
有氧运动30-45分

中级常规1

第一天：
A 每组8-10，共3组
C 每组8-10，共3组
E 每组10-12，共3组
F 每组12-15，共3组
J 每组12-15，共3组
N 15
P 身体两侧各30
S 25

第四天：
休息

第五天：
A 每组8-10，共3组
C 每组8-10，共3组
E 每组10-12，共3组
F 每组12-15，共3组
J 每组12-15，共3组
N 15
P 身体两侧各30
S 25

第二天：
有氧运动30-45分

第三天：
A 每组8-10，共3组
C 每组8-10，共3组
E 每组10-12，共3组
F 每组12-15，共3组
J 每组12-15，共3组
N 15
P 身体两侧各30
S 25

第六天：
有氧运动30-45分

第七天：
休息

高级常规1

第一天：
A 每组8-10，共3组
C 每组8-10，共3组
E 每组10-12，共3组
F 每组12-15，共3组
J 每组12-15，共3组
K 每组10-12，共3组
N 15
P 身体两侧各30
R 20
S 25

第二天：
有氧运动30-45分

第三天：
A 每组8-10，共3组
C 每组8-10，共3组
E 每组10-12，共3组
F 每组12-15，共3组
J 每组12-15，共3组
K 每组10-12，共3组
N 15
P 身体两侧各30
R 20

S 25

第四天：
有氧运动30-45分

第五天：
A 每组8-10，共3组
C 每组8-10，共3组
E 每组10-12，共3组
F 每组12-15，共3组
J 每组12-15，共3组
K 每组10-12，共3组
N 15
P 身体两侧各30
R 20
S 25

第六天：
有氧运动30-45分

第七天：
休息

锻炼级别 2

初级常规2

第一天：
B 3组8-10
D 3组8-10
G 3组12-15
H 3组12-15
I 3组12-15
L 3组12-15

第二天：
休息

第三天：
B 3组8-10
D 3组8-10
G 3组12-15
H 3组12-15
I 3组12-15
L 3组12-15

第四天：
休息

第五天：
B 3组8-10
D 3组8-10
G 3组12-15
H 3组12-15
I 3组12-15
L 3组12-15

第六天：
有氧运动30-45分

第七天：
休息

中级常规2

第一天：
B 3组8-10
D 3组8-10
G 3组12-15
H 3组12-15
I 3组12-15
L 3组12-15
M 3组20
O 3组30秒-2分

第二天：
有氧运动30-45分

第三天：
B 3组8-10
D 3组8-10
G 3组12-15
H 3组12-15
I 3组12-15
L 3组12-15
M 3组20

O 3组30秒-2分

第四天：
休息

第五天：
B 3组8-10
D 3组8-10
G 3组12-15
H 3组12-15
I 3组12-15
L 3组12-15
M 3组20
O 3组30秒-2分

第六天：
有氧运动30-45分

第七天：
休息

高级常规2

第一天：
B 3组8-10
D 3组8-10
G 3组12-15
H 3组12-15
I 3组12-15
L 3组12-15
M 3组20
O 3组30秒-2分
Q 3组15
T 3组20

第二天：
有氧运动30-45分

第三天：
B 3组8-10
D 3组8-10
G 3组12-15
H 3组12-15
I 3组12-15
L 3组12-15
M 3组20

O 3组30秒-2分
Q 3组15
T 3组20

第四天：
有氧运动30-45分

第五天：
B 3组8-10
D 3组8-10
G 3组12-15
H 3组12-15
I 3组12-15
L 3组12-15
M 3组20
O 3组30秒-2分
Q 3组15
T 3组20

第六天：
有氧运动30-45分

第七天：
休息

篮球运动锻炼

A 高滑轮下拉
42页

B 曲臂伸
68页

C 肩部推举
76页

D 杠铃上提
86页

E 绳索过顶伸展
114页
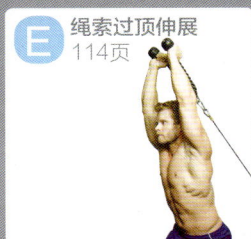

F 反弓步
140页

G 侧弓步
142页

H 哑铃弓箭步下蹲
144页

I 高位起跑式
146页

J 单腿下踏板
152页

K 瑞士球腘绳肌弯曲
164页

L 哑铃负重举踵
178页

M 腹部提臀
186页

N 星式跳跃
156页

O 登山家
158页

P 弹力带伐木术
202页

Q 髋关节内收和外展
204页

R 瑞士球屈腿
128页

S 健身球猛击
214页

T 风车式
216页

拳击运动

拳击是一项高强度运动，它需要结实的肌肉来驾驭身体的爆发力，并保证动作的准确性。一套组合拳需要调动身体的主要肌肉群协同动作，且要求有超凡的耐力和力量。无疑，避开拳头甚至比出拳还重要，因此核心力量以及健壮的双腿是拳击场上身体"左挡右闪"必不可少的。好好练习这项强硬有力的煅炼项目可以保持自己的身心健康。

锻炼级别 1

初级常规1

第一天：
A 每组8-10，共3组
B 每组8-10，共3组
E 每组8-10，共3组
I 每组10-12，共3组
K 每组10-12，共3组
S 身体两侧各20

第二天：
休息

第三天：
A 每组8-10，共3组
B 每组8-10，共3组
E 每组8-10，共3组
I 每组10-12，共3组

K 每组10-12，共3组
S 身体两侧各20

第四天：
休息

第五天：
A 每组8-10，共3组
B 每组8-10，共3组
E 每组8-10，共3组
I 每组10-12，共3组
K 每组10-12，共3组
S 身体两侧各20

第六天：
有氧运动30-45分

第七天：
休息

中级常规1

第一天：
A 每组8-10，共3组
B 每组8-10，共3组
E 每组8-10，共3组
F 20
I 每组10-12，共3组
K 每组10-12，共3组
L 每组12-15，共3组
S 身体两侧各20

第二天：
有氧运动30-45分

第三天：
A 每组8-10，共3组
B 每组8-10，共3组
E 每组8-10，共3组
F 20
I 每组10-12，共3组
K 每组10-12，共3组
L 每组12-15，共3组
S 身体两侧各20

第四天：
休息

第五天：
A 每组8-10，共3组
B 每组8-10，共3组
E 每组8-10，共3组
F 20
I 每组10-12，共3组
K 每组10-12，共3组
L 每组12-15，共3组
S 身体两侧各20

第六天：
有氧运动30-45分

第七天：
休息

高级常规1

第一天：
A 每组8-10，共3组
B 每组8-10，共3组
E 每组8-10，共3组
F 20
I 每组10-12，共3组
K 每组10-12，共3组
L 每组12-15，共3组
O 每组12-15，共3组
S 身体两侧各20
T 25

第二天：
有氧运动30-45分

第三天：
A 每组8-10，共3组
B 每组8-10，共3组
E 每组8-10，共3组
F 20
I 每组10-12，共3组
K 每组10-12，共3组
L 每组12-15，共3组

O 每组12-15，共3组
S 身体两侧各20
T 25

第四天：
有氧运动30-45分

第五天：
A 每组8-10，共3组
B 每组8-10，共3组
F 20
I 每组10-12，共3组
K 每组10-12，共3组
L 每组12-15，共3组
O 每组12-15，共3组
S 身体两侧各20
T 25

第六天：
有氧运动30-45分

第七天：
休息

锻炼级别 2

初级常规2

第一天：
C 3组12-15
D 3组8-10
G 3组15
H 3组12-15
J 3组10-12
M 3组15-20

第二天：
休息

第三天：
C 3组12-15
D 3组8-10
G 3组15
H 3组12-15
J 3组10-12
M 3组15-20

第四天：
休息

第五天：
C 3组12-15
D 3组8-10
G 3组15
H 3组12-15
J 3组10-12
M 3组15-20

第六天：
有氧运动30-45分

第七天：
休息

中级常规2

第一天：
C 3组12-15
D 3组8-10
G 3组15
H 3组12-15
J 3组10-12
M 3组15-20
N 3组15-20
P 3组12-15

第二天：
有氧运动30-45分

第三天：
C 3组12-15
D 3组8-10
G 3组15
H 3组12-15
J 3组10-12
M 3组15-20
N 3组15-20
P 3组12-15

第四天：
休息

第五天：
C 3组12-15
D 3组8-10
G 3组15
H 3组12-15
J 3组10-12
M 3组15-20
N 3组15-20
P 3组12-15

第六天：
有氧运动30-45分

第七天：
休息

高级常规2

第一天：
C 3组12-15
D 3组8-10
G 3组15
H 3组12-15
J 3组10-12
M 3组15-20
N 3组15-20
P 3组12-15
Q 3组15
R 3组20

第二天：
有氧运动30-45分

第三天：
C 3组12-15
D 3组8-10
G 3组15
H 3组12-15
J 3组10-12
M 3组15-20
N 3组15-20
P 3组12-15

Q 3组15
R 3组20

第四天：
有氧运动30-45分

第五天：
C 3组12-15
D 3组8-10
G 3组15
H 3组12-15
J 3组10-12
M 3组15-20
N 3组15-20
P 3组12-15
Q 3组15
R 3组20

第六天：
有氧运动30-45分

第七天：
休息

A 哑铃划船
38页

B 绳索下拉
52页

C 背部旋转伸展
58页

D 泡沫轴俯卧撑
62页

E 曲臂伸
68页

F 换手俯卧撑
72页

G 旋转练习
78页

H 弹力带外旋
80页
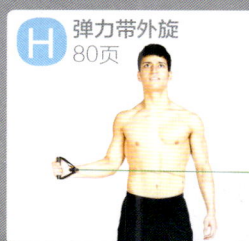

I 金属盘前平举
92页

J 交替锤式弯举
98页

K 瑞士球直角坐墙
134页

L 高位起跑式
146页

M 内收肌伸展
162页

N 腘绳肌外展
163页

O 腘绳肌内缩
170页

P 哑铃胫骨上抬
180页

Q 平板俯卧撑
198页

R 俯卧撑上纵跳
160页

S 健身实心球伐木
130页

T 健身球猛击
214页

独木舟运动

要进行独木舟运动，我们需要重点训练的肌肉包括腹斜肌、背阔肌、三头肌、二头肌和前臂，而它们都会参与到基本的划水动作中。为了在抵消水的运动时维持身体的稳定，你很大程度上需要依靠核心肌群的力量。更加高明的独木舟手则会利用整个身体，尤其是臀部和腿部强大的肌肉来驱动每一次划桨的动作。这项量身定做的锻炼项目将会帮助你锻炼强大的划水力量。

锻炼级别 1

初级常规1

第一天：
A 3组8-10
E 3组8-10
F 每组15，共3组
H 3组10-12
I 3组10-12
R 身体两侧各20

第二天：
休息

第三天：
A 3组8-10
E 3组8-10
F 每组15，共3组
H 3组10-12
I 3组10-12

第四天：
休息

第五天：
A 3组8-10
E 3组8-10
F 每组15，共3组
H 3组10-12
I 3组10-12

第六天：
有氧运动30-45分

第七天：
休息

中级常规1

第一天：
A 3组8-10
B 3组8-10
E 3组8-10
F 每组15，共3组
H 3组10-12
I 3组10-12
J 3组12-15
R 身体两侧各20

第二天：
休息

第三天：
A 3组8-10
B 3组8-10
E 3组8-10
F 每组15，共3组
H 3组10-12
I 3组10-12
J 3组12-15
R 身体两侧各20

第四天：
休息

第五天：
A 3组8-10
B 3组8-10
E 3组8-10
F 每组15，共3组
H 3组10-12
I 3组10-12
J 3组12-15
R 身体两侧各20

第六天：
有氧运动30-45分

第七天：
休息

高级常规1

第一天：
A 3组8-10
B 3组8-10
E 3组8-10
F 每组15，共3组
H 3组10-12
I 3组10-12
J 3组12-15
K 3组12-15
R 身体两侧各20
S 20

第二天：
有氧运动30-45分

第三天：
A 3组8-10
B 3组8-10
E 3组8-10
F 每组15，共3组
H 3组10-12
I 3组10-12
J 3组12-15
K 3组12-15
R 身体两侧各20
S 20

第四天：
有氧运动30-45分

第五天：
A 3组8-10
B 3组8-10
E 3组8-10
F 每组15，共3组
I 3组10-12
J 3组12-15
K 3组12-15
R 身体两侧各20
S 20

第六天：
有氧运动30-45分

第七天：
休息

锻炼级别 2

初级常规2

第一天：
C 3组12-15
D 3组10-12
G 3组8-10
L 3组25
M 3组20
N 3组20

第二天：
休息

第三天：
C 3组12-15
D 3组10-12
G 3组8-10
L 3组25
M 3组20
N 3组20

第四天：
休息

第五天：
C 3组12-15
D 3组10-12
G 3组8-10
L 3组25
M 3组20
N 3组20

第六天：
有氧运动30-45分

第七天：
休息

中级常规2

第一天：
C 3组12-15
D 3组10-12
G 3组8-10
L 3组25
M 3组20
N 3组20
O 3组30
P 身体两侧各30-60秒，共3组

第四天：
休息

第五天：
C 3组12-15
D 3组10-12
G 3组8-10
L 3组25
M 3组20
N 3组20
O 3组30
P 身体两侧各30-60秒，共3组

第二天：
休息

第三天：
C 3组12-15
D 3组10-12
G 3组8-10
L 3组25
M 3组20
N 3组20
O 3组30
P 身体两侧各30-60秒，共3组

第六天：
有氧运动30-45分

第七天：
休息

高级常规2

第一天：
C 3组12-15
D 3组10-12
G 3组8-10
L 3组25
M 3组20
N 3组20
O 3组30
P 身体两侧各30-60秒，共3组
Q 3组20
T 3组20

第二天：
有氧运动30-45分

第三天：
C 3组12-15
D 3组10-12
G 3组8-10
L 3组25
M 3组20
N 3组20
O 3组30
P 身体两侧各30-60秒，共3组

Q 3组20
T 3组20

第四天：
有氧运动30-45分

第五天：
C 3组12-15
D 3组10-12
G 3组8-10
L 3组25
M 3组20
N 3组20
O 3组30
P 身体两侧各30-60秒，共3组
Q 3组20
T 3组20

第六天：
有氧运动30-45分

第七天：
休息

独木舟锻炼

A 高滑轮下拉 42页

B 壶铃交替上提 48页

C 平凳腹背练习 56页

D 哑铃仰卧飞鸟 64页

E 曲臂伸 68页

F 旋转练习 78页

G 肩部抬升和拉伸 84页

H 交替锤式弯举 98页

I 仰卧哑铃屈臂伸 108页

J 手腕屈曲 116页

K 手腕伸张 117页

L 卷腹 118页

M 反向卷腹 192页

N 坐式俄罗斯旋转 200页

O 弹力带伐木术 202页

P T形稳定练习 124页

Q 瑞士球推滚 206页

R 大腿前后摆动 208页

S 两头起 212页

T 风车式 216页

攀岩运动

正确的攀岩姿势几乎要动用到每一组主要的肌肉群，尤其是下肢以及核心肌群，它们可以在身体做向上运动时起到稳定和强化身体的作用。股四头肌和小腿是进行攀岩运动的关键，且尽管攀岩的确会增强上肢力量，但是真正促使身体向上抬升的力量却是来自于双腿。小腿肌肉可以使你踮着脚尖向上攀爬。这项锻炼常规可以增加力气，使身体处于巅峰状态。

锻炼级别 1

初级常规1

第一天：
B 3组8-10
C 3组10-12
G 3组12-15
I 3组12-15
N 3组12-15
R 15

第二天：
休息

第三天：
B 3组8-10
C 3组10-12
G 3组12-15
I 3组10-12
N 3组12-15
R 15

第四天：
休息

第五天：
B 3组8-10
C 3组10-12
G 3组12-15
I 3组10-12
N 3组12-15
R 15

第六天：
有氧运动30-45分

第七天：
休息

中级常规1

第一天：
B 3组8-10
C 3组10-12
F 3组10-12
G 3组12-15
I 3组12-15
L 3组12-15
N 3组12-15
R 15

第二天：
有氧运动30-45分

第三天：
B 3组8-10
C 3组10-12
F 3组10-12
G 3组12-15
I 3组10-12
L 3组12-15
N 3组12-15
R 15

第四天：
休息

第五天：
B 3组8-10
C 3组10-12
F 3组10-12
G 3组12-15
I 3组10-12
L 3组12-15
N 3组12-15
R 15

第六天：
有氧运动30-45分

第七天：
休息

高级常规1

第一天：
B 3组8-10
C 3组10-12
F 3组10-12
G 3组12-15
I 3组10-12
N 3组12-15
O 3组12-15
R 15
S 30秒-2分

第二天：
有氧运动30-45分

第三天：
B 3组8-10
C 3组10-12
F 3组10-12
G 3组12-15
I 3组10-12
L 3组12-15
N 3组12-15
O 3组12-15
R 15

S 30秒8-2分

第四天：
有氧运动30-45分

第五天：
B 3组8-10
C 3组10-12
F 3组10-12
G 3组12-15
I 3组10-12
L 3组12-15
N 3组12-15
O 3组12-15
R 15
S 30秒-2分

第六天：
有氧运动30-45分

第七天：
休息

锻炼级别 2

初级常规2

第一天：
A 3组8-10
D 3组10-12
E 3组10-12
H 3组12-15
J 3组12-15
K 3组12-15

第二天：
休息

第三天：
A 3组8-10
D 3组10-12
E 3组10-12
H 3组12-15
J 3组12-15
K 3组12-15

第四天：
休息

第五天：
A 3组8-10
D 3组10-12
E 3组10-12
H 3组12-15
J 3组12-15
K 3组12-15

第六天：
有氧运动30-45分

第七天：
休息

中级常规2

第一天：
A 3组8-10
D 3组10-12
E 3组10-12
H 3组12-15
J 3组12-15
K 3组12-15

第二天：
有氧运动30-45分

第三天：
A 3组8-10
D 3组10-12
E 3组10-12
H 3组12-15
J 3组12-15
K 3组12-15

第四天：
休息

第五天：
A 3组8-10
D 3组10-12
E 3组10-12
H 3组12-15
J 3组12-15
K 3组12-15

第六天：
有氧运动30-45分

第七天：
休息

高级常规2

第一天：
A 3组8-10
D 3组10-12
E 3组10-12
H 3组12-15
J 3组12-15
K 3组12-15
M 3组12-15
P 3组20
Q 3组15
T 身体两侧各3-5，
  共3组

第二天：
有氧运动30-45分

第三天：
A 3组8-10
D 3组10-12
E 3组10-12
H 3组12-15
J 3组12-15
K 3组12-15
M 3组12-15

P 3组20
Q 3组15
T 身体两侧各3-5，
  共3组

第四天：
有氧运动30-45分

第五天：
A 3组8-10
D 3组10-12
E 3组10-12
H 3组12-15
J 3组12-15
K 3组12-15
M 3组12-15
P 3组20
Q 3组15
T 身体两侧各3-5，
  共3组

第六天：
有氧运动30-45分

第七天：
休息

A 高滑轮下拉 42页

B 反握胸前引体 54页

C 交替锤式弯举 98页

D 绳索锤式弯举 104页

E 绳索曲臂下压 106页

F 仰卧哑铃屈臂伸 108页

G 手腕屈曲 116页

H 手腕伸张 117页

I 杠铃深蹲 136页

J 侧弓步 142页

K 交叉步 148页

L 单腿下踏板 152页

M 单脚压小腿 176页

N 哑铃负重举踵 178页

O 哑铃胫骨上抬 180页

P 腹部提臀 186页

Q 瑞士球骨盆倾斜 196页

R 平板俯卧撑 198页

S 登山家 158页

T 瑞士球绕行 126页

板球运动

不论是击球、投球还是防守，板球这项具有高度战略性的运动都需要健康的心血管、力量和爆发力。在上肢主要肌肉群的帮助下，双腿在机动性和爆发力方面起着至关重要的作用。防御和进攻的击球动作包罗万象，其动作所涉及到的肌肉则更加广泛。成功的板球运动训练主要关注速度、灵活性、力量和爆发力，而不是单纯的大块头肌肉。

锻炼级别 1

初级常规1

第一天：
A 每组8-10，共3组
C 每组12-15，共3组
F 每组10-12，共3组
H 每组10-12，共3组
N 旋转20次
O 身体两侧各20

第二天：
休息

第三天：
A 每组8-10，共3组
C 每组12-15，共3组
F 每组10-12，共3组
H 每组10-12，共3组
N 旋转20次
O 身体两侧各20

第四天：
休息

第五天：
A 每组8-10，共3组
C 每组12-15，共3组
F 每组10-12，共3组
H 每组10-12，共3组
N 旋转20次
O 身体两侧各20

第六天：
有氧运动30-45分

第七天：
休息

中级常规1

第一天：
A 每组8-10，共3组
C 每组12-15，共3组
F 每组10-12，共3组
H 每组10-12，共3组
J 每组10-12，共3组
N 旋转20次
O 身体两侧各20
T 重复做25次

第二天：
有氧运动30-45分

第三天：
A 每组8-10，共3组
C 每组12-15，共3组
F 每组10-12，共3组
H 每组10-12，共3组
J 每组10-12，共3组
N 旋转20次
O 身体两侧各20

第四天：
休息

第五天：
A 每组8-10，共3组
C 每组12-15，共3组
F 每组10-12，共3组
H 每组10-12，共3组
J 每组10-12，共3组
N 旋转20次
O 身体两侧各20
T 重复做25次

第六天：
有氧运动30-45分

第七天：
休息

高级常规1

第一天：
A 每组8-10，共3组
C 每组12-15，共3组
F 每组10-12，共3组
H 每组10-12，共3组
I 每组10-12，共3组
J 每组10-12，共3组
N 旋转20次
O 身体两侧各20
R 身体两侧各20
T 重复做25次

第二天：
有氧运动30-45分

第三天：
A 每组8-10，共3组
C 每组12-15，共3组
F 每组10-12，共3组
H 每组10-12，共3组
I 每组10-12，共3组
J 每组10-12，共3组
N 旋转20次
O 身体两侧各20
R 身体两侧各20
T 重复做25次

第四天：
有氧运动30-45分

第五天：
A 每组8-10，共3组
C 每组12-15，共3组
F 每组10-12，共3组
H 每组10-12，共3组
I 每组10-12，共3组
J 每组10-12，共3组
N 旋转20次
O 身体两侧各20
R 身体两侧各20
T 重复做25次

第六天：
有氧运动30-45分

第七天：
休息

锻炼级别 2

初级常规2

第一天：
B 3组15
D 3组10-12
E 3组10-12
G 3组10-12
K 3组25
L 3组20

第二天：
休息

第三天：
B 3组15
D 3组10-12
E 3组10-12
G 3组10-12
K 3组25
L 3组20

第四天：
休息

第五天：
B 3组15
D 3组10-12
E 3组10-12
G 3组10-12
K 3组25
L 3组20

第六天：
有氧运动30-45分

第七天：
休息

中级常规2

第一天：
B 3组15
D 3组10-12
E 3组10-12
G 3组10-12
K 3组25
L 3组20
M 3组30-60秒
P 3组30-60秒

第二天：
有氧运动30-45分

第三天：
B 3组15
D 3组10-12
E 3组10-12
G 3组10-12
K 3组25
L 3组20
M 3组30-60秒
P 3组30-60秒

第四天：
休息

第五天：
B 3组15
D 3组10-12
E 3组10-12
G 3组10-12
K 3组25
L 3组20
M 3组30-60秒
P 3组30-60秒

第六天：
有氧运动30-45分

第七天：
休息

高级常规2

第一天：
B 3组15
D 3组10-12
E 3组10-12
G 3组10-12
K 3组25
L 3组20
M 3组30-60秒
P 3组30-60秒
Q 3组20
S 3组20

第二天：
有氧运动30-45分

第三天：
B 3组15
D 3组10-12
E 3组10-12
G 3组10-12
K 3组25
L 3组20
M 3组30-60秒
P 3组30-60秒
Q 3组20
S 3组20

第四天：
有氧运动30-45分

第五天：
B 3组15
D 3组10-12
E 3组10-12
G 3组10-12
K 3组25
L 3组20
M 3组30-60秒
P 3组30-60秒
Q 3组20
S 3组20

第六天：
有氧运动30-45分

第七天：
休息

板球锻炼

A 坐姿哑铃推举
74页

B 旋转练习
78页

C 弹力带外旋
80页

D 侧平举
82页
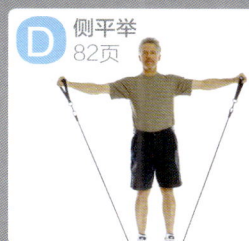

E 瑞士球反飞鸟
90页

F 绳索曲臂下压
106页

G 仰卧哑铃屈臂伸
108页

H 瑞士球直角坐墙
134页

I 哑铃弓步下蹲
138页

J 壶铃深蹲
150页

K 腹式踢腿
184页

L 空中单车
190页

M 侧板式
122页

N 坐式俄罗斯旋转
200页

O 健身实心球伐木
130页

P T形稳定练习
124页

Q 瑞士球推滚
206页

R 大腿前后摆动
208页

S 瑞士球臀部交叉
210页

T 健身球猛击
214页

越野滑雪

这项长距离运动通常是在高低起伏的小径上进行。越野滑雪从下肢汲取力量，同时利用上肢肌肉以及核心肌群产生爆发力和表现力。由于这项运动要花费相当大的精力，因此是燃烧全身卡路里的好方法，同时也是一项有氧运动。

锻炼级别 1

初级常规1

第一天：
B 3组10-12
E 3组10-12
F 3组10-12
G 3组10-12
I 3组12-15
P 30秒-2分

第二天：
休息

第三天：
B 3组10-12
E 3组10-12
F 3组10-12
G 3组10-12
I 3组12-15
P 30秒-2分

第四天：
休息

第五天：
B 3组10-12
E 3组10-12
F 3组10-12
G 3组10-12
I 3组12-15
P 30秒-2分

第六天：
有氧运动30-45分

第七天：
休息

中级常规1

第一天：
A 3组12-15
B 3组10-12
E 3组10-12
F 3组10-12
G 3组10-12
I 3组12-15
M 3组10-12
P 30秒-2分

第二天：
有氧运动30-45分

第三天：
A 3组12-15
B 3组10-12
E 3组10-12
F 3组10-12
G 3组12-15
M 3组10-12
P 30秒—1分

第四天：
休息

第五天：
A 3组12-15
B 3组10-12
E 3组10-12
F 3组10-12
G 3组10-12
I 3组12-15
M 3组10-12
P 30秒-2分

第六天：
有氧运动30-45分

第七天：
休息

高级常规1

第一天：
A 3组12-15
B 3组10-12
E 3组10-12
G 3组10-12
I 3组12-15
M 3组10-12
O 3组12-15
P 30秒-2分
T 20

第二天：
有氧运动30-45分

第三天：
A 3组12-15
B 3组10-12
E 3组10-12
F 3组10-12
G 3组10-12
I 3组12-15
M 3组10-12
O 3组12-15
P 30秒-2分

T 20

第四天：
有氧运动30-45分

A 3组12-15
B 3组10-12
E 3组10-12
F 3组10-12
G 3组12-15
I 3组12-15
M 3组10-12
O 3组12-15
P 30秒-2分
T 20

第六天：
有氧运动30-45分

第七天：
休息

锻炼级别 2

初级常规2

第一天：
C 3组20
D 3组8-10
H 3组12-15
J 3组12-15
K 3组15-20
L 3组15-20

第二天：
休息

第三天：
C 3组20
D 3组8-10
H 3组12-15
J 3组12-15
K 3组15-20
L 3组15-20

第四天：
休息

第五天：
C 3组20
D 3组8-10
H 3组12-15
J 3组12-15
K 3组15-20
L 3组15-20

第六天：
有氧运动30-45分

第七天：
休息

中级常规2

第一天：
C 3组20
D 3组8-10
H 3组12-15
J 3组12-15
K 3组15-20
L 3组15-20
N 3组12-15
Q 3组15

第二天：
有氧运动30-45分

第三天：
C 3组20
D 3组8-10
H 3组12-15
J 3组12-15
K 3组15-20
L 3组15-20
N 3组12-15
Q 3组15

第四天：
休息

第五天：
C 3组20
D 3组8-10
H 3组12-15
J 3组12-15
K 3组15-20
L 3组15-20
N 3组12-15
Q 3组15

第六天：
有氧运动30-45分

第七天：
休息

高级常规2

第一天：
C 3组20
D 3组8-10
H 3组12-15
J 3组12-15
K 3组15-20
L 3组15-20
N 3组12-15
Q 3组15
R 3组20
S 3组20

第二天：
有氧运动30-45分

第三天：
C 3组20
D 3组8-10
H 3组12-15
J 3组12-15
K 3组15-20
L 3组15-20
N 3组12-15
Q 3组15

R 3组20
S 3组20

第四天：
有氧运动30-45分

第五天：
C 3组20
D 3组8-10
H 3组12-15
J 3组12-15
K 3组15-20
L 3组15-20
N 3组12-15
Q 3组15
R 3组20
S 3组20

第六天：
有氧运动30-45分

第七天：
休息

越野滑雪锻炼

A 肩胛骨活动度 44页	**B** 哑铃仰卧飞鸟 64页	**C** 换手俯卧撑 72页	**D** 肩部抬升和拉伸 84页
E 俯卧反飞鸟 88页	**F** 绳索锤式弯举 104页	**G** 仰卧哑铃屈臂伸 108页	**H** 手腕屈曲 116页
I 哑铃弓步下蹲 138页	**J** 单腿下踏板 152页	**K** 内收肌伴展 162页	**L** 腘绳肌外展 163页
M 瑞士球腘绳肌弯曲 164页	**N** 反向腘绳肌拉伸 166页	**O** 哑铃负重举踵 178页	**P** 登山家 158页
Q 髋关节内收和外展 204页	**R** 瑞士球屈腿 128页	**S** 瑞士球臀部交叉 210页	**T** 两头起 212页

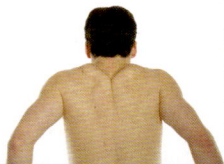

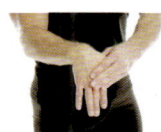

自行车运动

自行车运动一半靠体力，一半靠耐力，不同的地形会用到腿部不同的肌肉群。身体上升时需要用到股四头肌，站立时则要启用臀肌。快速或逆风骑车是对腿部肌肉协同能力的考验。当双手握住车把，支撑整个身体的力量时，则需要用到肱二头肌和肱三头肌。此外，背部和腹肌是维持身体稳定的辅助肌肉。

锻炼级别 1

初级常规1

第一天：
B 3组8-10
C 3组8-10
D 3组8-10
F 3组12-15
I 3组12-15
L 3组12-15

第二天：
休息

第三天：
B 3组8-10
C 3组8-10
D 3组8-10
F 3组12-15
I 3组12-15
L 3组12-15

第四天：
休息

第五天：
B 3组8-10
C 3组8-10
D 3组8-10
F 3组12-15
I 3组12-15
L 3组12-15

第六天：
有氧运动30-45分

第七天：
休息

中级常规1

第一天：
B 3组8-10
C 3组8-10
D 3组8-10
E 3组10-12
F 3组12-15
I 3组12-15
L 3组12-15

第二天：
有氧运动30-45分

第三天：
B 3组8-10
C 3组8-10
D 3组8-10
E 3组10-12
F 3组12-15
I 3组12-15
L 3组12-15
Q 身体两侧各30-60秒

第四天：
休息

第五天：
B 3组8-10
C 3组8-10
D 3组8-10
E 3组10-12
F 3组12-15
I 3组12-15
L 3组12-15
Q 身体两侧各30-60秒

第六天：
有氧运动30-45分

第七天：
休息

高级常规1

第一天：
B 3组8-10
C 3组8-10
D 3组8-10
E 3组10-12
F 3组12-15
I 3组12-15
L 3组12-15
K 3组12-15
Q 身体两侧各30-60秒
S 20

第二天：
有氧运动30-45分

第三天：
B 3组8-10
C 3组8-10
D 3组8-10
E 3组10-12
F 3组12-15
I 3组12-15
L 3组12-15
K 3组12-15
Q 身体两侧各30-60秒
S 20

第四天：
有氧运动30-45分

第五天：
B 3组8-10
C 3组8-10
D 3组8-10
E 3组10-12
F 3组12-15
I 3组12-15
L 3组12-15
K 3组12-15
Q 身体两侧各30-60秒
S 20

第六天：
有氧运动30-45分

第七天：
休息

锻炼级别 2

初级常规2

第一天：
A 3组8-10
G 3组12-15
H 3组12-15
J 3组12-15
K 3组12-15
M 3组25

第二天：
休息

第三天：
A 3组8-10
G 3组12-15
H 3组12-15
J 3组12-15
K 3组12-15
M 3组25

第四天：
休息

第五天：
A 3组8-10
G 3组12-15
H 3组12-15
J 3组12-15
K 3组12-15
M 3组25

第六天：
有氧运动30-45分

第七天：
休息

中级常规2

第一天：
A 3组8-10
G 3组12-15
H 3组12-15
J 3组12-15
K 3组12-15
M 3组25
N 3组30
O 3组15

第二天：
有氧运动30-45分

第三天：
A 3组8-10
G 3组12-15
H 3组12-15
J 3组12-15
K 3组12-15
M 3组25
N 3组30
O 3组15

第四天：
休息

第五天：
A 3组8-10
G 3组12-15
H 3组12-15
J 3组12-15
K 3组12-15
M 3组25
N 3组30
O 3组15

第六天：
有氧运动30-45分

第七天：
休息

高级常规2

第一天：
A 3组8-10
G 3组12-15
H 3组12-15
J 3组12-15
M 3组25
N 3组30
O 3组15
P 3组30-60秒
R 3组15
T 3组20

第二天：
有氧运动30-45分

第三天：
A 3组8-10
G 3组12-15
H 3组12-15
J 3组12-15
M 3组25
N 3组30
O 3组15
P 3组30-60秒
R 3组15
T 3组20

第四天：
有氧运动30-45分

第五天：
A 3组8-10
G 3组12-15
H 3组12-15
J 3组12-15
M 3组25
N 3组30
O 3组15
P 3组30-60秒
R 3组15
T 3组20

第六天：
有氧运动30-45分

第七天：
休息

A 杠铃划船
36页

B 高滑轮下拉
42页

C 曲臂伸
68页

D 弹力绳臂弯举
96页

E 瑞士球直角坐墙
134页

F 反弓步
140页

G 哑铃弓箭步下蹲
144页

H 单腿下踏板
152页

I 反向腘绳肌拉伸
166页

J 屈腿硬拉
174页

K 单脚压小腿
176页

L 哑铃胫骨上抬
180页

M 腹式踢腿
184页

N 土耳其起立
188页

O 瑞士球骨盆倾斜
196页

P 侧板式
122页

Q 形稳定练习
124页

R 髋关节内
收和外展
204页

S 瑞士球屈腿
128页

T 瑞士球臀部交叉
210页

跳水运动

跳水选手从跳板或跳台上往下跳时，需要调动身体大部分的主要肌肉群来完成跳跃动作。同时我们还需要力量、灵活性以及敏锐的意识来控制身体在空中的造型。跳水是一项兼具精确和优雅的运动，而跳水动作不同，所用到的肌肉也不尽相同。"陆地"训练在蹦床和专门的"定位装备"进行，但是想要进行定期的健身计划，核心力量是必须的。

锻炼级别 1

初级常规1

第一天：
A 3组8-10
C 3组10-12
F 3组15
I 3组10-12
L 3组10-12
R 30-120秒

第二天：
休息

第三天：
A 3组8-10
C 3组10-12
F 3组15
I 3组10-12
L 3组10-12
R 30-120秒

第四天：
休息

第五天：
A 3组8-10
C 3组10-12
F 3组15
I 3组10-12
L 3组10-12
R 30-120秒

第六天：
有氧运动30-45分

第七天：
休息

中级常规1

第一天：
A 3组8-10
C 3组10-12
D 3组12-15
E 3组8-10
F 3组15
I 3组10-12
L 3组10-12

第二天：
有氧运动30-45分

第三天：
A 3组8-10
C 3组10-12
D 3组12-15
E 3组8-10
F 3组15
I 3组10-12
L 3组10-12
R 30-120秒

第四天：
休息

第五天：
A 3组8-10
C 3组10-12
D 3组12-15
E 3组8-10
F 3组15
I 3组10-12
L 3组10-12
R 30-120秒

第六天：
有氧运动30-45分

第七天：
休息

高级常规1

第一天：
A 3组8-10
C 3组10-12
D 3组12-15
E 3组8-10
F 3组15
I 3组10-12
L 3组10-12
M 3组12-15
R 30-120秒
T 20

第二天：
有氧运动30-45分

第三天：
A 3组8-10
C 3组10-12
D 3组12-15
E 3组8-10
F 3组15
I 3组10-12
L 3组10-12
M 3组12-15
R 30-120秒
T 20

第四天：
有氧运动30-45分

第五天：
A 3组8-10
C 3组10-12
D 3组12-15
E 3组8-10
F 3组15
I 3组10-12
L 3组10-12
M 3组12-15
R 30-120秒
T 20

第六天：
有氧运动30-45分

第七天：
休息

锻炼级别 2

初级常规2

第一天：
B 3组12-15
G 3组12-15
H 3组8-10
J 3组12-15
K 3组10-12
N 3组12-15

第二天：
休息

第三天：
B 3组12-15
G 3组12-15
H 3组8-10
J 3组12-15
K 3组10-12
N 3组12-15

第四天：
休息

第五天：
B 3组12-15
G 3组12-15
H 3组8-10
J 3组12-15
K 3组10-12
N 3组12-15

第六天：
有氧运动30-45分

第七天：
休息

中级常规2

第一天：
B 3组12-15
G 3组12-15
H 3组8-10
J 3组12-15
K 3组10-12
N 3组12-15
O 3组12-15
P 3组12-15

第二天：
有氧运动30-45分

第三天：
B 3组12-15
G 3组12-15
H 3组8-10
J 3组12-15
K 3组10-12
N 3组12-15
O 3组12-15
P 3组12-15

第四天：
休息

第五天：
B 3组12-15
G 3组12-15
H 3组8-10
J 3组12-15
K 3组10-12
N 3组12-15
O 3组12-15
P 3组12-15

第六天：
有氧运动30-45分

第七天：
休息

高级常规2

第一天：
B 3组12-15
G 3组12-15
H 3组8-10
J 3组12-15
K 3组10-12
N 3组12-15
O 3组12-15
P 3组12-15
Q 3组15
S 3组30-60秒

第二天：
有氧运动30-45分

第三天：
B 3组12-15
G 3组12-15
H 3组8-10
J 3组12-15
K 3组10-12
N 3组12-15
O 3组12-15
P 3组12-15
Q 3组15
S 3组30-60秒

第四天：
有氧运动30-45分

第五天：
B 3组12-15
G 3组12-15
H 3组8-10
J 3组12-15
K 3组10-12
N 3组12-15
O 3组12-15
P 3组12-15
Q 3组15
S 3组30-60秒

第六天：
有氧运动30-45分

第七天：
休息

A 高滑轮下拉 42页

B 肩胛骨活动度 44页
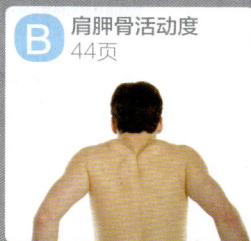

C 哑铃仰卧飞鸟 64页

D 拉力器夹胸 66页

E 坐姿哑铃推举 74页

F 旋转练习 78页

G 弹力带外旋 80页

H 肩部抬升和拉伸 84页

I 瑞士球直角坐墙 134页

J 反弓步 140页

K 壶铃深蹲 150页

L 瑞士球腘绳肌弯曲 164页

M 反向腘绳肌拉伸 166页

N 杠铃硬拉俯身起 168页

O 腘绳肌内缩 170页

P 相扑式深蹲 172页

Q 眼镜蛇背拉 194页

R 平板支撑 120页

S 侧板式 122页

T 瑞士球屈腿 128页

马术

在马术运动中，由于选手会花大力气，努力保持身体的相对稳定，因此未经训练的观察者们很难看出来骑手的整个身体一直在不停地慢慢移动，以维持控制和平衡。腹肌和竖脊肌有助于维护身体的稳定，尤其是大腿要求一定要有"正确的"坐姿，提示马匹改变方向或速度。训练主要针对力量、平衡力和耐力进行。

锻炼级别 1

初级常规1

第一天：
A 3组8-10
C 3组12-15
D 3组10-12
F 3组10-12
K 3组12-15
O 30-120秒

第二天：
休息

第三天：
A 3组8-10
C 3组12-15
D 3组10-12
F 3组10-12
K 3组12-15
O 30-120秒

第四天：
休息

第五天：
A 3组8-10
C 3组12-15
D 3组10-12
F 3组10-12
K 3组12-15
O 30-120秒

第六天：
有氧运动30-45分

第七天：
休息

中级常规1

第一天：
A 3组8-10
C 3组12-15
D 3组10-12
F 3组10-12
H 3组15-20
I 3组15-20
K 3组12-15
O 30-120秒

第二天：
有氧运动30-45分

第三天：
A 3组8-10
C 3组12-15
D 3组10-12
F 3组10-12
H 3组15-20
I 3组15-20
K 3组12-15
O 30-120秒

第四天：
休息

第五天：
A 3组8-10
C 3组12-15
D 3组10-12
F 3组10-12
H 3组15-20
I 3组15-20
K 3组12-15
O 30-120秒

第六天：
有氧运动30-45分

第七天：
休息

高级常规1

第一天：
A 3组8-10
C 3组12-15
D 3组10-12
F 3组10-12
H 3组15-20
I 3组15-20
K 3组12-15
O 30-120秒
Q 身体两侧各30-60秒
R 15

第二天：
有氧运动30-45分

第三天：
A 3组8-10
C 3组12-15
D 3组10-12
F 3组10-12
H 3组15-20
I 3组15-20
K 3组12-15
O 30-120秒
Q 身体两侧各30-60秒
R 15

第四天：
有氧运动30-45分

第五天：
A 3组8-10
C 3组12-15
D 3组10-12
F 3组10-12
H 3组15-20
I 3组15-20
K 3组12-15
O 30-120秒
Q 身体两侧各30-60秒
R 15

第六天：
有氧运动30-45分

第七天：
休息

锻炼级别 2

初级常规2

第一天：
B 3组8-10
E 3组12-15
G 3组12-15
J 3组12-15
L 3组12-15
M 3组15

第二天：
休息

第三天：
B 3组8-10
E 3组12-15
G 3组12-15
J 3组12-15
L 3组12-15
M 3组15

第四天：
休息

第五天：
B 3组8-10
E 3组12-15
G 3组12-15
J 3组12-15
L 3组12-15
M 3组15

第六天：
有氧运动30-45分

第七天：
休息

中级常规2

第一天：
B 3组8-10
E 3组12-15
G 3组12-15
J 3组12-15
L 3组12-15
M 3组15
N 3组15
P 3组30-60秒

第二天：
有氧运动30-45分

第三天：
B 3组8-10
E 3组12-15
G 3组12-15
J 3组12-15
L 3组12-15
M 3组15
N 3组15
P 3组30-60秒

第四天：
休息

第五天：
B 3组8-10
E 3组12-15
G 3组12-15
J 3组12-15
L 3组12-15
M 3组15
N 3组15
P 3组30-60秒

第六天：
有氧运动30-45分

第七天：
休息

高级常规2

第一天：
B 3组8-10
E 3组12-15
G 3组12-15
J 3组12-15
L 3组12-15
M 3组15
N 3组15
P 3组30-60秒
S 3组20
T 3组20

第二天：
有氧运动30-45分

第三天：
B 3组8-10
E 3组12-15
G 3组12-15
J 3组12-15
L 3组12-15
M 3组15
N 3组15
P 3组30-60秒
S 3组20

T 3组20

第四天：
休息

第五天：
B 3组8-10
E 3组12-15
G 3组12-15
J 3组12-15
L 3组12-15
M 3组15
N 3组15
P 3组30-60秒
S 3组20
T 3组20

第六天：
有氧运动30-45分

第七天：
休息

马术锻炼

A 绳索下拉
52页

B 泡沫轴俯卧撑
62页

C 俯卧撑
70页

D 杠铃弯举
100页

E 手腕屈曲
116页

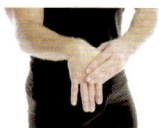

F 瑞士球直角坐墙
134页

G 膝盖旋转伸直
154页

H 内收肌伸展
162页

I 腘绳肌外展
163页

J 反向腘绳肌拉伸
166页

K 单脚压小腿
176页

L 哑铃胫骨上抬
180页

M 眼镜蛇背拉
194页

N 平板俯卧撑
198页

O 平板支撑
120页

P 侧板式
122页

Q T形稳定练习
124页

R 髋关节内收和外展
204页

S 瑞士球臀部交叉
210页

T 两头起
212页

击剑

平衡、姿势和稳定性是击剑最基本的组成部分，这些素质源于结实、发达的核心肌群以及强壮的下背部肌肉。由于战斗过程中需要闪电般地快速转变方向，因此它可以使身体保持充分的灵活性。股四头肌使身体做出大弓步，而你的双肩则需要足够强大，以便前伸进行攻击，或者后撤避免被击中。通过遵照以下的锻炼计划，你可以锻炼全身的爆发力。

初级常规1

第一天：
C 3组8-10
D 每组15，共3组
I 每组12-15，共3组
K 每组12-15，共3组
O 每组15，共3组
S 身体两侧各20

第二天：
休息

第三天：
C 3组8-10
D 每组15，共3组
I 每组12-15，共3组
K 每组12-15，共3组
O 每组15，共3组
S 身体两侧各20

第四天：
休息

第五天：
C 3组8-10
D 每组15，共3组
I 每组12-15，共3组
K 每组12-15，共3组
O 每组15，共3组
S 身体两侧各20

第六天：
有氧运动30-45分

第七天：
休息

中级常规1

第一天：
A 3组12-15
C 3组8-10
D 每组15，共3组
E 3组12-15
I 每组12-15，共3组
K 每组12-15，共3组
O 每组15，共3组
S 身体两侧各20

第二天：
有氧运动30-45分

第三天：
A 3组12-15
C 3组8-10
D 每组15，共3组
E 3组12-15
I 每组12-15，共3组
K 每组12-15，共3组
O 每组15，共3组
S 身体两侧各20

第四天：
休息

第五天：
A 3组12-15
C 3组8-10
D 每组15，共3组
E 3组12-15
I 每组12-15，共3组
K 每组12-15，共3组
O 每组15，共3组
S 身体两侧各20

第六天：
有氧运动30-45分

第七天：
休息

高级常规1

第一天：
A 3组12-15
B 3组12-15
C 3组8-10
D 每组15，共3组
E 3组12-15
I 每组12-15，共3组
K 每组12-15，共3组
L 3组12-15
O 每组15，共3组
S 身体两侧各20

第二天：
有氧运动30-45分

第三天：
A 3组12-15
B 3组12-15
C 3组8-10
D 每组15，共3组
E 3组12-15
I 每组12-15，共3组
K 每组12-15，共3组
L 3组12-15
O 每组15，共3组
S 身体两侧各20

第四天：
有氧运动30-45分

第五天：
A 3组12-15
B 3组12-15
C 3组8-10
D 每组15，共3组
E 3组12-15
I 每组12-15，共3组
K 每组12-15，共3组
L 3组12-15
O 每组15，共3组
S 身体两侧各20

第六天：
有氧运动30-45分

第七天：
休息

初级常规2

第一天：
F 3组8-10
G 3组10-12
H 3组10-12
J 3组12-15
M 3组12-15
N 3组12-15

第二天：
休息

第三天：
F 3组8-10
G 3组10-12
H 3组10-12
J 3组12-15
M 3组12-15
N 3组12-15

第四天：
休息

第五天：
F 3组8-10
G 3组10-12
H 3组10-12
J 3组12-15
M 3组12-15
N 3组12-15

第六天：
有氧运动30-45分

第七天：
休息

中级常规2

第一天：
F 3组8-10
G 3组10-12
H 3组10-12
J 3组12-15
M 3组12-15
N 3组12-15
P 3组30-60秒
Q 3组30-60秒

第二天：
有氧运动30-45分

第三天：
F 3组8-10
G 3组10-12
H 3组10-12
J 3组12-15
M 3组12-15
N 3组12-15
P 3组30-60秒
Q 3组30-60秒

第四天：
休息

第五天：
F 3组8-10
G 3组10-12
H 3组10-12
J 3组12-15
M 3组12-15
N 3组12-15
P 3组30-60秒
Q 3组30-60秒

第六天：
有氧运动30-45分

第七天：
休息

高级常规2

第一天：
F 3组8-10
G 3组10-12
H 3组10-12
J 3组12-15
M 3组12-15
N 3组12-15
P 3组30-60秒
Q 3组30-60秒
R 3组20
T 3组25

第二天：
有氧运动30-45分

第三天：
F 3组8-10
G 3组10-12
H 3组10-12
J 3组12-15
M 3组12-15
N 3组12-15
P 3组30-60秒
Q 3组30-60秒
R 3组20
T 3组25

第四天：
有氧运动30-45分

第五天：
F 3组8-10
G 3组10-12
H 3组10-12
J 3组12-15
M 3组12-15
N 3组12-15
P 3组30-60秒
Q 3组30-60秒
R 3组20
T 3组25

第六天：
有氧运动30-45分

第七天：
休息

击剑锻炼

A 肩胛骨活动度
44页

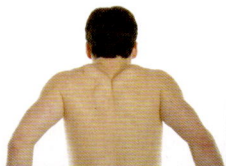

B 平凳腹背练习
56页

C 坐姿哑铃推举
74页

D 旋转练习
78页

E 弹力带外旋
80页

F 肩部抬升和拉伸
84页

G 俯卧反飞鸟
88页

H 杠铃深蹲
136页

I 反弓步
140页

J 侧弓步
142页

K 哑铃弓箭步下蹲
144页

L 高位起跑式
146页

M 交叉步
148页

N 单腿下踏板
152页

O 眼镜蛇背拉
194页

P 平板支撑
120页

Q T形稳定练习
124页

R 瑞士球屈腿
128页

S 大腿前后摆动
208页

T 健身球猛击
214页

曲棍球

曲棍球与心血管关系密切，它需要双腿进行奔跑，双臂运球、击球和推球，胸部和背部提供力量，腹部保持身体稳定或转向。另外我们还在健身计划中增加了几项"爆发性"练习——使用健身球——增加你的力量，同时使你得到很好的有氧锻炼。你可以充分利用其他具有相似爆发力的练习，只需要尽可能快速地将其完成即可。

锻炼级别 1

初级常规1

第一天：
A 3组8-10
C 3组8-10
E 3组15
H 3组10-12
I 3组10-12
N 身体两侧各20

第二天：
休息

第三天：
A 3组8-10
C 3组8-10
E 3组15
H 3组10-12
I 3组10-12
N 身体两侧各20

第四天：
休息

第五天：
A 3组8-10
C 3组8-10
E 3组15
H 3组10-12
I 3组10-12
N 身体两侧各20

第六天：
有氧运动30-45分

第七天：
休息

中级常规1

第一天：
A 3组8-10
C 3组8-10
D 3组8-10
E 3组15
H 3组10-12
I 3组10-12
K 3组12-15
N 身体两侧各20

第二天：
有氧运动30-45分

第三天：
A 3组8-10
C 3组8-10
D 3组8-10
E 3组15
H 3组10-12
I 3组10-12
K 3组12-15
N 身体两侧各20

第四天：
休息

第五天：
A 3组8-10
C 3组8-10
D 3组8-10
E 3组15
H 3组10-12
I 3组10-12
K 3组12-15
N 身体两侧各20

第六天：
有氧运动30-45分

第七天：
休息

高级常规1

第一天：
A 3组8-10
C 3组8-10
E 3组15
F 3组10-12
I 3组10-12
K 3组12-15
L 3组10-12
N 身体两侧各20

第二天：
有氧运动30-45分

第三天：
A 3组8-10
C 3组8-10
D 3组8-10
E 3组15
F 3组10-12
H 3组10-12
I 3组10-12
K 3组12-15
L 3组10-12

N 身体两侧各20
N 身体两侧各20

第四天：
有氧运动30-45分

第五天：
A 3组8-10
C 3组8-10
D 3组8-10
E 3组15
F 3组10-12
H 3组10-12
I 3组10-12
K 3组12-15
L 3组10-12
N 身体两侧各20

第六天：
有氧运动30-45分

第七天：
休息

锻炼级别 2

初级常规2

第一天：
B 3组8-10
G 3组10-12
J 3组12-15
M 3组20
O 3组30-60秒
P 3组20

第二天：
休息

第三天：
B 3组8-10
G 3组10-12
J 3组12-15
M 3组20
O 3组30-60秒
P 3组20

第四天：
休息

第五天：
B 3组8-10
G 3组10-12
J 3组12-15
M 3组20
O 3组30-60秒
P 3组20

第六天：
有氧运动30-45分

第七天：
休息

中级常规2

第一天：
B 3组8-10
G 3组10-12
J 3组12-15
M 3组20
O 3组30-60秒
P 3组20
Q 3组20
R 3组20

第二天：
有氧运动30-45分

第三天：
B 3组8-10
G 3组10-12
J 3组12-15
M 3组20
O 3组30-60秒
P 3组20
Q 3组20
R 3组20

第四天：
休息

第五天：
B 3组8-10
G 3组10-12
J 3组12-15
M 3组20
O 3组30-60秒
P 3组20
Q 3组20
R 3组20

第六天：
有氧运动30-45分

第七天：
休息

高级常规2

第一天：
B 3组8-10
G 3组10-12
J 3组12-15
M 3组20
O 3组30-60秒
P 3组20
Q 3组20
R 3组20
S 3组20
T 3组25

第二天：
有氧运动30-45分

第三天：
B 3组8-10
G 3组10-12
J 3组12-15
M 3组20
O 3组30-60秒
P 3组20
Q 3组20
R 3组20
S 3组20
T 3组25

S 3组20
T 3组25

第四天：
有氧运动30-45分

第五天：
B 3组8-10
G 3组10-12
J 3组12-15
M 3组20
O 3组30-60秒
P 3组20
Q 3组20
R 3组20
S 3组20
T 3组25

第六天：
有氧运动30-45分

第七天：
休息

A 哑铃划船
38页

B 斜板划船
50页

C 杠铃仰卧平板推举
60页

D 曲臂伸
68页

E 旋转练习
78页

F 金属盘前平举
92页

G 杠铃耸肩
94页

H 交替锤式弯举
98页

I 瑞士球直角坐墙
134页

J 侧弓步
142页

K 哑铃弓箭步下蹲
144页

L 瑞士球腘绳肌弯曲
164页

M 坐式俄罗斯旋转
200页

N 健身实心球伐木
130页

O T形稳定练习
124页

P 瑞士球屈腿
128页

Q 瑞士球推滚
206页

R 大腿前后摆动
208页

S 两头起
212页

T 健身球猛击
214页

花样溜冰

这项运动主要依靠腿部和臀部肌肉组织来完成，花样溜冰的运动员需要研究平衡、优雅、运动能力和技能，而训练主要针对力量、平衡力和耐力。身体向后滑动时需要强壮的臀部肌肉，而朝前或者横向滑动时则要用到股四头肌，同时外展肌、腘绳肌和小腿提供二级帮助。男选手需要强大的上身力量才能完成广受欢迎的托举动作。

锻炼级别 1

初级常规1

第一天：
A 3组10-12
B 3组12-15
H 3组15-20
J 3组12-15
K 3组12-15
O 15

第二天：
休息

第三天：
A 3组10-12
B 3组12-15
H 3组15-20
J 3组12-15
O 15

第四天：
休息

第五天：
A 3组10-12
B 3组12-15
H 3组15-20
J 3组12-15
K 3组12-15
O 15

第六天：
有氧运动30-45分

第七天：
休息

中级常规1

第一天：
A 3组10-12
B 3组12-15
D 3组12-15
G 3组15-20
H 3组15-20
J 3组12-15
K 3组12-15
O 15

第二天：
有氧运动30-45分

第三天：
A 3组10-12
B 3组12-15
D 3组12-15
G 3组15-20
H 3组15-20
J 3组12-15
K 3组12-15

O 15

第四天：
休息

第五天：
A 3组10-12
B 3组12-15
D 3组12-15
G 3组15-20
H 3组15-20
J 3组12-15
K 3组12-15
O 15

第六天：
有氧运动30-45分

第七天：
休息

高级常规1

第一天：
A 3组10-12
B 3组12-15
D 3组12-15
G 3组15-20
H 3组15-20
J 3组12-15
K 3组12-15
O 15
R 身体两侧各30-60秒
S 15

第二天：
有氧运动30-45分

第三天：
A 3组10-12
B 3组12-15
D 3组12-15
G 3组15-20
H 3组15-20
J 3组12-15
K 3组12-15
O 15
R 身体两侧各30-60秒
S 15

R 身体两侧各30-60秒
S 15

第四天：
有氧运动30-45分

第五天：
A 3组10-12
B 3组12-15
D 3组12-15
G 3组15-20
H 3组15-20
J 3组12-15
K 3组12-15
O 15
R 身体两侧各30-60秒
S 15

第六天：
有氧运动30-45分

第七天：
休息

锻炼级别 2

初级常规2

第一天：
C 3组12-15
E 3组12-15
F 3组12-15
I 3组10-12
L 3组12-15
M 3组20

第二天：
休息

第三天：
C 3组12-15
E 3组12-15
F 3组12-15
I 3组10-12
L 3组12-15
M 3组20

第四天：
休息

第五天：
C 3组12-15
E 3组12-15
F 3组12-15
I 3组10-12
L 3组12-15
M 3组20

第六天：
有氧运动30-45分

第七天：
休息

中级常规2

第一天：
C 3组12-15
E 3组12-15
F 3组12-15
I 3组10-12
L 3组12-15
M 3组20
N 3组15
P 3组30-120秒

第二天：
有氧运动30-45分

第三天：
C 3组12-15
E 3组12-15
F 3组12-15
I 3组10-12
L 3组12-15
M 3组20
N 3组15
P 3组30-120秒

第四天：
休息

第五天：
C 3组12-15
E 3组12-15
F 3组12-15
I 3组10-12
L 3组12-15
M 3组20
N 3组15
P 3组30-120秒

第六天：
有氧运动30-45分

第七天：
休息

高级常规2

第一天：
C 3组12-15
E 3组12-15
F 3组12-15
I 3组10-12
L 3组12-15
M 3组20
N 3组15
P 3组30-120秒
Q 3组20
T 3组20

Q 3组20
T 3组20

第四天：
有氧运动30-45分

第五天：
C 3组12-15
E 3组12-15
F 3组12-15
I 3组10-12
L 3组12-15
M 3组20
N 3组15
P 3组30-120秒
Q 3组20
T 3组20

第二天：
有氧运动30-45分

第三天：
C 3组12-15
E 3组12-15
F 3组12-15
I 3组10-12
L 3组12-15
M 3组20
N 3组15
P 3组30-120秒

第六天：
有氧运动30-45分

第七天：
休息

A 瑞士球直角坐墙
134页

B 反弓步
140页

C 侧弓步
142页

D 哑铃弓箭步下蹲
144页

E 高位起跑式
146页

F 交叉步
148页

G 内收肌伸展
162页

H 腘绳肌外展
163页

I 瑞士球腘绳肌弯曲
164页

J 杠铃硬拉俯身起
168页

K 哑铃负重举踵
178页

L 哑铃胫骨上抬
180页

M 空中单车
190页

N 瑞士球骨盆倾斜
196页

O 星式跳跃
156页

P 登山家
158页

Q 俯卧撑上纵跳
160页

R T形稳定练习
124页

S 髋关节内收和外展
204页

T 瑞士球推滚
206页

飞蝇钓

这项运动要大量用到背部、肩部、双臂以及前臂的"投掷"肌肉，并且需要强有力的核心肌群维持身体的稳定。投掷动作的高度重复性就意味着高超的技巧加倍重要。一个常犯的错误就是将钓鱼的设备向前扔得太远，从而使手腕和前臂感觉劳累。在禁渔期保持身体健康极为重要。每周一次练习"草坪投掷"，腾出时间来进行这项重要练习，以便在渔猎期能有尽可能多的收获。

锻炼级别 1

初级常规1

第一天：
C 每组10-12，共3组
G 每组12-15，共3组
K 每组10-12，共3组
L 每组12-15，共3组
T 身体两侧各20
T 每组20，共3组

第二天：
休息

第三天：
C 每组10-12，共3组
G 每组12-15，共3组
K 每组10-12，共3组
L 每组12-15，共3组
Q 身体两侧各20
T 每组20，共3组

第四天：
休息

第五天：
C 每组10-12，共3组
G 每组12-15，共3组
K 每组10-12，共3组
L 每组12-15，共3组
Q 身体两侧各20
T 每组20，共3组

第六天：
有氧运动30-45分

第七天：
休息

中级常规1

第一天：
A 每组12-15，共3组
C 每组10-12，共3组
E 每组8-10，共3组
G 每组12-15，共3组
K 每组10-12，共3组
L 每组12-15，共3组
Q 身体两侧各20
T 每组20，共3组

第二天：
有氧运动30-45分

第三天：
A 每组12-15，共3组
C 每组10-12，共3组
E 每组8-10，共3组
G 每组12-15，共3组
K 每组10-12，共3组
L 每组12-15，共3组
Q 身体两侧各20
T 每组20，共3组

第四天：
休息

第五天：
A 每组12-15，共3组
C 每组10-12，共3组
E 每组8-10，共3组
G 每组12-15，共3组
K 每组10-12，共3组
L 每组12-15，共3组
Q 身体两侧各20
T 每组20，共3组

第六天：
有氧运动30-45分

第七天：
休息

高级常规1

第一天：
A 每组12-15，共3组
C 每组10-12，共3组
E 每组8-10，共3组
G 每组12-15，共3组
K 每组10-12，共3组
N 15
R 每组8-10，共3组
Q 身体两侧各20
T 每组20，共3组

第二天：
有氧运动30-45分

第三天：
A 每组12-15，共3组
C 每组10-12，共3组
E 每组8-10，共3组
G 每组12-15，共3组
K 每组10-12，共3组
N 15
R 每组8-10，共3组
Q 身体两侧各20
T 每组20，共3组

第四天：
有氧运动30-45分

第五天：
A 每组12-15，共3组
C 每组10-12，共3组
E 每组8-10，共3组
G 每组12-15，共3组
K 每组10-12，共3组
L 每组12-15，共3组
N 15
R 每组8-10，共3组
Q 身体两侧各20
T 每组20，共3组

第六天：
有氧运动30-45分

第七天：
休息

锻炼级别 2

初级常规2

第一天：
B 3组12-15
D 3组8-10
F 3组15
H 3组8-10
I 3组8-10
J 3组10-12

第二天：
休息

第三天：
B 3组12-15
D 3组8-10
F 3组15
H 3组8-10
I 3组8-10
J 3组10-12

第四天：
休息

第五天：
B 3组12-15
D 3组8-10
F 3组15
H 3组8-10
I 3组8-10
J 3组10-12

第六天：
有氧运动30-45分

第七天：
休息

中级常规2

第一天：
B 3组12-15
D 3组8-10
F 3组15
H 3组8-10
I 3组8-10
J 3组10-12
M 3组12-15
O 3组30-60秒

第二天：
有氧运动30-45分

第三天：
B 3组12-15
D 3组8-10
F 3组15
H 3组8-10
I 3组8-10
J 3组10-12
M 3组12-15
O 3组30-60秒

第四天：
休息

第五天：
B 3组12-15
D 3组8-10
F 3组15
H 3组8-10
I 3组8-10
J 3组10-12
M 3组12-15
O 3组30-60秒

第六天：
有氧运动30-45分

第七天：
休息

高级常规2

第一天：
B 3组12-15
D 3组8-10
F 3组15
H 3组8-10
I 3组8-10
J 3组10-12
M 3组12-15
O 3组30-60秒
P 3组30
S 3组20

第二天：
有氧运动30-45分

第三天：
B 3组12-15
D 3组8-10
F 3组15
H 3组8-10
I 3组8-10
J 3组10-12
M 3组12-15
O 3组30-60秒
P 3组30
S 3组20

第四天：
有氧运动30-45分

第五天：
B 3组12-15
D 3组8-10
F 3组15
H 3组8-10
I 3组8-10
J 3组10-12
M 3组12-15
O 3组30-60秒
P 3组30
S 3组20

第六天：
有氧运动30-45分

第七天：
休息

飞蝇钓锻炼

A 肩胛骨活动度 44页

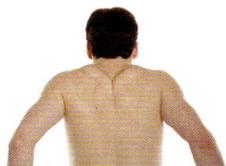

B 平凳腹背练习 56页

C 哑铃仰卧飞鸟 64页

D 坐姿哑铃推举 74页

E 肩部推举 76页

F 旋转练习 78页

G 弹力带外旋 80页

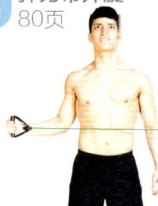

H 肩部抬升和拉伸 84页

I 杠铃上提 86页

J 交替锤式弯举 98页

K 绳索锤式弯举 104页

L 手腕屈曲 116页

M 手腕伸张 117页

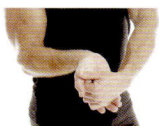

N 平板俯卧撑 198页

O 侧板式 122页

P 弹力带伐木术 202页

Q 健身实心球伐木 130页

R 三头肌外滚 110页

S 瑞士球屈腿 128页

T 瑞士球推滚 206页

盖尔式足球

从很多方面讲，盖尔式足球都是足球和美式橄榄球的杂交产物，同样的，它也需要动用到身体大部分的主要肌肉群。双腿需要足够坚强，以便奔跑和踢腿；上肢强劲有力，便于传球和"推搡"。运动员可以用手运球，只需要每隔几步让球在地上弹跳一下即可，因此双臂一定要强健——尤其是前臂和手腕。与所有残酷无情的激烈运动一样，快速的重复性动作有助于增强你的耐力。

锻炼级别 1

初级常规1

第一天：
A 3组6-8
D 3组8-10
G 3组10-12
J 3组10-12
M 3组10-12
Q 15

第二天：
休息

第三天：
A 3组6-8
D 3组8-10
G 3组10-12
J 3组10-12
M 3组10-12
Q 15

第四天：
休息

第五天：
A 3组6-8
D 3组8-10
G 3组10-12
J 3组10-12
M 3组10-12
Q 15

第六天：
有氧运动30-45分

第七天：
休息

中级常规1

第一天：
A 3组6-8
B 每组8-10，共3组
D 3组8-10
E 每组8-10，共3组
G 3组10-12
J 3组10-12
M 3组10-12
Q 15

第二天：
休息

第三天：
A 3组6-8
B 每组8-10，共3组
D 3组8-10
E 每组8-10，共3组
G 3组10-12
J 3组10-12

M 3组10-12
Q 15

第四天：
休息

第五天：
A 3组6-8
B 每组8-10，共3组
D 3组8-10
E 每组8-10，共3组
G 3组10-12
J 3组10-12
M 3组10-12
Q 15

第六天：
有氧运动30-45分

第七天：
休息

高级常规1

第一天：
A 3组6-8
B 每组8-10，共3组
D 3组8-10
E 每组8-10，共3组
G 3组10-12
J 3组10-12
M 3组10-12
N 3组12-15
Q 15
S 身体两侧各20

第二天：
有氧运动30-45分

第三天：
A 3组6-8
B 每组8-10，共3组
D 3组8-10
E 每组8-10，共3组
G 3组10-12
J 3组10-12
M 3组10-12
N 3组12-15

Q 15
S 身体两侧各20

第四天：
有氧运动30-45分

第五天：
A 3组6-8
B 每组8-10，共3组
D 3组8-10
E 每组8-10，共3组
G 3组10-12
J 3组10-12
M 3组10-12
N 3组12-15
Q 15
S 身体两侧各20

第六天：
有氧运动30-45分

第七天：
休息

锻炼级别 2

初级常规2

第一天：
C 3组8-10
F 3组8-10
H 3组10-12
I 3组12-15
K 3组12-15
L 3组10-12

第二天：
休息

第三天：
C 3组8-10
F 3组8-10
H 3组10-12
I 3组12-15
K 3组12-15
L 3组10-12

第四天：
休息

第五天：
C 3组8-10
F 3组8-10
H 3组10-12
I 3组12-15
K 3组12-15
L 3组10-12

第六天：
有氧运动30-45分

第七天：
休息

中级常规2

第一天：
C 3组8-10
F 3组8-10
H 3组10-12
I 3组12-15
K 3组12-15
L 3组10-12
O 3组30
P 3组20

第二天：
有氧运动30-45分

第三天：
C 3组8-10
F 3组8-10
H 3组10-12
I 3组12-15
K 3组12-15
L 3组10-12
O 3组30
P 3组20

第四天：
休息

第五天：
C 3组8-10
F 3组8-10
H 3组10-12
I 3组12-15
K 3组12-15
L 3组10-12
O 3组30
P 3组20

第六天：
有氧运动30-45分

第七天：
休息

高级常规2

第一天：
C 3组8-10
F 3组8-10
H 3组10-12
I 3组12-15
K 3组12-15
L 3组10-12
O 3组30
P 3组20
R 3组20
T 3组30-60秒

第二天：
有氧运动30-45分

第三天：
C 3组8-10
F 3组8-10
H 3组10-12
I 3组12-15
K 3组12-15
L 3组10-12
O 3组30
P 3组20

R 3组20
T 3组30-60秒

第四天：
有氧运动30-45分

第五天：
C 3组8-10
F 3组8-10
H 3组10-12
I 3组12-15
K 3组12-15
L 3组10-12
O 3组30
P 3组20
R 3组20
T 3组30-60秒

第六天：
有氧运动30-45分

第七天：
休息

盖尔式足球锻炼

A 杠铃硬拉
34页

B 杠铃划船
36页

C 平凳腹背练习
56页

D 杠铃仰卧平板推举
60页

E 曲臂伸
68页

F 肩部推举
76页

G 杠铃耸肩
94页

H 绳索曲臂下压
106页

I 手腕屈曲
116页

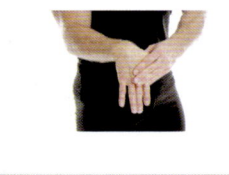

J 瑞士球直角坐墙
134页

K 高位起跑式
146页

L 壶铃深蹲
150页

M 瑞士球腘绳肌弯曲
164页

N 哑铃负重举踵
178页

O 土耳其起立
188页

P 空中单车
190页

Q 平板俯卧撑
198页

R 坐式俄罗斯旋转
200页

S 健身实心球伐木
130页

T T形稳定练习
124页

高尔夫球

高尔夫球比我们大多数人想象的更像是一种运动。一个正确的挥杆动作可以调动全身的肌肉。由于背部和核心肌群是挥杆动作背后的驱动力，因此这些区域应该发达且健壮。胸肌的主要功能是将双臂拉开，它可以帮助胳膊伸展，并收缩肩膀，而背阔肌的功能也大抵如此。臀大肌为下肢提供支持，并带动整个臀部，而前臂在最终挥杆时要考虑到正确的抓握姿势。

锻炼级别1

初级常规1

第一天：
A 3组8-10
B 3组8-10
D 3组10-12
H 3组12-15
J 3组10-12
P 身体两侧各20

第二天：
休息

第三天：
A 3组8-10
B 3组8-10
D 3组10-12
H 3组12-15
J 3组10-12
P 身体两侧各20

第四天：
休息

第五天：
A 3组8-10
B 3组8-10
D 3组10-12
H 3组12-15
J 3组10-12
P 身体两侧各20

第六天：
有氧运动30-45分

第七天：
休息

中级常规1

第一天：
A 3组8-10
B 3组8-10
D 3组10-12
G 3组10-12
H 3组12-15
J 3组10-12
K 3组12-15
P 身体两侧各20

第二天：
有氧运动30-45分

第三天：
A 3组8-10
B 3组8-10
D 3组10-12
G 3组10-12
H 3组12-15
J 3组10-12
K 3组12-15
P 身体两侧各20

第四天：
休息

第五天：
A 3组8-10
B 3组8-10
D 3组10-12
G 3组10-12
H 3组12-15
J 3组10-12
K 3组12-15
P 身体两侧各20

第六天：
有氧运动30-45分

第七天：
休息

高级常规1

第一天：
A 3组8-10
B 3组8-10
D 3组10-12
G 3组10-12
H 3组12-15
J 3组10-12
K 3组12-15
O 身体两侧各30
P 身体两侧各20
R 15

第二天：
有氧运动30-45分

第三天：
A 3组8-10
B 3组8-10
D 3组10-12
G 3组10-12
H 3组12-15
J 3组10-12
K 3组12-15
O 身体两侧各30

P 身体两侧各20
R 15

第四天：
有氧运动30-45分

第五天：
A 3组8-10
B 3组8-10
D 3组10-12
G 3组10-12
H 3组12-15
J 3组10-12
K 3组12-15
O 身体两侧各30
P 身体两侧各20
R 15

第六天：
有氧运动30-45分

第七天：
休息

锻炼级别2

初级常规2

第一天：
C 3组10-12
E 3组12-15
F 3组8-10
I 3组12-15
L 3组25
M 3组20

第二天：
休息

第三天：
C 3组10-12
E 3组12-15
F 3组8-10
I 3组12-15
L 3组25
M 3组20

第四天：
休息

第五天：
C 3组10-12
E 3组12-15
F 3组8-10
I 3组12-15
L 3组25
M 3组20

第六天：
有氧运动30-45分

第七天：
休息

中级常规2

第一天：
C 3组10-12
E 3组12-15
F 3组8-10
I 3组12-15
L 3组25
M 3组20
N 3组20
Q 3组8-10

第二天：
有氧运动30-45分

第三天：
C 3组10-12
E 3组12-15
F 3组8-10
I 3组12-15
L 3组25
M 3组20
N 3组20
Q 3组8-10

第四天：
休息

第五天：
C 3组10-12
E 3组12-15
F 3组8-10
I 3组12-15
L 3组25
M 3组20
N 3组20
Q 3组8-10

第六天：
有氧运动30-45分

第七天：
休息

高级常规2

第一天：
C 3组10-12
E 3组12-15
F 3组8-10
I 3组12-15
L 3组25
M 3组20
N 3组20
Q 3组8-10
S 3组25
T 3组20

第二天：
有氧运动30-45分

第三天：
C 3组10-12
E 3组12-15
F 3组8-10
I 3组12-15
L 3组25
M 3组20
N 3组20
Q 3组8-10

S 3组25
T 3组20

第四天：
有氧运动30-45分

第五天：
C 3组10-12
E 3组12-15
F 3组8-10
I 3组12-15
L 3组25
M 3组20
N 3组20
Q 3组8-10
S 3组25
T 3组20

第六天：
有氧运动30-45分

第七天：
休息

A 高滑轮下拉
42页

B 壶铃交替上提
46页

C 平凳腹背练习
56页

D 哑铃仰卧飞鸟
64页

E 弹力带外旋
80页

F 肩部抬升和拉伸
84页

G 绳索曲臂下压
106页

H 手腕屈曲
116页

I 手腕伸张
117页

J 瑞士球直角坐墙
134页

K 交叉步
148页

L 腹式踢腿
184页

M 空中单车
190页

N 坐式俄罗斯旋转
200页

O 弹力带伐木术
202页

P 健身实心球伐木
130页

Q 壶铃交替上提
48页

R 髋关节内收和外展
204页

S 健身球猛击
214页

T 风车式
216页

体操

在体操运动中，人体主要的肌肉群需要协同合作才能完成优雅的动作，在各种各样的设备上展示令人惊叹的灵活性、平衡力、柔韧性，尤其是勇气。体操训练的目标是在不过度增加肌肉量的前提下达到特殊的运动强度，这样你就可以尽可能舒适地支撑自身的体重。这项常规主要是由这样的"健身操"练习组成。

锻炼级别1

初级常规1

第一天：
A 3组8-10
E 3组8-10
G 20
K 3组10-12
Q 15
S 身体两侧各
　30-60秒

第二天：
休息

第三天：
A 3组8-10
E 3组8-10
G 20
K 3组10-12
Q 15
S 身体两侧各
　30-60秒

第四天：
休息

第五天：
A 3组8-10
E 3组8-10
G 20
K 3组10-12
Q 15
S 身体两侧各
　30-60秒

第六天：
有氧运动30-45分

第七天：
休息

中级常规1

第一天：
A 3组8-10
C 3组12-15
E 3组8-10
G 20
I 3组12-15
K 3组10-12
Q 15
S 身体两侧各
　30-60秒

第二天：
有氧运动30-45分

第三天：
A 3组8-10
C 3组12-15
E 3组8-10
G 20
I 3组12-15
K 3组10-12
Q 15
S 身体两侧各
　30-60秒

第四天：
休息

第五天：
A 3组8-10
C 3组12-15
E 3组8-10
G 20
I 3组12-15
K 3组10-12
Q 15
S 身体两侧各
　30-60秒

第六天：
有氧运动30-45分

第七天：
休息

高级常规1

第一天：
A 3组8-10
C 3组12-15
E 3组8-10
G 20
I 3组12-15
K 3组10-12
Q 15
R 30-120秒
S 身体两侧各
　30-60秒
T 身体两侧各20

第二天：
有氧运动30-45分

第三天：
A 3组8-10
C 3组12-15
E 3组8-10
G 20
I 3组12-15
K 3组10-12
Q 15
R 30-120秒
S 身体两侧各
　30-60秒
T 身体两侧各20

第四天：
有氧运动30-45分

第五天：
A 3组8-10
C 3组12-15
E 3组8-10
G 20
I 3组12-15
K 3组10-12
Q 15
R 30-120秒
S 身体两侧各
　30-60秒
T 身体两侧各20

第六天：
有氧运动30-45分

第七天：
休息

锻炼级别2

初级常规2

第一天：
B 3组8-10
D 3组12-15
F 3组12-15
H 3组15
J 3组12-15
L 3组15-20

第二天：
休息

第三天：
B 3组8-10
D 3组12-15
F 3组12-15
H 3组15
J 3组12-15
L 3组15-20

第四天：
休息

第五天：
B 3组8-10
D 3组12-15
F 3组12-15
H 3组15
J 3组12-15
L 3组15-20

第六天：
有氧运动30-45分

第七天：
休息

中级常规2

第一天：
B 3组8-10
D 3组12-15
F 3组12-15
H 3组15
J 3组12-15
L 3组15-20
M 3组15-20
N 3组12-15

第二天：
有氧运动30-45分

第三天：
B 3组8-10
D 3组12-15
F 3组12-15
H 3组15
J 3组12-15
L 3组15-20
M 3组15-20
N 3组12-15

第四天：
休息

第五天：
B 3组8-10
D 3组12-15
F 3组12-15
H 3组15
J 3组12-15
L 3组15-20
M 3组15-20
N 3组12-15

第六天：
有氧运动30-45分

第七天：
休息

高级常规2

第一天：
B 3组8-10
D 3组12-15
F 3组12-15
H 3组15
J 3组12-15
L 3组15-20
M 3组15-20
N 3组12-15
O 3组12-15
P 3组20

第二天：
有氧运动30-45分

第三天：
B 3组8-10
D 3组12-15
F 3组12-15
H 3组15
J 3组12-15
L 3组15-20
M 3组15-20
N 3组12-15
O 3组12-15
P 3组20

第四天：
有氧运动30-45分

第五天：
B 3组8-10
D 3组12-15
F 3组12-15
H 3组15
J 3组12-15
L 3组15-20
M 3组15-20
N 3组12-15
O 3组12-15
P 3组20

第六天：
有氧运动30-45分

第七天：
休息

A 绳索下拉
52页

B 反握胸前引体
54页

C 平凳腹背练习
56页

D 背部旋转伸展
58页

E 曲臂伸
68页

F 俯卧撑
70页

G 换手俯卧撑
72页

H 旋转练习
78页
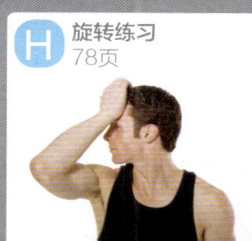

I 弹力带外旋
80页
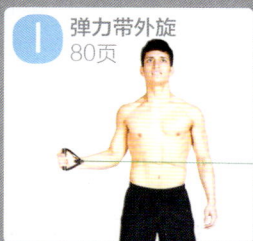

J 凳上双臂屈伸
112页

K 瑞士球直角坐墙
134页

L 内收肌伸展
162页

M 腘绳肌外展
163页

N 腘绳肌内缩
170页

O 相扑式深蹲
172页

P 腹部提臀
186页

Q 平板俯卧撑
198页

R 平板支撑
120页

S 平板支撑
120页

T 瑞士球臀部交叉
210页

手球

手球是一项激烈且快节奏的运动，而肩部正是向队友传球或尝试射门时用到的主要肌肉。肱三头肌用来猛力投掷，而核心肌群则可以有效地利用下肢动作，增强上肢力量。手球运动员也需要有一双强劲的双腿，在场上持续（通常是快速地）奔跑。进攻者在试图射门之前通常也要高高地跳起来，而这同样需要强大的腿部力量。

锻炼级别1

初级常规1

第一天：
A 3组6-8
B 3组8-10
C 3组15
G 3组10-12
L 3组10-12
P 30

第二天：
休息

第三天：
A 3组6-8
B 3组8-10
C 3组15
G 3组10-12
L 3组10-12
P 30

第四天：
休息

第五天：
A 3组6-8
B 3组8-10
C 3组15
G 3组10-12
L 3组10-12
P 30

第六天：
有氧运动30-45分

第七天：
休息

中级常规1

第一天：
A 3组6-8
B 3组8-10
C 3组15
F 3组10-12
G 3组10-12
L 3组10-12
P 30
R 30秒-2分

第二天：
有氧运动30-45分

第三天：
A 3组6-8
B 3组8-10
C 3组15
F 3组10-12
G 3组10-12
L 3组10-12
P 30
R 30秒-2分

第四天：
休息

第五天：
A 3组6-8
B 3组8-10
C 3组15
F 3组10-12
G 3组10-12
L 3组10-12
P 30
R 30秒-2分

第六天：
有氧运动30-45分

第七天：
休息

高级常规1

第一天：
A 3组6-8
B 3组8-10
C 3组15
F 3组10-12
G 3组10-12
J 3组10-12
L 3组10-12
P 30
R 30秒-2分
S 身体两侧各20

第二天：
有氧运动30-45分

第三天：
A 3组6-8
B 3组8-10
C 3组15
F 3组10-12
G 3组10-12
J 3组10-12
L 3组10-12
P 30

R 30秒-2分
S 身体两侧各20

第四天：
有氧运动30-45分

第五天：
A 3组6-8
B 3组8-10
C 3组15
F 3组10-12
G 3组10-12
J 3组10-12
L 3组10-12
P 30
R 30秒-2分
S 身体两侧各20

第六天：
有氧运动30-45分

第七天：
休息

锻炼级别2

初级常规2

第一天：
A 3组6-8
B 3组8-10
C 3组15
G 3组10-12
L 3组10-12
P 30

第二天：
休息

第三天：
A 3组6-8
B 3组8-10
C 3组15
G 3组10-12
L 3组10-12
P 30

第四天：
休息

第五天：
A 3组6-8
B 3组8-10
C 3组15
G 3组10-12
L 3组10-12
P 30

第六天：
有氧运动30-45分

第七天：
休息

中级常规2

第一天：
A 3组6-8
B 3组8-10
C 3组15
F 3组10-12
G 3组10-12
L 3组10-12
P 30
R 30秒-2分

第二天：
有氧运动30-45分

第三天：
A 3组6-8
B 3组8-10
C 3组15
F 3组10-12
G 3组10-12
L 3组10-12
P 30
R 30秒-2分

第四天：
休息

第五天：
A 3组6-8
B 3组8-10
C 3组15
F 3组10-12
G 3组10-12
L 3组10-12
P 30
R 30秒-2分

第六天：
有氧运动30-45分

第七天：
休息

高级常规2

第一天：
A 3组6-8
B 3组8-10
C 3组15
F 3组10-12
G 3组10-12
J 3组10-12
L 3组10-12
P 30
R 30秒-2分
S 身体两侧各20

第二天：
有氧运动30-45分

第三天：
A 3组6-8
B 3组8-10
C 3组15
F 3组10-12
G 3组10-12
J 3组10-12
L 3组10-12
P 30

R 30秒-2分
S 身体两侧各20

第四天：
有氧运动30-45分

第五天：
A 3组6-8
B 3组8-10
C 3组15
F 3组10-12
G 3组10-12
J 3组10-12
L 3组10-12
P 30
R 30秒-2分
S 身体两侧各20

第六天：
有氧运动30-45分

第七天：
休息

手球锻炼

A 杠铃硬拉
34页

B 肩部推举
76页

C 旋转练习
78页

D 侧平举
82页

E 俯卧反飞鸟
88页

F 金属盘前平举
92页

G 绳索曲臂下压
106页

H 仰卧哑铃屈臂伸
108页

I 瑞士球直角坐墙
134页

J 壶铃深蹲
150页

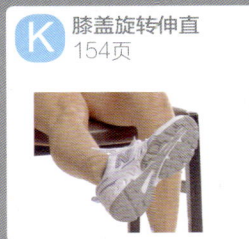
K 膝盖旋转伸直
154页

L 瑞士球腘绳肌弯曲
164页

M 杠铃硬拉俯身起
168页

N 腹式踢腿
184页

O 腹部提臀
186页

P 土耳其起立
188页

Q 反向卷腹
192页

R 登山家
158页

S 健身实心球伐木
130页

T 健身球猛击
214页

板棍球

板棍球是世界上速度最快的草地运动之一。相关的训练应该围绕三大上升力：硬拉、深蹲和仰卧推举进行。另外，它也需要强大的腕部力量来投球，健壮的核心肌群进行强大的旋转。为了使动作多样化，并增强身体的耐力，你需要时不时地将每一项质量较轻的举重练习都做一遍，并以更快的速度进行额外的重复练习。然而，记住要始终维持正确的身体姿势。

锻炼级别1

初级常规1

第一天：
A 3组6-8
C 3组8-10
D 3组8-10
H 3组10-12
K 身体两侧各20
Q 身体两侧各20

第二天：
休息

第三天：
A 3组6-8
C 3组8-10
D 3组8-10
H 3组10-12
K 身体两侧各20
Q 身体两侧各20

第四天：
休息

第五天：
A 3组6-8
C 3组8-10
D 3组8-10
H 3组10-12
K 身体两侧各20
Q 身体两侧各20

第六天：
有氧运动30-45分

第七天：
休息

中级常规1

第一天：
A 3组6-8
C 3组8-10
D 3组8-10
E 3组15
G 3组12-15
H 3组10-12
K 身体两侧各20
Q 身体两侧各20

第二天：
有氧运动30-45分

第三天：
A 3组6-8
C 3组8-10
D 3组8-10
E 3组15
G 3组12-15
H 3组10-12
K 身体两侧各20
Q 身体两侧各20

第四天：
休息

第五天：
A 3组6-8
C 3组8-10
D 3组8-10
E 3组15
G 3组12-15
H 3组10-12
K 身体两侧各20
Q 身体两侧各20

第六天：
有氧运动30-45分

第七天：
休息

高级常规1

第一天：
A 3组6-8
C 3组8-10
D 3组8-10
E 3组15
G 3组12-15
H 3组10-12
J 3组10-12
K 身体两侧各20
Q 身体两侧各20
S 25

第二天：
有氧运动30-45分

第三天：
A 3组6-8
C 3组8-10
D 3组8-10
E 3组15
G 3组12-15
H 3组10-12
J 3组10-12
K 身体两侧各20

Q 身体两侧各20
S 25

第四天：
有氧运动30-45分

第五天：
A 3组6-8
C 3组8-10
D 3组8-10
E 3组15
G 3组12-15
H 3组10-12
J 3组10-12
K 身体两侧各20
Q 身体两侧各20
S 25

第六天：
有氧运动30-45分

第七天：
休息

锻炼级别2

初级常规2

第一天：
B 3组8-10
F 3组12-15
I 3组10-12
L 3组15
M 3组30-60秒
N 3组20

第二天：
休息

第三天：
B 3组8-10
F 3组12-15
I 3组10-12
L 3组15
M 3组30-60秒
N 3组20

第四天：
休息

第五天：
B 3组8-10
F 3组12-15
I 3组10-12
L 3组15
M 3组30-60秒
N 3组20

第六天：
有氧运动30-45分

第七天：
休息

中级常规2

第一天：
B 3组8-10
F 3组12-15
I 3组10-12
L 3组15
M 3组30-60秒
N 3组20
O 3组30-60秒
P 3组20

第二天：
有氧运动30-45分

第三天：
B 3组8-10
F 3组12-15
I 3组10-12
L 3组15
M 3组30-60秒
N 3组20
O 3组30-60秒
P 3组20

第四天：
休息

第五天：
B 3组8-10
F 3组12-15
I 3组10-12
L 3组15
M 3组30-60秒
N 3组20
O 3组30-60秒
P 3组20

第六天：
有氧运动30-45分

第七天：
休息

高级常规2

第一天：
B 3组8-10
F 3组12-15
I 3组10-12
L 3组15
M 3组30-60秒
N 3组20
O 3组30-60秒
P 3组20
R 3组20
T 3组20

第二天：
有氧运动30-45分

第三天：
B 3组8-10
F 3组12-15
I 3组10-12
L 3组15
M 3组30-60秒
N 3组20
O 3组30-60秒
P 3组20
R 3组20
T 3组20

R 3组20
T 3组20

第四天：
有氧运动30-45分

第五天：
B 3组8-10
F 3组12-15
I 3组10-12
L 3组15
M 3组30-60秒
N 3组20
O 3组30-60秒
P 3组20
R 3组20
T 3组20

第六天：
有氧运动30-45分

第七天：
休息

板棍球锻炼

A 杠铃硬拉
34页

B 杠铃划船
36页

C 杠铃仰卧平板推举
60页

D 曲臂伸
68页

E 旋转练习
78页

F 手腕屈曲
116页
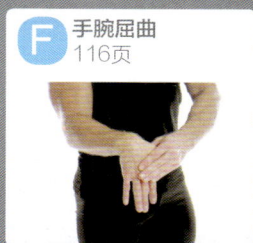

G 手腕伸张
117页
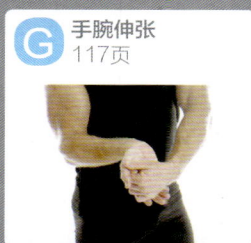

H 瑞士球直角坐墙
134页

I 壶铃深蹲
150页

J 瑞士球腘绳肌弯曲
164页

K 空中单车
190页

L 瑞士球骨盆倾斜
196页

M 侧板式
122页

N 健身实心球伐木
130页

O T形稳定练习
124页

P 瑞士球屈腿
128页

Q 大腿前后摆动
208页

R 两头起
212页

S 健身球猛击
214页

T 风车式
216页

冰球

冰球是一项快节奏且富有侵略性的身体接触性项目，因其残酷的身体阻截，甚至是格斗而"臭名昭著"。因此，它的训练应该集中在力量和耐力两方面。实质上这种运动极有益于心血管健康，主要利用核心肌群以及腿部肌肉驱使选手在冰面上穿梭。虽然如此，但是肩膀和双臂也应该十分强劲有力，足以击打冰球，尤其是前臂需要特别强壮，以便操纵曲棍球杆。

锻炼级别1

初级常规1

第一天：
A 3组6-8
B 3组12-15
C 3组10-12
F 3组15-20
I 3组12-15
T 身体两侧各20

第二天：
休息

第三天：
A 3组6-8
B 3组12-15
C 3组10-12
F 3组15-20
I 3组12-15
T 身体两侧各20

第四天：
休息

第五天：
A 3组6-8
B 3组12-15
C 3组10-12
F 3组15-20
I 3组12-15
T 身体两侧各20

第六天：
有氧运动30-45分

第七天：
休息

中级常规1

第一天：
A 3组6-8
B 3组12-15
C 3组10-12
E 3组12-15
F 3组15-20
H 3组10-12
I 3组12-15
T 身体两侧各20

第二天：
休息

第三天：
A 3组6-8
B 3组12-15
C 3组10-12
E 3组12-15
F 3组15-20
H 3组10-12
I 3组12-15
T 身体两侧各20

第四天：
休息

第五天：
A 3组6-8
B 3组12-15
C 3组10-12
E 3组12-15
F 3组15-20
H 3组10-12
I 3组12-15
T 身体两侧各20

第六天：
有氧运动30-45分

第七天：
休息

高级常规1

第一天：
A 3组6-8
B 3组12-15
C 3组10-12
E 3组12-15
F 3组15-20
H 3组10-12
I 3组12-15
L 身体两侧各20
Q 身体两侧各20
T 身体两侧各20

第二天：
有氧运动30-45分

第三天：
A 3组6-8
B 3组12-15
C 3组10-12
E 3组12-15
F 3组15-20
H 3组10-12
I 3组12-15
L 身体两侧各20

Q 身体两侧各20
T 身体两侧各20

第四天：
有氧运动30-45分

第五天：
A 3组6-8
B 3组12-15
C 3组10-12
E 3组12-15
F 3组15-20
H 3组10-12
I 3组12-15
L 身体两侧各20
Q 身体两侧各20
T 身体两侧各20

第六天：
有氧运动30-45分

第七天：
休息

锻炼级别2

初级常规2

第一天：
D 3组12-15
G 3组15-20
J 3组20
K 3组30
M 3组30-60秒
N 3组15

第二天：
休息

第三天：
D 3组12-15
G 3组15-20
J 3组20
K 3组30
M 3组30-60秒
N 3组15

第四天：
休息

第五天：
D 3组12-15
G 3组15-20
J 3组20
K 3组30
M 3组30-60秒
N 3组15

第六天：
有氧运动30-45分

第七天：
休息

中级常规2

第一天：
D 3组12-15
G 3组15-20
J 3组20
K 3组30
M 3组30-60秒
N 3组15
O 3组20
P 3组20

第二天：
有氧运动30-45分

第三天：
D 3组12-15
G 3组15-20
J 3组20
K 3组30
M 3组30-60秒
N 3组15
O 3组20
P 3组20

第四天：
休息

第五天：
D 3组12-15
G 3组15-20
J 3组20
K 3组30
M 3组30-60秒
N 3组15
O 3组20
P 3组20

第六天：
有氧运动30-45分

第七天：
休息

高级常规2

第一天：
D 3组12-15
G 3组15-20
J 3组20
K 3组30
M 3组30-60秒
N 3组15
O 3组20
P 3组20
R 3组20
S 3组25

第二天：
有氧运动30-45分

第三天：
D 3组12-15
G 3组15-20
J 3组20
K 3组30
M 3组30-60秒
N 3组15
O 3组20
P 3组20
R 3组20
S 3组25

R 3组20
S 3组25

第四天：
有氧运动30-45分

第五天：
D 3组12-15
G 3组15-20
J 3组20
K 3组30
M 3组30-60秒
N 3组15
O 3组20
P 3组20
R 3组20
S 3组25

第六天：
有氧运动30-45分

第七天：
休息

A 杠铃硬拉
34页

B 平凳腹背练习
56页

C 瑞士球直角坐墙
134页

D 侧弓步
142页

E 哑铃弓箭步下蹲
144页

F 内收肌伸展
162页

G 腘绳肌外展
163页

H 瑞士球腘绳肌弯曲
164页

I 杠铃硬拉俯身起
168页

J 坐式俄罗斯旋转
200页

K 弹力带伐木术
202页

L 健身实心球伐木
130页

M T形稳定练习
124页

N 髋关节内收和外展
204页

O 瑞士球屈腿
128页

P 瑞士球推滚
206页

Q 大腿前后摆动
208页

R 两头起
212页

S 健身球猛击
214页

T 风车式
216页

柔道

柔道一种对抗性极强的运动，在这项运动中力量反而是一种劣势（至少对于新手来说如此），因为你可能会过分依赖它而忽视正确的技巧。一个擅长柔道的小个子女人完全可以打败一个没有经过训练的大个子男人。但是，如果对手同样经验丰富的话，体格和力量就至关重要了。对于更高级别的对抗性柔道来说，则需要在你的常规中加入更多的力量训练（参看372页）。

锻炼级别1

初级常规1

第一天：
A 3组6-8
B 3组8-10
D 3组8-10
E 3组10-12
M 旋转20
P 20

第二天：
休息

第三天：
A 3组6-8
B 3组8-10
D 3组8-10
E 3组10-12
M 旋转20
P 20

第四天：
休息

第五天：
A 3组6-8
B 3组8-10
D 3组8-10
E 3组10-12
M 旋转20
P 20

第六天：
有氧运动30-45分

第七天：
休息

中级常规1

第一天：
A 3组6-8
B 3组8-10
C 3组12-15
D 3组8-10
E 3组10-12
F 3组10-12
G 3组10-12
M 旋转20
P 20

第二天：
有氧运动30-45分

第三天：
A 3组6-8
B 3组8-10
C 3组12-15
D 3组8-10
E 3组10-12
G 3组10-12
M 旋转20
P 20

第四天：
休息

第五天：
A 3组6-8
B 3组8-10
C 3组12-15
D 3组8-10
E 3组10-12
G 3组10-12
M 旋转20
P 20

第六天：
有氧运动30-45分

第七天：
休息

高级常规1

第一天：
A 3组6-8
B 3组8-10
C 3组12-15
D 3组8-10
E 3组10-12
F 3组10-12
G 3组10-12
M 旋转20
P 20
Q 20
M 旋转20
P 20
Q 20

第四天：
有氧运动30-45分

第五天：
A 3组6-8
B 3组8-10
C 3组12-15
D 3组8-10
E 3组10-12
F 3组10-12
G 3组10-12
M 旋转20
P 20
Q 20

第二天：
有氧运动30-45分

第三天：
A 3组6-8
B 3组8-10
C 3组12-15
D 3组8-10
E 3组10-12
F 3组10-12
G 3组10-12

第六天：
有氧运动30-45分

第七天：
休息

锻炼级别2

初级常规2

第一天：
H 3组25
I 3组25
J 3组20
K 3组15
L 3组30-60秒
N 3组30

第二天：
休息

第三天：
H 3组25
I 3组25
J 3组20
K 3组15
L 3组30-60秒
N 3组30

第四天：
休息

第五天：
H 3组25
I 3组25
J 3组20
K 3组15
L 3组30-60秒
N 3组30

第六天：
有氧运动30-45分

第七天：
休息

中级常规2

第一天：
H 3组25
I 3组25
J 3组20
K 3组15
L 3组30-60秒
N 3组30
O 身体两侧各
　3-5，共3组
R 3组20

第二天：
有氧运动30-45分

第三天：
H 3组25
I 3组25
J 3组20
K 3组15
L 3组30-60秒
N 3组30
O 身体两侧各
　3-5，共3组
R 3组20

第四天：
休息

第五天：
H 3组25
I 3组25
J 3组20
K 3组15
L 3组30-60秒
N 3组30
O 身体两侧各
　3-5，共3组
R 3组20

第六天：
有氧运动30-45分

第七天：
休息

高级常规2

第一天：
H 3组25
I 3组25
J 3组20
K 3组15
L 3组30-60秒
N 3组30
O 身体两侧各
　3-5，共3组
R 3组20
S 3组25
T 3组20
R 3组20
S 3组25
T 3组20

第四天：
有氧运动30-45分

第五天：
H 3组25
I 3组25
J 3组20
K 3组15
L 3组30-60秒
N 3组30
O 身体两侧各
　3-5，共3组
R 3组20
S 3组25
T 3组20

第二天：
有氧运动30-45分

第三天：
H 3组25
I 3组25
J 3组20
K 3组15
L 3组30-60秒
N 3组30
O 身体两侧各
　3-5，共3组

第六天：
有氧运动30-45分

第七天：
休息

A 壶铃交替上提
46页

B 绳索下拉
52页

C 背部旋转伸展
58页

D 泡沫轴俯卧撑
62页

E 杠铃深蹲
136页

F 瑞士球腘绳肌弯曲
164页

G 屈腿硬拉
174页

H 手腕伸张
118页

I 腹式踢腿
184页

J 腹部提臀
186页

K 平板俯卧撑
198页

L 侧板式
122页

M 坐式俄罗斯旋转
200页

N 弹力带伐木术
202页

O 瑞士球绕行
126页

P 俯卧撑
70页

Q 瑞士球推滚
206页

R 瑞士球臀部交叉
210页

S 健身球猛击
214页

T 风车式
216页

空手道

要想在空手道上表现突出，你需要有爆发力、灵活性和耐力。双腿以及核心运动——再加上广泛的伸展和一些基本的上肢强化动作——是精通这项武术的关键。这项常规中的许多锻炼项目都属于柔软体操，因为空手道的目标就是在不增加肌肉体积的前提下增加身体的力量。由于在空手道比赛中，脚踢到头部的得分最高，因此在这项运动中腿部伸展练习就显得格外重要了。

初级常规1

第一天：
B 3组8-10
C 3组20
F 3组10-12
I 3组12-15
Q 身体两侧各30
S 3组15

第二天：
休息

第三天：
B 3组8-10
C 3组20
F 3组10-12
I 3组12-15
Q 身体两侧各30
S 3组15

第四天：
休息

第五天：
B 3组8-10
C 3组20
F 3组10-12
I 3组12-15
Q 身体两侧各30
S 3组15

第六天：
有氧运动30-45分

第七天：
休息

中级常规1

第一天：
B 3组8-10
C 3组20
D 3组15
F 3组10-12
I 3组12-15
Q 身体两侧各30
R 身体两侧各30-60秒
S 3组15

第二天：
有氧运动30-45分

第三天：
B 3组8-10
C 3组20
D 3组15
F 3组10-12
I 3组12-15
Q 身体两侧各30
R 身体两侧各30-60秒
S 3组15

第四天：
休息

第五天：
B 3组8-10
C 3组20
D 3组15
F 3组10-12
I 3组12-15
Q 身体两侧各30
R 身体两侧各30-60秒
S 3组15

第六天：
有氧运动30-45分

第七天：
休息

高级常规1

第一天：
B 3组8-10
C 3组20
D 3组15
F 3组10-12
I 3组12-15
Q 身体两侧各30
P 旋转20
R 身体两侧各30-60秒
S 3组15
T20

第二天：
有氧运动30-45分

第三天：
B 3组8-10
C 3组20
D 3组15
F 3组10-12
I 3组12-15
Q 身体两侧各30
P 旋转20
R 身体两侧各30-60秒

S 3组15
T 20

第四天：
有氧运动30-45分

第五天：
B 3组8-10
C 3组20
D 3组15
F 3组10-12
I 3组12-15
Q 身体两侧各30
P 旋转20
R 身体两侧各30-60秒
S 3组15
T 20

第六天：
有氧运动30-45分

第七天：
休息

初级常规2

第一天：
A 3组8-10
E 3组12-15
G 3组12-15
H 3组12-15
J 3组15-20
K 3组15-20

第二天：
休息

第三天：
A 3组8-10
E 3组12-15
G 3组12-15
H 3组12-15
J 3组15-20
K 3组15-20

第四天：
休息

第五天：
A 3组8-10
E 3组12-15
G 3组12-15
H 3组12-15
J 3组15-20
K 3组15-20

第六天：
有氧运动30-45分

第七天：
休息

中级常规2

第一天：
A 3组8-10
E 3组12-15
G 3组12-15
H 3组12-15
J 3组15-20
K 3组15-20
L 3组12-15
M 3组12-15

第二天：
有氧运动30-45分

第三天：
A 3组8-10
E 3组12-15
G 3组12-15
H 3组12-15
J 3组15-20
K 3组15-20
L 3组12-15
M 3组12-15

第四天：
休息

第五天：
A 3组8-10
E 3组12-15
G 3组12-15
H 3组12-15
J 3组15-20
K 3组15-20
L 3组12-15
M 3组12-15

第六天：
有氧运动30-45分

第七天：
休息

高级常规2

第一天：
A 3组8-10
E 3组12-15
G 3组12-15
H 3组12-15
J 3组15-20
K 3组15-20
L 3组12-15
M 3组12-15
N 3组20
O 3组30-60秒

第二天：
有氧运动30-45分

第三天：
A 3组8-10
E 3组12-15
G 3组12-15
H 3组12-15
J 3组15-20
K 3组15-20
L 3组12-15
M 3组12-15
N 3组20
O 3组30-60秒

第四天：
有氧运动30-45分

第五天：
A 3组8-10
E 3组12-15
G 3组12-15
H 3组12-15
J 3组15-20
K 3组15-20
L 3组12-15
M 3组12-15
N 3组20
O 3组30-60秒

第六天：
有氧运动30-45分

第七天：
休息

空手道锻炼

A 绳索下拉 52页	**B** 曲臂伸 68页	**C** 换手俯卧撑 72页	**D** 旋转练习 78页
E 手腕屈曲 116页	**F** 瑞士球直角坐墙 134页	**G** 哑铃弓箭步下蹲 144页	**H** 高位起跑式 146页
I 单腿下踏板 152页	**J** 内收肌伸展 162页	**K** 腘绳肌外展 163页	**L** 杠铃硬拉俯身起 168页
M 腘绳肌内缩 170页	**N** 腹部提臀 186页	**O** 侧板式 122页	**P** 坐式俄罗斯旋转 200页
Q 弹力带伐木术 202页	**R** T形稳定练习 124页	**S** T形稳定练习 124页	**T** 瑞士球屈腿 128页

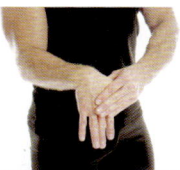

皮划艇

皮划艇能够锻炼心血管，增强体力，它的运动效果与水流大小密切相关。操纵双叶桨需要特殊技能，可以锻炼强壮的肩部、背阔肌以及强有力的肱三头肌、前臂和手腕。然而，如果你的姿势正确的话，核心肌群是稳定身体、推动皮划艇前进的主要动力。另外也不要忽略双腿的作用，它们和臀部一起转动、稳定、支撑和推动皮划艇前行。

锻炼级别1

初级常规1

第一天：
A 3组8-10
B 3组8-10
D 3组12-15
F 3组10-12
K 3组15-20
S 身体两侧各20

第二天：
休息

第三天：
A 3组8-10
B 3组8-10
D 3组12-15
F 3组10-12
K 3组15-20
S 身体两侧各20

第四天：
休息

第五天：
A 3组8-10
B 3组8-10
D 3组12-15
F 3组10-12
K 3组15-20
S 身体两侧各20

第六天：
有氧运动30-45分

第七天：
休息

中级常规1

第一天：
A 3组8-10
B 3组8-10
C 组12-15
D 3组12-15
F 3组10-12
K 3组15-20
L 3组15-20
S 身体两侧各20

第二天：
有氧运动30-45分

第三天：
A 3组8-10
B 3组8-10
C 组12-15
D 3组12-15
F 3组10-12
K 3组15-20
L 3组15-20
S 身体两侧各20

第四天：
休息

第五天：
A 3组8-10
B 3组8-10
C 组12-15
D 3组12-15
F 3组10-12
K 3组15-20
L 3组15-20
S 身体两侧各20

第六天：
有氧运动30-45分

第七天：
休息

高级常规1

第一天：
A 3组8-10
B 3组8-10
C 组12-15
D 3组12-15
F 3组10-12
J 3组12-15
K 3组15-20
L 3组15-20
Q 3组8-10
S 身体两侧各20

第二天：
有氧运动30-45分

第三天：
A 3组8-10
B 3组8-10
C 组12-15
D 3组12-15
F 3组10-12
J 3组12-15
K 3组15-20
L 3组15-20

Q 3组8-10
S 身体两侧各20

第四天：
有氧运动30-45分

第五天：
A 3组8-10
B 3组8-10
C 组12-15
D 3组12-15
F 3组10-12
J 3组12-15
K 3组15-20
L 3组15-20
Q 3组8-10
S 身体两侧各20

第六天：
有氧运动30-45分

第七天：
休息

锻炼级别2

初级常规2

第一天：
E 3组15
G 3组10-12
H 3组10-12
I 3组10-12
M 3组25
N 3组20

第二天：
休息

第三天：
E 3组15
G 3组10-12
H 3组10-12
I 3组10-12
M 3组25
N 3组20

第四天：
休息

第五天：
E 3组15
G 3组10-12
H 3组10-12
I 3组10-12
M 3组25
N 3组20

第六天：
有氧运动30-45分

第七天：
休息

中级常规2

第一天：
E 3组15
G 3组10-12
H 3组10-12
I 3组10-12
M 3组25
N 3组20
O 3组20
P 3组30

第二天：
有氧运动30-45分

第三天：
E 3组15
G 3组10-12
H 3组10-12
I 3组10-12
M 3组25
N 3组20
O 3组20
P 3组30

第四天：
休息

第五天：
E 3组15
G 3组10-12
H 3组10-12
I 3组10-12
M 3组25
N 3组20
O 3组20
P 3组30

第六天：
有氧运动30-45分

第七天：
休息

高级常规2

第一天：
E 3组15
G 3组10-12
H 3组10-12
I 3组10-12
M 3组25
N 3组20
O 3组20
P 3组30
R 3组20
T 3组20

第二天：
有氧运动30-45分

第三天：
E 3组15
G 3组10-12
H 3组10-12
I 3组10-12
M 3组25
N 3组20
O 3组20
P 3组30

R 3组20
T 3组20

第四天：
有氧运动30-45分

第五天：
E 3组15
G 3组10-12
H 3组10-12
I 3组10-12
M 3组25
N 3组20
O 3组20
P 3组30
R 3组20
T 3组20

第六天：
有氧运动30-45分

第七天：
休息

皮划艇锻炼

A 仰卧哑铃上拉
40页

B 高滑轮下拉
42页

C 平凳腹背练习
56页

D 拉力器夹胸
66页

E 旋转练习
78页

F 俯卧反飞鸟
88页

G 杠铃耸肩
94页

H 交替锤式弯举
98页

I 仰卧哑铃屈臂伸
108页

J 手腕屈曲
116页

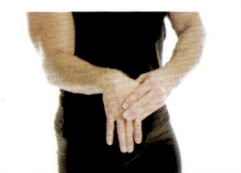

K 内收肌伸展
162页

L 腘绳肌外展
163页

M 卷腹
118页

N 反向卷腹
192页

O 坐式俄罗斯旋转
200页

P 弹力带伐木术
202页

Q 壶铃交替上提
48页

R 瑞士球推滚
206页

S 大腿前后摆动
208页

T 风车式
216页

长曲棍球

在长曲棍球这样的快节奏运动中，人体动用到的主要肌肉有肩部肌肉、斜方肌、胳膊和腿部肌肉，腹肌、胸肌和背阔肌则从旁协助。长曲棍球是一项极具"爆发力"的运动。下肢需要持久的耐力，而上肢除了耐力之外还需要爆发力。由于这是一项接触性运动。因此防卫者需要强大的上肢力量才能阻挡对手前行。

锻炼级别1

初级常规1

第一天：
A 3组8-10
C 3组8-10
F 3组10-12
G 3组10-12
I 3组12-15
L 3组12-15

第二天：
休息

第三天：
A 3组8-10
C 3组8-10
F 3组10-12
G 3组10-12
I 3组12-15
L 3组12-15

第四天：
休息

第五天：
A 3组8-10
C 3组8-10
F 3组10-12
G 3组10-12
I 3组12-15
L 3组12-15

第六天：
有氧运动30-45分

第七天：
休息

中级常规1

第一天：
A 3组8-10
C 3组8-10
F 3组10-12
G 3组10-12
I 3组12-15
L 3组12-15
O 身体两侧各20
Q 15

第二天：
有氧运动30-45分

第三天：
A 3组8-10
C 3组8-10
F 3组10-12
G 3组10-12
I 3组12-15
L 3组12-15
O 身体两侧各20
Q 15

第四天：
休息

第五天：
A 3组8-10
C 3组8-10
F 3组10-12
G 3组10-12
I 3组12-15
L 3组12-15
O 身体两侧各20
Q 15

第六天：
有氧运动30-45分

第七天：
休息

高级常规1

第一天：
A 3组8-10
C 3组8-10
F 3组10-12
G 3组10-12
I 3组12-15
K 3组10-12
L 3组12-15
O 身体两侧各20
Q 15
R 身体两侧各20

第二天：
有氧运动30-45分

第三天：
A 3组8-10
C 3组8-10
F 3组10-12
G 3组10-12
I 3组12-15
K 3组10-12
L 3组12-15
O 身体两侧各20

Q 15
R 身体两侧各20

第四天：
有氧运动30-45分

第五天：
A 3组8-10
C 3组8-10
F 3组10-12
G 3组10-12
I 3组12-15
K 3组10-12
L 3组12-15
O 身体两侧各20
Q 15
R 身体两侧各20

第六天：
有氧运动30-45分

第七天：
休息

锻炼级别2

初级常规2

第一天：
B 3组10-12
D 3组15
E 3组10-12
H 3组12-15
J 3组10-12
M 3组25

第二天：
休息

第三天：
B 3组10-12
D 3组15
E 3组10-12
H 3组12-15
J 3组10-12
M 3组25

第四天：
休息

第五天：
B 3组10-12
D 3组15
E 3组10-12
H 3组12-15
J 3组10-12
M 3组25

第六天：
有氧运动30-45分

第七天：
休息

中级常规2

第一天：
B 3组10-12
D 3组15
E 3组10-12
H 3组12-15
J 3组10-12
M 3组25
N 3组20
P 3组12-15

第二天：
有氧运动30-45分

第三天：
B 3组10-12
D 3组15
E 3组10-12
H 3组12-15
J 3组10-12
M 3组25
N 3组20
P 3组12-15

第四天：
休息

第五天：
B 3组10-12
D 3组15
E 3组10-12
H 3组12-15
J 3组10-12
M 3组25
N 3组20
P 3组12-15

第六天：
有氧运动30-45分

第七天：
休息

高级常规2

第一天：
B 3组10-12
D 3组15
E 3组10-12
H 3组12-15
J 3组10-12
M 3组25
N 3组20
P 3组12-15
S 3组20
T 3组20

第二天：
有氧运动30-45分

第三天：
B 3组10-12
D 3组15
E 3组10-12
H 3组12-15
J 3组10-12
M 3组25
N 3组20
P 3组12-15

S 3组20
T 3组20

第四天：
有氧运动30-45分

第五天：
B 3组10-12
D 3组15
E 3组10-12
H 3组12-15
J 3组10-12
M 3组25
N 3组20
P 3组12-15
S 3组20
T 3组20

第六天：
有氧运动30-45分

第七天：
休息

A 高滑轮下拉
42页

B 俯卧反飞鸟
88页

C 坐姿哑铃推举
74页

D 旋转练习
78页

E 瑞士球反飞鸟
90页

F 杠铃耸肩
94页

G 交替锤式弯举
98页

H 凳上双臂屈伸
112页

I 哑铃弓步下蹲
138页

J 壶铃深蹲
150页

K 瑞士球腘绳肌弯曲
164页

L 哑铃负重举踵
178页

M 腹式踢腿
184页

N 坐式俄罗斯旋转
200页

O 健身实心球伐木
130页

P 单臂哑铃弯举
102页

Q 髋关节内收和外展
204页

R 大腿前后摆动
208页

S 瑞士球臀部交叉
210页

T 风车式
216页

山地自行车运动

要想成功地驾驭山地自行车，核心力量、调节能力以及平衡力是必不可少的因素。尽管腿部肌肉无疑起着最为重要的作用，但是想要成功地完成诸如上下陡坡等动作也需要强健的上身肌肉组织。例如，肱二头肌、前臂和腹肌在爬坡攀登时就担任着转向和稳定等重要职责。而核心肌群几乎从头到尾都一直参与到运动中。

锻炼级别1

初级常规1

第一天：
A 3组8-10
C 3组8-10
G 3组8-10
H 3组10-12
K 3组10-12
M 3组15-20

第二天：
休息

第三天：
A 3组8-10
C 3组8-10
G 3组8-10
H 3组10-12
K 3组10-12
M 3组15-20
N 3组15-20
O 3组12-15

第四天：
休息

第五天：
A 3组8-10
C 3组8-10
G 3组8-10
H 3组10-12
K 3组10-12
M 3组15-20

第六天：
有氧运动30-45分

第七天：
休息

中级常规1

第一天：
A 3组8-10
C 3组8-10
G 3组8-10
H 3组10-12
K 3组10-12
M 3组15-20
N 3组15-20
O 3组12-15

第二天：
有氧运动30-45分

第三天：
A 3组8-10
C 3组8-10
G 3组8-10
H 3组10-12
K 3组10-12
M 3组15-20
N 3组15-20
O 3组12-15

第四天：
休息

第五天：
A 3组8-10
C 3组8-10
G 3组8-10
H 3组10-12
K 3组10-12
M 3组15-20
N 3组15-20
O 3组12-15

第六天：
有氧运动30-45分

第七天：
休息

高级常规1

第一天：
A 3组8-10
C 3组8-10
G 3组8-10
H 3组10-12
K 3组10-12
M 3组15-20
N 3组15-20
O 3组12-15
P 3组12-15
Q 身体两侧各25

第二天：
有氧运动30-45分

第三天：
A 3组8-10
C 3组8-10
G 3组8-10
H 3组10-12
K 3组10-12
M 3组15-20
N 3组15-20
O 3组12-15

P 3组12-15
Q 身体两侧各25

第四天：
有氧运动30-45分

第五天：
A 3组8-10
C 3组8-10
G 3组8-10
H 3组10-12
K 3组10-12
M 3组15-20
N 3组15-20
O 3组12-15
P 3组12-15
Q 身体两侧各25

第六天：
有氧运动30-45分

第七天：
休息

锻炼级别2

初级常规2

第一天：
B 3组8-10
D 3组12-15
E 3组15
F 3组12-15
I 3组12-15
J 3组12-15

第二天：
休息

第三天：
B 3组8-10
D 3组12-15
E 3组15
F 3组12-15
I 3组12-15
J 3组12-15

第四天：
休息

第五天：
B 3组8-10
D 3组12-15
E 3组15
F 3组12-15
I 3组12-15
J 3组12-15

第六天：
有氧运动30-45分

第七天：
休息

中级常规2

第一天：
B 3组8-10
D 3组12-15
E 3组15
F 3组12-15
I 3组12-15
J 3组12-15
L 3组12-15
R 3组20

第二天：
有氧运动30-45分

第三天：
B 3组8-10
D 3组12-15
E 3组15
F 3组12-15
I 3组12-15
J 3组12-15
L 3组12-15
R 3组20

第四天：
休息

第五天：
B 3组8-10
D 3组12-15
E 3组15
F 3组12-15
I 3组12-15
J 3组12-15
L 3组12-15
R 3组20

第六天：
有氧运动30-45分

第七天：
休息

高级常规2

第一天：
B 3组8-10
D 3组12-15
E 3组15
F 3组12-15
I 3组12-15
J 3组12-15
L 3组12-15
R 3组20
S 3组15
T 3组15

第二天：
有氧运动30-45分

第三天：
B 3组8-10
D 3组12-15
E 3组15
F 3组12-15
I 3组12-15
J 3组12-15
L 3组12-15
R 3组20

S 3组15
T 3组15

第四天：
有氧运动30-45分

第五天：
B 3组8-10
D 3组12-15
E 3组15
F 3组12-15
I 3组12-15
J 3组12-15
L 3组12-15
R 3组20
S 3组15
T 3组15

第六天：
有氧运动30-45分

第七天：
休息

A 仰卧哑铃上拉
40页

B 壶铃交替上提
48页

C 反握胸前引体
54页

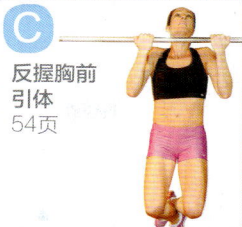

D 平凳腹背练习
56页

E 斜板划船
50页

F 弹力带外旋
80页

G 杠铃上提
86页

H 杠铃弯举
100页

I 手腕屈曲
116页

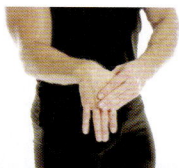

J 手腕伸张
117页

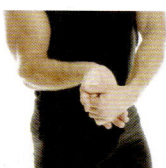

K 瑞士球直角坐墙
134页

L 反弓步
140页

M 内收肌伸展
162页

N 腘绳肌外展
163页

O 杠铃硬拉俯身起
168页

P 单脚压小腿
176页

Q 腹式踢腿
184页

R 腹部提臀
186页

S 平板俯卧撑
198页

T 髋关节内收和外展
204页

桨板冲浪

桨板冲浪，尤其是立式单桨冲浪（SUP）是一项极好的全身锻炼。在这项运动中，核心肌群在稳定运动员身体以及为其他肌肉群提供辅助性帮助方面发挥着至关重要的作用。划桨动作本身就要动用三角肌、三头肌和上背部肌肉，即使是在平静的水面上也是如此。水面状况的变化以及水流的强度影响着参与运动的肌肉。一般而言，当水流增大时，双腿的作用也会显得更为突出。

锻炼级别1

初级常规1

第一天：
B 3组8-10
D 3组10-12
E 3组15
G 3组10-12
J 3组12-15
P 身体两侧各30-60秒

第二天：
休息

第三天：
B 3组8-10
D 3组10-12
E 3组15
G 3组10-12
J 3组12-15
P 身体两侧各30-60秒

第四天：
休息

第五天：
B 3组8-10
D 3组10-12
E 3组15
G 3组10-12
J 3组12-15
P 身体两侧各30-60秒

第六天：
有氧运动30-45分

第七天：
休息

中级常规1

第一天：
B 3组8-10
D 3组10-12
E 3组15
G 3组10-12
J 3组12-15
K 3组15-20
L 3组15-20
P 身体两侧各30-60秒

第二天：
有氧运动30-45分

第三天：
B 3组8-10
D 3组10-12
E 3组15
G 3组10-12
J 3组12-15
K 3组15-20
L 3组15-20

P 身体两侧各30-60秒

第四天：
休息

第五天：
B 3组8-10
D 3组10-12
E 3组15
G 3组10-12
J 3组12-15
K 3组15-20
L 3组15-20
P 身体两侧各30-60秒

第六天：
有氧运动30-45分

第七天：
休息

高级常规1

第一天：
B 3组8-10
D 3组10-12
E 3组15
G 3组10-12
J 3组12-15
K 3组15-20
L 3组15-20
N 身体两侧各30
P 身体两侧各30-60秒
T 25

第二天：
有氧运动30-45分

第三天：
B 3组8-10
D 3组10-12
E 3组15
G 3组10-12
J 3组12-15
K 3组15-20
L 3组15-20
N 身体两侧各30

P 身体两侧各30-60秒
T 25

第四天：
有氧运动30-45分

第五天：
B 3组8-10
D 3组10-12
E 3组15
G 3组10-12
J 3组12-15
K 3组15-20
L 3组15-20
N 身体两侧各30
P 身体两侧各30-60秒
T 25

第六天：
有氧运动30-45分

第七天：
休息

锻炼级别2

初级常规2

第一天：
A 3组8-10
C 3组10-12
F 3组12-15
H 3组12-15
I 3组12-15
M 3组25

第二天：
休息

第三天：
A 3组8-10
C 3组10-12
F 3组12-15
H 3组12-15
I 3组12-15
M 3组25

第四天：
休息

第五天：
A 3组8-10
C 3组10-12
F 3组12-15
H 3组12-15
I 3组12-15
M 3组25

第六天：
有氧运动30-45分

第七天：
休息

中级常规2

第一天：
A 3组8-10
C 3组10-12
F 3组12-15
H 3组12-15
I 3组12-15
M 3组25
O 3组20
Q 3组15

第二天：
有氧运动30-45分

第三天：
A 3组8-10
C 3组10-12
F 3组12-15
H 3组12-15
I 3组12-15
M 3组25
O 3组20
Q 3组15

第四天：
休息

第五天：
A 3组8-10
C 3组10-12
F 3组12-15
H 3组12-15
I 3组12-15
M 3组25
O 3组20
Q 3组15

第六天：
有氧运动30-45分

第七天：
休息

高级常规2

第一天：
A 3组8-10
C 3组10-12
F 3组12-15
H 3组12-15
I 3组12-15
M 3组25
O 3组20
Q 3组15
R 3组20
S. 3组20

第二天：
有氧运动30-45分

第三天：
A 3组8-10
C 3组10-12
F 3组12-15
H 3组12-15
I 3组12-15
M 3组25
O 3组20
Q 3组15

R 3组20
S 3组20

第四天：
有氧运动30-45分

第五天：
A 3组8-10
C 3组10-12
F 3组12-15
H 3组12-15
I 3组12-15
M 3组25
O 3组20
Q 3组15
R 3组20
S 3组20

第六天：
有氧运动30-45分

第七天：
休息

桨板冲浪锻炼

A 仰卧哑铃上拉
40页

B 高滑轮下拉
42页

C 背部旋转伸展
58页

D 哑铃仰卧飞鸟
64页

E 斜板划船
50页

F 弹力带外旋
80页

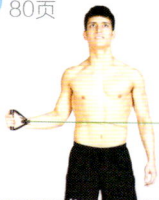

G 交替锤式弯举
98页

H 凳上双臂屈伸
112页

I 手腕伸张
117页

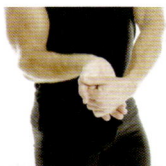

J 交叉步
148页

K 内收肌伸展
162页

L 腘绳肌外展
163页

M 腹式踢腿
184页

N 弹力带伐木术
202页

O 健身实心球伐木
130页

P T形稳定练习
124页

Q 髋关节内收和外展
204页

R 大腿前后摆动
208页

S 瑞士球臀部交叉
210页

T 健身球猛
214页

短柄墙球

短柄墙球是一项快节奏运动，它需要快速的反应能力和强大的柔韧性来迅速改变方向。身体的所有肌肉都能得到锻炼，尤其是下肢肌肉以及核心肌肉群。除了增加身体力量和提升速度外，短柄墙球运动还能增强身体的协调性、灵活性、平衡力和柔韧度。背部、肩部和肱三头肌是发球时所用到的主要肌肉组织。双腿需要一定的力量才能弓步接住低平球，打（甚至跳起来）过顶球。

锻炼级别1

初级常规1

第一天：
A 3组6-8
B 3组8-10
C 3组15
G 3组10-12
L 3组10-12
P 30

第二天：
休息

第三天：
A 3组6-8
B 3组8-10
C 3组15
G 3组10-12
L 3组10-12
P 30

第四天：
休息

第五天：
A 3组6-8
B 3组8-10
C 3组15
G 3组10-12
L 3组10-12
P 30

第六天：
有氧运动30-45分

第七天：
休息

中级常规1

第一天：
A 3组6-8
B 3组8-10
C 3组15
F 3组10-12
G 3组10-12
L 3组10-12
P 30
R 30秒-2分

第二天：
有氧运动30-45分

第三天：
A 3组6-8
B 3组8-10
C 3组15
F 3组10-12
G 3组10-12
L 3组10-12
P 30
R 30秒-2分

第四天：
休息

第五天：
A 3组6-8
B 3组8-10
C 3组15
F 3组10-12
G 3组10-12
L 3组10-12
P 30
R 30秒-2分

第六天：
有氧运动30-45分

第七天：
休息

高级常规1

第一天：
A 3组6-8
B 3组8-10
C 3组15
F 3组10-12
G 3组10-12
J 3组10-12
L 3组10-12
P 30
R 30秒-2分
S 身体两侧各20

第二天：
有氧运动30-45分

第三天：
A 3组6-8
B 3组8-10
C 3组15
F 3组10-12
G 3组10-12
J 3组10-12
L 3组10-12
P 30
R 30秒-2分
S 身体两侧各20

第四天：
有氧运动30-45分

第五天：
A 3组6-8
B 3组8-10
C 3组15
F 3组10-12
G 3组10-12
J 3组10-12
L 3组10-12
P 30
R 30秒-2分
S 身体两侧各20

第六天：
有氧运动30-45分

第七天：
休息

锻炼级别2

初级常规2

第一天：
D 3组10-12
E 3组10-12
H 3组10-12
I 3组10-12
K 3组12-15
M 3组12-15

第二天：
休息

第三天：
D 3组10-12
E 3组10-12
H 3组10-12
I 3组10-12
K 3组12-15
M 3组12-15

第四天：
休息

第五天：
D 3组10-12
E 3组10-12
H 3组10-12
I 3组10-12
K 3组12-15
M 3组12-15

第六天：
有氧运动30-45分

第七天：
休息

中级常规2

第一天：
D 3组10-12
E 3组10-12
H 3组10-12
I 3组10-12
K 3组12-15
M 3组12-15
N 3组25
O 3组20

第二天：
有氧运动30-45分

第三天：
D 3组10-12
E 3组10-12
H 3组10-12
I 3组10-12
K 3组12-15
M 3组12-15
N 3组25
O 3组20

第四天：
休息

第五天：
D 3组10-12
E 3组10-12
H 3组10-12
I 3组10-12
K 3组12-15
M 3组12-15
N 3组25
O 3组20

第六天：
有氧运动30-45分

第七天：
休息

高级常规2

第一天：
D 3组10-12
E 3组10-12
H 3组10-12
I 3组10-12
K 3组12-15
M 3组12-15
N 3组25
O 3组20
Q 3组20
T 3组25

第二天：
有氧运动30-45分

第三天：
D 3组10-12
E 3组10-12
H 3组10-12
I 3组10-12
K 3组12-15
M 3组12-15
N 3组25
O 3组20
Q 3组20
T 3组25

第四天：
有氧运动30-45分

第五天：
D 3组10-12
E 3组10-12
H 3组10-12
I 3组10-12
K 3组12-15
M 3组12-15
N 3组25
O 3组20
Q 3组20
T 3组25

第六天：
有氧运动30-45分

第七天：
休息

短柄墙球锻炼

A 杠铃硬拉
34页

B 肩部推举
76页

C 旋转练习
78页

D 侧平举
82页

E 俯卧反飞鸟
88页

F 金属盘前平举
92页

G 绳索曲臂下压
106页

H 仰卧哑铃屈臂伸
108页

I 瑞士球直角坐墙
134页

J 壶铃深蹲
150页

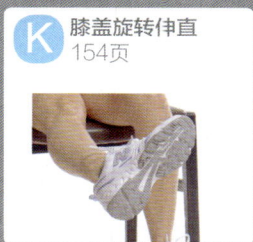
K 膝盖旋转伸直
154页

L 瑞士球腘绳肌弯曲
164页

M 杠铃硬拉俯身起
168页

N 腹式踢腿
184页

O 腹部提臀
186页

P 土耳其起立
188页

Q 反向卷腹
192页

R 登山家
158页

S 健身实心球伐木
130页

T 健身球猛击
214页

赛艇运动

赛艇运动不仅是一项极好的全身运动，而且它还可以强化心血管机能。划桨的力量主要来源于双腿，艇内的活动坐板可以前后滑动，这样双腿就能够伸直，引导核心肌群和背部力量。在船桨离开水面，前臂和手腕开始旋转船桨使桨叶与水面平行之前，肩部和双臂就已经完成了划桨动作。然后你就会调动胸肌将船桨推开，并开始下一次的划桨动作。

锻炼级别1

初级常规1

第一天：
A 3组8-10
C 3组8-10
E 3组8-10
F 3组15
J 3组10-12
N 3组20

第二天：
休息

第三天：
A 3组8-10
C 3组8-10
E 3组8-10
F 3组15
J 3组10-12
N 3组20

第四天：
休息

第五天：
A 3组8-10
C 3组8-10
E 3组8-10
F 3组15
J 3组10-12
N 3组20

第六天：
有氧运动30-45分

第七天：
休息

中级常规1

第一天：
A 3组8-10
C 3组8-10
E 3组8-10
F 3组15
H 3组10-12
I 3组10-12
J 3组10-12
N 3组20

第二天：
有氧运动30-45分

第三天：
A 3组8-10
C 3组8-10
E 3组8-10
F 3组15
H 3组10-12
I 3组10-12
J 3组10-12
N 3组20

第四天：
休息

第五天：
A 3组8-10
C 3组8-10
E 3组8-10
F 3组15
H 3组10-12
I 3组10-12
J 3组10-12
N 3组20

第六天：
有氧运动30-45分

第七天：
休息

高级常规1

第一天：
A 3组8-10
C 3组8-10
E 3组8-10
F 3组15
H 3组10-12
I 3组10-12
J 3组10-12
N 3组20
P 3组20
T 25

第二天：
有氧运动30-45分

第三天：
A 3组8-10
C 3组8-10
E 3组8-10
F 3组15
H 3组10-12
I 3组10-12
J 3组10-12
N 3组20
P 3组20

T 25

第四天：
有氧运动30-45分

第五天：
A 3组8-10
C 3组8-10
E 3组8-10
F 3组15
H 3组10-12
I 3组10-12
J 3组10-12
N 3组20
P 3组20
T 25

第六天：
有氧运动30-45分

第七天：
休息

锻炼级别2

初级常规2

第一天：
B 3组8-10
D 3组8-10
G 3组10-12
K 3组12-15
L 3组12-15
M 3组25

第二天：
休息

第三天：
B 3组8-10
D 3组8-10
G 3组10-12
K 3组12-15
L 3组12-15
M 3组25

第四天：
休息

第五天：
B 3组8-10
D 3组8-10
G 3组10-12
K 3组12-15
L 3组12-15
M 3组25

第六天：
有氧运动30-45分

第七天：
休息

中级常规2

第一天：
B 3组8-10
D 3组8-10
G 3组10-12
K 3组12-15
L 3组12-15
M 3组25
O 3组15
Q 3组20

第二天：
有氧运动30-45分

第三天：
B 3组8-10
D 3组8-10
G 3组10-12
K 3组12-15
L 3组12-15
M 3组25
O 3组15
Q 3组20

第四天：
休息

第五天：
B 3组8-10
D 3组8-10
G 3组10-12
K 3组12-15
L 3组12-15
M 3组25
O 3组15
Q 3组20

第六天：
有氧运动30-45分

第七天：
休息

高级常规2

第一天：
B 3组8-10
D 3组8-10
G 3组10-12
K 3组12-15
L 3组12-15
M 3组25
O 3组15
Q 3组20
R 3组20
S 3组20

第二天：
有氧运动30-45分

第三天：
B 3组8-10
D 3组8-10
G 3组10-12
K 3组12-15
L 3组12-15
M 3组25
O 3组15
Q 3组20
R 3组20
S 3组20

第四天：
有氧运动30-45分

第五天：
B 3组8-10
D 3组8-10
G 3组10-12
K 3组12-15
L 3组12-15
M 3组25
O 3组15
Q 3组20
R 3组20
S 3组20

第六天：
有氧运动30-45分

第七天：
休息

A 哑铃划船
38页

B 仰卧哑铃上拉
40页

C 高滑轮下拉
42页

D 斜板划船
50页

E 泡沫轴俯卧撑
62页

F 旋转练习
78页

G 瑞士球反飞鸟
90页

H 弹力绳臂弯举
96页

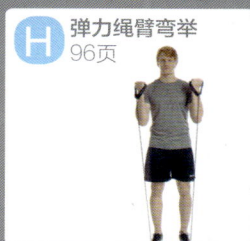

I 绳索曲臂下压
106页

J 壶铃深蹲
150页

K 膝盖旋转伸直
154页

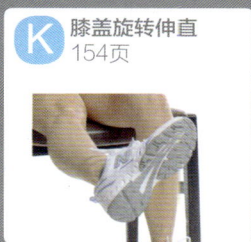

L 反向腘绳肌拉伸
166页

M 卷腹
118页

N 反向卷腹
192页

O 平板支撑
120页

P 俯卧撑
70页

Q 瑞士球推滚
206页

R 瑞士球臀部交叉
210页

S 两头起
212页

T 健身球猛击
214页

英式橄榄球

英式橄榄球是一项勇敢者的运动，不管你在团队中处于什么位置，都需要消耗巨大的体力。不过它同时也是一项富有战术性的运动。也许有些奇怪，英式橄榄球中的前锋通常是块头最大、最强壮的运动员，他们为争夺并列争球、迅速移动等成套战术中的橄榄球而奋力拼搏。而后卫的块头则比较小（相对而言），他们在需要速度和灵活性的奔跑、传球、接球、踢球和抢断方面拥有更出色的个人技巧。

锻炼级别1

初级常规1

第一天：
A 3组6-8
D 3组8-10
G 3组10-12
J 3组10-12
M 3组10-12
Q 15

第二天：
休息

第三天：
A 3组6-8
D 3组8-10
G 3组10-12
J 3组10-12
M 3组10-12
Q 15

第四天：
休息

第五天：
A 3组6-8
D 3组8-10
G 3组10-12
J 3组10-12
M 3组10-12
Q 15

第六天：
有氧运动30-45分

第七天：
休息

中级常规1

第一天：
A 3组6-8
B 3组8-10
D 3组8-10
E 3组8-10
G 3组10-12
J 3组10-12
M 3组10-12
Q 15

第二天：
休息

第三天：
A 3组6-8
B 3组8-10
D 3组8-10
E 3组8-10
G 3组10-12
J 3组10-12
M 3组10-12
Q 15

第四天：
休息

第五天：
A 3组6-8
B 3组8-10
D 3组8-10
E 3组8-10
G 3组10-12
J 3组10-12
M 3组10-12
Q 15

第六天：
有氧运动30-45分

第七天：
休息

高级常规1

第一天：
A 3组6-8
B 3组8-10
D 3组8-10
E 3组8-10
G 3组10-12
J 3组10-12
M 3组10-12
N 3组12-15
Q 15
S 身体两侧各20

第二天：
休息

第三天：
A 3组6-8
B 3组8-10
D 3组8-10
E 3组8-10
G 3组10-12
J 3组10-12
M 3组10-12
N 3组12-15

Q 15
S 身体两侧各20

第四天：
有氧运动30-45分

第五天：
A 3组6-8
B 3组8-10
D 3组8-10
E 3组8-10
G 3组10-12
J 3组10-12
M 3组10-12
N 3组12-15
Q 15
S 身体两侧各20

第六天：
有氧运动30-45分

第七天：
休息

锻炼级别2

初级常规2

第一天：
C 3组12-15
F 3组8-10
H 3组10-12
I 3组12-15
K 3组12-15
L 3组10-12

第二天：
休息

第三天：
C 3组12-15
F 3组8-10
H 3组10-12
I 3组12-15
K 3组12-15
L 3组10-12

第四天：
休息

第五天：
C 3组12-15
F 3组8-10
H 3组10-12
I 3组12-15
K 3组12-15
L 3组10-12

第六天：
有氧运动30-45分

第七天：
休息

中级常规2

第一天：
C 3组12-15
F 3组8-10
H 3组10-12
I 3组12-15
K 3组12-15
L 3组10-12
O 3组30
P 3组20

第二天：
有氧运动30-45分

第三天：
C 3组12-15
F 3组8-10
H 3组10-12
I 3组12-15
K 3组12-15
L 3组10-12
O 3组30
P 3组20

第四天：
休息

第五天：
C 3组12-15
F 3组8-10
H 3组10-12
I 3组12-15
K 3组12-15
L 3组10-12
O 3组30
P 3组20

第六天：
有氧运动30-45分

第七天：
休息

高级常规2

第一天：
C 3组12-15
F 3组8-10
H 3组10-12
I 3组12-15
K 3组12-15
L 3组10-12
O 3组30
P 3组20
R 3组20
T 3组30秒-60秒

第二天：
有氧运动30-45分

第三天：
C 3组12-15
F 3组8-10
H 3组10-12
I 3组12-15
K 3组12-15
L 3组10-12
O 3组30

P 3组20
R 3组20
T 3组30秒-60秒

第四天：
有氧运动30-45分

第五天：
C 3组12-15
F 3组8-10
H 3组10-12
I 3组12-15
K 3组12-15
L 3组10-12
O 3组30
P 3组20
R 3组20
T 3组30秒-60秒

第六天：
有氧运动30-45分

第七天：
休息

英式橄榄球锻炼

A 杠铃硬拉
34页

B 杠铃划船
36页

C 平凳腹背练习
56页

D 杠铃仰卧平板推举
60页

E 绳索过顶伸展
114页

F 肩部推举
76页

G 杠铃耸肩
94页

H 绳索曲臂下压
106页
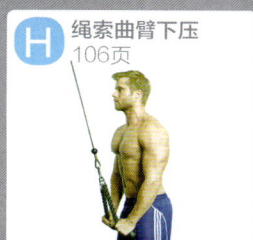

I 手腕屈曲
116页

J 瑞士球直角坐墙
134页

K 高位起跑式
146页

L 壶铃深蹲
150页

M 瑞士球腘绳肌弯曲
164页

N 哑铃负重举踵
178页

O 土耳其起立
188页

P 空中单车
190页

Q 平板俯卧撑
198页

R 坐式俄罗斯旋转
200页

S 健身实心球伐木
130页

T T形稳定练习
124页

跑步运动

与史前时期的生存手段不同，跑步已经发展成为一项全球流行并且竞争相当激烈的运动，它对人体的心血管极为有利。腿部、臀部、双脚和腹部的肌肉对于能否进行成功的跑步锻炼至关重要，但是如果没有核心肌群来维持身体的稳定和平衡，它们也不能发挥作用。长跑运动员尤其需要避免在训练过程中锻炼出大块肌肉。以下的这项锻炼计划目的就是能够让你尽快地为跑步做好准备。

锻炼级别1

初级常规1

第一天：
A 3组10-12
C 3组12-15
E 3组15-20
F 3组15-20
H 3组12-15
I 3组12-15

第二天：
休息

第三天：
A 3组10-12
C 3组12-15
E 3组15-20
F 3组15-20
H 3组12-15
I 3组12-15

第四天：
休息

第五天：
A 3组10-12
C 3组12-15
E 3组15-20
F 3组15-20
H 3组12-15
I 3组12-15

第六天：
有氧运动30-45分

第七天：
休息

中级常规1

第一天：
A 3组10-12
C 3组12-15
D 3组12-15
E 3组15-20
F 3组15-20
G 3组12-15
H 3组12-15
I 3组12-15

第二天：
有氧运动30-45分

第三天：
A 3组10-12
C 3组12-15
D 3组12-15
E 3组15-20
F 3组15-20
G 3组12-15
H 3组12-15
I 3组12-15

第四天：
休息

第五天：
A 3组10-12
C 3组12-15
D 3组12-15
E 3组15-20
F 3组15-20
G 3组12-15
H 3组12-15
I 3组12-15

第六天：
有氧运动30-45分

第七天：
休息

高级常规1

第一天：
A 3组10-12
C 3组12-15
D 3组12-15
E 3组15-20
F 3组15-20
G 3组12-15
H 3组12-15
I 3组12-15
Q 身体两侧各
3 0-60秒
S 20

第二天：
有氧运动30-45分

第三天：
A 3组10-12
C 3组12-15
D 3组12-15
E 3组15-20
F 3组15-20
G 3组12-15
H 3组12-15
I 3组12-15
Q 身体两侧各
3 0-60秒
S 20

第四天：
有氧运动30-45分

第五天：
A 3组10-12
C 3组12-15
D 3组12-15
E 3组15-20
F 3组15-20
G 3组12-15
H 3组12-15
I 3组12-15
Q 身体两侧各
30-60秒
S 20

第六天：
有氧运动30-45分

第七天：
休息

锻炼级别2

初级常规2

第一天：
B 3组12-15
J 3组12-15
K 3组25
L 3组25
M 3组30
N 3组20

第二天：
休息

第三天：
B 3组12-15
J 3组12-15
K 3组25
L 3组25
M 3组30
N 3组20

第四天：
休息

第五天：
B 3组12-15
J 3组12-15
K 3组25
L 3组25
M 3组30
N 3组20

第六天：
有氧运动30-45分

第七天：
休息

中级常规2

第一天：
B 3组12-15
J 3组12-15
K 3组25
L 3组25
M 3组30
N 3组20
O 3组15
P 3组30-60秒

第二天：
有氧运动30-45分

第三天：
B 3组12-15
J 3组12-15
K 3组25
L 3组25
M 3组30
N 3组20
O 3组15
P 3组30-60秒

第四天：
休息

第五天：
B 3组12-15
J 3组12-15
K 3组25
L 3组25
M 3组30
N 3组20
O 3组15
P 3组30-60秒

第六天：
有氧运动30-45分

第七天：
休息

高级常规2

第一天：
B 3组12-15
J 3组12-15
K 3组25
L 3组25
M 3组30
N 3组20
O 3组15
P 3组30-60秒
R 3组15
T 3组20

第二天：
有氧运动30-45分

第三天：
B 3组12-15
J 3组12-15
K 3组25
L 3组25
M 3组30
N 3组20
O 3组15
P 3组30-60秒

R 3组15
T 3组20

第四天：
有氧运动30-45分

第五天：
B 3组12-15
J 3组12-15
K 3组25
L 3组25
M 3组30
N 3组20
O 3组15
P 3组30-60秒
R 3组15
T 3组20

第六天：
有氧运动30-45分

第七天：
休息

A 瑞士球直角坐墙
134页

B 反弓步
140页

C 哑铃弓箭步下蹲
144页

D 膝盖旋转伸直
154页

E 内收肌伸展
162页

F 腘绳肌外展
163页

G 反向腘绳肌拉伸
166页

H 屈腿硬拉
174页

I 单脚压小腿
176页

J 哑铃胫骨上抬
180页

K 卷腹
118页

L 腹式踢腿
184页

M 土耳其起立
188页

N 反向卷腹
192页

O 瑞士球骨盆倾斜
196页

P 侧板式
122页

Q 形稳定练习
124页

R 髋关节内收和外展
204页

S 瑞士球屈腿
128页

T 瑞士球臀部交叉
210页

帆船运动

在微风轻拂的日子，驾驶一艘小艇或龙骨船对体能要求极高。通过身体向后倾斜，维持小船的平衡来"撑帆把舵"需要来自股四头肌、腹肌、下背部、膝盖、脚踝、颈部和肩部的力量。同时，你需要手臂和手的力量握住"缭绳"（可以调整船帆的绳索），防止它通过棘轮滑动。规模较小的船只对身体位置的移动非常敏感，因此核心力量是必须的。

锻炼级别1

初级常规1

第一天：
A 3组8-10
B 3组12-15
D 3组8-10
G 3组8-10
K 3组12-15
N 3组12-15

第二天：
休息

第三天：
A 3组8-10
B 3组12-15
D 3组8-10
G 3组8-10
K 3组12-15
N 3组12-15

第四天：
休息

第五天：
A 3组8-10
B 3组12-15
D 3组8-10
G 3组8-10
K 3组12-15
N 3组12-15

第六天：
有氧运动30-45分

第七天：
休息

中级常规1

第一天：
A 3组8-10
B 3组12-15
D 3组8-10
E 3组12-15
G 3组8-10
K 3组12-15
N 3组12-15

第二天：
有氧运动30-45分

第三天：
A 3组8-10
B 3组12-15
D 3组8-10
E 3组12-15
G 3组8-10
K 3组12-15
N 3组12-15

第四天：
休息

第五天：
A 3组8-10
B 3组12-15
D 3组8-10
E 3组12-15
G 3组8-10
K 3组12-15
N 3组12-15

第六天：
有氧运动30-45分

第七天：
休息

高级常规1

第一天：
A 3组8-10
B 3组12-15
D 3组8-10
E 3组12-15
F 3组12-15
G 3组8-10
K 3组12-15
N 3组12-15

第二天：
有氧运动30-45分

第三天：
A 3组8-10
B 3组12-15
D 3组8-10
E 3组12-15
F 3组12-15
G 3组8-10
K 3组12-15
N 3组12-15

第四天：
有氧运动30-45分

第五天：
A 3组8-10
B 3组12-15
D 3组8-10
E 3组12-15
F 3组12-15
G 3组8-10
K 3组12-15
N 3组12-15

第六天：
有氧运动30-45分

第七天：
休息

锻炼级别2

初级常规2

第一天：
C 3组8-10
H 3组8-10
I 3组10-12
L 3组12-15
M 3组12-15
O 3组15

第二天：
休息

第三天：
C 3组8-10
H 3组8-10
I 3组10-12
L 3组12-15
O 3组15

第四天：
休息

第五天：
C 3组8-10
H 3组8-10
I 3组10-12
L 3组12-15
M 3组12-15
O 3组15

第六天：
有氧运动30-45分

第七天：
休息

中级常规2

第一天：
C 3组8-10
H 3组8-10
I 3组10-12
L 3组12-15
M 3组12-15
O 3组15
P 3组30-120秒
Q 3组30-120秒

第二天：
有氧运动30-45分

第三天：
C 3组8-10
H 3组8-10
I 3组10-12
L 3组12-15
M 3组12-15
O 3组15
P 3组30-120秒
Q 3组30-120秒

第四天：
休息

第五天：
C 3组8-10
H 3组8-10
I 3组10-12
L 3组12-15
M 3组12-15
O 3组15
P 3组30-120秒
Q 3组30-120秒

第六天：
有氧运动30-45分

第七天：
休息

高级常规2

第一天：
C 3组8-10
H 3组8-10
I 3组10-12
L 3组12-15
M 3组12-15
O 3组15
P 3组30-120秒
Q 3组30-120秒
S 20
T 3组20

第二天：
有氧运动30-45分

第三天：
C 3组8-10
H 3组8-10
I 3组10-12
L 3组12-15
M 3组12-15
O 3组15
P 3组30-120秒
Q 3组30-120秒
S 20

T 3组20

第四天：
有氧运动30-45分

第五天：
C 3组8-10
H 3组8-10
I 3组10-12
L 3组12-15
M 3组12-15
O 3组15
P 3组30-120秒
Q 3组30-120秒
S 20
T 3组20

第六天：
有氧运动30-45分

第七天：
休息

帆船运动锻炼

A 哑铃划船
38页

B 肩胛骨活动度
44页

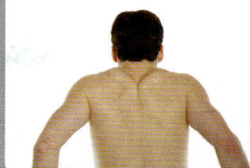

C 绳索下拉
52页

D 反握胸前引体
54页

E 平凳腹背练习
56页

F 换手俯卧撑
72页

G 肩部抬升和拉伸
84页

H 杠铃上提
86页

I 杠铃弯举
100页

J 瑞士球直角坐墙
134页

K 哑铃弓步下蹲
138页

L 反向腘绳肌拉伸
166页

M 腘绳肌内缩
170页

N 相扑式深蹲
172页

O 平板俯卧撑
198页

P 平板支撑
120页

Q 侧板式
122页

R 瑞士球绕行
126页

S 俯卧撑
70页

T 风车式
216页

射击运动

想要稳稳地握住来复枪需要大量的练习和训练，通过瞄准线正确评估目标位置，然后精确射击。上身肌肉用来维持身体的稳定并提供力量，臀肌、腘绳肌和股四头肌则用于髋部和膝盖的伸展。然而，如果你的核心肌群不够强壮，你将很难稳稳地握住来复枪，因此核心力量最为重要。

锻炼级别1

初级常规1

第一天：
A 3组8-10
C 3组8-10
D 3组8-10
E 3组8-10
G 3组12-15
H 3组10-12

第二天：
休息

第三天：
A 3组8-10
C 3组8-10
D 3组8-10
E 3组8-10
G 3组12-15
H 3组10-12

第四天：
休息

第五天：
A 3组8-10
C 3组8-10
D 3组8-10
E 3组8-10
G 3组12-15
H 3组10-12

第六天：
有氧运动30-45分

第七天：
休息

中级常规1

第一天：
A 3组8-10
C 3组8-10
D 3组8-10
E 3组8-10
G 3组12-15
H 3组10-12
J 3组15-20
K 3组15-20

第二天：
有氧运动30-45分

第三天：
A 3组8-10
C 3组8-10
D 3组8-10
E 3组8-10
G 3组12-15
H 3组10-12
J 3组15-20
K 3组15-20

第四天：
休息

第五天：
A 3组8-10
C 3组8-10
D 3组8-10
E 3组8-10
G 3组12-15
H 3组10-12
J 3组15-20
K 3组15-20

第六天：
有氧运动30-45分

第七天：
休息

高级常规1

第一天：
A 3组8-10
C 3组8-10
D 3组8-10
E 3组8-10
G 3组12-15
H 3组10-12
J 3组15-20
K 3组15-20
Q 身体两侧各30
R 3组8-10

第二天：
有氧运动30-45分

第三天：
A 3组8-10
C 3组8-10
D 3组8-10
E 3组8-10
G 3组12-15
H 3组10-12
J 3组15-20
K 3组15-20

Q 身体两侧各30
R 3组8-10

第四天：
有氧运动30-45分

第五天：
A 3组8-10
C 3组8-10
D 3组8-10
E 3组8-10
G 3组12-15
H 3组10-12
J 3组15-20
K 3组15-20
Q 身体两侧各30
R 3组8-10

第六天：
有氧运动30-45分

第七天：
休息

锻炼级别2

初级常规2

第一天：
B 3组8-10
F 3组10-12
I 3组12-15
L 3组12-15
M 3组12-15
N 3组25

第二天：
休息

第三天：
B 3组8-10
F 3组10-12
I 3组12-15
L 3组12-15
M 3组12-15
N 3组25

第四天：
休息

第五天：
B 3组8-10
F 3组10-12
I 3组12-15
L 3组12-15
M 3组12-15
N 3组25

第六天：
有氧运动30-45分

第七天：
休息

中级常规2

第一天：
B 3组8-10
F 3组10-12
I 3组12-15
L 3组12-15
M 3组12-15
N 3组25
O 3组15
P 3组25

第二天：
有氧运动30-45分

第三天：
B 3组8-10
F 3组10-12
I 3组12-15
L 3组12-15
M 3组12-15
N 3组25
O 3组15
P 3组25

第四天：
休息

第五天：
B 3组8-10
F 3组10-12
I 3组12-15
L 3组12-15
M 3组12-15
N 3组25
O 3组15
P 3组25

第六天：
有氧运动30-45分

第七天：
休息

高级常规2

第一天：
B 3组8-10
F 3组10-12
I 3组12-15
L 3组12-15
M 3组12-15
N 3组25
O 3组15
P 3组25
S 3组20
T 3组20

第二天：
有氧运动30-45分

第三天：
B 3组8-10
F 3组10-12
I 3组12-15
L 3组12-15
M 3组12-15
N 3组25
O 3组15
P 3组25

S 3组20
T 3组20

第四天：
有氧运动30-45分

第五天：
B 3组8-10
F 3组10-12
I 3组12-15
L 3组12-15
M 3组12-15
N 3组25
O 3组15
P 3组25
S 3组20
T 3组20

第六天：
有氧运动30-45分

第七天：
休息

射击运动锻炼

A 哑铃划船
38页

B 高滑轮下拉
42页

C 反握胸前引体
54页

D 曲臂伸
68页

E 坐姿哑铃推举
74页

F 交替锤式弯举
98页

G 手腕屈曲
116页
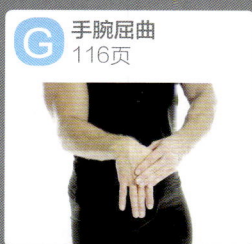

H 瑞士球直角坐墙
134页

I 交叉步
148页

J 内收肌伸展
162页

K 腘绳肌外展
163页

L 屈腿硬拉
174页

M 腘绳肌内缩
170页

N 卷腹
118页

O 平板俯卧撑
198页

P 瑞士球绕行
126页

Q 弹力带伐木术
202页

R 三头肌外滚
110页

S 瑞士球屈腿
128页

T 瑞士球推滚
206页

滑板运动

当你的双脚踩在滑板上，不断调整身体姿势来势维持平衡时，强壮的核心肌肉又一次成为保持躯干稳定和强劲有力的基础。既然双腿在滑板运动中承担着主要职责，腿部肌肉需要状况良好且强大有力，尤其是股二头肌和其他负责双腿弯曲的腘绳肌。在身体转向时，斜方肌用来移动肩膀。

锻炼级别1

初级常规1

第一天：
A 3组12-15
D 3组10-12
E 3组10-12
G 3组10-12
I 3组12-15
M 30-120秒

第二天：
休息

第三天：
A 3组12-15
D 3组10-12
E 3组10-12
G 3组10-12
I 3组12-15
M 30-120秒

第四天：
休息

第五天：
A 3组12-15
D 3组10-12
E 3组10-12
G 3组10-12
I 3组12-15
M 30-120秒

第六天：
有氧运动30-45分

第七天：
休息

中级常规1

第一天：
A 3组12-15
D 3组10-12
E 3组10-12
G 3组10-12
I 3组12-15
M 30-120秒
N 30秒-1分
O 身体两侧各3-5，共3组

第二天：
有氧运动30-45分

第三天：
A 3组12-15
D 3组10-12
E 3组10-12
G 3组10-12
I 3组12-15
M 30-120秒
N 30秒-1分

O 身体两侧各3-5，共3组

第四天：
休息

第五天：
A 3组12-15
D 3组10-12
E 3组10-12
G 3组10-12
I 3组12-15
M 30-120秒
N 30秒-1分
O 身体两侧各3-5，共3组

第六天：
有氧运动30-45分

第七天：
休息

高级常规1

第一天：
A 3组12-15
D 3组10-12
E 3组10-12
G 3组10-12
I 3组12-15
M 30-120秒
N 30秒-1分
O 身体两侧各3-5，共3组
P 3组15
S 3组25

第二天：
有氧运动30-45分

第三天：
A 3组12-15
D 3组10-12
E 3组10-12
G 3组10-12
I 3组12-15
N 30秒-1分
O 身体两侧各3-5，共3组
P 3组15
S 3组25

P 3组15
S 3组25

第四天：
有氧运动30-45分

第五天：
A 3组12-15
D 3组10-12
E 3组10-12
G 3组10-12
I 3组12-15
M 30-120秒
N 30秒-1分
O 身体两侧各3-5，共3组
P 3组15
S 3组25

第六天：
有氧运动30-45分

第七天：
休息

锻炼级别2

初级常规2

第一天：
B 3组12-15
C 3组8-10
F 3组10-12
H 3组12-15
J 3组15
K 3组15

第二天：
休息

第三天：
B 3组12-15
C 3组8-10
F 3组10-12
H 3组12-15
J 3组15
K 3组15

第四天：
休息

第五天：
B 3组12-15
C 3组8-10
F 3组10-12
H 3组12-15
J 3组15
K 3组15

第六天：
有氧运动30-45分

第七天：
休息

中级常规2

第一天：
B 3组12-15
C 3组8-10
F 3组10-12
H 3组12-15
J 3组15
K 3组15
L 3组15
Q 3组20

第二天：
有氧运动30-45分

第三天：
B 3组12-15
C 3组8-10
F 3组10-12
H 3组12-15
J 3组15
K 3组15
L 3组15
Q 3组20

第四天：
休息

第五天：
B 3组12-15
C 3组8-10
F 3组10-12
H 3组12-15
J 3组15
K 3组15
L 3组15
Q 3组20

第六天：
有氧运动30-45分

第七天：
休息

高级常规2

第一天：
B 3组12-15
C 3组8-10
F 3组10-12
H 3组12-15
J 3组15
K 3组15
L 3组15
Q 3组20
R 3组20
T 3组20

第二天：
有氧运动30-45分

第三天：
B 3组12-15
C 3组8-10
F 3组10-12
H 3组12-15
J 3组15
K 3组15
L 3组15
Q 3组20

R 3组20
T 3组20

第四天：
有氧运动30-45分

第五天：
B 3组12-15
C 3组8-10
F 3组10-12
H 3组12-15
J 3组15
K 3组15
L 3组15
Q 3组20
R 3组20
T 3组20

第六天：
有氧运动30-45分

第七天：
休息

滑板运动锻炼

A 平凳腹背练习 56页

B 背部旋转伸展 58页

C 杠铃上提 86页

D 杠铃耸肩 94页

E 瑞士球直角坐墙 134页

F 壶铃深蹲 150页

G 瑞士球腘绳肌弯曲 164页

H 反向腘绳肌拉伸 166页

I 哑铃负重举踵 178页

J 眼镜蛇背拉 194页

K 瑞士球骨盆倾斜 196页

L 平板俯卧撑 198页

M 平板支撑 120页

N 侧板式 122页

O 瑞士球绕行 126页

P 髋关节内收和外展 204页

Q 瑞士球屈腿 128页

R 瑞士球推滚 206页

S 健身球猛击 214页

T 风车式 216页

滑雪运动

滑雪运动需要你的下肢和上肢进行一系列复杂的交互。核心肌群精心安排着这种交互，并帮助你维持身体平衡，而这是最基本的滑雪技巧。强壮的腘绳肌在弯曲膝盖和保护十字韧带——高度灵敏的膝韧带，在滑雪时很容易损伤——方面发挥着不可或缺的作用。臀肌可以帮助腿部外旋，而这有助于控制滑板。

锻炼级别1

初级常规1

第一天：
B 3组10-12
E 3组10-12
F 3组10-12
G 3组10-12
I 3组12-15
P 30秒-2分

第二天：
休息

第三天：
B 3组10-12
E 3组10-12
F 3组10-12
G 3组10-12
I 3组12-15
P 30秒-2分

第四天：
休息

第五天：
B 3组10-12
E 3组10-12
F 3组10-12
G 3组10-12
I 3组12-15
P 30秒-2分

第六天：
有氧运动30-45分

第七天：
休息

中级常规1

第一天：
A 3组12-15
B 3组10-12
E 3组10-12
F 3组10-12
G 3组10-12
I 3组12-15
M 3组10-12
P 30秒-2分

第二天：
有氧运动30-45分

第三天：
A 3组12-15
B 3组10-12
E 3组10-12
F 3组10-12
G 3组10-12
I 3组12-15
M 3组10-12
P 30秒-2分

第四天：
休息

第五天：
A 3组12-15
B 3组10-12
E 3组10-12
F 3组10-12
G 3组10-12
I 3组12-15
M 3组10-12
P 30秒-2分

第六天：
有氧运动30-45分

第七天：
休息

高级常规1

第一天：
A 3组12-15
B 3组10-12
E 3组10-12
F 3组10-12
G 3组10-12
I 3组12-15
M 3组10-12
O 3组12-15
P 30秒-2分
T 20

第二天：
有氧运动30-45分

第三天：
A 3组12-15
B 3组10-12
E 3组10-12
F 3组10-12
G 3组10-12
I 3组12-15
M 3组10-12
O 3组12-15
P 30秒-2分
T 20

第四天：
有氧运动30-45分

第五天：
A 3组12-15
B 3组10-12
E 3组10-12
F 3组10-12
G 3组10-12
I 3组12-15
M 3组10-12
O 3组12-15
P 30秒-2分
T 20

第六天：
有氧运动30-45分

第七天：
休息

锻炼级别2

初级常规2

第一天：
C 3组20
D 3组8-10
H 3组12-15
J 3组12-15
K 3组15-20
L 3组15-20

第二天：
休息

第三天：
C 3组20
D 3组8-10
H 3组12-15
J 3组12-15
K 3组15-20
L 3组15-20

第四天：
休息

第五天：
C 3组20
D 3组8-10
H 3组12-15
J 3组12-15
K 3组15-20
L 3组15-20

第六天：
有氧运动30-45分

第七天：
休息

中级常规2

第一天：
C 3组20
D 3组8-10
H 3组12-15
J 3组12-15
K 3组15-20
L 3组15-20
N 3组12-15
Q 3组15

第二天：
有氧运动30-45分

第三天：
C 3组20
D 3组8-10
H 3组12-15
J 3组12-15
K 3组15-20
L 3组15-20
N 3组12-15
Q 3组15

第四天：
休息

第五天：
C 3组20
D 3组8-10
H 3组12-15
J 3组12-15
K 3组15-20
L 3组15-20
N 3组12-15
Q 3组15

第六天：
有氧运动30-45分

第七天：
休息

高级常规2

第一天：
C 3组20
D 3组8-10
H 3组12-15
J 3组12-15
K 3组15-20
L 3组15-20
N 3组12-15
Q 3组15
R 3组20
S 3组20

第二天：
有氧运动30-45分

第三天：
C 3组20
D 3组8-10
H 3组12-15
J 3组12-15
K 3组15-20
L 3组15-20
N 3组12-15
Q 3组15
R 3组20
S 3组20

第四天：
有氧运动30-45分

第五天：
C 3组20
D 3组8-10
H 3组12-15
J 3组12-15
K 3组15-20
L 3组15-20
N 3组12-15
Q 3组15
R 3组20
S 3组20

第六天：
有氧运动30-45分

第七天：
休息

滑雪运动锻炼

A 肩胛骨活动度
44页

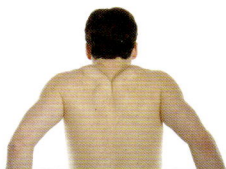

B 哑铃仰卧飞鸟
64页

C 换手俯卧撑
72页

D 肩部抬升和拉伸
84页

E 俯卧反飞鸟
88页

F 绳索锤式弯举
104页

G 仰卧哑铃屈臂伸
108页

H 手腕屈曲
116页

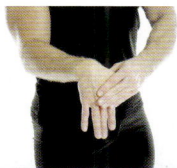

I 哑铃弓步下蹲
138页

J 单腿下踏板
152页

K 内收肌伸展
162页

L 腘绳肌外展
163页

M 瑞士球腘绳肌弯曲
164页

N 反向腘绳肌拉伸
166页

O 哑铃负重举踵
178页

P 登山家
158页

Q 髋关节内收和外展
204页

R 瑞士球屈腿
128页

S 瑞士球臀部交叉
210页

T 两头起
212页

单板滑雪

进行单板滑雪运动时，核心肌群需要十分强壮，从而使身体保持平衡和稳定。当我们沿着山坡往下滑时，股四头肌和腘绳肌会参与到运动中，同时你必须通过弯曲和伸展膝关节来不断调整身体重心。臀肌可以帮助你掌控滑板，而踝关节和足部肌肉则是转向的关键。胫骨肌和腓肠肌需要非常强壮，这样滑雪板在高低起伏的地表快速滑动时，它们才能支撑双脚进行屈伸运动。

锻炼级别1

初级常规1

第一天：
B 3组8-10
C 3组12-15
D 3组10-12
J 3组12-15
K 3组12-15
Q 身体两侧各 30-60秒

第二天：
休息

第三天：
B 3组8-10
C 3组12-15
D 3组10-12
J 3组12-15
K 3组12-15
Q 身体两侧各 30-60秒

第四天：
休息

第五天：
B 3组8-10
C 3组12-15
D 3组10-12
J 3组12-15
K 3组12-15
Q 身体两侧各 30-60秒

第六天：
有氧运动30-45分

第七天：
休息

中级常规1

第一天：
B 3组8-10
C 3组12-15
D 3组10-12
G 3组15-20
H 3组15-20
J 3组12-15
K 3组12-15
Q 身体两侧各 30-60秒

第二天：
有氧运动30-45分

第三天：
B 3组8-10
C 3组12-15
D 3组10-12
G 3组15-20
H 3组15-20
J 3组12-15
K 3组12-15

Q 身体两侧各 30-60秒

第四天：
休息

第五天：
B 3组8-10
C 3组12-15
D 3组10-12
G 3组15-20
H 3组15-20
J 3组12-15
K 3组12-15
Q 身体两侧各 30-60秒

第六天：
有氧运动30-45分

第七天：
休息

高级常规1

第一天：
B 3组8-10
C 3组12-15
D 3组10-12
G 3组15-20
H 3组15-20
J 3组12-15
K 3组12-15
O 30秒-2分
Q 身体两侧各 30-60秒
T 3组20

第二天：
有氧运动30-45分

第三天：
B 3组8-10
C 3组12-15
D 3组10-12
G 3组15-20
H 3组15-20
J 3组12-15
K 3组12-15
O 30秒-2分

Q 身体两侧各 30-60秒
T 3组20

第四天：
有氧运动30-45分

第五天：
B 3组8-10
C 3组12-15
D 3组10-12
G 3组15-20
H 3组15-20
J 3组12-15
K 3组12-15
O 30秒-2分
Q 身体两侧各 30-60秒
T 3组20

第六天：
有氧运动30-45分

第七天：
休息

锻炼级别2

初级常规2

第一天：
A 3组8-10
E 3组12-15
F 3组12-15
I 3组10-12
L 3组20
M 3组30

第二天：
休息

第三天：
A 3组8-10
E 3组12-15
F 3组12-15
I 3组10-12
L 3组20
M 3组30

第四天：
休息

第五天：
A 3组8-10
E 3组12-15
F 3组12-15
I 3组10-12
L 3组20
M 3组30

第六天：
有氧运动30-45分

第七天：
休息

中级常规2

第一天：
A 3组8-10
E 3组12-15
F 3组12-15
I 3组10-12
L 3组20
M 3组30
N 3组15
P 3组30

第二天：
有氧运动30-45分

第三天：
A 3组8-10
E 3组12-15
F 3组12-15
I 3组10-12
L 3组20
M 3组30
N 3组15
P 3组30

第四天：
休息

第五天：
A 3组8-10
E 3组12-15
F 3组12-15
I 3组10-12
L 3组20
M 3组30
N 3组15
P 3组30

第六天：
有氧运动30-45分

第七天：
休息

高级常规2

第一天：
A 3组8-10
E 3组12-15
F 3组12-15
I 3组10-12
L 3组20
M 3组30
N 3组15
P 3组30
R 3组15
S 3组20

第二天：
有氧运动30-45分

第三天：
A 3组8-10
E 3组12-15
F 3组12-15
I 3组10-12
L 3组20
M 3组30
N 3组15

P 3组30
R 3组15
S 3组20

第四天：
有氧运动30-45分

第五天：
A 3组8-10
E 3组12-15
F 3组12-15
I 3组10-12
L 3组20
M 3组30
N 3组15
P 3组30
R 3组15
S 3组20

第六天：
有氧运动30-45分

第七天：
休息

单板滑雪锻炼

A 壶铃交替上提
46页

B 双臂交替锻炼
48页

C 平凳腹背练习
56页

D 瑞士球直角坐墙
134页

E 哑铃弓箭步下蹲
144页

F 交叉步
148页

G 内收肌伸展
162页

H 腘绳肌外展
163页

I 瑞士球腘绳肌弯曲
164页

J 杠铃硬拉俯身起
168页

K 哑铃负重举踵
178页

L 腹部提臀
186页

M 土耳其起立
188页

N 眼镜蛇背拉
194页

O 登山家
158页

P 弹力带伐木术
202页

Q T形稳定练习
124页

R 髋关节内收和外展
204页
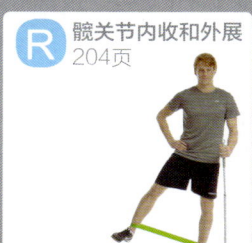

S 瑞士球臀部交叉
210页

T 两头起
212页

足球

由于在足球运动过程中，运动员需要长距离奔跑，因此强大的心血管机能和强健的双腿必不可少。当然，锻炼腿部肌肉也是传球和射门的关键。强壮的股四头肌和腘绳肌提供踢腿的力量，同时脚踝和小腿协助身体保持平衡，在运球时也显得尤为重要。核心肌群为身体提供稳定性和耐力，同时当运动员运用精心设定的攻防套路争夺足球时，例如踢角球，上身力量发挥着重要作用。

锻炼级别1

初级常规1

第一天：
A 3组8-10
D 3组10-12
E 3组12-15
F 3组10-12
I 3组12-15
J 3组12-15

第二天：
休息

第三天：
A 3组8-10
D 3组10-12
E 3组12-15
F 3组10-12
I 3组12-15
J 3组12-15

第四天：
休息

第五天：
A 3组8-10
D 3组10-12
E 3组12-15
F 3组10-12
I 3组12-15
J 3组12-15

第六天：
有氧运动30-45分

第七天：
休息

中级常规1

第一天：
A 3组8-10
D 3组10-12
E 3组12-15
F 3组10-12
G 3组12-15
I 3组12-15
J 3组12-15
K 3组12-15

第二天：
有氧运动30-45分

第三天：
A 3组8-10
D 3组10-12
E 3组12-15
F 3组10-12
G 3组12-15
I 3组12-15
J 3组12-15
K 3组12-15

第四天：
休息

第五天：
A 3组8-10
D 3组10-12
E 3组12-15
F 3组10-12
G 3组12-15
I 3组12-15
J 3组12-15
K 3组12-15

第六天：
有氧运动30-45分

第七天：
休息

高级常规1

第一天：
A 3组8-10
D 3组10-12
E 3组12-15
F 3组10-12
G 3组12-15
I 3组12-15
J 3组12-15
K 3组12-15
P 3组20
S 3组20

第二天：
有氧运动30-45分

第三天：
A 3组8-10
D 3组10-12
E 3组12-15
F 3组10-12
G 3组12-15
I 3组12-15
J 3组12-15
K 3组12-15
P 3组20
S 3组20

第四天：
有氧运动30-45分

第五天：
A 3组8-10
D 3组10-12
E 3组12-15
F 3组10-12
G 3组12-15
I 3组12-15
J 3组12-15
K 3组12-15
P 3组20
S 3组20

第六天：
有氧运动30-45分

第七天：
休息

锻炼级别2

初级常规2

第一天：
B 3组12-15
C 3组10-12
H 3组12-15
L 3组20
M 3组30
N 3组15

第二天：
休息

第三天：
B 3组12-15
C 3组10-12
H 3组12-15
L 3组20
M 3组30
N 3组15

第四天：
休息

第五天：
B 3组12-15
C 3组10-12
H 3组12-15
L 3组20
M 3组30
N 3组15

第六天：
有氧运动30-45分

第七天：
休息

中级常规2

第一天：
B 3组12-15
C 3组10-12
H 3组12-15
L 3组20
M 3组30
N 3组15
O 3组30-120秒
Q 3组30

第二天：
有氧运动30-45分

第三天：
B 3组12-15
C 3组10-12
H 3组12-15
L 3组20
M 3组30
N 3组15
O 3组30-120秒
Q 3组30

第四天：
休息

第五天：
B 3组12-15
C 3组10-12
H 3组12-15
L 3组20
M 3组30
N 3组15
O 3组30-120秒
Q 3组30

第六天：
有氧运动30-45分

第七天：
休息

高级常规2

第一天：
B 3组12-15
C 3组10-12
H 3组12-15
L 3组20
M 3组30
N 3组15
O 3组30-120秒
Q 3组30
R 3组15
T 3组20

第二天：
有氧运动30-45分

第三天：
B 3组12-15
C 3组10-12
H 3组12-15
L 3组20
M 3组30
N 3组15
O 3组30-120秒
Q 3组30
R 3组15
T 3组20

第四天：
有氧运动30-45分

第五天：
B 3组12-15
C 3组10-12
H 3组12-15
L 3组20
M 3组30
N 3组15
O 3组30-120秒
Q 3组30
R 3组15
T 3组20

第六天：
有氧运动30-45分

第七天：
休息

A 肩部推举
76页

B 弹力带外旋
80页
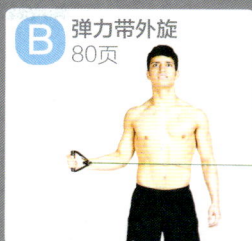

C 俯卧反飞鸟
88页

D 杠铃弯举
100页

E 凳上双臂屈伸
112页

F 杠铃深蹲
136页

G 哑铃弓步下蹲
138页

H 单腿下踏板
152页

I 杠铃硬拉俯身起
168页

J 哑铃负重举踵
178页

K 哑铃胫骨上治
180页

L 腹部提臀
186页

M 土耳其起立
188页

N 星式跳跃
156页

O 登山家
158页

P 俯卧撑上纵跳
160页

Q 弹力带伐木术
202页

R 髋关节内收和外展
204页
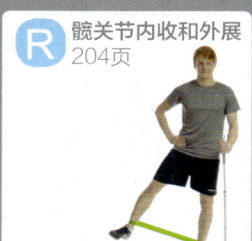

S 瑞士球推滚
206页

T 风车式
216页

壁球

壁球是一项快节奏的球拍运动，它需要全面的力量和耐力在球场快速移动，超强的反应能力和极佳的灵活性迅速改变方向。肩部是发球时所用到的主要肌肉，同时强健的肱三头肌会增大发球的力度。前臂和手腕需要十分强壮，以便完成旋转球和扣球等精妙的动作。核心肌群协助维持身体稳定，同时腿部肌肉必须足够强壮，能够进行伸展、弯曲和奔跑。

锻炼级别1

初级常规1

第一天：
A 3组6-8
B 3组8-10
C 3组15
G 3组10-12
L 3组10-12
P 30

第二天：
休息

第三天：
A 3组6-8
B 3组8-10
C 3组15
G 3组10-12
L 3组10-12
P 30

第四天：
休息

第五天：
A 3组6-8
B 3组8-10
C 3组15
G 3组10-12
L 3组10-12
P 30

第六天：
有氧运动30-45分

第七天：
休息

中级常规1

第一天：
A 3组6-8
B 3组8-10
C 3组15
F 3组10-12
G 3组10-12
L 3组10-12
P 30
R 30秒-2分

第二天：
有氧运动30-45分

第三天：
A 3组6-8
B 3组8-10
C 3组15
F 3组10-12
G 3组10-12
L 3组10-12
P 30
R 30秒-2分

第四天：
休息

第五天：
A 3组6-8
B 3组8-10
C 3组15
F 3组10-12
G 3组10-12
L 3组10-12
P 30
R 30秒-2分

第六天：
有氧运动30-45分

第七天：
休息

高级常规1

第一天：
A 3组6-8
B 3组8-10
C 3组15
F 3组10-12
G 3组10-12
J 3组10-12
L 3组10-12
P 30
R 30秒-2分
S 身体两侧各20

第二天：
有氧运动30-45分

第三天：
A 3组6-8
B 3组8-10
C 3组15
F 3组10-12
G 3组10-12
J 3组10-12
L 3组10-12

P 30
R 30秒-2分
S 身体两侧各20

第四天：
有氧运动30-45分

第五天：
A 3组6-8
B 3组8-10
C 3组15
F 3组10-12
G 3组10-12
J 3组10-12
L 3组10-12
P 30
R 30秒-2分
S 身体两侧各20

第六天：
有氧运动30-45分

第七天：
休息

锻炼级别2

初级常规2

第一天：
D 3组10-12
E 3组10-12
H 3组10-12
I 3组10-12
K 3组12-15
M 3组12-15

第二天：
休息

第三天：
D 3组10-12
E 3组10-12
H 3组10-12
I 3组10-12
K 3组12-15
M 3组12-15

第四天：
休息

第五天：
D 3组10-12
E 3组10-12
H 3组10-12
I 3组10-12
K 3组12-15
M 3组12-15

第六天：
有氧运动30-45分

第七天：
休息

中级常规2

第一天：
D 3组10-12
E 3组10-12
H 3组10-12
I 3组10-12
K 3组12-15
M 3组12-15
N 3组25
O 3组20

第二天：
有氧运动30-45分

第三天：
D 3组10-12
E 3组10-12
H 3组10-12
I 3组10-12
K 3组12-15
M 3组12-15
N 3组25
O 3组20

第四天：
休息

第五天：
D 3组10-12
E 3组10-12
H 3组10-12
I 3组10-12
K 3组12-15
M 3组12-15
N 3组25
O 3组20

第六天：
有氧运动30-45分

第七天：
休息

高级常规2

第一天：
D 3组10-12
E 3组10-12
H 3组10-12
I 3组10-12
K 3组12-15
M 3组12-15
N 3组25
O 3组20
Q 3组20
T 3组25

第二天：
有氧运动30-45分

第三天：
D 3组10-12
E 3组10-12
H 3组10-12
I 3组10-12
K 3组12-15
M 3组12-15
N 3组25

O 3组20
Q 3组20
T 3组25

第四天：
有氧运动30-45分

第五天：
D 3组10-12
E 3组10-12
H 3组10-12
I 3组10-12
K 3组12-15
M 3组12-15
N 3组25
O 3组20
Q 3组20
T 3组25

第六天：
有氧运动30-45分

第七天：
休息

壁球锻炼

A 杠铃硬拉
34页

B 肩部推举
76页

C 旋转练习
78页

D 侧平举
82页
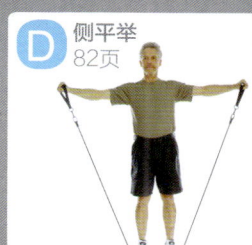

E 俯卧反飞鸟
88页

F 金属盘前平举
92页

G 绳索曲臂下压
106页

H 仰卧哑铃屈臂伸
108页

I 瑞士球直角坐墙
134页

J 壶铃深蹲
150页

K 膝盖旋转伸直
154页
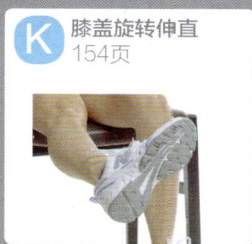

L 瑞士球腘绳肌弯曲
164页

M 杠铃硬拉俯身起
168页

N 腹式踢腿
184页

O 腹部提臀
186页

P 土耳其起立
188页

Q 反向卷腹
192页

R 登山家
158页

S 健身实心球伐木
130页

T 健身球猛击
214页

冲浪运动

当你登上冲浪板去斩波劈浪时，必须调动肩部和胳膊参与到运动中。核心肌群主要用来保持站在冲浪板上的身体的稳定，同时冲浪运动员会不断调整身体的姿势，以维持身体的平衡。当你乘浪前行时，双腿无疑也发挥着重要作用。腘绳肌尤其需要特别强壮，这样你快速移动时就可以通过弯曲膝盖，降低身体重心了。小腿、脚踝和双脚需要足够强壮，保持身体平衡。

锻炼级别1

初级常规1

第一天：
B 3组8-10
E 3组10-12
F 3组10-12
G 3组10-12
H 3组10-12
T 3组20

第二天：
休息

第三天：
B 3组8-10
E 3组10-12
F 3组10-12
G 3组10-12
H 3组10-12
T 3组20

第四天：
休息

第五天：
B 3组8-10
E 3组10-12
F 3组10-12
G 3组10-12
H 3组10-12
T 3组20

第六天：
有氧运动30-45分

第七天：
休息

中级常规1

第一天：
B 3组8-10
E 3组10-12
F 3组10-12
G 3组10-12
H 3组10-12
I 3组12-15
O 3组15
T 3组20

第二天：
有氧运动30-45分

第三天：
B 3组8-10
E 3组10-12
F 3组10-12
G 3组10-12
H 3组10-12
I 3组12-15
O 3组15
T 3组20

第四天：
休息

第五天：
B 3组8-10
E 3组10-12
F 3组10-12
G 3组10-12
H 3组10-12
I 3组12-15
O 3组15
T 3组20

第六天：
有氧运动30-45分

第七天：
休息

高级常规1

第一天：
B 3组8-10
E 3组10-12
F 3组10-12
G 3组10-12
H 3组10-12
I 3组12-15
O 3组15
P 30秒-2分
Q 3组20
T 3组20

第二天：
有氧运动30-45分

第三天：
B 3组8-10
E 3组10-12
F 3组10-12
G 3组10-12
H 3组10-12
I 3组12-15
O 3组15

P 30秒-2分
Q 3组20
T 3组20

第四天：
有氧运动30-45分

第五天：
B 3组8-10
E 3组10-12
F 3组10-12
G 3组10-12
H 3组10-12
I 3组12-15
O 3组15
P 30秒-2分
Q 3组20
T 3组20

第六天：
有氧运动30-45分

第七天：
休息

锻炼级别2

初级常规2

第一天：
A 3组8-10
C 3组12-15
D 3组10-12
J 3组25
K 3组30
L 3组20

第二天：
休息

第三天：
A 3组8-10
C 3组12-15
D 3组10-12
J 3组25
K 3组30
L 3组20

第四天：
休息

第五天：
A 3组8-10
C 3组12-15
D 3组10-12
J 3组25
K 3组30
L 3组20

第六天：
有氧运动30-45分

第七天：
休息

中级常规2

第一天：
A 3组8-10
C 3组12-15
D 3组10-12
J 3组25
K 3组30
L 3组20
M 3组15
N 3组15

第二天：
有氧运动30-45分

第三天：
A 3组8-10
C 3组12-15
D 3组10-12
J 3组25
K 3组30
L 3组20
M 3组15
N 3组15

第四天：
休息

第五天：
A 3组8-10
C 3组12-15
D 3组10-12
J 3组25
K 3组30
L 3组20
M 3组15
N 3组15

第六天：
有氧运动30-45分

第七天：
休息

高级常规2

第一天：
A 3组8-10
C 3组12-15
D 3组10-12
J 3组25
K 3组30
L 3组20
M 3组15
N 3组15
R 3组20
S 3组20

第二天：
有氧运动30-45分

第三天：
A 3组8-10
C 3组12-15
D 3组10-12
J 3组25
K 3组30
L 3组20
M 3组15

N 3组15
R 3组20
S 3组20

第四天：
有氧运动30-45分

第五天：
A 3组8-10
C 3组12-15
D 3组10-12
J 3组25
K 3组30
L 3组20
M 3组15
N 3组15
R 3组20
S 3组20

第六天：
有氧运动30-45分

第七天：
休息

冲浪运动锻炼

A 曲臂伸
68页

B 肩部推举
76页

C 弹力带外旋
80页

D 瑞士球反飞鸟
90页

E 杠铃耸肩
94页

F 杠铃弯举
100页

G 绳索曲臂下压
106页

H 瑞士球直角坐墙
134页

I 杠铃硬拉俯身起
168页

J 腹式踢腿
184页

K 土耳其起立
188页

L 空中单车
190页

M 眼镜蛇背拉
194页

N 平板俯卧撑
198页

O 星式跳跃
156页

P 登山家
158页

Q 俯卧撑上纵跳
160页

R 坐式俄罗斯旋转
200页

S 健身实心球伐木
130页

T 瑞士球屈腿
128页

游泳

竞技游泳公认的四种姿势包括自由泳、仰泳、蝶泳和蛙泳。为了在水中维持流线型的身体姿势以及速度更快的推进力，整个上肢都会参与到运动中。臀肌和腘绳肌在有效的踢腿和维持身体稳定方面发挥着尤其重要的作用。不论你采用哪种游泳姿势，肩部和背部都应该特别强劲有力。强健的斜方肌和颈部在抬头或转头呼吸时非常重要。

锻炼级别1

初级常规1

第一天：
A 3组8-10
D 3组12-15
E 3组12-15
G 3组15
K 3组10-12
Q 3组8-10

第二天：
休息

第三天：
A 3组8-10
D 3组12-15
E 3组12-15
G 3组15
K 3组10-12
Q 3组8-10

第四天：
休息

第五天：
A 3组8-10
D 3组12-15
E 3组12-15
G 3组15
K 3组10-12
Q 3组8-10

第六天：
有氧运动30-45分

第七天：
休息

中级常规1

第一天：
A 3组8-10
D 3组12-15
E 3组12-15
G 3组15
I 3组10-12
J 3组8-10
K 3组10-12
Q 3组8-10

第二天：
有氧运动30-45分

第三天：
A 3组8-10
D 3组12-15
G 3组15
I 3组10-12
J 3组8-10

K 3组10-12
Q 3组8-10

第四天：
休息

第五天：
A 3组8-10
D 3组12-15
E 3组12-15
G 3组15
I 3组10-12
J 3组8-10
K 3组10-12
Q 3组8-10

第六天：
有氧运动30-45分

第七天：
休息

高级常规1

第一天：
A 3组8-10
D 3组12-15
E 3组12-15
G 3组15
I 3组10-12
J 3组8-10
K 3组10-12
Q 3组8-10
R 3组15
T 3组25

第二天：
有氧运动30-45分

第三天：
A 3组8-10
D 3组12-15
E 3组12-15
G 3组15
I 3组10-12
J 3组8-10
K 3组10-12

Q 3组8-10
R 3组15
T 3组25

第四天：
有氧运动30-45分

第五天：
A 3组8-10
D 3组12-15
E 3组12-15
G 3组15
I 3组10-12
J 3组8-10
K 3组10-12
Q 3组8-10
R 3组15
T 3组25

第六天：
有氧运动30-45分

第七天：
休息

锻炼级别2

初级常规2

第一天：
B 3组8-10
C 3组8-10
F 3组8-10
H 3组10-12
L 3组12-15
M 3组12-15

第二天：
休息

第三天：
B 3组8-10
C 3组8-10
F 3组8-10
H 3组10-12
L 3组12-15
M 3组12-15

第四天：
休息

第五天：
B 3组8-10
C 3组8-10
F 3组8-10
H 3组10-12
L 3组12-15
M 3组12-15

第六天：
有氧运动30-45分

第七天：
休息

中级常规2

第一天：
B 3组8-10
C 3组8-10
F 3组8-10
H 3组10-12
L 3组12-15
M 3组12-15
N 3组25
O 3组25

第二天：
有氧运动30-45分

第三天：
B 3组8-10
C 3组8-10
F 3组8-10
H 3组10-12
L 3组12-15
M 3组12-15
N 3组25
O 3组25

第四天：
休息

第五天：
B 3组8-10
C 3组8-10
F 3组8-10
H 3组10-12
L 3组12-15
M 3组12-15
N 3组25
O 3组25

第六天：
有氧运动30-45分

第七天：
休息

高级常规2

第一天：
B 3组8-10
C 3组8-10
F 3组8-10
H 3组10-12
L 3组12-15
M 3组12-15
N 3组25
O 3组25
P 3组30
S 3组20

第二天：
有氧运动30-45分

第三天：
B 3组8-10
C 3组8-10
F 3组8-10
H 3组10-12
L 3组12-15
M 3组12-15
N 3组25
O 3组25
P 3组30
S 3组20

第四天：
有氧运动30-45分

第五天：
B 3组8-10
C 3组8-10
F 3组8-10
H 3组10-12
L 3组12-15
M 3组12-15
N 3组25
O 3组25
P 3组30
S 3组20

第六天：
有氧运动30-45分

第七天：
休息

游泳锻炼

A 哑铃划船
38页

B 仰卧哑铃上拉
40页

C 高滑轮下拉
42页

D 壶铃交替上提
46页

E 拉力器夹胸
66页

F 坐姿哑铃推举
74页

G 斜板划船
50页

H 俯卧反飞鸟
88页

I 交替锤式弯举
98页

J 三头肌外滚
110页

K 瑞士球腘绳肌弯曲
164页

L 杠铃硬拉俯身起
168页

M 腘绳肌内缩
170页

N 卷腹
118页

O 瑞士球绕行
126页

P 弹力带伐木术
202页

Q 双臂交替锻炼
48页

R 髋关节内收和外展
204页

S 瑞士球屈腿
128页

T 健身球猛击
214页

乒乓球

乒乓球是一项节奏非常快的运动，它需要快速的反应和分秒不差的时机。它是一种有趣的燃烧卡路里的方式，同时也可以改善身体的协调能力。众多的肌肉会参与到这项运动中，包括肩部、双臂、前臂、核心肌群和胸肌，同时上背部和小腿部位肌肉、股四头肌以及髋外展肌也会起到协助作用。手腕和前臂有助于更有效地发出旋转球。

锻炼级别1

初级常规1

第一天：
A 3组8-10
C 3组10-12
E 3组12-15
G 3组10-12
H 3组12-15
I 3组12-15

第二天：
休息

第三天：
A 3组8-10
C 3组10-12
E 3组12-15
G 3组10-12
H 3组12-15
I 3组12-15

第四天：
休息

第五天：
A 3组8-10
C 3组10-12
E 3组12-15
G 3组10-12
H 3组12-15
I 3组12-15

第六天：
有氧运动30-45分

第七天：
休息

中级常规1

第一天：
A 3组8-10
C 3组10-12
E 3组12-15
G 3组10-12
H 3组12-15
I 3组12-15
L 3组10-12
N 3组15-20

第二天：
有氧运动30-45分

第三天：
A 3组8-10
C 3组10-12
E 3组12-15
G 3组10-12
H 3组12-15
I 3组12-15
L 3组10-12
N 3组15-20

第四天：
休息

第五天：
A 3组8-10
C 3组10-12
E 3组12-15
G 3组10-12
H 3组12-15
I 3组12-15
L 3组10-12
N 3组15-20

第六天：
有氧运动30-45分

第七天：
休息

高级常规1

第一天：
A 3组8-10
C 3组10-12
E 3组12-15
G 3组10-12
H 3组12-15
I 3组12-15
L 3组10-12
N 3组15-20
O 3组12-15
S 3组15

第二天：
有氧运动30-45分

第三天：
A 3组8-10
C 3组10-12
E 3组12-15
G 3组10-12
H 3组12-15
I 3组12-15
L 3组10-12

第四天：
有氧运动30-45分

第五天：
A 3组8-10
C 3组10-12
E 3组12-15
G 3组10-12
H 3组12-15
I 3组12-15
L 3组10-12
N 3组15-20
O 3组12-15
S 3组15

第六天：
有氧运动30-45分

第七天：
休息

锻炼级别2

初级常规2

第一天：
B 3组12-15
D 3组8-10
F 3组8-10
J 3组12-15
K 3组12-15
M 3组15-20

第二天：
休息

第三天：
B 3组12-15
D 3组8-10
F 3组8-10
J 3组12-15
K 3组12-15
M 3组15-20

第四天：
休息

第五天：
B 3组12-15
D 3组8-10
F 3组8-10
J 3组12-15
K 3组12-15
M 3组15-20

第六天：
有氧运动30-45分

第七天：
休息

中级常规2

第一天：
B 3组12-15
D 3组8-10
F 3组8-10
J 3组12-15
K 3组12-15
M 3组15-20
P 3组12-15
Q 3组12-15

第二天：
有氧运动30-45分

第三天：
B 3组12-15
D 3组8-10
F 3组8-10
J 3组12-15
K 3组12-15
M 3组15-20
P 3组12-15
Q 3组12-15

第四天：
休息

第五天：
B 3组12-15
D 3组8-10
F 3组8-10
J 3组12-15
K 3组12-15
M 3组15-20
P 3组12-15
Q 3组12-15

第六天：
有氧运动30-45分

第七天：
休息

高级常规2

第一天：
B 3组12-15
D 3组8-10
F 3组8-10
J 3组12-15
K 3组12-15
M 3组15-20
P 3组12-15
Q 3组12-15
R 3组25
T 3组30-120秒

第二天：
有氧运动30-45分

第三天：
B 3组12-15
D 3组8-10
F 3组8-10
J 3组12-15
K 3组12-15
M 3组15-20
P 3组12-15
Q 3组12-15
R 3组25
T 3组30-120秒

第四天：
有氧运动30-45分

第五天：
B 3组12-15
D 3组8-10
F 3组8-10
J 3组12-15
K 3组12-15
M 3组15-20
P 3组12-15
Q 3组12-15
R 3组25
T 3组30-120秒

第六天：
有氧运动30-45分

第七天：
休息

A 高滑轮下拉 42页 	**B** 肩胛骨活动度 44页 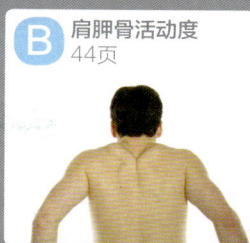	**C** 哑铃仰卧飞鸟 64页 	**D** 坐式哑铃推举 74页 
E 弹力带外旋 80页 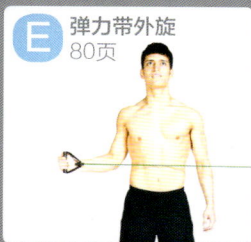	**F** 肩部抬升和拉伸 84页 	**G** 杠铃耸肩 94页 	**H** 单臂哑铃弯举 102页 
I 三头肌外滚 110页 	**J** 手腕屈曲 116页 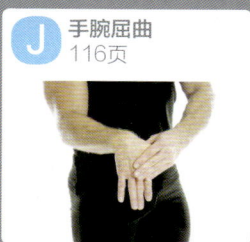	**K** 手腕伸张 117页 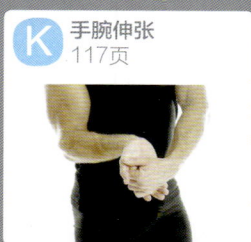	**L** 瑞士球直角坐墙 134页 
M 内收肌伸展 162页 	**N** 腘绳肌外展 163页 	**O** 屈腿硬拉 174页 	**P** 腘绳肌内缩 170页 
Q 哑铃胫骨上抬 180页 	**R** 腹式踢腿 184页 	**S** 平板俯卧撑 198页 	**T** 平板支撑 120页 

网球

网球是一项快节奏的反应性运动，它需要敏锐的反应能力和持久的耐力。反应能力来自下肢。腓肠肌、股四头肌、腘绳肌和臀肌将能量传输到核心肌群，并一直向上到达背部和肩部。正手击球主要依赖胸肌、肩部、肱二头肌和前臂完成。肱三头肌、前三角肌和背阔肌在反手击球中发挥主要作用。发球是一种需要强健的肩部肌肉才能完成的投掷动作。

锻炼级别1

初级常规1

第一天：
A 3组8-10
B 3组10-12
D 3组15
F 3组12-15
I 3组12-15
K 3组12-15

第二天：
休息

第三天：
A 3组8-10
B 3组10-12
D 3组15
F 3组12-15
I 3组12-15
K 3组12-15

第四天：
休息

第五天：
A 3组8-10
B 3组10-12
D 3组15
F 3组12-15
I 3组12-15
K 3组12-15

第六天：
有氧运动30-45分

第七天：
休息

中级常规1

第一天：
A 3组8-10
B 3组10-12
D 3组15
F 3组12-15
G 3组12-15
I 3组12-15
J 3组12-15
K 3组12-15

第二天：
有氧运动30-45分

第三天：
A 3组8-10
B 3组10-12
D 3组15
F 3组12-15
G 3组12-15
I 3组12-15
J 3组12-15
K 3组12-15

第四天：
休息

第五天：
A 3组8-10
B 3组10-12
D 3组15
F 3组12-15
G 3组12-15
I 3组12-15
J 3组12-15
K 3组12-15

第六天：
有氧运动30-45分

第七天：
休息

高级常规1

第一天：
A 3组8-10
B 3组10-12
D 3组15
F 3组12-15
G 3组12-15
I 3组12-15
J 3组12-15
K 3组12-15
Q 身体两侧各20
S 3组15

第二天：
有氧运动30-45分

第三天：
A 3组8-10
B 3组10-12
D 3组15
F 3组12-15
G 3组12-15
I 3组12-15
J 3组12-15
K 3组12-15
Q 身体两侧各20
S 3组15

第四天：
有氧运动30-45分

第五天：
A 3组8-10
B 3组10-12
D 3组15
F 3组12-15
G 3组12-15
I 3组12-15
J 3组12-15
K 3组12-15
Q 身体两侧各20
S 3组15

第六天：
有氧运动30-45分

第七天：
休息

锻炼级别2

初级常规2

第一天：
C 3组8-10
E 3组10-12
H 3组12-15
L 3组12-15
M 3组20
N 3组30

第二天：
休息

第三天：
C 3组8-10
E 3组10-12
H 3组12-15
L 3组12-15
M 3组20
N 3组30

第四天：
休息

第五天：
C 3组8-10
E 3组10-12
H 3组12-15
L 3组12-15
M 3组20
N 3组30

第六天：
有氧运动30-45分

第七天：
休息

中级常规2

第一天：
C 3组8-10
E 3组10-12
H 3组12-15
L 3组12-15
M 3组20
N 3组30
O 3组15
P 3组30-120秒

第二天：
有氧运动30-45分

第三天：
C 3组8-10
E 3组10-12
H 3组12-15
L 3组12-15
M 3组20
N 3组30
O 3组15
P 3组30-120秒

第四天：
休息

第五天：
C 3组8-10
E 3组10-12
H 3组12-15
L 3组12-15
M 3组20
N 3组30
O 3组15
P 3组30-120秒

第六天：
有氧运动30-45分

第七天：
休息

高级常规2

第一天：
C 3组8-10
E 3组10-12
H 3组12-15
L 3组12-15
M 3组20
N 3组30
O 3组15
P 3组30-120秒
R 3组8-10
T 3组25

第二天：
有氧运动30-45分

第三天：
C 3组8-10
E 3组10-12
H 3组12-15
L 3组12-15
M 3组20
N 3组30
O 3组15
P 3组30-120秒
R 3组8-10
T 3组25

第四天：
有氧运动30-45分

第五天：
C 3组8-10
E 3组10-12
H 3组12-15
L 3组12-15
M 3组20
N 3组30
O 3组15
P 3组30-120秒
R 3组8-10
T 3组25

第六天：
有氧运动30-45分

第七天：
休息

网球锻炼

A 高滑轮下拉
42页

B 哑铃仰卧飞鸟
64页

C 坐姿哑铃推举
74页

D 旋转练习
78页

E 金属盘前平举
92页

F 单臂哑铃弯举
102页

G 凳上双臂屈伸
112页

H 手腕伸张
117页
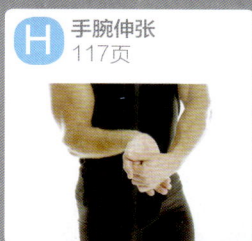

I 反弓步
140页

J 侧弓步
142页

K 杠铃硬拉俯身起
168页

L 哑铃负重举踵
178页

M 腹部提臀
186页

N 土耳其起立
188页

O 平板俯卧撑
198页

P 登山家
158页

Q 健身实心球伐木
130页

R 双臂交替锻炼
48页

S 髋关节内收和外展
204页

T 健身球猛击
214页

排球

排球会调动全身的主要肌肉群参与到运动中。发球、阻截、击球和传球需要强大的上肢力量。强壮的核心肌群在释放更大的能量和爆发力方面起着至高无上的作用。双腿用于站位和跳跃。为了保持肌肉强壮和柔韧，防止手腕扭伤、膝盖问题和旋转肌受伤，建议保持心血管健康并定期强化肌肉。

锻炼级别1

初级常规1

第一天：
A 3组8-10
D 3组20
F 3组12-15
G 3组8-10
O 3组12-15
P 3组12-15

第二天：
休息

第三天：
A 3组8-10
D 3组20
F 3组12-15
G 3组8-10
O 3组12-15
P 3组12-15

第四天：
休息

第五天：
A 3组8-10
D 3组20
F 3组12-15
G 3组8-10
O 3组12-15
P 3组12-15

第六天：
有氧运动30-45分

第七天：
休息

中级常规1

第一天：
A 3组8-10
D 3组20
F 3组12-15
G 3组8-10
I 3组10-12
J 3组10-12
O 3组12-15
P 3组12-15

第二天：
有氧运动30-45分

第三天：
A 3组8-10
D 3组20
F 3组12-15
G 3组8-10
I 3组10-12
J 3组10-12
O 3组12-15
P 3组12-15

第四天：
休息

第五天：
A 3组8-10
D 3组20
F 3组12-15
G 3组8-10
I 3组10-12
J 3组10-12
O 3组12-15
P 3组12-15

第六天：
有氧运动30-45分

第七天：
休息

高级常规1

第一天：
A 3组8-10
D 3组20
F 3组12-15
G 3组8-10
I 3组10-12
J 3组10-12
O 3组12-15
P 3组12-15
Q 3组15
T 3组25

第二天：
有氧运动30-45分

第三天：
A 3组8-10
D 3组20
F 3组12-15
G 3组8-10
I 3组10-12
J 3组10-12
O 3组12-15
P 3组12-15

Q 3组15
T 3组25

第四天：
有氧运动30-45分

第五天：
A 3组8-10
D 3组20
F 3组12-15
G 3组8-10
I 3组10-12
J 3组10-12
O 3组12-15
P 3组12-15
Q 3组15
T 3组25

第六天：
有氧运动30-45分

第七天：
休息

锻炼级别2

初级常规2

第一天：
B 3组8-10
C 3组12-15
E 3组8-10
H 3组10-12
K 3组12-15
L 3组10-12

第二天：
休息

第三天：
B 3组8-10
C 3组12-15
E 3组8-10
H 3组10-12
K 3组12-15
L 3组10-12

第四天：
休息

第五天：
B 3组8-10
C 3组12-15
E 3组8-10
H 3组10-12
K 3组12-15
L 3组10-12

第六天：
有氧运动30-45分

第七天：
休息

中级常规2

第一天：
B 3组8-10
C 3组12-15
E 3组8-10
H 3组10-12
K 3组12-15
L 3组10-12
M 3组12-15
N 3组12-15

第二天：
有氧运动30-45分

第三天：
B 3组8-10
C 3组12-15
E 3组8-10
H 3组10-12
K 3组12-15
L 3组10-12
M 3组12-15
N 3组12-15

第四天：
休息

第五天：
B 3组8-10
C 3组12-15
E 3组8-10
H 3组10-12
K 3组12-15
L 3组10-12
M 3组12-15
N 3组12-15

第六天：
有氧运动30-45分

第七天：
休息

高级常规2

第一天：
B 3组8-10
C 3组12-15
E 3组8-10
H 3组10-12
K 3组12-15
L 3组10-12
M 3组12-15
N 3组12-15
R 3组20
S 3组20

第二天：
有氧运动30-45分

第三天：
B 3组8-10
C 3组12-15
E 3组8-10
H 3组10-12
K 3组12-15
L 3组10-12
M 3组12-15
N 3组12-15
R 3组20
S 3组20

第四天：
有氧运动30-45分

第五天：
B 3组8-10
C 3组12-15
E 3组8-10
H 3组10-12
K 3组12-15
L 3组10-12
M 3组12-15
N 3组12-15
R 3组20
S 3组20

第六天：
有氧运动30-45分

第七天：
休息

排球锻炼

A 高滑轮下拉
42页

B 壶铃交替上提
46页

C 拉力器夹胸
66页

D 换手俯卧撑
72页

E 肩部推举
76页

F 弹力带外旋
80页

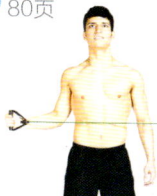

G 杠铃上提
86页

H 瑞士球反飞鸟
90页

I 交替锤式弯举
98页

J 仰卧哑铃屈臂伸
108页

K 手腕屈曲
116页

L 瑞士球直角坐墙
134页

M 交叉步
148页

N 反向腘绳肌拉伸
166页

O 杠铃硬拉俯身起
168页

P 哑铃负重举踵
178页

Q 星式跳跃
156页

R 瑞士球推滚
206页

S 瑞士球臀部交叉
210页

T 健身球猛击
214页

水球

水球是一项多重任务运动。在这项运动中，你需要努力漂浮在水面上，朝着正确的方向前行，与对手战斗，控球并持球。同样的，这项运动也需要身体的力量、耐力和协调性。肩部力量尤为重要，不仅是为了强大的投掷力量，同样因为肩部非常容易受伤。有力的双腿和强劲的核心肌群能够帮助你更有效地控制水流，从而使你的运动表现更为出色。

锻炼级别1

初级常规1

第一天：
A 3组8-10
B 3组8-10
C 3组8-10
F 3组10-12
J 3组12-15
Q 3组8-10

第二天：
休息

第三天：
A 3组8-10
B 3组8-10
C 3组8-10
F 3组10-12
J 3组12-15
Q 3组8-10

第四天：
休息

第五天：
A 3组8-10
B 3组8-10
C 3组8-10
F 3组10-12
J 3组12-15
Q 3组8-10

第六天：
有氧运动30-45分

第七天：
休息

中级常规1

第一天：
A 3组8-10
B 3组8-10
C 3组8-10
D 3组15
F 3组10-12
I 3组12-15
J 3组12-15
Q 3组8-10

第二天：
休息

第三天：
A 3组8-10
B 3组8-10
C 3组8-10
D 3组15
F 3组10-12
I 3组12-15
J 3组12-15
Q 3组8-10

第四天：
休息

第五天：
A 3组8-10
B 3组8-10
C 3组8-10
D 3组15
F 3组10-12
I 3组12-15
J 3组12-15
Q 3组8-10

第六天：
有氧运动30-45分

第七天：
休息

高级常规1

第一天：
A 3组8-10
B 3组8-10
C 3组8-10
D 3组15
F 3组10-12
I 3组12-15
J 3组12-15
P 身体两侧各30
Q 3组8-10
T 身体两侧各20

第二天：
有氧运动30-45分

第三天：
A 3组8-10
B 3组8-10
C 3组8-10
D 3组15
F 3组10-12
I 3组12-15
J 3组12-15

P 身体两侧各30
Q 3组8-10
T 身体两侧各20

第四天：
有氧运动30-45分

第五天：
A 3组8-10
B 3组8-10
C 3组8-10
D 3组15
F 3组10-12
I 3组12-15
J 3组12-15
P 身体两侧各30
Q 3组8-10
T 身体两侧各20

第六天：
有氧运动30-45分

第七天：
休息

锻炼级别2

初级常规2

第一天：
E 3组10-12
G 3组12-15
H 3组10-12
K 3组12-15
L 3组25
M 3组20

第二天：
休息

第三天：
E 3组10-12
G 3组12-15
H 3组10-12
K 3组12-15
L 3组25
M 3组20

第四天：
休息

第五天：
E 3组10-12
G 3组12-15
H 3组10-12
K 3组12-15
L 3组25
M 3组20

第六天：
有氧运动30-45分

第七天：
休息

中级常规2

第一天：
E 3组10-12
G 3组12-15
H 3组10-12
K 3组12-15
L 3组25
M 3组20
N 3组30-60秒
O 3组20

第二天：
有氧运动30-45分

第三天：
E 3组10-12
G 3组12-15
H 3组10-12
K 3组12-15
L 3组25
M 3组20
N 3组30-60秒
O 3组20

第四天：
休息

第五天：
E 3组10-12
G 3组12-15
H 3组10-12
K 3组12-15
L 3组25
M 3组20
N 3组30-60秒
O 3组20

第六天：
有氧运动30-45分

第七天：
休息

高级常规2

第一天：
E 3组10-12
G 3组12-15
H 3组10-12
K 3组12-15
L 3组25
M 3组20
N 3组30-60秒
O 3组20
R 3组15
S 3组20

第二天：
有氧运动30-45分

第三天：
E 3组10-12
G 3组12-15
H 3组10-12
K 3组12-15
L 3组25
M 3组20
N 3组30-60秒
O 3组20

R 3组15
S 3组20

第四天：
有氧运动30-45分

第五天：
E 3组10-12
G 3组12-15
H 3组10-12
K 3组12-15
L 3组25
M 3组20
N 3组30-60秒
O 3组20
R 3组15
S 3组20

第六天：
有氧运动30-45分

第七天：
休息

水球锻炼

A 绳索下拉
52页

B 绳索过顶伸展
114页

C 坐姿哑铃推举
74页

D 旋转练习
78页

E 杠铃耸肩
94页

F 瑞士球直角坐墙
134页

G 高位起跑式
146页

H 壶铃深蹲
150页

I 单腿下踏板
152页

J 屈腿硬拉
174页

K 哑铃负重举踵
178页

L 腹式踢腿
184页

M 空中单车
190页

N 侧板式
122页

O 坐式俄罗斯旋转
200页

P 弹力带伐木术
202页

Q 双臂交替锻炼
48页

R 髋关节内收和外展
204页

S 瑞士球臀部交叉
210页

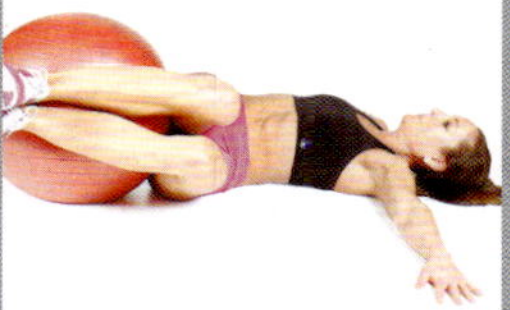

T 风车式
216页

滑水运动

滑水是一项很棒的运动。它需要耐力、平衡力、灵活性、协调性以及整个身体的韧性。尤其是你的上肢必须要足够强壮，以维持长时间的收缩状态；同时腘绳肌、股四头肌、髋部屈肌、臀肌和小腿在保持强健的身躯，稳定双腿方面至关重要。当然，手和前臂也需要足够强壮，能够牢牢抓住牵引设备。

锻炼级别1

初级常规1

第一天：
A 3组 8-10
D 3组 8-10
G 3组 10-12
I 3组 10-12
K 3组 10-12
O 3组 10-12

第二天：
休息

第三天：
A 3组 8-10
D 3组 8-10
G 3组 10-12
I 3组 10-12
K 3组 10-12
O 3组 10-12

第四天：
休息

第五天：
A 3组 8-10
D 3组 8-10
G 3组 10-12
I 3组 10-12
K 3组 10-12
O 3组 10-12

第六天：
有氧运动30-45分

第七天：
休息

中级常规1

第一天：
A 3组 8-10
D 3组 8-10
E 3组 12-15
G 3组 10-12
I 3组 10-12
K 3组 10-12
P 3组 12-15

第二天：
有氧运动30-45分

第三天：
A 3组 8-10
D 3组 8-10
E 3组 12-15
G 3组 10-12
I 3组 10-12
K 3组 10-12
O 3组 10-12
P 3组 12-15

第四天：
休息

第五天：
A 3组 8-10
D 3组 8-10
E 3组 12-15
G 3组 10-12
I 3组 10-12
K 3组 10-12
O 3组 10-12
P 3组 12-15

第六天：
有氧运动30-45分

第七天：
休息

高级常规1

第一天：
A 3组 8-10
D 3组 8-10
E 3组 12-15
G 3组 10-12
I 3组 10-12
K 3组 10-12
O 3组 10-12
P 3组 12-15
R 身体两侧各25
T 3组15

第二天：
有氧运动30-45分

第三天：
A 3组 8-10
D 3组 8-10
E 3组 12-15
G 3组 10-12
I 3组 10-12
K 3组 10-12
O 3组 10-12
P 3组 12-15

R 身体两侧各25
T 3组15

第四天：
有氧运动30-45分

第五天：
A 3组 8-10
D 3组 8-10
E 3组 12-15
G 3组 10-12
I 3组 10-12
K 3组 10-12
O 3组 10-12
P 3组 12-15
R 身体两侧各25
T 3组15

第六天：
有氧运动30-45分

第七天：
休息

锻炼级别2

初级常规2

第一天：
B 3组 12-15
C 3组 8-10
F 3组 10-12
H 3组 10-12
J 3组 10-12
L 3组 12-15

第二天：
休息

第三天：
B 3组 12-15
C 3组 8-10
F 3组 10-12
H 3组 10-12
J 3组 10-12
L 3组 12-15

第四天：
休息

第五天：
B 3组 12-15
C 3组 8-10
F 3组 10-12
H 3组 10-12
J 3组 10-12
L 3组 12-15

第六天：
有氧运动30-45分

第七天：
休息

中级常规2

第一天：
B 3组 12-15
C 3组 8-10
F 3组 10-12
H 3组 10-12
J 3组 10-12
L 3组 12-15
M 3组 15-20
N 3组 15-20

第二天：
有氧运动30-45分

第三天：
B 3组 12-15
C 3组 8-10
F 3组 10-12
H 3组 10-12
J 3组 10-12
L 3组 12-15
M 3组 15-20
N 3组 15-20

第四天：
休息

第五天：
B 3组 12-15
C 3组 8-10
F 3组 10-12
H 3组 10-12
J 3组 10-12
L 3组 12-15
M 3组 15-20
N 3组 15-20

第六天：
有氧运动30-45分

第七天：
休息

高级常规2

第一天：
B 3组 12-15
C 3组 8-10
F 3组 10-12
H 3组 10-12
J 3组 10-12
L 3组 12-15
M 3组 15-20
N 3组 15-20
Q 3组25
S 3组20

第二天：
有氧运动30-45分

第三天：
B 3组 12-15
C 3组 8-10
F 3组 10-12
H 3组 10-12
J 3组 10-12
L 3组 12-15
M 3组 15-20
N 3组 15-20

Q 3组25
S 3组20

第四天：
有氧运动30-45分

第五天：
B 3组 12-15
C 3组 8-10
F 3组 10-12
H 3组 10-12
J 3组 10-12
L 3组 12-15
M 3组 15-20
N 3组 15-20
Q 3组25
S 3组20

第六天：
有氧运动30-45分

第七天：
休息

滑水运动锻炼

A 高滑轮下拉
42页

B 肩胛骨活动度
44页

C 反握胸前引体
54页

D 坐式哑铃推举
74页

E 弹力带外旋
80页

F 俯卧反飞鸟
88页

G 交替锤式弯举
98页

H 弹力绳臂弯举
96页

I 绳索曲臂下压
106页

J 仰卧哑铃屈臂伸
108页

K 瑞士球直角坐墙
134页

L 单腿下踏板
152页

M 内收肌伸展
162页

N 腘绳肌外展
163页

O 瑞士球腘绳肌弯曲
164页

P 哑铃负重举踵
178页

Q 卷腹
118页

R 腹式踢腿
184页

S 反向卷腹
192页

T 平板俯卧撑
198页

摔跤

在摔跤运动中，肱二头肌可以帮助选手将对手摔倒在垫子上并将他们控制住。任何一个摔跤动作都离不开核心肌群的参与；尤其是腹肌一定要特别强壮，以便完成摔倒以及挣脱被对手压制的动作。颈部和上背部协同合作，避免被对手控制住，并挣脱锁头动作。大腿和臀部一起推搡对手并将其从垫子上抱起。

锻炼级别1

初级常规1

第一天：
C 3组8-10
E 3组10-12
F 3组12-15
J 3组12-15
K 3组12-15
N 30-120秒

第二天：
休息

第三天：
C 3组8-10
E 3组10-12
F 3组10-12
J 3组12-15
K 3组12-15
N 30-120秒

第四天：
休息

第五天：
C 3组8-10
E 3组10-12
F 3组12-15
J 3组12-15
K 3组12-15
N 30-120秒

第六天：
有氧运动30-45分

第七天：
休息

中级常规1

第一天：
C 3组8-10
E 3组10-12
F 3组10-12
J 3组12-15
K 3组12-15
N 30-120秒
O 30秒-1分
P 身体两侧各30

第二天：
有氧运动30-45分

第三天：
C 3组8-10
E 3组10-12
F 3组10-12
J 3组12-15
K 3组12-15
N 30-120秒
O 30秒-1分
P 身体两侧各30

第四天：
休息

第五天：
C 3组8-10
E 3组10-12
F 3组10-12
J 3组12-15
K 3组12-15
N 30-120秒
O 30秒-1分
P 身体两侧各30

第六天：
有氧运动30-45分

第七天：
休息

高级常规1

第一天：
C 3组8-10
E 3组10-12
F 3组10-12
J 3组12-15
K 3组12-15
N 30-120秒
O 30秒-1分
P 身体两侧各30
Q 3组8-10
R 3组15

第二天：
有氧运动30-45分

第三天：
C 3组8-10
E 3组10-12
F 3组10-12
J 3组12-15
K 3组12-15
N 30-120秒
O 30秒-1分

P 身体两侧各30
Q 3组8-10
R 3组15

第四天：
有氧运动30-45分

第五天：
C 3组8-10
E 3组10-12
F 3组10-12
J 3组12-15
K 3组12-15
N 30-120秒
O 30秒-1分
P 身体两侧各30
Q 3组8-10
R 3组15

第六天：
有氧运动30-45分

第七天：
休息

锻炼级别2

初级常规2

第一天：
A 3组8-10
B 3组12-15
D 3组8-10
G 3组10-12
H 3组12-15
I 3组10-12

第二天：
休息

第三天：
A 3组8-10
B 3组12-15
D 3组8-10
G 3组10-12
H 3组12-15
I 3组10-12

第四天：
休息

第五天：
A 3组8-10
B 3组12-15
D 3组8-10
G 3组10-12
H 3组12-15
I 3组10-12

第六天：
有氧运动30-45分

第七天：
休息

中级常规2

第一天：
A 3组8-10
B 3组12-15
D 3组8-10
G 3组10-12
H 3组12-15
I 3组10-12
L 3组25
M 3组20

第二天：
有氧运动30-45分

第三天：
A 3组8-10
B 3组12-15
D 3组8-10
G 3组10-12
H 3组12-15
I 3组10-12
L 3组25
M 3组20

第四天：
休息

第五天：
A 3组8-10
B 3组12-15
D 3组8-10
G 3组10-12
H 3组12-15
I 3组10-12
L 3组25
M 3组20

第六天：
有氧运动30-45分

第七天：
休息

高级常规2

第一天：
A 3组8-10
B 3组12-15
D 3组8-10
G 3组10-12
H 3组12-15
I 3组10-12
L 3组25
M 3组20
S 3组20
T 3组20

第二天：
有氧运动30-45分

第三天：
A 3组8-10
B 3组12-15
D 3组8-10
G 3组10-12
H 3组12-15
I 3组10-12
L 3组25
M 3组20
S 3组20
T 3组20

第四天：
有氧运动30-45分

第五天：
A 3组8-10
B 3组12-15
D 3组8-10
G 3组10-12
H 3组12-15
I 3组10-12
L 3组25
M 3组20
S 3组20
T 3组20

第六天：
有氧运动30-45分

第七天：
休息

摔跤锻炼

A 高滑轮下拉
42页

B 肩胛骨活动度
44页
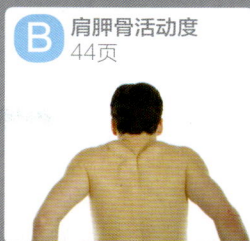

C 绳索下拉
52页

D 杠铃上提
86页

E 杠铃耸肩
94页

F 杠铃弯举
100页

G 绳索锤式弯举
104页

H 手腕伸张
117页
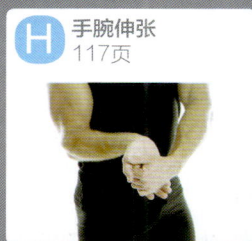

I 瑞士球直角坐墙
134页

J 哑铃弓步下蹲
138页

K 交叉步
148页

L 卷腹
118页

M 反向卷腹
192页

N 平板支撑
120页

O 侧板式
122页

P 弹力带伐木术
202页

Q 双臂交替锻炼
48页

R 髋关节内收和外展
204页
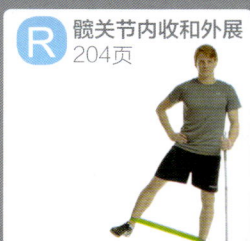

S 俯卧撑
70页

T 两头起
212页

功能性锻炼

　　这也许是本书最重要的章节，因为它为健壮的肌肉可以有更出色的运动表现的具体情况提供帮助，帮助我们避免受伤，甚至当损伤已经发生时，可以缩短康复时间。人体的基本功能以及身体这架精妙机器的可靠性比运动成就更加重要。这里所提供的锻炼可以满足所有层次以及有特殊问题的健身者。不管你是背不好还是膝盖发软无力，总会有一项锻炼常规对你有所帮助。关注在恰当速度下，每一项运动的正确表现，如果你打算充分利用自己的身体，那么控制力和动作范围是需要考虑并最终掌握的重要因素。这些训练将会帮助你应对生活中所有的挑战。

健康的背部

一个强大的背部不仅有助于稳固脊柱，并且能够使维持正确的姿势和良好的移动性变得更加简单。就像我们的妈妈每天都会提醒我们的那样，身体的姿势至关重要。从颈部到背部疼痛，再到血液流动和呼吸作用，身体姿势对于我们的生活方式和感受都有重要影响。良好的姿势对于执行正确的抬举技巧，避免对背部施加不必要的压力至关重要。如果你正在接受药物治疗来解决背部问题的话，那么建议在进行这些运动前咨询一下医生。

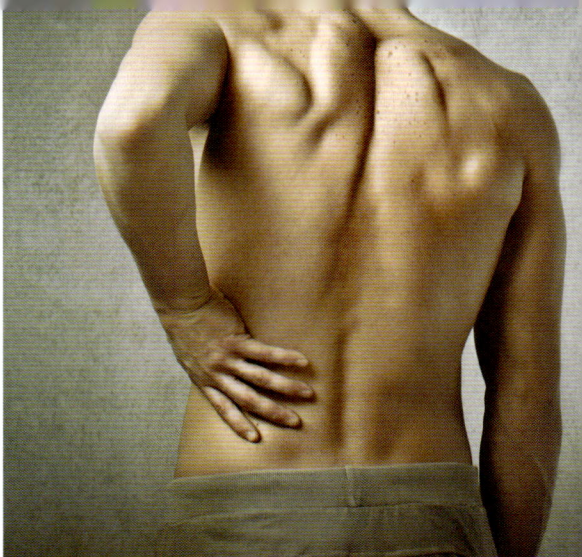

锻炼级别 1

初级常规1

第一天：
C 3组8-10
D 3组8-10
E 3组8-10
H 3组8-10
J 3组8-10
M 3组15

第二天：
休息

第三天：
C 3组8-10
D 3组8-10
E 3组8-10
H 3组8-10
J 3组8-10
M 3组15

第四天：
休息

第五天：
C 3组8-10
D 3组8-10
E 3组8-10
H 3组8-10
J 3组8-10
M 3组15

第六天：
有氧运动30-45分

第七天：
休息

中级常规1

第一天：
C 3组8-10
D 3组8-10
E 3组8-10
H 3组8-10
J 3组8-10
M 3组15
N 3组15
O 30-120秒

第二天：
有氧运动30-45分

第三天：
C 3组8-10
D 3组8-10
E 3组8-10
H 3组8-10
J 3组8-10
M 3组15
N 3组15
O 30-120秒

第四天：
休息

第五天：
C 3组8-10
D 3组8-10
E 3组8-10
H 3组8-10
J 3组8-10
M 3组15
N 3组15
O 30-120秒

第六天：
有氧运动30-45分

第七天：
休息

高级常规1

第一天：
C 3组8-10
D 3组8-10
E 3组8-10
H 3组8-10
J 3组8-10
M 3组15
N 3组15
O 30-120秒
Q 身体两侧各30
R 身体两侧各30-60秒

第二天：
有氧运动30-45分

第三天：
C 3组8-10
D 3组8-10
E 3组8-10
H 3组8-10
J 3组8-10
M 3组15
N 3组15
O 30-120秒

Q 身体两侧各30
R 身体两侧各30-60秒

第四天：
有氧运动30-45分

第五天：
C 3组8-10
D 3组8-10
E 3组8-10
H 3组8-10
J 3组8-10
M 3组15
N 3组15
O 30-120秒
Q 身体两侧各30
R 身体两侧各30-60秒

第六天：
有氧运动30-45分

第七天：
休息

锻炼级别 2

初级常规2

第一天：
A 3组6-8
B 3组8-10
F 3组12-15
G 3组8-10
I 3组8-10
K 3组12-15

第二天：
休息

第三天：
A 3组6-8
B 3组8-10
F 3组12-15
G 3组8-10
I 3组8-10
K 3组12-15

第四天：
休息

第五天：
A 3组6-8
B 3组8-10
F 3组12-15
G 3组8-10
I 3组8-10
K 3组12-15

第六天：
有氧运动30-45分

第七天：
休息

中级常规2

第一天：
A 3组6-8
B 3组8-10
F 3组12-15
G 3组8-10
I 3组8-10
K 3组12-15
L 3组25
P 3组30-60秒

第二天：
有氧运动30-45分

第三天：
A 3组6-8
B 3组8-10
F 3组12-15
G 3组8-10
I 3组8-10
K 3组12-15

L 3组25
P 3组30-60秒

第四天：
休息

第五天：
A 3组6-8
B 3组8-10
F 3组12-15
G 3组8-10
I 3组8-10
K 3组12-15
L 3组25
P 3组30-60秒

第六天：
有氧运动30-45分

第七天：
休息

高级常规2

第一天：
A 3组6-8
B 3组8-10
F 3组12-15
G 3组8-10
I 3组8-10
K 3组12-15
L 3组25
P 3组30-60秒
S 3组25
T 3组20

第二天：
有氧运动30-45分

第三天：
A 3组6-8
B 3组8-10
F 3组12-15
G 3组8-10
I 3组8-10
K 3组12-15
L 3组25
P 3组30-60秒

S 3组25
T 3组20

第四天：
有氧运动30-45分

第五天：
A 3组6-8
B 3组8-10
F 3组12-15
G 3组8-10
I 3组8-10
K 3组12-15
L 3组25
P 3组30-60秒
S 3组25
T 3组20

第六天：
有氧运动30-45分

第七天：
休息

健康的背部锻炼

A 杠铃硬拉
34页

B 杠铃划船
36页

C 哑铃划船
38页

D 仰卧哑铃上拉
40页

E 高滑轮下拉
42页

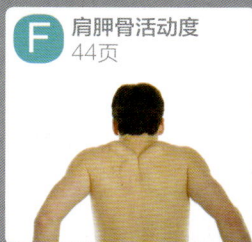

F 肩胛骨活动度
44页

G 壶铃交替上提
46页

H 斜板划船
50页

I 绳索下拉
52页

J 反握胸前
引体
54页

K 平凳腹背练习
56页

L 卷腹
118页

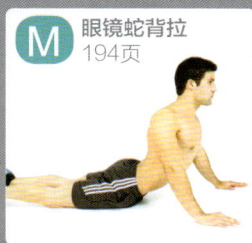

M 眼镜蛇背拉
194页

N 瑞士球骨盆倾斜
196页

O 平板支撑
120页

P 侧板式
122页

Q 弹力带伐木术
202页

R T形稳定练习
124页

S 健身球猛击
214页

T 风车式
216页

膝盖问题

膝关节功能康复可以通过强化运动来实现。复原不仅对于减轻膝关节负担至关重要，同时还可以预防周围肌肉退化。伸展动作应该是这项锻炼计划第一和最后一部分。在将强化动作纳入锻炼计划以增强身体的耐力之后，低强度有氧锻炼（如在健身脚踏车进行锻炼）也应该归入其中。同时应避免剧烈或过度训练。

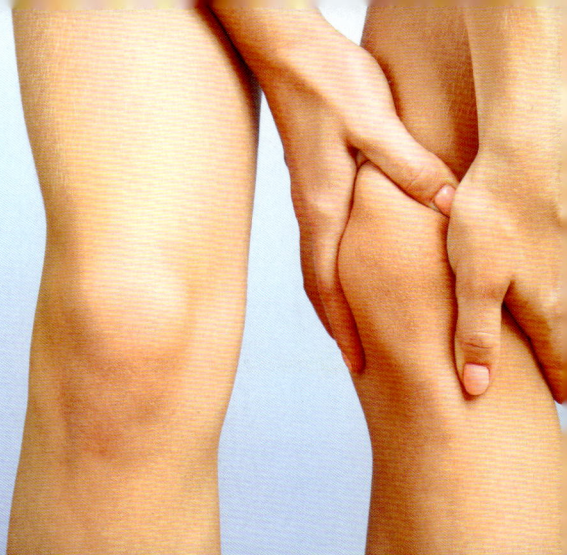

锻炼级别 1

初级常规1

第一天：
A 每条腿各20秒
B 每条腿各30秒
C 3组10-12
D 3组12-15
G 3组10-12
H 3组12-15

第二天：
休息

第三天：
A 每条腿各20秒
B 每条腿各30秒
C 3组10-12
D 3组12-15
G 3组10-12
H 3组12-15

第四天：
低强度有氧运动30分

第五天：
A 每条腿各20秒
B 每条腿各30秒
C 3组10-12
D 3组12-15
G 3组10-12
H 3组12-15
I 3组12-15

第六天：
有氧运动30-45分

第七天：
休息

中级常规1

第一天：
A 每条腿各20秒
B 每条腿各30秒
C 3组10-12
D 3组12-15
G 3组10-12
H 3组12-15
I 3组12-15
J 3组12-15

第二天：
低强度有氧运动30分

第三天：
A 每条腿各20秒
B 每条腿各30秒
C 3组10-12
D 3组12-15
G 3组10-12
H 3组12-15
I 3组12-15

J 3组12-15

第四天：
低强度有氧运动30分

第五天：
A 每条腿各20秒
B 每条腿各30秒
C 3组10-12
D 3组12-15
G 3组10-12
H 3组12-15
I 3组12-15
J 3组12-15

第六天：
休息

第七天：
休息

高级常规1

第一天：
A 每条腿各20秒
B 每条腿各30秒
C 3组10-12
D 3组12-15
G 3组10-12
H 3组12-15
I 3组12-15
J 3组12-15
K 每条腿各30秒
L 每条腿各30秒

第二天：
低强度有氧运动30分

第三天：
A 每条腿各20秒
B 每条腿各30秒
C 3组10-12
D 3组12-15
G 3组10-12
H 3组12-15
I 3组12-15
J 3组12-15

K 每条腿各30秒
L 每条腿各30秒

第四天：
低强度有氧运动30分

第五天：
A 每条腿各20秒
B 每条腿各30秒
C 3组10-12
D 3组12-15
G 3组10-12
H 3组12-15
I 3组12-15
J 3组12-15
K 每条腿各30秒
L 每条腿各30秒

第六天：
休息

第七天：
休息

锻炼级别 2

初级常规2

第一天：
A 每条腿各20秒
B 每条腿各30秒
C 3组10-12
D 3组12-15
E 3组15-20
F 3组15-20

第二天：
休息

第三天：
A 每条腿各20秒
B 每条腿各30秒
C 3组10-12
D 3组12-15
E 3组15-20
F 3组15-20

第四天：
低强度有氧运动30分

第五天：
A 每条腿各20秒
B 每条腿各30秒
C 3组10-12
D 3组12-15
E 3组15-20
F 3组15-20

第六天：
休息

第七天：
休息

中级常规2

第一天：
A 每条腿各20秒
B 每条腿各30秒
C 3组10-12
D 3组12-15
E 3组15-20
F 3组15-20
H 3组12-15
J 3组12-15

第二天：
低强度有氧运动30分

第三天：
A 每条腿各20秒
B 每条腿各30秒
C 3组10-12
D 3组12-15
E 3组15-20
F 3组15-20

H 3组12-15
J 3组12-15

第四天：
低强度有氧运动30分

第五天：
A 每条腿各20秒
B 每条腿各30秒
C 3组10-12
D 3组12-15
E 3组15-20
F 3组15-20
H 3组12-15
J 3组12-15

第六天：
休息

第七天：
休息

高级常规2

第一天：
A 每条腿各20秒
B 每条腿各30秒
C 3组10-12
D 3组12-15
E 3组15-20
F 3组15-20
H 3组12-15
J 3组12-15
K 每条腿各30秒
L 每条腿各30秒

第二天：
低强度有氧运动30分

第三天：
A 每条腿各20秒
B 每条腿各30秒
C 3组10-12
D 3组12-15
E 3组15-20
F 3组15-20
H 3组12-15
J 3组12-15

K 每条腿各30秒
L 每条腿各30秒

第四天：
低强度有氧运动30分

第五天：
A 每条腿各20秒
B 每条腿各30秒
C 3组10-12
D 3组12-15
E 3组15-20
F 3组15-20
H 3组12-15
J 3组12-15
K 每条腿各30秒
L 每条腿各30秒

第六天：
休息

第七天：
休息

膝盖问题锻炼

A 交叉伸展练习 226页

B 臀腿伸展 227页

C 壶铃深蹲 150页

D 膝盖旋转伸直 154页

E 内收肌伸展 162页

F 腘绳肌外展 163页

G 瑞士球腘绳肌弯曲 164页

H 反向腘绳肌拉伸 166页

I 单脚压小腿 176页

J 哑铃胫骨上抬 180页

K 立式股四头肌伸展 234页

L 立式腘绳肌伸展 228页

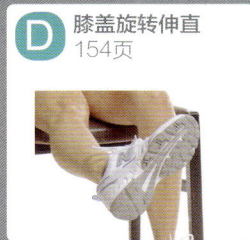

改善膝关节功能的伸展运动不需要任何设备——许多锻炼项目随时随地都能进行。其中的一些锻炼项目通常充当跑步前的热身运动和之后的降温运动。

办公室健身

如今，成百上千万人将一天大部分的时间都花在办公桌前，一连几个小时都一动不动。更糟糕的是，我们总是让工作弄得心力憔悴，以至于没有时间在下班后进行锻炼。这样做会使我们的身体变得危机四伏：例如体重增加、昏昏欲睡和不良姿势等（更不用说紧随其后的一系列健康问题了）。这个简单的训练可以帮助你抵消久坐的生活方式所带来的消极影响，对于我们这些不能经常到健身房的人来说再合适不过了。

锻炼级别 1

初级常规1

第一天：
B 3组20
C 3组12-15
D 3组10-12
F 3组10-12
H 身体两侧各25
I 3组15

第二天：
休息

第三天：
B 3组20
C 3组12-15
D 3组10-12
F 3组10-12
H 身体两侧各25
I 3组15

第四天：
休息

第五天：
B 3组20
C 3组12-15
D 3组10-12
F 3组10-12
H 身体两侧各25
I 3组15

第六天：
有氧运动30-45分

第七天：
休息

中级常规1

第一天：
B 3组20
C 3组12-15
D 3组10-12
F 3组10-12
H 身体两侧各25
I 3组15
J 3组15
K 30秒-1分

第二天：
有氧运动30-45分

第三天：
B 3组20
C 3组12-15
D 3组10-12
F 3组10-12
H 身体两侧各25
I 3组15
J 3组15
K 30秒-1分

第四天：
休息

第五天：
B 3组20
C 3组12-15
D 3组10-12
F 3组10-12
H 身体两侧各25
I 3组15
J 3组15
K 30秒-1分

第六天：
有氧运动30-45分

第七天：
休息

高级常规1

第一天：
B 3组20
C 3组12-15
D 3组10-12
F 3组10-12
H 身体两侧各25
I 3组15
J 3组15
K 30秒-1分
L 3组20
N 3组20

第二天：
有氧运动30-45分

第三天：
B 3组20
C 3组12-15
D 3组10-12
F 3组10-12
H 身体两侧各25
I 3组15
J 3组15
K 30秒-1分
L 3组20
N 3组20

L 3组20
N 3组20

第四天：
有氧运动30-45分

第五天：
B 3组20
C 3组12-15
D 3组10-12
F 3组10-12
H 身体两侧各25
I 3组15
J 3组15
K 30秒-1分
L 3组20
N 3组20

第六天：
有氧运动30-45分

第七天：
休息

锻炼级别 2

初级常规2

第一天：
A 3组12-15
C 3组12-15
E 3组12-15
F 3组10-12
G 3组25
H 身体两侧各25

第二天：
休息

第三天：
A 3组12-15
C 3组12-15
E 3组12-15
F 3组10-12
G 3组25
H 身体两侧各25

第四天：
休息

第五天：
A 3组12-15
C 3组12-15
E 3组12-15
F 3组10-12
G 3组25
H 身体两侧各25

第六天：
有氧运动30-45分

第七天：
休息

中级常规2

第一天：
A 3组12-15
C 3组12-15
E 3组12-15
F 3组10-12
G 3组25
H 身体两侧各25
I 3组15
J 3组15

第二天：
有氧运动30-45分

第三天：
A 3组12-15
C 3组12-15
E 3组12-15
F 3组10-12
G 3组25
H 身体两侧各25
I 3组15
J 3组15

第四天：
休息

第五天：
A 3组12-15
C 3组12-15
E 3组12-15
F 3组10-12
G 3组25
H 身体两侧各25
I 3组15
J 3组15

第六天：
有氧运动30-45分

第七天：
休息

高级常规2

第一天：
A 3组12-15
C 3组12-15
E 3组12-15
F 3组10-12
G 3组25
H 身体两侧各25
I 3组15
J 3组15
K 30秒-1分
M 3组15

第二天：
有氧运动30-45分

第三天：
A 3组12-15
C 3组12-15
E 3组12-15
F 3组10-12
G 3组25
H 身体两侧各25
I 3组15

J 3组15
K 30秒-1分
M 3组15

第四天：
有氧运动30-45分

第五天：
A 3组12-15
C 3组12-15
E 3组12-15
F 3组10-12
G 3组25
H 身体两侧各25
I 3组15
J 3组15
K 30秒-1分
M 3组15

第六天：
有氧运动30-45分

第七天：
休息

办公室健身锻炼

A 俯卧撑
70页

B 换手俯卧撑
72页

C 凳上双臂屈伸
112页

D 瑞士球直角坐墙
134页

E 哑铃弓步下蹲
138页

F 屈腿硬拉
174页

G 卷腹
118页

H 腹式踢腿
184页

I 眼镜蛇背拉
194页

J 平板俯卧撑
198页

K 侧板式
122页

L 俯卧撑上纵跳
160页

M 髋关节内收和外展
204页

N 两头起
212页

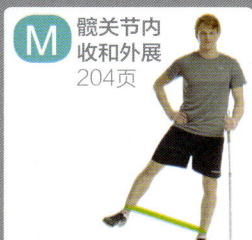

许多公司在午饭时间都为员工提供集体健身课程，包括瑜伽和普拉提。一些公司还会采用财务奖励的方式鼓励员工参加健身俱乐部。

消除小腹

在人体所有的展示肌肉中，腹肌比其他肌肉受到更多的关注和艳羡。它是一组不需要增大体积的肌肉，但它是需要强化并塑形为健康和运动能力的圣杯——六块腹肌。漂亮的腹肌只能通过有氧运动、良好的营养和定期的腹部运动共同作用形成。这项消除小腹的锻炼将会立刻使你踏上拥有腹肌的正确征程。

锻炼级别1

初级常规1

第一天：
A　3组25
B　身体两侧各25
C　3组20
D　3组15
E　3组15
F　身体两侧各30

第二天：
休息

第三天：
A　3组25
B　身体两侧各25
C　3组20
D　3组15
E　3组15
F　身体两侧各30

第四天：
休息

第五天：
A　3组25
B　身体两侧各25
C　3组20
D　3组15
E　3组15
F　身体两侧各30

第六天：
有氧运动30-45分

第七天：
休息

中级常规1

第一天：
A　3组25
B　身体两侧各25
C　3组20
D　3组15
E　3组15
F　身体两侧各30
G　身体两侧各30-60秒
H　3组20

第二天：
有氧运动30-45分

第三天：
A　3组25
B　身体两侧各25
C　3组20
D　3组15
E　3组15
F　身体两侧各30
G　身体两侧各30-60秒
H　3组20

第四天：
休息

第五天：
A　3组25
B　身体两侧各25
C　3组20
D　3组15
E　3组15
F　身体两侧各30
G　身体两侧各30-60秒
H　3组20

第六天：
有氧运动30-45分

第七天：
休息

高级常规1

第一天：
A　3组25
B　身体两侧各25
C　3组20
D　3组15
E　3组15
F　身体两侧各30
G　身体两侧各30-60秒
H　3组20
I　3组20
J　身体两侧各20

第二天：
有氧运动30-45分

第三天：
A　3组25
B　身体两侧各25
C　3组20
D　3组15
E　3组15
F　身体两侧各30
G　身体两侧各30-60秒
H　3组20
I　3组20
J　身体两侧各20

第四天：
有氧运动30-45分

第五天：
A　3组25
B　身体两侧各25
C　3组20
D　3组15
E　3组15
F　身体两侧各30
G　身体两侧各30-60秒
H　3组20
I　3组20
J　身体两侧各20

第六天：
有氧运动30-45分

第七天：
休息

卷腹运动可以强化腹部的所有肌肉，同时改善核心稳定性。当上半身从地面抬起时，双臂大大张开，避免强行做动作并确保核心肌群完全参与到运动中。

消除小腹锻炼

A 卷腹
118页

B 腹式踢腿
184页

C 反向卷腹
192页

D 眼镜蛇背拉
194页

E 平板俯卧撑
198页

F 弹力带伐木术
202页

G T形稳定练习
124页

H 瑞士球屈腿
128页

I 瑞士球推滚
206页

J 风车式
216页

有氧运动

除了提供全身肌肉强化锻炼外，有氧运动计划也可以锻炼心脏和肺部，着重增强身体耐力。这样做有诸多好处：强健心脏（说到底它也是一块肌肉，同样需要像其他肌肉一样得到锻炼），加快新陈代谢，更快地燃烧更多卡路里（和多余脂肪），释放"感觉良好"的荷尔蒙来减轻压力并缩短运动恢复时间，这样你就能够更快地回归健身房，重新开始整个良性循环。

锻炼级别 1

初级常规1

第一天：
B 3组10-12
D 3组12-15
E 3组10-12
G 3组12-15
I 3组15
P 3组25

第二天：
休息

第三天：
B 3组10-12
D 3组12-15
E 3组10-12
G 3组12-15
I 3组15
P 3组25

第四天：
休息

第五天：
B 3组10-12
D 3组12-15
E 3组10-12
G 3组12-15
I 3组15
P 3组25

第六天：
有氧运动30-45分

第七天：
休息

中级常规1

第一天：
B 3组10-12
D 3组12-15
E 3组10-12
G 3组12-15
I 3组15
J 3组15
K 30秒-2分
P 3组25

第二天：
有氧运动30-45分

第三天：
B 3组10-12
D 3组12-15
E 3组10-12
G 3组12-15
I 3组15
J 3组15
K 30秒-2分
P 3组25

第四天：
休息

第五天：
B 3组10-12
D 3组12-15
E 3组10-12
G 3组12-15
I 3组15
J 3组15
K 30秒-2分
P 3组25

第六天：
有氧运动30-45分

第七天：
休息

高级常规1

第一天：
B 3组10-12
D 3组12-15
E 3组10-12
G 3组12-15
I 3组15
J 3组15
K 30秒-2分
L 3组20
O 3组20
P 3组25

第二天：
有氧运动30-45分

第三天：
B 3组10-12
D 3组12-15
E 3组10-12
G 3组12-15
I 3组15
J 3组15
K 30秒-2分
L 3组20

O 3组20
P 3组25

第四天：
有氧运动30-45分

第五天：
B 3组10-12
D 3组12-15
E 3组10-12
G 3组12-15
I 3组15
J 3组15
K 30秒-2分
L 3组20
O 3组20
P 3组25

第六天：
有氧运动30-45分

第七天：
休息

锻炼级别 2

初级常规2

第一天：
A 3组6-8
C 3组12-15
E 3组10-12
F 3组12-15
H 3组15
I 3组15

第二天：
休息

第三天：
A 3组6-8
C 3组12-15
E 3组10-12
F 3组12-15
H 3组15
I 3组15

第四天：
休息

第五天：
A 3组6-8
C 3组12-15
E 3组10-12
F 3组12-15
H 3组15
I 3组15

第六天：
有氧运动30-45分

第七天：
休息

中级常规2

第一天：
A 3组6-8
C 3组12-15
E 3组10-12
F 3组12-15
H 3组15
I 3组15
K 30秒-2分
L 3组20

第二天：
有氧运动30-45分

第三天：
A 3组6-8
C 3组12-15
E 3组10-12
F 3组12-15
H 3组15
I 3组15
K 30秒-2分
L 3组20

第四天：
休息

第五天：
A 3组6-8
C 3组12-15
E 3组10-12
F 3组12-15
H 3组15
I 3组15
K 30秒-2分
L 3组20

第六天：
有氧运动30-45分

第七天：
休息

高级常规2

第一天：
A 3组6-8
C 3组12-15
E 3组10-12
F 3组12-15
H 3组15
I 3组15
K 30秒-2分
L 3组20
M 3组15
N 3组20

第二天：
有氧运动30-45分

第三天：
A 3组6-8
C 3组12-15
E 3组10-12
F 3组12-15
H 3组15
I 3组15
K 30秒-2分
L 3组20
M 3组15
N 3组20

M 3组15
N 3组20

第四天：
有氧运动30-45分

第五天：
A 3组6-8
C 3组12-15
E 3组10-12
F 3组12-15
H 3组15
I 3组15
K 30秒-2分
L 3组20
M 3组15
N 3组20

第六天：
有氧运动30-45分

第七天：
休息

有氧运动锻炼

A 杠铃硬拉
34页

B 瑞士球直角坐墙
134页

C 哑铃弓箭步下蹲
144页

D 单腿下踏板
152页

E 瑞士球腘绳肌弯曲
164页

F 杠铃硬拉俯身起
168页

G 哑铃负重举踵
178页

H 眼镜蛇背拉
194页

I 平板俯卧撑
198页

J 星式跳跃
156页

K 登山家
158页

L 俯卧撑上纵跳
160页

M 髋关节内收和外展
204页

N 瑞士球臀部交叉
210页

O 两头起
212页

P 健身球猛击
214页

强健的双腿

健美的双腿看起来很棒，但是遇到危险时我们总是忽略它们的存在，因为虚弱无力的双腿（相当直白）弱化了上肢力量。训练和日常生活中的许多举高动作的正确姿势有赖于双腿的力量，而不发达的腿部肌肉可能会导致身体受伤——尤其是膝盖和下背部。深蹲和硬拉能够使整个身体得到锻炼，而不仅限于双腿，因此它们应该成为任何一项良好的健身计划的一部分。

初级常规1

第一天：
A 3组10-12
C 3组10-12
E 3组12-15
F 3组10-12
H 3组10-12
I 3组12-15

第二天：
休息

第三天：
A 3组10-12
C 3组10-12
E 3组12-15
F 3组10-12
H 3组10-12
I 3组12-15

第四天：
休息

第五天：
A 3组10-12
C 3组10-12
E 3组12-15
F 3组10-12
H 3组10-12
I 3组12-15

第六天：
有氧运动30-45分

第七天：
休息

中级常规1

第一天：
A 3组10-12
B 3组12-15
C 3组10-12
E 3组12-15
F 3组10-12
G 3组12-15
H 3组10-12
I 3组12-15

第二天：
有氧运动30-45分

第三天：
A 3组10-12
B 3组12-15
C 3组10-12
E 3组12-15
F 3组10-12
G 3组12-15
H 3组10-12
I 3组12-15

第四天：
休息

第五天：
A 3组10-12
B 3组12-15
C 3组10-12
E 3组12-15
F 3组10-12
G 3组12-15
H 3组10-12
I 3组12-15

第六天：
有氧运动30-45分

第七天：
休息

高级常规1

第一天：
A 3组10-12
B 3组12-15
C 3组10-12
D 3组12-15
E 3组12-15
F 3组10-12
G 3组12-15
H 3组10-12
I 3组12-15
J 3组12-15

I 3组12-15
J 3组12-15

第四天：
有氧运动30-45分

第五天：
A 3组10-12
B 3组12-15
C 3组10-12
D 3组12-15
E 3组12-15
F 3组10-12
G 3组12-15
H 3组10-12
I 3组12-15
J 3组12-15

第二天：
有氧运动30-45分

第三天：
A 3组10-12
B 3组12-15
C 3组10-12
D 3组12-15
E 3组12-15
F 3组10-12
G 3组12-15
H 3组10-12

第六天：
有氧运动30-45分

第七天：
休息

硬拉动作能够激活背部、躯干、双腿以及双臂肌肉。正确的健身方式是调动正确肌肉，避免背部损伤的关键。

强健的双腿锻炼

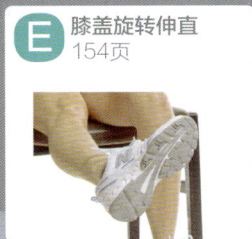

A 瑞士球直角坐墙 134页

B 哑铃弓步下蹲 138页

C 壶铃深蹲 150页

D 单腿下踏板 152页

E 膝盖旋转伸直 154页

F 瑞士球腘绳肌弯曲 164页

G 反向腘绳肌拉伸 166页

H 屈腿硬拉 174页

I 哑铃负重举踵 178页

J 哑铃胫骨上抬 180页

核心稳固

我们久坐的生活方式以及数不清的现代生活便利——甚至是我们行走的人工路面——都会让我们付出了极大代价。这项计划关注强化支撑脊柱、肩部和臀部的肌肉力量。它可以与小腹消除运动一起进行，完成全面的核心健身。核心运动必不可少，因为肌肉组织的密切合作对于有效的有氧运动、体重训练以及生活中的方方面面都至关重要。

初级常规1

第一天：
A 3组12-15
C 3组12-15
E 3组15
H 30秒-1分
I 身体两侧各30-60秒
J 3组20

第二天：
休息

第三天：
A 3组12-15
C 3组12-15
E 3组15
H 30秒-1分
I 身体两侧各30-60秒
J 3组20

第四天：
休息

第五天：
A 3组12-15
C 3组12-15
E 3组15
H 30秒-1分
I 身体两侧各30-60秒
J 3组20

第六天：
有氧运动30-45分

第七天：
休息

中级常规1

第一天：
A 3组12-15
B 3组12-15
C 3组12-15
E 3组15
F 3组15
H 30秒-1分
I 身体两侧各30-60秒
J 3组20

第二天：
有氧运动30-45分

第三天：
A 3组12-15
B 3组12-15
C 3组12-15
E 3组15
F 3组15
H 30秒-1分
I 身体两侧各30-60秒
J 3组20

第四天：
休息

第五天：
A 3组12-15
B 3组12-15
C 3组12-15
E 3组15
F 3组15
H 30秒-1分
I 身体两侧各30-60秒
J 3组20

第六天：
有氧运动30-45分

第七天：
休息

高级常规1

第一天：
A 3组12-15
B 3组12-15
C 3组12-15
D 3组15
E 3组15
F 3组15
G 30秒-1分
H 30秒-1分
I 身体两侧各30-60秒
J 3组20

第二天：
有氧运动30-45分

第三天：
A 3组12-15
B 3组12-15
C 3组12-15
D 3组15
E 3组15
F 3组15
G 30秒-1分
H 30秒-1分
I 身体两侧各30-60秒
J 3组20

第四天：
有氧运动30-45分

第五天：
A 3组12-15
B 3组12-15
C 3组12-15
D 3组15
E 3组15
F 3组15
G 30秒-1分
H 30秒-1分
I 身体两侧各30-60秒
J 3组20
J 3组20

第六天：
有氧运动30-45分

第七天：
休息

所有使用瑞士球的运动，例如背部伸展、全身翻滚和俯卧撑，对核心肌群都极为有利，它们可以锻炼平衡力，增强身体的力量和稳定性。

A 平凳腹背练习
56页

B 背部旋转伸展
58页

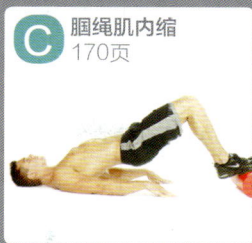
C 腘绳肌内缩
170页

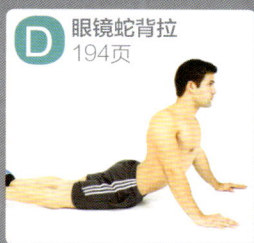
D 眼镜蛇背拉
194页

E 瑞士球骨盆倾斜
196页

F 平板俯卧撑
198页

G 平板支撑
120页

H 侧板式
122页

I T形稳定练习
124页

J 瑞士球推滚
206页

全身力量运动

虽然侧平举等单一关节运动会重塑侧三角肌，但是它在增强全身力量方面毫无用处。多关节的复合性运动有助于增强身体力量。这项专门的力量锻炼计划基本上是围绕这样的练习进行（硬拉、按压和拖拽）的。在适当情况下，按照你能够安全驾驭的最大重量进行练习。

初级常规1

第一天：
A 3组6-8
B 3组8-10
D 3组8-10
F 3组8-10
I 3组10-12
J 3组10-12

第二天：
休息

第三天：
A 3组6-8
B 3组8-10
D 3组8-10
F 3组8-10
I 3组10-12
J 3组10-12

第四天：
休息

第五天：
A 3组6-8
B 3组8-10
D 3组8-10
F 3组8-10
I 3组10-12
J 3组10-12

第六天：
有氧运动30-45分

第七天：
休息

中级常规1

第一天：
A 3组6-8
B 3组8-10
D 3组8-10
E 3组8-10
F 3组8-10
I 3组10-12
J 3组10-12
M 3组20

第二天：
有氧运动30-45分

第三天：
A 3组6-8
B 3组8-10
D 3组8-10
E 3组8-10
F 3组8-10
I 3组10-12
J 3组10-12
M 3组20

第四天：
休息

第五天：
A 3组6-8
B 3组8-10
D 3组8-10
E 3组8-10
F 3组8-10
I 3组10-12
J 3组10-12
M 3组20

第六天：
有氧运动30-45分

第七天：
休息

高级常规1

第一天：
A 3组6-8
B 3组8-10
D 3组8-10
E 3组8-10
F 3组8-10
H 3组10-12
I 3组10-12
J 3组10-12
L 身体两侧各30-60秒
M 3组20

第二天：
有氧运动30-45分

第三天：
A 3组6-8
B 3组8-10
D 3组8-10
E 3组8-10
F 3组8-10
H 3组10-12
I 3组10-12
J 3组10-12
L 身体两侧各30-60秒
M 3组20

第四天：
有氧运动30-45分

第五天：
A 3组6-8
B 3组8-10
D 3组8-10
E 3组8-10
F 3组8-10
H 3组10-12
I 3组10-12
J 3组10-12
L 身体两侧各30-60秒
M 3组20

第六天：
有氧运动30-45分
第七天：
休息

初级常规2

第一天：
A 3组6-8
C 3组8-10
D 3组8-10
E 3组8-10
G 3组10-12
H 3组10-12

第二天：
休息

第三天：
A 3组6-8
C 3组8-10
D 3组8-10
E 3组8-10
G 3组10-12
H 3组10-12

第四天：
休息

第五天：
A 3组6-8
C 3组8-10
D 3组8-10
E 3组8-10
G 3组10-12
H 3组10-12

第六天：
有氧运动30-45分

第七天：
休息

中级常规2

第一天：
A 3组6-8
C 3组8-10
D 3组8-10
E 3组8-10
G 3组10-12
H 3组10-12
I 3组10-12
J 3组10-12

第二天：
有氧运动30-45分

第三天：
A 3组6-8
C 3组8-10
D 3组8-10
E 3组8-10
G 3组10-12
H 3组10-12
I 3组10-12
J 3组10-12

第四天：
休息

第五天：
A 3组6-8
C 3组8-10
D 3组8-10
E 3组8-10
G 3组10-12
H 3组10-12
I 3组10-12
J 3组10-12

第六天：
有氧运动30-45分

第七天：
休息

高级常规2

第一天：
A 3组6-8
C 3组8-10
D 3组8-10
E 3组8-10
G 3组10-12
H 3组10-12
I 3组10-12
J 3组10-12
K 3组12-15
N 3组20

第二天：
有氧运动30-45分

第三天：
A 3组6-8
C 3组8-10
D 3组8-10
E 3组8-10
G 3组10-12
H 3组10-12
I 3组10-12
J 3组10-12
K 3组12-15
N 3组20

第四天：
有氧运动30-45分

第五天：
A 3组6-8
C 3组8-10
D 3组8-10
E 3组8-10
G 3组10-12
H 3组10-12
I 3组10-12
J 3组10-12
K 3组12-15
N 3组20

第六天：
有氧运动30-45分

第七天：
休息

全身力量锻炼

A 杠铃硬拉
34页

B 杠铃划船
36页

C 绳索下拉
52页

D 杠铃仰卧平板推举
60页

E 曲臂伸
68页

F 坐式哑铃推举
74页

G 杠铃耸肩
94页

H 绳索锤式弯举
104页

I 瑞士球直角坐墙
134页

J 瑞士球腘绳肌弯曲
164页

K 哑铃负重举踵
178页

L T形稳定练习
124页

M 瑞士球屈腿
128页

N 两头起
212页

传统的仰卧推举的变化动作提供了抗阻训练，锻炼腹部一侧以及双臂的肌肉。

60+

不要因为感冒就停止锻炼；你之所以会衰老正是因为你停止了锻炼。在诸如常规性锻炼和良好营养等健康习惯上松懈偷懒，是造成与年龄相关问题——肌肉过度损耗，骨质疏松，力量、有氧健身和灵活性降低——的关键因素。这项锻炼计划将会使你在所谓的"垂暮之年"遭受尽可能少的功能退化，提前几十年，在你人生巅峰时期就开始未雨绸缪。

锻炼级别 1

初级常规1

第一天：
B 3组8-10
D 3组10-12
E 3组15
F 3组10-12
J 3组12-15
K 3组12-15

第二天：
休息

第三天：
B 3组8-10
D 3组10-12
E 3组15
F 3组10-12
J 3组12-15
K 3组12-15

第四天：
休息

第五天：
B 3组8-10
D 3组10-12
E 3组15
F 3组10-12
J 3组12-15
K 3组12-15

第六天：
有氧运动30-45分

第七天：
休息

中级常规1

第一天：
A 3组8-10
B 3组8-10
D 3组10-12
E 3组15
F 3组10-12
I 3组10-12
J 3组12-15
K 3组12-15
J 3组12-15
K 3组12-15

第四天：
休息

第五天：
A 3组8-10
B 3组8-10
D 3组10-12
E 3组15
F 3组10-12
I 3组10-12
J 3组12-15
K 3组12-15

第二天：
有氧运动30-45分

第三天：
A 3组8-10
B 3组8-10
D 3组10-12
E 3组15
F 3组10-12
I 3组10-12

第六天：
有氧运动30-45分

第七天：
休息

高级常规1

第一天：
A 3组8-10
B 3组8-10
D 3组10-12
E 3组15
F 3组10-12
I 3组10-12
J 3组12-15
K 3组12-15
M 3组15
O 3组20

第二天：
有氧运动30-45分

第三天：
A 3组8-10
B 3组8-10
D 3组10-12
E 3组15
F 3组10-12
I 3组10-12
J 3组12-15
K 3组12-15
M 3组15
O 3组20

第四天：
有氧运动30-45分

第五天：
A 3组8-10
B 3组8-10
D 3组10-12
E 3组15
F 3组10-12
I 3组10-12
J 3组12-15
K 3组12-15
M 3组15
O 3组20

第六天：
有氧运动30-45分

第七天：
休息

锻炼级别 2

初级常规2

第一天：
A 3组8-10
C 身体两侧各30
E 3组15
F 3组10-12
G 3组10-12
H 3组10-12

第二天：
休息

第三天：
A 3组8-10
C 身体两侧各30
E 3组15
F 3组10-12
G 3组10-12
H 3组10-12

第四天：
休息

第五天：
A 3组8-10
C 身体两侧各30
E 3组15
F 3组10-12
G 3组10-12
H 3组10-12

第六天：
有氧运动30-45分

第七天：
休息

中级常规2

第一天：
A 3组8-10
C 身体两侧各30
E 3组15
F 3组10-12
G 3组10-12
H 3组10-12
I 3组10-12
K 3组12-15

第二天：
有氧运动30-45分

第三天：
A 3组8-10
C 身体两侧各30
E 3组15
F 3组10-12
G 3组10-12
H 3组10-12
I 3组10-12
K 3组12-15

第四天：
休息

第五天：
A 3组8-10
C 身体两侧各30
E 3组15
F 3组10-12
G 3组10-12
H 3组10-12
I 3组10-12
K 3组12-15

第六天：
有氧运动30-45分

第七天：
休息

高级常规2

第一天：
A 3组8-10
C 身体两侧各30
E 3组15
F 3组10-12
G 3组10-12
H 3组10-12
I 3组10-12
K 3组12-15
L 3组12-15
N 3组25

第二天：
有氧运动30-45分

第三天：
A 3组8-10
C 身体两侧各30
E 3组15
F 3组10-12
G 3组10-12
H 3组10-12
I 3组10-12
K 3组12-15
L 3组12-15
N 3组25

第四天：
有氧运动30-45分

第五天：
A 3组8-10
C 身体两侧各30
E 3组15
F 3组10-12
G 3组10-12
H 3组10-12
I 3组10-12
K 3组12-15
L 3组12-15
N 3组25

第六天：
有氧运动30-45分

第七天：
休息

A 哑铃划船
38页

B 高滑轮下拉
42页

C 弹力带伐木术
202页

D 哑铃仰卧飞鸟
64页

E 旋转练习
78页

F 俯卧反飞鸟
88页

G 杠铃弯举
100页

H 绳索曲臂下压
106页

I 壶铃深蹲
150页

J 膝盖旋转伸直
154页

K 反向腘绳肌拉伸
166页

L 单脚压小腿
176页

M 眼镜蛇背拉
194页

N 卷腹
118页

O 反向卷腹
192页

不负重运动

这些运动能够帮助你达到特殊的力量和健身水平，同时避免由于体重增加或者训练造成的肌肉体积过度膨胀。除了节省资金这个显而易见的好处，以及用尽可能少的设备完成训练的便利外，这项锻炼会调动整个核心肌群，并且通常会有更强的功能性。如果你能精通俯卧撑、引体向上、双臂屈伸和深蹲（不负重）这四项有难度的运动，你就能够真正地强身健体，长久受益。

初级常规1

第一天：
A 3组8-10
C 3组8-10
D 3组8-10
E 3组12-15
G 3组10-12
H 3组10-12

第二天：
休息

第三天：
A 3组8-10
C 3组8-10
D 3组8-10
E 3组12-15
G 3组10-12
H 3组10-12

第四天：
休息

第五天：
A 3组8-10
C 3组8-10
D 3组8-10
E 3组12-15
G 3组10-12
H 3组10-12

第六天：
有氧运动30-45分

第七天：
休息

中级常规1

第一天：
A 3组8-10
B 3组8-10
C 3组8-10
D 3组8-10
E 3组12-15
G 3组10-12
H 3组10-12
I 3组15

第二天：
有氧运动30-45分

第三天：
A 3组8-10
B 3组8-10
C 3组8-10
D 3组8-10
E 3组12-15
G 3组10-12
H 3组10-12
I 3组15

第四天：
休息

第五天：
A 3组8-10
B 3组8-10
C 3组8-10
D 3组8-10
E 3组12-15
G 3组10-12
H 3组10-12
I 3组15

第六天：
有氧运动30-45分

第七天：
休息

高级常规1

第一天：
A 3组8-10
B 3组8-10
C 3组8-10
D 3组8-10
E 3组12-15
F 3组20
G 3组10-12
H 3组10-12
I 3组15
J 身体两侧各 30-60秒

第二天：
有氧运动30-45分

第三天：
A 3组8-10
B 3组8-10
C 3组8-10
D 3组8-10
E 3组12-15
F 3组20
G 3组10-12
H 3组10-12
I 3组15
J 身体两侧各 30-60秒

第四天：
有氧运动30-45分

第五天：
A 3组8-10
B 3组8-10
C 3组8-10
D 3组8-10
E 3组12-15
F 3组20
G 3组10-12
H 3组10-12
I 3组15
J 身体两侧各 30-60秒

第六天：
有氧运动30-45分

第七天：
休息

俯卧撑以及各种各样的变体运动是锻炼胸部力量最广为人知的方法。做俯卧撑不仅能锻炼胸部肌肉，同时也会训练双臂、双腿以及核心肌群——而你所需要的不过是一张体操垫而已。

不负重运动锻炼

A 反弓步
140页

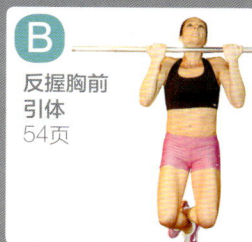

B 反握胸前
引体
54页

C 平凳腹背练习
56页

D 曲臂伸
68页

E 俯卧撑
70页

F 换手俯卧撑
72页

G 瑞士球直角坐墙
134页

H 屈腿硬拉
174页

I 平板俯卧撑
198页

J T形稳定练习
124页

全身阻力练习

全身阻力练习之所以对健身有益，其原因多种多样：你的心血管得到锻炼，燃烧脂肪，强化肌肉并且在短期内塑形。通过几项主要的举重动作使身体变得强壮之后，身体的每一个部位不需要大量练习就能够刺激肌肉生长。

初级常规1

第一天：
B 3组8-10
C 3组12-15
D 3组8-10
F 3组12-15
G 3组12-15
K 3组15

第二天：
休息

第三天：
B 3组8-10
C 3组12-15
D 3组8-10
F 3组12-15
G 3组12-15
K 3组15

第四天：
休息

第五天：
B 3组8-10
C 3组12-15
D 3组8-10
F 3组12-15
K 3组15

第六天：
有氧运动30-45分

第七天：
休息

中级常规1

第一天：
A 3组6-8
B 3组8-10
C 3组12-15
D 3组8-10
F 3组12-15
G 3组12-15
I 3组12-15
K 3组15

第二天：
有氧运动30-45分

第三天：
A 3组6-8
B 3组8-10
C 3组12-15
D 3组8-10
F 3组12-15
G 3组12-15
I 3组12-15
K 3组15

第四天：
休息

第五天：
A 3组6-8
B 3组8-10
C 3组12-15
D 3组8-10
F 3组12-15
G 3组12-15
I 3组12-15
K 3组15

第六天：
有氧运动30-45分

第七天：
休息

高级常规1

第一天：
A 3组6-8
B 3组8-10
C 3组12-15
D 3组8-10
F 3组12-15
G 3组12-15
I 3组12-15
J 3组12-15
K 3组15
L 3组20

第二天：
有氧运动30-45分

第三天：
A 3组6-8
B 3组8-10
C 3组12-15
D 3组8-10
F 3组12-15
G 3组12-15
I 3组12-15
J 3组12-15

K 3组15
L 3组20

第四天：
有氧运动30-45分

第五天：
A 3组6-8
B 3组8-10
C 3组12-15
D 3组8-10
F 3组12-15
G 3组12-15
I 3组12-15
J 3组12-15
K 3组15
L 3组20

第六天：
有氧运动30-45分

第七天：
休息

初级常规2

第一天：
A 3组6-8
B 3组8-10
C 3组12-15
D 3组8-10
E 3组10-12
F 3组12-15

第二天：
休息

第三天：
A 3组6-8
B 3组8-10
C 3组12-15
D 3组8-10
E 3组10-12
F 3组12-15

第四天：
休息

第五天：
A 3组6-8
B 3组8-10
C 3组12-15
D 3组8-10
E 3组10-12
F 3组12-15

第六天：
有氧运动30-45分

第七天：
休息

中级常规2

第一天：
A 3组6-8
B 3组8-10
C 3组12-15
D 3组8-10
E 3组10-12
F 3组12-15
H 3组12-15
I 3组12-15

第二天：
有氧运动30-45分

第三天：
A 3组6-8
B 3组8-10
C 3组12-15
D 3组8-10
E 3组10-12
F 3组12-15
H 3组12-15
I 3组12-15

第四天：
休息

第五天：
A 3组6-8
B 3组8-10
C 3组12-15
D 3组8-10
E 3组10-12
F 3组12-15
H 3组12-15
I 3组12-15

第六天：
有氧运动30-45分

第七天：
休息

高级常规2

第一天：
A 3组6-8
B 3组8-10
C 3组12-15
D 3组8-10
E 3组10-12
F 3组12-15
H 3组12-15
I 3组12-15
J 3组12-15
K 3组15

第二天：
有氧运动30-45分

第三天：
A 3组6-8
B 3组8-10
C 3组12-15
D 3组8-10
E 3组10-12
F 3组12-15
H 3组12-15

I 3组12-15
J 3组12-15
K 3组15

第四天：
有氧运动30-45分

第五天：
A 3组6-8
B 3组8-10
C 3组12-15
D 3组8-10
E 3组10-12
F 3组12-15
H 3组12-15
I 3组12-15
J 3组12-15
K 3组15

第六天：
有氧运动30-45分

第七天：
休息

全身阻力练习锻炼

A 杠铃硬拉
34页

B 反握胸前
引体
54页

C 俯卧撑
70页

D 肩部推举
76页

E 交替锤式弯举
98页

F 凳上双臂屈伸
112页

G 哑铃弓步下蹲
138页

H 单腿下踏板
152页

I 反向腘绳肌拉伸
166页

J 哑铃负重举踵
178页

K 平板俯卧撑
198页

L 两头起
212页

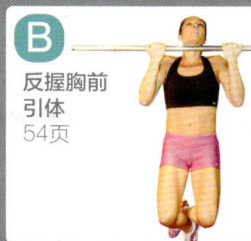

弹力带是一种十分方便的训练器材，适用任何一种锻炼，因为它可以用于身体的任何一个部位且便于储存。几乎任何一种不负重的锻炼都可以通过一根弹力带增大运动难度。

更大的手臂

也许除了有型且凸出的腹肌外，肱二头肌（被戏称为"枪"）是诸多男性想要锻炼的主要肌肉。但是，一开始就直接进行弯举哑铃是一个常见错误。要想锻炼出更大只的手臂，你必须首先通过使身体变得强壮来增大全身肌肉体积，同时摄入大量蛋白质。只有在你完成了全身力量健身计划，增大了肌肉体积之后，你才能开始这项伟大的手臂塑形练习。

初级常规1

第一天：
A 2组10-12
B 2组10-12
E 2组10-12
F 2组10-12

第二天：
休息

第三天：
A 2组10-12
B 2组10-12
E 2组10-12
F 2组10-12

第四天：
休息

第五天：
A 2组10-12
B 2组10-12
E 2组10-12
F 2组10-12

第六天：
有氧运动30-45分

第七天：
休息

中级常规1

第一天：
A 2组10-12
B 2组10-12
D 2组10-12
E 2组10-12
F 2组10-12
G 2组10-12

第二天：
有氧运动30-45分

第三天：
A 2组10-12
B 2组10-12
D 2组10-12
E 2组10-12
F 2组10-12
G 2组10-12

第四天：
休息

第五天：
A 2组10-12
B 2组10-12
D 2组10-12
E 2组10-12
F 2组10-12
G 2组10-12

第六天：
有氧运动30-45分

第七天：
休息

高级常规1

第一天：
A 2组10-12
B 2组10-12
C 2组12-15
D 2组10-12
E 2组10-12
F 2组10-12
G 2组10-12
H 2组10-12
G 2组10-12
H 2组10-12

第二天：
有氧运动30-45分

第三天：
A 2组10-12
B 2组10-12
C 2组12-15
D 2组10-12
E 2组10-12
F 2组10-12

第四天：
有氧运动30-45分

第五天：
A 2组10-12
B 2组10-12
C 2组12-15
D 2组10-12
E 2组10-12
F 2组10-12
G 2组10-12
H 2组10-12

第六天：
有氧运动30-45分

第七天：
休息

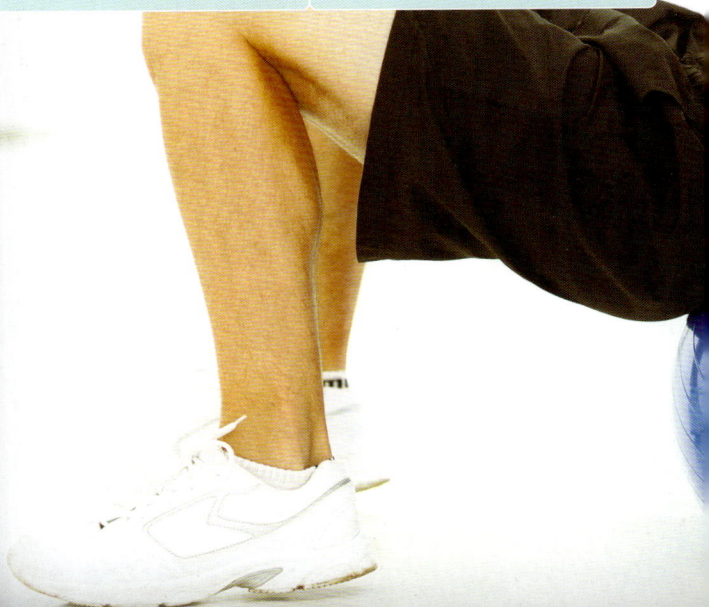

更大的手臂锻炼

A 杠铃弯举
100页

B 交替锤式弯举
98页

C 单臂哑铃弯举
102页

D 绳索锤式弯举
104页

E 绳索曲臂下压
106页

F 仰卧哑铃屈臂伸
108页

G 凳上双臂屈伸
112页

H 绳索过顶伸展
114页

在仰躺式肱三头肌伸展练习中，瑞士球会调动上背部肌肉参与到运动中，同时在完全掌控的情况下，肱三头肌流畅地将哑铃放下和举起。

更健壮的胸部

锻炼出一个强大胸部的关键是优先考虑胸部的上半部分，以便使胸膛看起来更加结实，轮廓更加清晰。尽管许多男性沉醉在自己能够做多少水平推举练习，斜板推举加上飞翔动作也同样必不可少。对于女性来说也是如此，这项综合的胸部锻炼——与有氧运动一道——有助于帮助保持胸部紧实，线条优美。

锻炼级别 1

初级常规1

第一天：
B 3组8-10
C 3组8-10
E 2组10-12
F 2组10-12

第二天：
休息

第三天：
B 3组8-10
C 3组8-10
E 2组10-12
F 2组10-12

第四天：
休息

第五天：
B 3组8-10
C 3组8-10
E 2组10-12
F 2组10-12

第六天：
有氧运动30-45分

第七天：
休息

中级常规1

第一天：
A 3组8-10
B 3组8-10
C 3组8-10
E 2组10-12
F 2组10-12
H 3组8-10
J 2组20

第二天：
有氧运动30-45分

第三天：
A 3组8-10
B 3组8-10
C 3组8-10
E 2组10-12
F 2组10-12
H 3组8-10
J 2组20

第四天：
休息

第五天：
A 3组8-10
B 3组8-10
C 3组8-10
E 2组10-12
F 2组10-12
H 3组8-10
J 2组20

第六天：
有氧运动30-45分

第七天：
休息

高级常规1

第一天：
A 3组8-10
B 3组8-10
C 3组8-10
D 3组8-10
E 2组10-12
F 2组10-12
G 2组12-15
H 3组8-10
I 2组12-15
J 2组20

第二天：
有氧运动30-45分

第三天：
A 3组8-10
B 3组8-10
C 3组8-10
D 3组8-10
E 2组10-12
F 2组10-12
G 2组12-15
H 3组8-10
I 2组12-15
J 2组20

第四天：
有氧运动30-45分

第五天：
A 3组8-10
B 3组8-10
C 3组8-10
D 3组8-10
E 2组10-12
F 2组10-12
G 2组12-15
H 3组8-10
I 2组12-15
J 2组20

第六天：
有氧运动30-45分

第七天：
休息

胸部推举机专门用来锻炼上胸部和三角肌，它可以使胸部变得更大、更强。

更健壮的胸部锻炼

A 杠铃仰卧平板推举
60页

B 坐姿哑铃推举
74页

C 泡沫轴俯卧撑
62页

D 壶铃交替上提
48页

E 哑铃仰卧飞鸟
64页

F 瑞士球反飞鸟
90页

G 拉力器夹胸
66页

H 曲臂伸
68页

I 俯卧撑
70页

J 换手俯卧撑
72页

强健的臀肌

尽管我们每个人天生都有固定的臀型，但是我们的确可以控制臀部肌肉的品质和最终形状。臀肌是人体最大的肌肉组织，而它们的功能是伸展髋关节，使大腿更贴近臀部。然而，你的臀部也可以成为巨大的美学资产：对于男性来说，臀肌充当着配角的角色，它的存在使经典的V-形背显得更加醒目；对于女性来说，强壮健美的臀部是整体健身计划中极为重要的一部分。

初级常规1

第一天：
A　3组10-12
B　3组12-15
C　3组12-15
D　3组10-12

第二天：
休息

第三天：
A　3组10-12
B　3组12-15
C　3组12-15
D　3组10-12

第四天：
休息

第五天：
A　3组10-12
B　3组12-15
C　3组12-15
D　3组10-12

第六天：
有氧运动30-45分

第七天：
休息

中级常规1

第一天：
A　3组10-12
B　3组12-15
C　3组12-15
D　3组12-15
E　3组12-15
F　3组12-15

第二天：
有氧运动30-45分

第三天：
A　3组10-12
B　3组12-15
C　3组12-15
D　3组10-12
E　3组12-15
F　3组12-15

第四天：
休息

第五天：
A　3组10-12
B　3组12-15
C　3组12-15
D　3组10-12
E　3组12-15
F　3组12-15

第六天：
有氧运动30-45分

第七天：
休息

高级常规1

第一天：
A　3组10-12
B　3组12-15
C　3组12-15
D　3组12-15
E　3组12-15
F　3组12-15
G　3组10-12
H　3组15

第二天：
有氧运动30-45分

第三天：
A　3组10-12
B　3组12-15
C　3组12-15
D　3组10-12
E　3组12-15
F　3组12-15

G　3组10-12
H　3组15

第四天：
有氧运动30-45分

第五天：
A　3组10-12
B　3组12-15
C　3组12-15
D　3组10-12
E　3组12-15
F　3组12-15
G　3组10-12
H　3组15

第六天：
有氧运动30-45分

第七天：
休息

用来强化下背部的腹背训练器同样是在夏季来临之前，使臀部肌肉绷紧的神器。

强健的臀肌锻炼

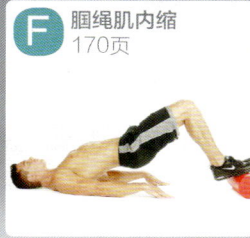

A 瑞士球直角坐墙
134页

B 反弓步
140页

C 单腿下踏板
152页

D 瑞士球腘绳肌弯曲
164页

E 杠铃硬拉俯身起
168页

F 腘绳肌内缩
170页

G 屈腿硬拉
174页

H 髋关节内收和外展
204页

附录

术语表

A

abdominals（腹肌）：组成腹部的肌肉组织。腹直肌位于腹肌前方，被称作六块腹肌。其他的肌肉，从外向内依次是腹外斜肌（外部斜肌）、腹内斜肌（背部斜肌）、腹横肌以及腹腔最深处的肌肉。参看核心肌群。

abduction（外展）：远离身体的动作。

adduction（内收）：靠近身体的动作。

aerobic step（有氧踏板）：有氧踏板是指一个可调节高度的台阶或活动平台，它是进行有氧运动的专门设备，同时也能有效地锻炼你的小腿肌肉。

agonist muscle（主动肌）：见对抗肌。

anterior（前部）：位于前方。

antagonist muscle（对抗肌）：与主动肌作用相反。大部分的肌肉都会组成对抗性肌肉组，一块肌肉收缩，另一块肌肉扩展；例如当肱二头肌收缩时，肱三头肌就会放松。

B

back（背部）：背部对身体绝大部分的肌肉起着支撑作用，同时与双腿、双臂和颈部肌肉相连。一个健康的背部是健身训练不可或缺的。在许多运动中，背部或者脊柱一开始时必须挺直，但不紧张。参看中立位置。

barbell（杠铃）：杠铃是一种运动训练器材。杠铃杆一般为1.2至2.2米长，甚至更长；两端为一定重量的杠铃片。你可以根据不同锻炼的重量要求改变杠铃片重量，增加肌肉锻炼强度。

C

cardiovascular exercise（有氧运动）：任何能够使心跳频率加快，为工作肌肉提供丰富氧气和营养的血液的运动都是有氧运动。

core（核心肌群）：指靠近脊柱的深层肌，它能为整个身体提供结构性支撑。核心肌群分为两大类：大核心肌群以及小核心肌群。大核心肌群位于躯干，包括腹部以及中背部和下背部区域。这一区域包含了盆底肌（肛提肌、耻尾肌、髂尾肌、耻骨直肠肌和尾骨肌）、腹肌（腹直肌、腹横肌、腹外斜肌、腹内斜肌）、脊椎伸肌（多裂脊肌、竖脊肌、夹肌、胸最长肌和半棘肌）以及隔膜。小核心肌群包括了背阔肌、臀大肌和斜方肌。当身体从事的活动或动作需要更好的稳定性时，小核心肌群会协助大核心肌群更好地工作。

crunch（卷腹）：是一项常见的腹部运动，需要肩部朝骨盆弯曲，同时双手抱头，双膝弯曲，仰卧在地面上。

curl（弯曲）：弯曲通常是针对肱二头肌的一种动作，需要借助一种"卷曲"的动作，使力量在一个弧形上移动。

D

deadlift（硬拉）：指以一种稳定的弯曲姿势将哑铃之类的重物从地面举起。

DOMS：是延迟性肌肉酸痛（Delayed Onset Muscle Soreness）的简写。它是指在完成长跑等剧烈的体能运动或者任何一项身体还不适应的锻炼后的24到72小时内，肌肉可能会经历的疼痛和无力感。DOMS是肌肉细胞被损坏的标志；修复后，它们会变得更强，体积也会增大。参看乳酸。

dumbbell（哑铃）：哑铃是一种基础的运动设备，是由一根短棒和固定在上面的哑铃片组成。运动过程中可单手或双手握住哑铃。大多数健身房都提供固定哑铃，哑铃片上会标注重量，但是许多家用的哑铃都是能够自由调节重量的可调节哑铃。

E

exhale（呼气）：深度的控制性呼吸对于许多锻炼来说非常重要，尤其是重量训练。将重物举起时呼气。参看吸气。

extension（伸展）：伸直关节（如膝关节）的动作，它可以带动周围肌肉一起伸长。

extensor muscle（伸肌）：一种用来使身体部位，例如一条胳膊，远离身体的肌肉。

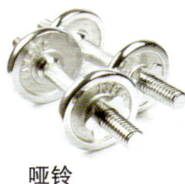

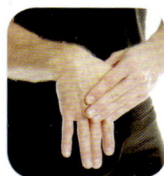

外展　内收

哑铃

屈曲

泡沫轴

F

flexion（屈曲）：关节弯曲。

flexor muscle（屈肌）：当手臂的肘部弯曲或者将大腿朝腹部方向拉伸时，一种可以减少两块骨头之间角度的肌肉。

foam roller（泡沫轴）：泡沫轴的尺寸、材料和密度多种多样，可以被用来进行伸展、强化、平衡和稳定性训练以及自我按摩。

G

glutes（臀肌）：指构成臀部的一组强大肌肉，其作用就是帮助身体保持垂直。关键的臀部肌肉主要有三块：被提及频率最高，使臀部有曲线形状的臀大肌，以及臀中肌和臀小肌。

H

hammer-grip（铁锤式握法）：手心向内，拇指朝上握住重物（通常是哑铃）。铁锤式握法多用于斜板推举，身体弯曲，与地面平行或者成一定角度。它有助于锻炼胸大肌、三角肌、斜方肌以及其他的背部肌肉。如果处于直立位置的话，它有助于锻炼肱二头肌、肱肌和肱桡肌。

hamstrings（腘绳肌）：指大腿后侧用来弯曲膝盖和拉伸髋部的三块肌肉（半腱肌、半膜肌以及股二头肌）。腘绳肌紧绷是常见的身体问题，其产生的原因多种多样。确保自己在运动前后都能做大量的腿部伸展练习，并避免大量严酷的训练。腘绳肌紧绷也可能是背部问题的标志之一。

hand weight（手臂重量训练器）：指用来进行力量训练以及强化的自由重量器材。小型的手臂重量训练器由铸铁制成，外形酷似哑铃，为了舒适起见，外层经常包裹着橡胶或氯丁橡胶。

hyperextending（过度伸展）：四肢或者背部伸展时超出了肌肉正常的工作范畴。这可能会妨碍肌肉正常工作，并可能导致损伤。

I

iliotibial band（ITb，髂胫束）：指包绕大腿外侧的一条厚厚的纤维组织，从髋部一直延伸至膝关节以下的胫骨外侧。这条韧带与几块大腿肌肉一起，使膝关节外侧更加稳定。

inferior（下部的）：用来指肌肉时，下部肌肉指位置靠下或者层次更深的肌肉。参看上方的。

inhale（吸气）：缓慢、从容地吸气对于许多锻炼来说都非常重要，尤其是与重量有关的运动。将重物放下时我们通常需要吸气，而将重物举起时则需要呼气。

isometric exercises（等长收缩运动）：指在不改变身体任何部位位置的前提下，拉紧然后放松肌肉。它们对于锻炼身体某些特定部位非常有效，甚至当你坐在办公桌前或开车时都能够单独进行。因此在工作日也可以用来锻炼肌肉。

K

kettlebell（壶铃）：这是一种重量训练设备，顶部有一个固定的环形手柄，看起来有一点像老式的茶壶。环形的手柄使重物能够摇摆，从而可以进行一系列不同于哑铃的力量练习。

L

lactic acid（乳酸）：在高强度运动中，人体无法为维持肌肉正常工作的血液流动提供足够的氧气——这就是缺氧运动——因此人体会用葡萄糖来提供能量。将葡萄糖分解成可用的分子也会产生乳酸酯（或乳酸），而这一过程反过来会产生"灼痛感"。这是人体试图预防用力过度的自我防护系统。参看DOMS。

lateral(侧面)：位于或者是向外部延伸。

lockout position（锁定位置）：将一条胳膊或一条腿尽可能地伸直，不必过度伸展。

lunge(弓步)：这是一种锻炼动作，身体向前进一步，并将身体重心转移到前腿上。弓步的主要锻炼目标是股四头肌、臀肌以及小腿肌肉。

M

medial（中部）：位于或者是向中间延伸。

medicine ball（健身实心球）：是一种用来进行力量训练和强化的小球。

铁锤式握法

壶铃

健身实心球

反手握法

N

neutral position(spine)（**中正位置（脊柱）**）：脊柱的形状呈S形，从侧面看，下背部向内凹陷。

O

obliques（**腹斜肌**）：位于腹部的一部分肌肉。参看腹肌。

overhand grip（**反手握法**）：手背朝上，握住杠铃或其他重物。

P

pelvis（**骨盆**）：在许多站立练习中，微微向下收缩骨盆对于维持身体的稳定非常重要。这有助于调动腹肌并确保不用扭伤背部就能够正确完成练习。参看开始姿势。

plank position（**平板姿势**）：背部挺直，面朝下，双臂伸展以支撑头部和上肢——与俯卧撑的姿势一样。或者，身体躺在上臂之上，同时前臂平放在地面上。

posterior（**后部**）：位于后面。

press（**按压**）：是一种移除身体重量或其他阻力的动作。

primary muscle（**大肌肉**）：参与某一项特定练习的主要肌肉之一。

pronation（**旋后**）：向内转动。足部旋前指跟骨向内旋转，同时足弓下压。与旋前相对。

Q

quadriceps(quads)（**股四头肌（四头肌）**）：这是一个体型庞大的肌肉组织（全称：股四头肌），包括大腿前部四块主要的肌肉：股直肌、股中间肌、股外侧肌以及股内侧肌。它是膝盖最大的伸肌，覆盖了股骨前部和两侧的部位。

R

range of motion（**关节活动度**）：一个关节在弯曲和伸展时所移动的距离和方向。参看锁定位置。

reactive power（**反应能力**）：指身体反应的速度，尤其是进行网球、足球和壁球等竞技性运动时。下肢肌肉包括小腿肌肉、股四头肌、腘绳肌和臀肌，所有这些肌肉都可以提高速度，增强身体的反应能力。

repetition（**重复次数**）：指某一项运动完成的次数。每一次的重复动作都应该小心且节制地进行，确保肌肉组织能够按照预定的方式得到锻炼。快速、粗心地重复动作比强度增大的健身运动更容易造成损伤。

resistance（**阻力**）：通过使肌肉在重力下压下收缩完成抗阻训练，例如举高重物或移动弹力带。这能够锻炼肌肉的体积和力量。

resistance band（**弹力带**）：橡胶管或者扁平的带状装置，能够提供用于力量训练的阻力。也被称作是"健身带"、"治疗弹性带"、"戴娜带"、"伸展带"或"运动带"。

roller（**滚轴**）：参看泡沫轴。

rotator muscle（**回旋肌**）：能够帮助髋部或肩部等处关节旋转的肌肉组织之一。

S

scapula（**肩胛骨**）：后背中部和上部突出的骨头，又名"胛骨"。

secondary muscle（**小肌肉群**）：在某项活动中会工作的肌肉，通常协助大肌肉群工作。

squat（**下蹲**）：这个动作需要将臀部后移，膝盖和髋部弯曲，从而使躯干和身体重心下移，然后再恢复直立姿势。下蹲主要锻炼大腿、髋部、臀部肌肉和腘绳肌。

stability（**稳定性**）：这是通过一系列不同的姿势维持身体平衡的能力。核心肌群（例如腹肌）、股四头肌和腘绳肌都被用来增加身体的稳定性，而这种能力在冲浪、马术和滑雪滑板等运动中必不可少。

stamina（**耐力**）：通过常规的控制运动，你就可以增加身体耐力，

弹力带

瑞士球

能够进行更多的重复练习，举起质量更重的重物，跑得距离更远或速度更快。然而，随着耐力的不断增强，为了使肌肉和身体能够从中获得更多好处，锻炼的级别也要随之提高。

starting position（开始姿势）： 指开始一项运动的放松姿势。当身体站直时，双脚平行且与肩同宽，膝盖微微弯曲，骨盆向下收缩，脊柱处于中立位置。当身体平躺时，背部应该放松地躺平，脊柱下部也不应该拱起。双臂通常放在身体两侧，颈部和下巴放松，双目直视前方。

superior（上部的）： 用来指肌肉时，上部肌肉指位置靠上或者表面的肌肉。参看下方的。

supination（旋后）： 双足外翻。在跑步过程中，旋后是指脚部着地时不充分地向内转动。这会对脚部施加额外的压力，并导致髂胫束综合症、跟腱炎或足底筋膜炎。又名"内翻过度"。

Swiss ball（瑞士球）： 瑞士球是一种有弹性的、可充气的PVC球，直径为30到76厘米不等，主要被用于进行力量训练、物理治疗、平衡训练以及其他的运动方式。它的别名有"平衡球""健身球""稳定球""运动球""韵律球""理疗球""体球"和"大龙球"等诸多其他名称。

T

torso（身躯）： 指从髋部到肩部的上肢部位，也被称作是躯干。

W

waist（腰部）： 指躯干上最有灵活性、最狭窄的部位。

warm-up（热身）： 短时间内的任何形式的轻度锻炼，可以让身体为更加激烈的运动做好准备。

weight（重量）： 指哑铃片或者配重片，或者标注在哑铃杠或哑铃上真实的磅数。

工作人员及致谢

注释：l代表"左"，r代表"右"，c代表"中间"

5l YanLev/Shutterstock 5r wavebreakmedia/Shutterstock 6l holbox/Shutterstock 6r Kzenon/Shutterstock 7l stockyimages/Shutterstock 7r Martin Novak/Shutterstock 8l Gabriela Insuratelu/Shutterstock 8r Vanessa Nel/Shutterstock 9l Ipatov/Shutterstock 9r Natursports/Shutterstock 10–11 YanLev/Shutterstock 13 holbox/Shutterstock 17 Gemenacom/Shutterstock 22l ElenaGaak/Shutterstock 22c Africa Studio/Shutterstock 22r Mrs_ya/Shutterstock 23 Jiri Hera/Shutterstock 26–29 Linda Bucklin/Shutterstock 30–31 holbox/Shutterstock 246 holbox/Shutterstock 254–255 Kzenon/Shutterstock 258 Herbert Kratky/Shutterstock 260 Kravka/Shutterstock 262 Neale Cousland/Shutterstock 264 Jari Hindstroem/Shutterstock 266 Richard Paul Kane/Shutterstock 268 bikeriderlondon/Shutterstock 270 bikeriderlondon/Shutterstock 272 LesPalenik/Shutterstock 274 Vitalii Nesterchuk/Shutterstock 276 Ahmad Faizal Yahya/Shutterstock 278 Tatiana Dorokhova/Shutterstock 280 Ljupco Smokovski/Shutterstock 282 bikeriderlondon/Shutterstock 284 Marcel Jancovic/Shutterstock 286 Pavel L Photo and Video/Shutterstock 288 mooinblack/Shutterstock 290 testing/Shutterstock 292 Wolf Avni/Shutterstock 294 Ciaran McGuiggan 296 Vanessa Nel/Shutterstock 298 bikeriderlondon/Shutterstock 300 muzsy/Shutterstock 302 Sandra A Dunlap/Shutterstock 304 Laszlo Szirtesi/Shutterstock 306 Piotr Sikora/Shutterstock 308 testing/Shutterstock 310 Stas Volik/Shutterstock 312 James A Boardman/Shutterstock 314 Maxim Petrichuk/Shutterstock 316 Maridav/Shutterstock 318 Lisa F Young/Shutterstock 320 wheatley/Shutterstock 322 Eoghan McNally/Shutterstock 324 Maridav/Shutterstock 326 sainthorant daniel/Shutterstock 328 Jorge R Gonzalez/Shutterstock 330 pio3/Shutterstock 332 IM_photo/Shutterstock 334 Ipatov/Shutterstock 336 Natursports/Shutterstock 338 CHEN WS/Shutterstock 340 Natali Glado/Shutterstock 342 Aleksandr Markin/Shutterstock 344 muzsy/Shutterstock 346 bikeriderlondon/Shutterstock 348 dotshock/Shutterstock 350 luca85/Shutterstock 352 juliamcc/Shutterstock 354 muzsy/Shutterstock 358 ollyy/Shutterstock 360 Africa Studio/Shutterstock 361 Martin Novak/Shutterstock 362 StockLite/Shutterstock 363 Andresr/Shutterstock 364 Tyler Olson/Shutterstock 365 Cristi Lucaci/Shutterstock 366 Aleksandr Markin/Shutterstock 368 Orange Line Media/Shutterstock 369 holbox/Shutterstock 370 Tyler Olson/Shutterstock 370–371 Peter Bernik/Shutterstock 372 Wallenrock/Shutterstock 373 stockyimages/Shutterstock 374 Monkey Business Images/Shutterstock 376 George Dolgikh/Shutterstock 377 Lucky Business/Shutterstock 378 mashurov/Shutterstock 379 Peter Bernik/Shutterstock 380 Istvan Csak/Shutterstock 380–381 michaeljung/Shutterstock 382 Dave Kotinsky/Shutterstock 383 Mircea Netval/Shutterstock 384 Carl Stewart/Shutterstock 385 Andresr/Shutterstock 386–387 Kiselev Andrey Valerevich/Shutterstock 388c picamaniac/Shutterstock

除下列页面中的插图外，所有解剖学插图均由Hector Aiza/3D Labz Animation India提供：

35, 39, 40, 43, 49, 51, 55, 57, 59,

61, 65, 67, 69, 71, 72, 75, 77, 78, 79, 81, 83, 85, 87, 89, 91, 93,

95, 97, 99, 101, 103, 107, 109, 110, 113, 115, 119, 121, 123,

125, 127, 129, 131, 135, 137, 139, 141, 143, 145, 147, 149,

151, 153, 155, 157, 159, 161, 162–163, 165, 167, 169, 171, 173,

175, 181, 187, 189, 193, 195, 197, 199, 201, 203, 205, 207,

209, 211, 213, 215, 217, 220–221, 222–223, 224–225, 226–227,

228–229, 231, 232, 238–239, 241, 244, 248–249, 250–251 以及

由Linda Bucklin/Shutterstock提供的252插图

其他的照片则由 Jonathan Conklin/Jonathan Conklin Photography 和 FineArtsPhotoGroup 提供

感谢担任本书模特的Nicolay Alexandrov, Elaine Altholz, David Anderson, Joseph Benedict, Sara Blowers, Miguel Carrera, Tara DiLuca, TJ Fink, Jenna Franciosa, Michael Galizia, Melissa Grant,

Maria Grippi, Kelly Jacobs, Goldie Karpel, Jillian Langenau, Monica Ordonez, Michael Radon, Craig Ramsay 和 Peter Vaillancourt